“211工程”三期建设项目“新资料整理与中国古代文明进程研究”成果
武汉大学基础学科振兴行动计划资助出版

清代财政史论稿

陈锋　著

商务印书馆
2010年·北京

图书在版编目(CIP)数据

清代财政史论稿/陈锋著.—北京：商务印书馆，2010
（珞珈史学文库）
ISBN 978-7-100-06998-4

Ⅰ.清… Ⅱ.陈… Ⅲ.财政—经济史—研究—中国—清代 Ⅳ.F812.949

中国版本图书馆CIP数据核字(2010)第034025号

清代财政史论稿

陈锋 著

商 务 印 书 馆 出 版
（北京王府井大街36号 邮政编码 100710）
商 务 印 书 馆 发 行
三河市尚艺印装有限公司印刷
ISBN 978-7-100-06998-4

2010年8月第1版 开本 787×960 1/16
2010年8月北京第1次印刷 印张 24 1/2
定价：40.00元

总　序

“珞珈史学文库”是武汉大学历史学院教师学术研究成果的结集。第一批推出的是二十多位教授的文集。以后将根据情况，陆续推出新的集子。

武汉大学历史学科具有悠久而辉煌的历史。早在 1913 年，武汉大学的前身国立武昌高等师范学校就设置历史地理部。1930 年武汉大学组建史学系，1953 年改名历史学系，2003 年组建历史学院。一批又一批著名学者，如李汉俊、李剑农、雷海宗、罗家伦、钱穆、吴其昌、徐中舒、陈祖源、周谱冲、郭斌佳、杨人楩、梁园东、方壮猷、谭戒甫、唐长孺、吴于廑、吴廷璆、姚薇元、彭雨新、石泉等，曾在这里辛勤耕耘，教书育人，著书立说，在推动武汉大学历史学科和中国现代史学的发展、繁荣的同时，在武汉大学和中国史学史上也留下了嘉名。其中，唐长孺、吴于廑两位大师贡献最为卓殊。

改革开放 30 年间，武汉大学历史学科建设成效显著。1981 年，中国古代史和世界史获得全国首批博士学位授予权。1987 年，历史地理学获得博士学位授予权。1988 年，中国古代史被列为国家重点学科。1995 年，历史系被批准为国家文科基础学科人才培养和科学研究基地。1997 年，获得历史学一级学科博士学位授予权。1999 年，建立历史学博士后流动站。2001 年，中国古代史再次被列为国家重点学科。2007 年，中国古代史第三次被评为国家重点学科，世界史新增为国家重点学科。2008 年，历史学一级学科入选湖北省重点学科。2001 年，以中国古代史为核心的国家“211 工程”二期建设项目“中国文明进程与世界历史整体发展”启动。2008 年，分别以中国古代史与世界史为中心的“211 工程”三期建设项目“新资料整理与中国古代文明进程研究”与“世界历史整体发展中的社会转型与文化变迁研究”启动。目前，历史学院设有历史学、世界历史、考古学三个本科专业；史学理论及史学史、考古学及博物馆学、历史地理学、历史文献学、专门史、中国古代史、中国近现代史、世界史、中国文化史、中国经济史、国际关系与中外关系史和地区国别史等 12 个二级学科。在研究机构方面，设有中国 3 至 9 世纪研究所、世界史研究所、历史地理研究所、中国文化研究所、中国经济与社会史研究所、15 至 18 世纪世界史研究所、第二次世界大战与战后世界研究所，以及简帛研究中心、科技考古研究中心。在前一辈学者奠定的基础上，经过后继者的持续努力，逐步形成了严谨的学风和优良的教风，确立了理论探讨与实证研究相结合，断代史与专门史、地区史与国别史相结合，传世文献与出土资料并重的学术特色，成为武汉大学在海内外学界具有重要影响的学科之一。

历史学院的老师，在辛勤教书育人的同时，也为科学研究倾注了大量心血，在各自从事的方向或领域，推陈出新，开拓前行，撰写了一大批有价值的专著和论文。学院决定编撰教师个人的学术文集，是希望各位老师把自己散见于海内外各种出版物上的代表性论文加以整合。这样，通过一种文集，可以约略体现教师本人的研究历程和领域；而于整体方面，也可在一定程度上展示武汉大学历史学的学科格局和学术风格。

每本文集的选篇和修订，由作者各自负责。学院教授委员会对入选文集进行遴选，并提出一些指导性的建议。

“珞珈史学文库”的出版，得到了国家“211 工程”三期建设项目的支持，得到了武汉大学“基础学科振兴行动计划”的支持，得到了商务印书馆各位领导和相关编辑先生的支持。在此致以诚挚的谢意。

2010 年 2 月

目录 Contents

20 世纪的晚清财政史研究

20 世纪的晚清财政史研究，既取得了令人瞩目的成绩，也存在着一些缺失，值得认真回顾和总结。在已经发表的有关学术史综述中，对晚清财政史的研究涉及很少，不能不说是一个缺憾。本文在总体回溯的基础上，重点缕述几个重要的专题研究和突出成果，最后讨论晚清财政史研究的特点与不足。同时需要说明，由于视野和语言的限制，本文所涉及的国外学者的研究成果主要限于日本。挂一漏万与不妥之处也请读者批评指正。

一、学术史回顾：晚清财政史研究概述

应该说，对晚清财政史的研究，并非始于20世纪，在19世纪末已经开始。1897年，上海广学会出版了英国住上海领事哲美森的《中国度支考》，该书虽冠名“中国度支”，实则专门叙述清代特别是晚清的财政。该书的目录较为庞杂，共分为“总论”、“政府疆吏交际”、“直省解京款项”、“漕运京饷”、“额外京饷”、“海关洋税”、“岁入总论”、“地丁银”、“漕粮”、“盐课盐厘”、“百货厘金”、“新关洋税”、“常关税”、“土药税厘”、“杂税”等36目。仅

从繁杂的目录来看，《中国度支考》不是一部研究性著作，更多地具有资料选编色彩。当然，其资料也弥足珍贵，刘锦藻编撰的《清朝续文献通考》就有所引用[①]，并称晚清户部的报告，“多脱误，外人指其不合”，而哲美森的记述，“外人信为无误”。这也正揭示出《中国度支考》的史料价值。

进入20世纪后，广智书局1904年出版了梁启超的《中国国债史》，梁氏对晚清的“国债”进行了初步的梳理。而吴廷燮的《清财政考略》（1914年铅印本），则是国人从整体上研究清代财政的第一部著作，对晚清财政亦有涉及。1917年商务印书馆出版的王振先《中国厘金问题》，是国内学者研究厘金问题的第一部著作，受到同时代的国外学者的注意。[②] 此后，专门研究清代财政的专著不多见，最为值得注意的是罗玉东的《中国厘金史》（商务印书馆1936年版），罗著对晚清厘金的研究作出了重要贡献，是20世纪上半叶最具代表性的清代财政史领域的研究著作。另外，侯厚培《中国近代经济发展史》（上海大东书局1929年版），是国内系统研究近代经济史的第一部著作，是书对财政问题也给予了一定的关注，特别是对晚清的币制改革，有较好的论述。赵丰田《晚清五十年经济思想史》（哈佛燕京学社1939年版），开了研究晚清经济思想的先河，其中的“增岁入说”、“厚俸禄说”、“行预算说”等都是很有启发意义

① 见《清朝续文献通考》卷66，《国用四》；卷68，《国用六》。按：《清朝续文献通考》卷66在引用时作者记为“哲美森”，卷68则记为“遮密孙”。又按：《清朝续文献通考》卷68在叙述光绪朝财政时，还引用了日本人根岸佶的著作，并称：“吾国财政向无报告，国人鲜有知者，近年始见预算案，然肯细心研究者亦不一二，覩日本人根岸佶为同文会会员，于吾国生计状况钩稽之勤，用力之久，远驾吾国人士之上。”

② 如［日］木村增太郎：《支那财政论》（东京：大阪屋号书店1927年版）就引述过王氏的著作。按：《中国财政论》原名《支那财政论》，“支那”一词，在历史上，有对中国的蔑称之嫌，因此，凡是在20世纪初至40年代初出版的日本研究著作中，用“支那”作书名的，一律译作“中国”。但为了避免混乱，著名的资料书如《支那经济全书》，仍依其旧。

的财政思想研究。

20 世纪上半叶的晚清财政史研究著作虽不多见，但在有关著作中对晚清财政多有涉及。这主要表现在三个方面：

第一，立足于民国年间的财政研究，对晚清的财政问题进行回顾或研究。

如贾士毅《民国财政史》（商务印书馆 1917 年版），专列一章"财政之沿革"，对清代历朝的财政分别加以叙述，其中，对光绪朝的财政叙述尤详，细分为"光绪初年之财政"、"光绪中年之财政"、"光绪末年之财政"三个部分。在其他篇章中，也有对晚清财政的追溯或比较。叶元龙《中国财政问题》（商务印书馆 1937 年版），也涉及晚清财政。又如陈沧来《中国盐业》（商务印书馆 1929 年版），吴觉农、范和钧《中国茶叶问题》（商务印书馆 1937 年版），李权时《现行商税》（商务印书馆 1930 年版），金国宝《中国币制问题》（商务印书馆 1928 年版），张家骧、吴宗焘、童蒙正《中国之币制与汇总》（商务印书馆 1931 年版），杨荫浦《中国金融论》（商务印书馆 1930 年版），张辑颜《中国金融论》（黎明书局 1936 年版），分别对晚清的盐税、茶税、商税、货币等相关问题进行了研究。

第二，财政通史著作中对晚清财政的研究。

20 世纪上半叶，财政通史的撰写是一个突出的现象。这方面的著作有：胡钧《中国财政史讲义》（商务印书馆 1920 年版），徐式庄《中国财政史略》（商务印书馆 1926 年版），常乃德《中国财政制度史》（世界书局 1930 年版），刘秉麟《中国财政小史》（商务印书馆 1931 年版），杨志濂《中国财政史辑要》（无锡大公图书馆 1936 年版），刘不同《中国财政史》（大东书局 1948 年版）。在这些财政通史中，对晚清的财政予以了充分注意。如胡钧《中国财政史讲义》将中国财政的演变分作八个时期，清代作为两个时期，即清初至道光、咸丰至宣统。刘秉麟《中国财政小史》，对《赋役全书》、《会计册》、《奏销册》等赋税册籍，以及财政体制、俸禄、货币、田赋、盐税、关税、杂税等都有简要的叙述。其中，对晚清之杂税有较好的论述："清初入关时，对于各项杂敛，悬为例禁，涤荡繁苛，未始不善。降至中叶，杂税亦多。而流毒之深，贻害之远，莫如土药税。当时清廷收入，恃为大宗。……其他各项杂税，有相沿日久，向有定制者，有光宣之交，临时加征者。前者有牙税、当税、契税、铺税、渔税、矿税等数种，后者如直隶之烟税、家屋税、车捐、花捐、妓捐等。各省新设之名目，大抵相同。"表现出相当的概括能力和识见。

第三，通史性的专题史中对晚清财政的研究。

在通史性的专题研究方面，万国鼎《中国田赋史》（正中书局1933年版），徐士圭《中国田赋史略》（商务印书馆1935年版），陈登原《中国田赋史》（商务印书馆1936年版），马大英、江士杰、刘国明、王延超的《田赋史》下（《田赋会要》第3编，正中书局1944年版），以及郎擎霄《中国民食史》（商务印书馆1933年版），吴兆莘《中国税制史》（商务印书馆1937年版），都涉及清一代的田赋及相关问题，有的论述较为深入。如吴兆莘的《中国税制史》，对晚清的海关税、厘金税、土药税、茶税、酒税、契税等给予了充分的注意。张家骧《中华币制史》（民国大学出版部1925年版），虽然是货币研究的通史著作，但表现出明显的厚今薄古倾向，对清代以前的币制只是概而述之，重点在于研究晚清至民国初年的相关问题，特别是对银行、造币厂的沿革进行了系统的论述。其他的通史性的专题研究，还有杨肇遇《中国典当业》（商务印书馆1929年版），欧宗祐《中国盐政小史》（商务印书馆1931年版），曾仰丰《中国盐政史》（商务印书馆1937年版），吴承洛《中国度量衡史》（商务印书馆 1937 年版），等等，都有参考价值。[①]

专著之外，相关论文涉及诸多方面。汤象龙《咸丰朝的货币》（《中国近代经济史研究集刊》1933 年第 1 卷第 2 期），梁启超《各省滥铸铜元小史》（《饮冰室合集》21，中华书局 1936 年版），谭彼岸《王茂荫与咸丰时代的新货币制》（《中国社会经济史研究集刊》1939 年第 6 卷第 1 期），魏建猷《清代外国银元之流入及其影响》（《东方杂志》1945 年第 41 卷第 18 号），是货币金融方面的代表作。夏鼐《太平天国前后长江各省之田赋问题》（《清华学报》1935 年第 10 卷第 2 期），王毓铨《清末田赋与农民》（《食货》1936 年第 3 卷第 5 期），是田赋方面的代表作。彭雨新《清末中央与各省财政关系》（《社会科学杂志》1947 年第 9 卷第 1 期），罗尔纲《清季兵为将有的起源》（《中国社会经济史集刊》1937 年第 5 卷第 2 期），对于晚清中央财政体制的瓦解以及地方财政自主权的扩大等问题，有深入的分析。罗玉东《光绪朝补救财政之方策》（《中国近代经济史研究集刊》1934 年第 2 卷第 2 期），吴廷燮《论光绪朝之财政》（《文献论丛》1936 年卷），则分析了晚清财权下移之情势下，清廷的财政清理。在外债与赔款的研究方面，汤象龙《民国以前关税担保之外债》（《中国近代经济史研究集刊》1935 年第 3 卷第 1 期）、《民国以前的赔款是如何偿付的》（《中国近代经济史研究集刊》1934 年第 2 卷第 2 期），是两篇重要的作品。另外，陈文进《清代之总理衙门及其经费》（《中国近代经济史研究集刊》1932 年第 1 卷第 2 期）、《清季出使各国使领经费》（《中国近代经济史研究集刊》1934 年第 2 卷第 2 期），以及沈鉴《辛亥革命前夕我国之陆军军费》（《社

---

① 另外，盐务署主持编撰的《中国盐政沿革史》，分盐区进行叙述，1914 年出版《长芦》分册，1915 年出版《奉天》分册。笔者最近在东京大学东洋文化研究所图书馆仅见到这两册。就这两册来看，所谓的“中国盐政沿革史”，主要仍是叙述清代的。

会科学》1937年第2卷第2期)，也是对相关论题的开创性研究。在厘金研究方面，罗玉东《厘金制度之起源及其理论》(《中国近代经济史研究集刊》1932年第1卷第2期)，傅衣凌《清末厘金制起源新论》(《社会科学季刊》1946年第2卷)，具有代表性。在海关研究方面，则有郑友揆《我国海关贸易统计编制方法及其内容沿革考》(《社会科学杂志》1934年第5卷第3期)，汤象龙《光绪三十年粤海关的改革》(《中国近代经济史研究集刊》1935年第3卷第1期) 等论文。

与同时期的国内学者的研究相比，国外学者的研究也值得重视。在日本，20世纪初至40年代，形成了对晚清财政的研究热潮。

木村增太郎是20世纪二三十年代研究清代财政史最著名的日本学者。他先后出版了《中国的经济与财政》、《中国的财政真相及其革新措施》、《中国的厘金制度》、《中国财政论》、《现代中国的财政经济》等数部研究著作。除了1926年出版的《中国的厘金制度》(东京东亚事情研究会) 专门研究厘金问题，1940年出版的《现代中国的财政经济》(东京生活社。该书由木村氏与大川彰合著) 专门研究民国财政外，其他几部著作均是以研究晚清和民国初年的财政为重点。《中国的经济与财政》(东京大阪屋号书店1923年版) 共10章，该书除了研究一些较为特殊的经济门类如特种商 (牙行、买办)、组合制度 (商人的同业组织，会馆、公所、工商业行会等) 外，其着重点在于研究晚清的外国银行、晚清的财政困境与内外债、清末的改革。《中国的财政真相及其革新措施》(东京启明会1925年版) 讨论的问题主要集中在四个方面：一是晚清财力匮乏的经过与借款；二是岁出与岁入的状况；三是财政组织的变革；四是财政的清理整顿。《中国财政论》(东京大阪屋号书店1927年版) 主要研究了财政制度、税收制度、外债与内债。木村氏的几部著作，有重复之处，但在论及同一问题时，也不是完全相同，后出版的著作有一些新的进展。如《中国的经济与财政》和《中国财政论》都列有“租税制度”一章，前者主要研究了田赋，其他税种只是在“税制概要”一节中略有介绍。后者除了对田赋、盐税、常关税、海关税这些税种加以论说外，对货物税（厘金）、烟酒税、印花税也作了专节探讨。安东不二雄《中国的财政》（东京东亚实进社 1921 年版），分为 5 编 32 章，以研究晚清至民国初年的财政状况、外债、内债、银行、岁计为重点，对晚清内外债的研究尤为细致。松井义夫《清朝经费之研究》（满铁经济调查会“经调资料”第 66 编，南满洲铁道株式会社 1935 年版），分为制度和经费二编，在一般性叙述财务行政以及国家财政和地方财政的基础上，重点探讨了晚清的财政支出和相关财政问题。百濑弘《清朝的财政经济政策》①，则对有清一代的财政经济政策进行了初步的研究。另外，平濑巳之吉《近代中国经济史》（中央公论社 1942 年版），小竹文夫《近世中国经济史研究》（东京弘文堂书店 1942 年版），竹内元平《最近中国财政概说》（“满铁调查资料”第 108 编，南满洲铁道株式会社 1929 年版）等，也涉及晚清的财政状况与沿革。其他专题性的研究，在关税方面有：吉田虎雄《中国关税及厘金制度》（东京北文馆 1915 年版），高柳松一郎《中国关税制度论》（京都内外出版株式会社 1920 年版），西川喜一《财政金融与关税制度》（上海日本堂书店 1925 年版）。在货币金融方面有：佐野善作《清国货币问题》和《沪汉金融机关》（合称《清国货币问题、沪汉金融机关调查报告》，东京高等商业学校 1905 年版），清水孙秉《清国货币论》（东京富山房 1911 年版），根岸佶《中国货币改革论》（东京支那经济学会

① 《东亚研究所报》1943 年第 20 号。已由郑永昌译成中文，附录于《财政与近代史论文集》下册，台湾“中央研究院”近代史研究所 1999 年版。

1919年版），井村薰雄《中国的金融与货币》（1924年版）及《中国的货币与度量衡》（东京大阪屋号书店1926年版），吉田虎雄《中国货币研究》（山口市东亚经济研究会1933年版），宫下忠雄《中国货币制度论》（大阪宝文馆1938年版）及《中国银行制度论》（东京岩松堂书店1941年版）。在内外债方面有：安东不二雄《清国国债事情》（横滨正金银行1910年版），大山嘉藏《中国的国债与列强》（东京文影堂书店1915年版），丰田多贺雄《中国的借款金融政策》（大阪工业之日本社1918年版），中滨义久《中国的对外借款》（"满铁调查资料"第112编，南满洲铁道株式会社1929年版），滨田峰太郎《中国的财政和公债》（东亚研究会1930年版），樋口弘《日本的对华投资研究》（东京生活社1939年版），等等。

新中国成立以后，直到20世纪80年代之前，中国内地学者对晚清财政史的专题研究虽然不突出，但也取得了一些值得注意的成果。许大龄《清代捐纳制度》（燕京大学1950年版）[①]，对清代各个时期的捐纳制度作了系统的研究，在对史进行描述的基础上，对捐纳与财政、吏治的关系，有很好的说明，是这一研究领域的拓荒性著作。彭雨新《清代关税制度》（湖北人民出版社1956年版），虽然篇幅不大，却是国内学者系统研究有清一代关税的著作，既扼要介绍了鸦片战争前户部关和工部关的设置及征税制度，又论述了鸦片战争后中国海关和关税权的被侵占。魏建猷《中国近代货币史》（群联出版社1955年版），则是此一时期研究货币金融方面的代表性著作。魏著主要研究鸦片战争后的银两制度、制钱制度、晚清的币制变革，以及近代外国银元的流入及其影响。刘秉麟《近代中国外债史稿》（三联书店1962年版）对晚清以来的外债作了较为深入的研

① 北京大学出版社2000年出版的许大龄《明清史论集》收录。

究。彭泽益在这一时期发表了较多的论文,《鸦片战后十年间银贵钱贱波动下的中国经济与阶级关系》(《历史研究》1961年第6期)、《论鸦片战争赔款》(《经济研究》1962年第12期)、《1853—1868年的中国通货膨胀》(《中国社会科学院经济研究所集刊》1979年第1集)、《十九世纪五十至七十年代清朝财政危机和财政搜刮的加剧》(《历史学》1979年第2期)等,都是对相关论题进行深入研究的力作。

相对中国大陆学者的研究成果而言,20世纪80年代之前,国外学者和台湾地区学者在晚清财政史研究方面,取得了较为丰硕的成果。佐伯富《清代盐政之研究》(东洋史研究会1956年版),是研究清代盐政的重要著作。E. G. 比尔《厘金的起源——1853—1864》(麻省坎布里奇,哈佛大学1958年版),是继罗玉东的《中国厘金史》之后研究早期厘金的重要著作。景复朗《1845—1895年中国的货币和货币政策》(麻省坎布里奇,哈佛大学1965年版),对晚清的货币进行了新的研究。王业键《中华帝国的田赋》(麻省坎布里奇,哈佛大学1973年版),则是晚清田赋研究的出色著作。王尔敏《清季兵工业的兴起》("中央研究院"近代史研究所1963年版)、《淮军志》(东吴大学中国学术著作奖助委员会1967年版,中华书局1987年版),以及刘凤翰《新建陆军》("中央研究院"近代史研究所1967年版),对晚清有关方面的军费均有所涉及。何烈《厘金制度新探》(台北中国学术著作奖助委员会1972年版),在前此学者研究的基础上,有新的探索。王树槐《庚子赔款》("中央研究院"近代史研究所1974年版),对庚子赔款的议定、筹措、偿付等作了系统的研究。

20世纪80年代以后,随着中国的改革开放和新一代学者的成长,同时也由于以往研究的积累,晚清财政史的研究也进入到一个新的阶段,其标志有四:

第一,晚清财政史的研究受到重视,有多部"断代"财政史著作出版。何烈《清咸同时期的财政》(台湾"国立编译馆"1981年版),在探讨咸丰以前财政概况的基础上,对咸同时期财政收入、财政支出、钱粮亏空、奏销制度以及中央财政与地方财政的变化等问题都有深入的研究。左治生《中国近代财政史丛稿》(西南财经大学出版社1987年版),对清代后期的财政收入、财政支出、财政管理以及太平天国的财政有较为系统的论述。孙文学主编《中国近代财政史》(东北财经大学出版社1990年版),在叙述清代后期的财政时,主要注意到了半殖民地半封建时期财政收入和财政支出的动态,同时,对太平天国的财政和晚清的财政思想,也有一定的论述。邓绍辉《晚清财政与中国近代化》(四川人民出版社1998年版),试图从晚清财政管理体制的演变,以及税收制度与财政支出制度的变化等方面,探讨晚清财政变革与近代化的关系。周育民《晚清财政与社会变迁》(上海人民出版社2000年版),分别对鸦片战争与清朝财政、太平天国与清朝财政、洋务运动时期的清朝财政、甲午战争后的清朝财政、覆灭前夜的清朝财政、财政演变中的经济与社会,进行了较为系统的研究。周志初《晚清财政经济研究》(齐鲁书社2002年版),重点探讨了晚清财政管理体制的演变和晚清财政收支结构的变动。

第二,晚清财政研究向纵深发展,出版了多部专史研究著作。在盐税研究方面,有牧寒《内蒙古盐业史》(内蒙古人民出版社1987年版),陈锋《清代盐政与盐税》(中州古籍出版社1988年版),宋良曦、钟长永《川盐史论》(四川人民出版社1990年版)。在关税研究方面,有赵淑敏《中国海关史》(台北"中央"文物供应社1982年版),卢汉超《赫德传》(上海人民出版社1986年版),汪敬虞《赫德与近代中西关系》(人民出版社1987年版),蔡渭洲《中国海关简史》(中国展望出版社1989年版),叶松年《中国近代海关税则史》(上海三联书店1991年版),陈诗启《中国近代海关史·晚清部分》

（人民出版社 1993 年版）及《中国近代海关史问题初探》（中国展望出版社 1987 年版），戴一峰《近代中国海关与中国财政》（厦门大学出版社 1993 年版），冈本隆司《近代中国与海关》（名古屋大学出版会 1999 年版）。在军费研究方面，有王尔敏《淮军志》（台湾“中央研究院”近代史研究所 1981 年版），罗尔纲《绿营兵志》（中华书局 1984 年版）、《湘军兵志》（中华书局 1994 年版）和《晚清兵志》（中华书局 1997 年版），龙盛运《湘军史稿》（四川人民出版社 1990 年版），陆方、李之渤《晚清淮系集团研究》（东北师范大学出版社 1993 年版），樊百川《淮军史》（四川人民出版社 1994 年版），戚其章《晚清海军兴衰史》（人民出版社 1998 年版）。在货币金融研究方面，有王业键《中国近代货币与银行制度的演进（1664—1937）》（台湾“中央研究院”经济研究所 1981 年版），郑家度《广西近百年货币史》（广西人民出版社 1981 年版），李宇平《近代中国的货币改革思潮（1902—1914）》（台湾师范大学历史研究所 1987 年版），王宏斌《晚清货币比价研究》（河南大学出版社 1990 年版），宫下忠雄《近代中国银两制度研究》（有明书房 1990 年版），戴建兵《中国近代纸币》（中国金融出版社 1993 年版），姚会元《中国货币银行》（武汉测绘科技大学出版社 1993 年版），张通宝《湖北近代货币史稿》（湖北人民出版社 1994 年版），穆渊《清代新疆货币史》（新疆大学出版社 1994 年版），桑润生《简明近代金融史》（立信会计出版社 1995 年版），程霖《中国近代银行制度建设思想研究》（上海财经大学出版社 1999 年版）。在外债和外资研究方面，有曹均伟《近代中国利用外资》（上海社会科学院出版社 1991 年版），许毅等《清代外债史论》（中国财政经济出版社 1996 年版），曹均伟、方小芬《中国近代利用外资活动》（上海财经大学出版社 1997 年版）。在太平天国的财政经济制度研究方面，有郭毅生《太平天国经济制度》（中国社会科学出版社 1984 年版）。

第三，有关论文集的出版较为活跃。台湾商务印书馆 1986 年出版的《中国近现代史论集》值得注意，该论文集分作 30 编（本），在许多编中都有相关的财政研究论文：如第二编中王仲孚的《同光间新疆回乱的善后措施》；第八编中庄吉发的《清季南北洋海防经费的筹措》，包遵彭的《清季海军经费考实》，吴相湘的《清季园苑建筑与海军经费》；第十编中全汉昇的《清季铁路建设的资本问题》，庄吉发的《清季铁路经费的筹措》；第十一编中黄俊彦的《甲午战后筹还外债与财政的变革》；第十三编中王树槐的《庚子地方赔款》；等等。孙健编《中国经济史论文集》（中国人民大学出版社 1987 年版），收录了彭雨新《中国近代财政史简述》、宓汝成《近代中国外债》等长篇论文，这些论文虽属讲义性质，但由于是作者的多年研究心得，不乏真知灼见。台湾"中央研究院"近代史研究所社会经济史组编《财政与近代历史》（台湾"中央研究院"近代史研究所 1999 年版），分为上、下两集，收录了许多有分量的论文。个人的论文专集如彭泽益《十九世纪后半期的中国财政与经济》（人民出版社 1983 年版），汤象龙《中国近代财政经济史论文选》（西南财经大学出版社 1987 年版），陈锋《陈锋自选集》（华中理工大学出版社 1999 年版），山本进《清代财政史研究》（汲古书院 2002 年版）等。

第四，有关研究论文数量繁多，几乎涉及晚清财政的各个方面。有些研究论文具有较高的研究水准，如彭泽益《清代咸同年间军需奏销统计》（《中国社会科学院经济研究所集刊》第 3 集，1981），分别对镇压太平军的军费支出、镇压捻军的军费支出、镇压西北回民起义的军费支出、镇压西南人民起义的军费支出、镇压两粤闽台人民起义的军费支出进行了梳理统计。彭雨新《辛亥革命前夕清王朝财政的崩溃》（《辛亥革命论文集》，湖北人民出版社 1981 年版），系统研究了晚清的财政收入、财政支出以及清廷的财政困境。何汉威《清末赋税基准的扩大及其局限》（《“中央研究院”近代史研究所集刊》1988年第17期下册），不但注意到了晚清财政的总体状况，而且对烟酒税、契税进行了深入研究。另外，刘克祥《太平天国后清政府的财政整顿和赋税搜刮》（《中国社会科学院经济研究所集刊》第3集，1981），岩井茂树《清代国家财政中的中央与地方——以酌拨制度为中心》（《东洋史研究》第42卷第2号，1983），魏光奇《清代后期中央集权财政体制的危机》（《近代史研究》1986年第1期），周育民《甲午战后清朝财政研究》（《中国经济史研究》1989年第4期），张国辉《晚清财政与咸丰朝通货膨胀》（《近代史研究》1999年第3期），等等，都是有关方面的代表作。

上述之外，一些断代著作和经济史著作中，也对晚清的财政予以充分的注意。宓汝成主编的《清代通史》第八卷（辽宁人民出版社1991年版），刘克祥主编的《清代通史》第十卷（同前），严中平主编的《中国近代经济史——1840—1894》（人民出版社1989年版），汪敬虞主编的《中国近代经济史——1895—1927》（人民出版社2000年版），都有相当的篇幅对财政问题进行表述。郭松义、李新达、李尚英《清朝典制》（吉林人民出版社1993年版），在相关章节中，对财政问题着墨较多。杜家骥《清代简史》（福建人民出版社1997年版），列有“财政”专章。朱英《晚清经济政策与改革措施》（华中师范大学出版社1996年版），也有对“晚清的财政金融政策”的专章讨论。

二、专题研究与资料汇编

在以往的晚清财政史研究中，有若干研究专题形成了热点，并取得了突出成就。

（一）晚清财政体制的研究

晚清财政体制的研究，集中在中央财政与地方财政的关系方面，一直受到许多学者的注意。起初，在20世纪30年代，以研究当时的地方财政以及中央财政与地方财政关系为主旨，出现了许多研究论文，如齐元三《中央与地方赋税划分》（《福建财政月刊》第5卷第2期，1931）、胡善恒《地方财政困穷问题》（《福建财政月刊》第5卷第2期，1931）、吴长春《县地方经费之研究》（《财政经济汇刊》第1卷第6期，1932）、冯华德《我国国地财政划分之理论与实际》（《浙江财政月刊》第9卷第10期，1936）等，这些论文对晚清的财政体制略有涉猎。随后，在20世纪三四十年代，前揭罗尔纲《清季兵为将有的起源》，彭雨新《清末中央与各省财政关系》，罗玉东的《光绪朝补救财政之方策》，吴廷燮的《论光绪朝之财政》等文，对晚清中央财政体制的瓦解、晚清财权的下移以及地方财政自主权的扩大等问题，有深入的分析。这些文章的一个主要观点是财权的下移导致了地方督抚的专权。这一论点影响深远，为后来的许多论著沿袭。①

进入20世纪80年代以后，研究晚清中央财政与地方财政的论文较

① 参见缪全吉：《曾国藩幕府盛况与晚清地方权利之变化》，《中山学术文化集刊》第4集，1969年；魏光奇：《清代后期中央集权财政体制的危机》，《近代史研究》1986年第1期；尹福庭：《试论太平天国革命时期清政府中央和地方权利的消长及影响》，《清史研究集》第4辑，1986年；林乾《咸丰后督抚职权的膨胀与晚清政治》，《社会科学战线》1989年第1期；汪林茂《清咸同年间筹饷制度的变化与财权下移》，《杭州大学学报》1991年第2期；何瑜《晚清中央集权体制变化原因再析》，《清史研究》1992年第1期。另外，何烈在其所著《清咸同时期的财政》（台湾“国立编译馆”1981年版）中，重点研究了晚清的中央财政与地方财政，认为：咸同以降，中央控制名存实亡，“自全国而言，督抚的权利已大于中央；自一省而言，新设各种机构的权利已大于原有的建置衙署。于是吏事、兵事与经费，实际上都非中央政府所能控制，只有督抚才是真正的主宰。一切政务实施，中央一惟地方大吏的意志为转移，本身绝少主见”。此种见解依然是传统定论的申说。除此之外，何氏还具体分析了在财政关系方面，中央与地方的不协调，以及疆臣与将领之间的摩擦。

多。在数量繁多的论文中，刘广京、何汉威、戴一峰等人的论文值得注意。刘广京《晚清督抚权利问题商榷》（刘广京《经世思想与新兴企业》，台湾联经事业出版公司 1990 年版），不同意前此学者认为的太平天国革命被镇压后，清政府的财权、军权、政权下移，中央控制日益式微，从而形成地方督抚专权之局的传统定论。认为，中央既未如成说所云大权旁落，督抚亦未如想象中那样为所欲为。何汉威《从清末刚毅、铁良南巡看中央与地方财政的关系》（《“中央研究院”历史语言研究所集刊》第 68 本，第 1 分，1997），从光绪二十五年刚毅南下江苏、广东整顿财政和几年后铁良南下江苏理财的个案研究入手，探讨了中央与地方财政的关系，提出了一些新的论点，认为：“清末从中央到地方督抚，对他们辖下的财政管理，俱失去有效的监控能力。中央固不用说，甚至督抚的财权亦受地方下层势力所制约……中央根本无法对省财政作彻底根本的清理，而督抚面对下层盘根错节的贪污舞弊，即使有意整顿税收，亦无能为力。”戴一峰《晚清中央与地方财政关系：以近代海关为中心》（《中国经济史研究》2000 年第 4 期），则从近代的海关着手，探讨了中央财政与地方财政以及侵华列强改造中国财政体制等诸多方面的复杂关系，指出，中央与地方的不协调，使得“清廷对于各省的财政，连名义上的控制也维持不住了”。而疆臣与将领之间的摩擦，导致了矛盾的迭起，从而导致了筹饷、协拨的困难。

另外，拙作《清代中央财政与地方财政的调整》（《历史研究》1997 年第 5 期）一文，较系统地探讨了有清一代中央财政与地方财政的关系。对于晚清的财权下移，笔者认为：“晚清的财权下移是一个复杂的现象。财权下移之局面的形成，因为时局的变化，既有督抚专权的意蕴，又有时势所迫的政策导向因素；财权下移的结果，既标示着中央财政对地方财政的失控，又展现出财政体制极端混乱之后，地方漫无限制地筹款，一方面使清廷和各地方渡过了重重险关，另一方面又不可避免地导致弊端迭出。”同时，笔者认为，晚清的财权下移事实上为清廷所不容，因此便有种种清理整顿财政的措施出台，并对此作了具体的分析。[①]

日本学者山本进的《清代后期四川地方财政的形成》(《史林》第75卷第6号，1992)、《清代后期四川的财政改革与公局》(《史学杂志》第103编第7号，1994)、《清代后期湖广的财政改革》(《史林》第77卷第5号，1994)、《清代后期江浙的财政改革与善堂》(《史学杂志》第104编第12号，1995)、《清末山西的差徭改革》(《东洋史研究报告》第19号，1995) 等文[②]，以及谷井阳子《道光咸丰时期地方财务基调的变化》(《东洋史研究》第47卷第4号，1989)，土居智典《清代湖南省的省财政形成与绅士层》(《史学研究》第227号，2000)，通过细致的个案考察，把着眼点放在了晚清地方财政的变制及其复杂的关系方面，展现出新的视角和研究方法。

(二)货币研究

在早期的货币研究著作中，国内学者金国宝《中国币制问题》和张家骧、吴宗焘、童蒙正《中国之币制与汇总》两书，有较高的研究水准。《中国币制问题》在叙述本位制度、银两制度以及银币、铜币、纸币问题时，对光绪以降的变革作了系统的梳理，书中列制的统计表格，如“(光绪年间) 各省银角之成色重量”、“(光绪、宣统年间) 各省通用银元之成色重量”、“各省宝银名称重量表”、“各

① 还可参见笔者最近发表的几篇长文：《清代财政支出政策与支出结构的变动》，《江汉论坛》2000年第5期；《清代财政收入政策与收入结构的变动》，《人文论丛》2001年卷；《清代财政行政组织与奏销制度的近代化》，《人文论丛》2000年卷；《清代财政制度的近代化》，《东瀛求索》第11号，2000年。

② 已收入该氏的论文集《清代财政史研究》，汲古书院2002年版。

地通用银两与库平比较表”、“海关平与各口通用银两比较表”等，对后来的相关研究开启了门径，打下了基础。《中国之币制与汇总》对硬币（银元、铜元、制钱）、纸币、本位制及造币机构等作了精当的叙述。其记银元云：“清以前，吾国上下通行之银，皆系以重量计，而不以枚数计也。自清乾隆五十七年，户部奏准西藏鼓铸银钱，是为我国以银铸币之始。至道光初年，各国银钱输入渐多，蔓延各地，欲禁无由，当时两广总督林则徐，奏请自行鼓铸银元，借资抵制，旋经部议驳。又道光中，浙省曾自铸一两重银钱，欲与洋元并行，以民间阻滞而止。光绪初年，吉林机器官局所铸有一钱、三钱、半两、七钱、一两五种，皆未见盛行。至十三年二月，粤督张之洞奏称……于是我国流通之银元中，始有吾国自铸之银元。”若非有深入的研究，不可能有如此的高度概括。日本学者清水孙秉《清国货币论》（东京富山房1911年版），亦值得重视。该书事实上以研究晚清的货币为旨归，对晚清的货币制度、货币种类、“兑换券”（银票、钱票、洋钱票）、票号、钱庄、钱铺、大清户部银行、通商银行、外国在华银行等都有述说。而且，清水氏应邀在北京的时间有两年多，除博采典籍文献外，又辅以调查，称得上力作，清朝度支部通阜司司长王璟芳的序言亦称“言我国币制沿革及现今金融状况至详且尽”。根岸佶、越智元治《中国及满洲的通货及币制改革》（东亚同文会1937年版），以研究民国年间的货币为主，但对清代的银两制度、铜钱制度、纸币等都有所叙述，特别是在探讨币制改革时，认为晚近的币制改革分为4个时期：第1时期是1895—1900年；第2时期是1901—1914年；第3时期是1914—1927年；第4时期是1927—1935年，表现出很好的识见。另外，对晚清的所谓“金本位案”、“银本位案”也有细致的讨论。宫下忠雄《中国货币制度论》（大阪宝文馆1938年版）和《中国银行制度论》（东京岩松堂书店 1941 年版），也值得注意，宫下氏的这两种著作虽然都是以民国年间为研究时段，但对晚清时期也有论述。特别是后一种著作，对晚清的银行业发展及纸币法规等叙述较为细致，所示列的 78 个统计表，如“历年开设支那银行年别统计（1896—1937）”、“萌芽时期支那银行设立年别统计（1896—1911）”、“外国银行各年设立表（1857—1925）”、“外国银行的对华投资（1874—1925）”等，颇具价值。

近年出版的货币研究著作较多，前已揭明，不赘述。①

（三）外债与赔款

晚清往往为清偿军费赔款而举借外债，所以，外债与赔款、军费等都有所联系，相关的研究成果都可以参考。在外债研究方面，安东不二雄《清国国债事情》（横滨正金银行 1910 年版），是最早的著作之一，全书分为七章：第一章，清国国债的起源；第二章，日清战争以前的国债；第三章，日清战争公债；第四章，义和团赔偿金及补充公债；第五章，铁道借款；第六章，内国债及地方公债；第七章，全国岁出岁入及关税收入额。该书以研究晚清的外债为主，对晚清的内借及财政的总体状况也有专章。在对外借款中，详于甲午战争所导致外债的叙述与分析，对汇丰银款、汇丰金款、克萨借款、俄法借款、英德借款、英德续借款有单独论列，并对每次

① 另外可以参考的论文如郝延平：《晚清沿海的新货币及其影响》，《“中央研究院”近代史研究所集刊》第 7 期，1978 年；彭泽益：《1853—1868 年的通货膨胀》，《中国社会科学院经济研究所集刊》第 1 集，1979 年；朱浤源：《近代广西货币的变革》，《“中央研究院”近代史研究所集刊》第 19 期，1980 年；李宇平《张之洞的货币政策》，《台湾师大历史学报》1983 年第 11 期；何汉威：《从银贱钱荒到铜元泛滥——清末新货币的发行及其影响》，《“中央研究院”历史语言研究所集刊》第 62 本，1993 年；张国辉：《晚清货币制度演变述要》，《近代史研究》1997 年第 5 期；邓绍辉：《论甲午战后清政府币制改革及失败原因》，《四川师大学报》1999 年第 2 期。

借款的偿还方法、偿还资金、偿还财源等作了说明。对铁道借款的叙述也相当细致，按时间顺序分别叙述了关内外铁道公债、京汉铁道公债、正太铁道公债、汴洛铁道公债、沪宁铁道公债、粤汉铁道借款、道清铁道借款、广九铁道公债、津浦铁道第一次公债、沪杭甬铁道公债、邮传部公债、新奉铁道借款、吉长铁道借款、津浦铁道第二次公债、邮传部赎路公债。丰田多贺雄《中国的借款金融政策》、伊藤文吉《中国与列强的经济关系》（京都内外出版株式会社 1923 年版）、中滨义久《中国的对外借款》对甲午战争以前的外债、甲午战争以后的外债、义和团与外债、币制改革及东三省实业振兴借款、瑞记借款等，也有详细的叙述。

许毅等《清代外债史论》是近年出版的集中研究外债的一本专书，涉及了“西征借款”、“海防、塞防的建设与外债”、“四大军事工业的创立同外债的关系”、“洋务运动与外债”、“中法战争与外债”、“中日甲午战争与外债”、“清末矿业借款”、“清末电讯借款”、“清末地方政府借款”、“清末驻外使领馆借款与留学生学费借款”、“清末内债演变为外债的几次借款”、“币制实业借款的发生发展过程”等若干专题。有些专题前此学者涉及较少，值得注意。至于其他相关的论文，俞建国《清末财政性外债及其对中国自主权的影响》（《中国社会科学院经济研究所集刊》第 10 集，1988）一文，富有特色，该文不但缕述了清末的几次主要的外债，而且分析了外债对清朝财政的影响与控制。

在晚清的赔款中，庚子赔款影响最大，也最为纷繁，研究成果相对较多。王树槐《庚子赔款》（“中央研究院”近代史研究所 1974 年版），是专门研究庚子赔款的著作，该著分作“庚子赔款的议定”、“中国的筹措”、“偿付的波折”、“各国的退还”诸章，对庚子赔款的议定、筹措、偿付等作了系统的研究。作者写作该书的目的是，“综观庚款前后经过，比较各国的用心，分析其利弊得失，阐明对中国财政、教育、实业等各方面的影响”。由于作者利用了大量的中外档案，且分析透彻，使《庚子赔款》成为一部国内外学者注目的名著。①

汤象龙《民国以前的赔款是如何偿付的》（《中国近代经济史研究集刊》1934 年第 2 卷第 2 期），则是对清代赔款进行综合研究的重要论文。汤象龙认为：“军费、外债和赔款为中国近代财政史上国家三宗最大的支出，三宗的总数常占国家岁出三分之二以上，各时期的财政的盛衰和变迁与此有莫大的关系，特别是时代愈近，关系愈不可分离。更重要的是近百年来的情形，军费、外债和赔款三宗岁出都有连带的关系。一旦对外战争爆发或对内镇压农民起义，政府军费随之膨胀，军费膨胀，外债即随之。及对外战争结束，赔款又随之。或因赔款摊偿，外债又随之。此种连带的关系构成中国近代财政史的主要基础之一。”这是颇有见地的论述。按照汤象龙的说法，中国的对外赔款，自鸦片战争到清亡的 50 年时间里，大小赔款多达一百数十次，各种赔款有的因为战争，有的因为教案，赔款的偿付有的归于中央政府，有的归于地方政府。在归于中央政府的赔款中，有五次最为重要，数额也最为巨大，即：1842 年的鸦片战争赔款、1860 年的英法联军赔款、1881 年的伊犁偿款、1895 年的日本赔款（甲午赔款）、1901 年的八国联军赔款（庚子赔

① 在王树槐《庚子赔款》之外，唐林：《庚子赔款》，《银行月刊》1935 年第 5 卷第 1 期；蔡百受：《庚子赔款偿付之经过》，《银行周报》1935 年第 11 卷第 40—45 期；杨志章：《英国庚款与其用途》，《银行月刊》1936 年第 6 卷第 6 期，是早期研究庚子赔款的重要论文。20 世纪 80 年代以后，又有新的论文发表，田志和、苏义发：《清代东北地方庚子赔款始末》，《东北师大学报》1988 年第 4 期；周志初：《庚子赔款本息的计算方法及应付数额》，《历史档案》1992 年第 4 期；宓汝成：《庚子赔款的债务化及其清偿、“退还”和总清算》，《近代史研究》1997 年第 5 期；袁成毅：《中国对日庚子赔款述略》，《抗日战争研究》，1999 年第 4 期，等等，对庚子赔款进行了专题性的深入研究。

款）。汤象龙的这篇论文，对这五次赔款的数额以及赔款的摊偿进行了总体研究。该文的最大特点是利用档案和相关文献列制了大量的统计表格，为后来的研究提供了方便。①

（四）关税（海关）

在关税研究方面，日本学者吉田虎雄是较早的开拓者之一，他的《中国关税及厘金制度》，对税关的设置、税关的沿革与组织、常关税的征收、海关税的征收，叙述系统而有致，而且特别注意到了晚清与民国初年的变革。该书附录部分“海关税率表”，非常详细，也为后来的研究者提供了方便。而高柳松一郎的《中国关税制度论》②，英国学者莱特的《中国关税沿革史》③，则是研究中国近代海关制度和关税征收的力作。特别是莱特的《中国关税沿革史》，主要根据海关档案，并参考英国外交部档案写成，有重要的史料价值和学术价值。国内学者陈向元《中国关税史》（京华印书局 1926 年版），马寅初《中国关税问题》（商务印书馆 1930 年版），吴堉幹《中国关税问题》（商务印书馆 1930 年版），李权时《中国关税问题》（商务印书馆 1936 年版），周念明《中国海关之组织及其事务》（商务印书馆 1933 年版），都是研究晚清至民国年间关税问题的

---

① 另外，彭泽益《论鸦片战争赔款》（《经济研究》1962 年第 12 期），是另一篇研究赔款的重要论文，该文对鸦片战争赔款研究得更为细致，除了论述英国勒索赔款的项目（烟价、行欠、战费）以及清廷对偿还赔款的罗掘外，对此次赔款所带来的人民负担的加重予以了充分的注意。[日] 伊原泽周的《关于甲午战争的赔偿金问题》（《中华文史论丛》第 54 辑，上海古籍出版社 1995 年版），考察了甲午战争中日本军费支出的总额以及清朝的赔款总额，揭示出日本对中国的财政掠夺。谢俊美的《再论中日甲午战争的赔款问题》（《华东师范大学学报》1993 年第 2 期）、戚其章的《甲午战争赔款问题考实》（《历史研究》1998 年第 3 期），也作了一些新的论述和考证。

② 该书原名为《支那关税制度论》，1926 年又出版了改定增补版。中文版作为“经济丛书社丛书之五”，商务印书馆 1924 年版出版，李达译。

③ 该书 1938 年在上海用英文出版。1958 年三联书店出版中文本，姚曾廙译。

重要著作，虽详于民国，但对晚清的关税研究亦有相当的篇幅。

20 世纪 80 年代以后，又有赵淑敏《中国海关史》，卢汉超《赫德传》，汪敬虞《赫德与近代中西关系》，蔡渭洲《中国海关简史》，叶松年《中国近代海关税则史》，陈诗启《中国近代海关史·晚清部分》、《中国近代海关史问题初探》，戴一峰《近代中国海关与中国财政》，冈本隆司《近代中国与海关》出版，前已揭明。这些著作代表了最新的研究水平。其中，戴一峰的著作，更注意研究海关与财政的关系。该书分为上、下两编：上编为“中国近代海关的历史沿革及其与中国财政关系的演进”，重点探讨了晚清时期的海关与财政、民国时期的海关与财政；下编为“中国近代海关与中国财政关系面面观”，重点探讨了海关与常关、海关与厘金制度、海关与内外债及赔款、海关与晚清的财政整顿和改革。作者认为：“在近代中国，列强侵华势力控制下的中国海关在它与中国财政的关系中，典型地扮演了双重角色：它既是列强扩大对华经济侵略，控制中国财政经济命脉的工具，又是列强改造中国财政体制的样板。”该书列制的 25 个统计表格也有重要的参考价值。冈本隆司的著作，也分为上、下两编：上编注意研究晚清海关的起源与税务司制度，并对粤海关、上海关进行了重点分析；下编则从海关税与借款、赔款以及中央财政与地方财政的关系着眼，探讨晚清以迄民国年间海关体制、海关税征收与财政经济的变化。陈争平《1895—1936 年中国国际收支研究》（中国社会科学出版社 1996 年版），也对晚清的海关贸易统计、走私贸易、国际收支平衡等问题进行了较为深入的研究。

著名学者滨下武志的《中国近代经济史研究》（东京大学东洋文化研究所报告，1989），其副标题即是“清末海关财政与开港场市场圈”，将海关与晚清的财政问题放在了一个重要的位置。从该书的章目设置中，也可以窥见作者的研究意旨。第一章为“清末财政与海关”，主要研究晚清财政的总体状况，从关税、厘金、币制看中央与地方财政的关系，海关与晚清财政，借款政策与晚清财政，财政整理与海关税等。第二章为“马士与中国海关”，主要研究马士（H. B. モ－ス，又译作“摩尔斯”，Hosea Ballou Morse）与上海统计局，马士与海关贸易报告，马士与中国的国际收支问题，借款的返还与金融市场等。第三章为“海关与贸易统计”，主要研究海关的设立与运作，海关统计与统计方法的变迁，亚洲区域内的交易与中国等。第四章为“开港场与地域市场”，主要研究亚洲市场和中国，地域市场和地域关系间的海关与常关，常关、海关与通货金融问题，海关与地域市场等。该书搜集、利用了大量的中、英、日文献和研究论著，据作者在“序”中所说，搜集海关资料达 10 余年，书后附录的“海关关系资料目录”和“研究文献目录”长达 76 页。又附录有“贸易统计关系资料”、“关税关系统计资料”、“海关统计集计法”、“海关 · 常关 · 厘金税则”（包括 1858 年天津条约附属关税税则、1902 年中英通商条约附属关税税则、1903 年厦门关输出入税则、1905 年重庆新厘科则、重订苏省水卡捐章、厦门内地税关税目）、“税关关系文书”、“镇江关关系资料”等。因此，该书也就同时具有了重要的史料参考价值。①

在早期的关税研究论文中，汤象龙《光绪三十年粤海关的改

---

① ［日］黑田明伸教授有对滨下武志著作的书评，可以参见（《滨下武志〈中国近代经济史研究——清末海关财政与开港场市场圈〉》，《史学杂志》第 100 编第 6 号，1991）。又按：滨下武志的另一部著作《近代中国的国际契机》（东京：东京大学出版会 1990 年版），也涉及晚清的海关与关税。该书已有中文版（朱荫贵、欧阳菲译，中国社会科学出版社 1999 年版）。另外，中华书局 1992 年出版的汤象龙《中国近代海关税收和分配统计》是一部重要的统计资料书。需要提及的是，该书的“绪论”部分，分作“中国近代海关税务司制度”、“中国半殖民地半封建社会的海关税制”、“税务司制度建立后中国海关税收的分析”、“中国近代海关税收的分配”四个部分，作了长篇论述，几与专著无异。

革》是一篇值得注意的论文。粤海关是康熙二十三年（1684）与闽海、浙海、江海同时设置的四个海关，至乾隆二十二年（1757），其他三关关闭，粤海关成为鸦片战争前中国唯一的对外贸易口岸。对此关进行个案研究，具有特别的意义。而光绪三十年（1904）粤海关的改革，“清除了该关二百余年来许多积弊，这不但在该关的历史上是一件大事，即在整个的关税史上也是值得注意的一件事”。该文在叙述粤海关用人、报销等方面的积弊后，对改革的措施作了分析。汤象龙在20世纪80年代还发表过两篇关税个案研究的论文，即：《台湾海关税收和分配统计（1862—1894）》（《中国社会经济史研究》1982年第3期），《重庆海关税收和分配统计（1891—1910）》（《四川文史资料》1983年第3期），也可以参考。

在20世纪六七十年代，日本学者发表了几篇重要论文，如，金城正笃《1854年上海“税务司”的创设——南京条约以后的中英贸易和税务司创设的意义》（《东洋史研究》第24卷第1号，1965）、同氏《清代的海关和税务司——税务司制度的确立》（琉球大学《法文部纪要——史学·地理学篇》第18号，1975），对税务司进行了系统的研究。副岛元照《帝国主义与中国海关制度——从鸦片战争到辛亥革命》（京都大学人文科学研究所《人文学报》第42号，1976），对列强染指下的晚清海关作了概要的叙述。

国内学者在20世纪80年代后发表的研究论文，如姚贤镐《两次鸦片战争后西方侵略势力对中国关税自主权的破坏》（《中国社会科学》1981年第5期），陈诗启《论清末税务处的设立和海关隶属关系的改变》（《历史研究》1987年第3期），戴一峰《近代中国租借地海关及其关税制度试探》（《海关研究》1987年第2期）及《论清末海关兼管常关》（《历史研究》1989年第6期）等文，具有代表性。

(五)厘金

在厘金研究方面，前已提及的1915 年出版的吉田虎雄《中国关税及厘金制度》，1917 年出版的王振先《中国厘金问题》，1926 年出版的木村增太郎《中国的厘金制度》，是最早的研究著作，具有开拓之功。可惜的是，后来的相关论著鲜见提及。

吉田虎雄的《中国关税及厘金制度》，除“税关”一章中，有厘局的叙述，“关税”一章中有鸦片厘金的叙述外，对厘金的研究以“各省的厘金制度”为名，分省区进行，分别对江苏、浙江、湖北、四川、福建、奉天、直隶、山东、河南、山西、陕西、甘肃、安徽、江西、湖南、广东、广西、云南、贵州、吉林、黑龙江等省区的厘金作了概要的叙述。其中详于江苏省的厘金。

王振先的《中国厘金问题》，分为7 个篇目对厘金进行了初步研究，即：1. 绪言；2. 厘金之沿革；3. 各省厘金之制度（附铁道厘金）；4. 厘金之税率及其税额；5. 厘金在租税上之研究；6. 免厘加税之运动及其主要论旨；7. 免厘之根本计划。其中“各省厘金之制度”与吉田虎雄著作中的“各省的厘金制度”大致相似。王氏曾留学日本早稻田大学，是否参考吉田氏著作或二人相互切磋，不得而知。其他篇目还是有其独到的见解，如，在“厘金之沿革”中，将厘金的沿革分作三个时期：一是创办时期，包括雷以諴的创制和曾国藩、胡林冀的仿行。二是推广时期，认为，“办有成效，各省争自仿行，不数年间，厘金遂推及于各地。开办伊时，厘局地点尚限于水陆冲要、货物辐辏之区。自商贾谋脱税趋歧路，承办厘金之局员，复认额包征，借以牟利。时捐输之例即开，纳贿得官者相望于道，其势不能不多取盈。防奸商趋避之弊，不免多设分局，在在盘诘留难，商民益受其累。”三是发达时期，认为，咸丰末年，虽已认识到厘金的弊害，屡有裁减厘局之谕，但因为财政困难，厘局难撤。至光绪年间，厘局益繁，病民亦愈甚。“江苏一省，有四百余所之分卡，自大运河上流宿迁县至镇江，其间距离仅六百里，而厘局及常关之数，达十有九。又由河南省卫辉府经卫河输送货物于天津，历河南、山东、直隶三省，沿途纳税须十余次。其烦苛可想。……所谓厘金发达时期，即其殃民最甚之时。”并且指出，民国初年，“厘金有议裁之说，未能实行，间有一二省行之者，旋复其旧。未几以厘金为国税，命各省国税厅掌之。民国三年，官制改正，各省设财政厅，厘金亦归管辖。自是以后所差异者，只其征收考成及整顿办法特见明文，以为施行标准耳，于免厘加税之根本问题无与也”。又如，在“厘金之税率及其税额”中对厘金课税、征收方法的归结：“其课税法有二种，一曰配赋法。各地运行之物品，而以其数配赋于商民。其弊也，此地税轻，彼地税重，甲货税轻，乙货税重，不公孰甚。此在同治四年以前各省尚多用之，其后知有流弊，乃渐改革。一曰定率法。先将税品公估一定之价格，刊印成帧，使各地按率以征收之。然货色贵贱、货价高低，因时与地而各不同，欲悬定价，强不可齐者，而齐之亦未足以言平允。于是局员藉斟酌变通之美名，行因缘为奸之实事。兼以官吏包办，多方取盈。其征收方法，有一起一验者，有两起两验者。逢起则税加重，逢验则税稍轻。前者谓之纳税二次之制度，后者谓之纳税四次之制度。究之二次四次之外，尚有层层留难，暗中需索者。手续愈繁，弊端愈多，商民之负担亦愈重。……或谓统捐之制，比较为良，然各省有行之者，卒以脱税甚多，收入锐减，并此新制不能维持。”这些论述，均值得注意。

木村增太郎的《中国的厘金制度》，主要叙述了厘金的沿革、厘金的性质与种类、厘金的征收与裁撤，内容较为简略，基本上与该氏随后出版的《中国财政论》一书中的“货物税”重复。

另外，金子隆三《支那之厘金制度与产业政策》也值得注意。[①]该书的分量较足，其“厘金”部分多达 16 章，章目如下：第一章，厘金的沿革；第二章，厘金的本质；第三章，厘金局的组织（包括清代的厘金局组织、现行厘金局组织等）；第四章，各省厘金局的名称及总数；第五章，厘金征收制度（包括一起一验制、两起两验制、统捐制、出产税、销场税、产销税、落地税、过境税等）；第六章，税率；第七章，征收规定；第八章，制裁规定；第九章，各省的厘金制度；第十章，铁道厘金（包括京汉铁道厘金、京奉铁道厘金、津浦铁道厘金、山东铁道厘金等）；第十一章，特种厘金及与厘金类似的杂税、杂捐（包括盐厘、糖厘、家畜厘、茶税、丝蚕捐、烟酒税捐等）；第十二章，厘金收入及其归属；第十三章，厘金的弊害；第十四章，厘金与子口半税的关系及得失；第十五章，厘金改良计划；第十六章，废厘加税问题。仅从章目已可看出其探讨厘金问题的全面。由于该书属于调查报告的性质，当然不乏识见，但更偏重于资料的汇集。如第三章中对重庆厘金局、汉口征收局、长沙厘金局、广东韶州厘金局组织机构的示列；第六章中对湖北、山东厘金税则的统计；第十一章中对广西与江西的糖厘、江苏与浙江等地的丝蚕厘列举等，都颇为细致。

1932 年出版的井出季和太氏的《厘金》也属于调查报告的性质[②]，内容更为翔实。分别对厘金的沿革、厘金的意义、厘金的种

---

① 该书属于“支那出张复命书”第四编《厘金》、第五编《支那的产业保护政策》的合集。《中国的厘金制度与产业政策》藏于东京大学经济学部图书馆，资料卡上注明：东京，出版时间不详。该书亦没有版权页，但贴有东京岩松堂书店的售书小票。书中引用资料的最后时限是 1916 年。又，东洋文库的藏本作：金子隆三，《支那出张复命书》，大正七年（1918）。

② 此为《支那内国关税制度》的第三册，“南支那及南洋调查”第 208 辑。台北：台湾总督官房调查课 1932 年版（日文）。

类、厘金的征收机关、厘金的税率、厘金的利弊、各地的厘金制度、铁道厘金、特殊厘金、厘金收入、厘金减免等问题进行了叙述。在对“各地的厘金制度”的叙述中，大多数省份都将清代和民国分别论列，在对“特殊厘金”的叙述中，盐厘和鸦片厘金均是分省区论列。而且，将引用的典籍文献和论著加以揭示（重要者如《湖南厘务汇纂》、《福建省例》、《广东全省厘务总局新刊厘则》、《福建省厘捐类沿革利弊说明书》、《阁钞汇编》、《户部陕西司奏稿》、《丁恩改革盐务报告书》、《各省厘金状况调查统计表》、《支那经济全书》、各省财政说明书以及《中国度支考》、《中国厘金问题》、《中国关税制度论》、《民国财政史》等），是著在资料性和学术性方面，超过了前此各种著作。在台湾总督官房调查课写的“凡例”中，也认为井出季和太氏的“调查研究”，具有极其重要的参考价值。

而罗玉东的《中国厘金史》和何烈的《厘金制度新探》在研究的深度上堪为代表。罗著是早期厘金研究的代表作，是书分为12章，分别对厘金制度之起源、历年清廷对于厘金税政之措施、全国厘金税制概要、全国厘金收支概况、江苏浙江安徽三省厘金、江西湖北湖南三省厘金、福建广东广西三省厘金、山东河南山西直隶四省厘金、陕西甘肃四川云南贵州五省厘金、东三省及新疆四省厘金等进行了系统考察。作为一部名著，《中国厘金史》的特点主要有三：第一，既有对厘金制度起源、沿革及厘金与晚清财政状况的总体考察，又有分省区的细微梳理与分析；第二，引用资料十分丰富，包括了各省的厘金奏报档案、各省的财政说明书、有关省份的厘务汇纂和抽厘则例、海关关册、支那经济全书等；第三，十分注意统计资料的编制与分析，书中共列制统计表128个，如“历年各省厘金收入总数”、“江苏省历年厘金收入项下其他税收分析”、“江苏省历年厘金收入项下各项拨款分析”、“浙江省历年厘金收支比较”等，颇具价值，曾反复被学者引用。但罗著亦有其不足，除了对前揭诸书鲜有提及外，研究范围局限在百货厘金方面，对盐厘等特殊厘金没有涉及，在有些方面，还没有达到井出季和太氏的调查研究水准。

何烈的《厘金制度新探》晚出，对厘金的起源、厘金对晚清财政的贡献、厘金制度的弊端、厘金与晚清政局等都有较好的论述。事实上，在《中国厘金史》的基础上撰写该书，本身就需要相当大的勇气。何烈在《厘金制度新探》的“绪论”中说：“关于厘金制度之研究，最具成绩的当推近人罗玉东，罗氏所著《中国厘金史》，堪称研究中国厘金制度的权威著作。书中详述厘金制度之创立及推行全国的经过，举凡征收制度及收支状况，均有颇为详尽的叙述和分析，并分别说明各省实施厘金制度的沿革、税制与收支情形。书后附录各种统计表、各省厘票及表报式样等，都极具参考价值。由于该书所引用的部分原始资料（如故宫档案及宣统年间所编各省财政说明书等）与重要参考书（如《湖南厘务汇纂》等），目下在台湾已很难找到，愈使该书身价增高，殆已成今日研究厘金制度必不可少的锁钥。《中国厘金史》出版于民国二十五年（1936），作者的研究方法容或未能尽善，但其著述态度是相当严谨的，见解也颇为独到。可惜书中所讨论的，只限于百货厘金一种，而收数颇大的洋药厘、土药厘、盐厘及其他杂项厘金，均甚少涉及。而且作者的研究重点，似乎是详于前而略于后（事实上，该书内容多为光绪三十四年以前的分析讨论，其后则甚为简略），详于制度沿革而略于影响分析。令人深觉此一问题仍有进一步研究的必要。”何烈还点评了前揭美国学者 E. G. 比尔《厘金的起源——1853—1864》一书，认为，“所持论点，大部因袭罗玉东，创见不多；引用资料，尤嫌贫乏”。不过，何烈对前揭吉田虎雄、王振先、木村增太郎、金子隆三、井出季和太诸氏所著各书都没有提及，不能不说是一个缺憾。

在研究厘金的论文方面，周育民《晚清的厘金、子口税与加税免厘》（上海市历史学会1986年年会论文集《中国史论集》），王翔《从“裁厘认捐”到“裁厘加税”》（《近代史研究》1988年第3期），杨文华《论中法战争以前厘金与子口税的消长变迁》（《史学月刊》1989年第1期），汪敬虞《威厚阔、李德立与裁厘加税》（《中国社会经济史研究》1990年第4期），戴一峰《论晚清的子口税与厘金》（《中国社会经济史研究》1993年第4期），马敏《清末江苏资产阶级裁厘认捐活动述略》（《马敏自选集》，华中理工大学出版社1999年版）等，均以晚清厘金的变制为研究重点，也是值得注意的。

（六）资料汇编

作为晚清财政史研究的基础性工作，资料的编撰，取得了较为突出的成就。在20世纪上半叶的资料汇编中，杜翰藩《光绪财政通纂》（蓉城文伦书局1905年版），是研究晚清财政最主要的资料。黄炎培、庞淞《中国四十年海关商务统计图表（1876—1915）》（商务印书馆1917年版），杨端六、侯厚培《六十五年来中国国际贸易统计》（“国立‘中央研究院’社会科学研究所”，1931），以及实业部国际贸易局《最近三十四年来中国通商口岸对外贸易统计（1900—1933）》（商务印书馆1935年版），是较早的海关贸易统计资料。江恒源《中国关税史料》（中华书局1931年版），陈度《中国近代币制问题汇编》（上海瑞华印务局1932年版），分类汇集相关资料，也为后来的研究打下了良好的基础。

清末（明治末年）日本对中国的调查资料如《支那经济全书》（东亚同文会1907—1908年版），《清国事情》（日本外务省通商局1907年版），《清国商业事情与金融习惯》（东亚同文书院1904年版），《清国商业总览》（东亚同文会 1906—1908 年版），《清国厘金税报告集——在清国帝国各领事馆调查》（日本外务省通商局 1909 年版）等，也汇集了颇有价值的晚清财政资料。如东亚同文书院教授根岸佶主持的《支那经济全书》共有 12 辑，其中，第 1 辑有财政编，第 3 辑有关税编，第 6 辑有货币编、银行编。以第 1 辑“财政”编为例，该编共分 4 章：第一章“总论”，概述有清一代的财政体制、法律典章、中央财政与地方财政的关系、赋税征收与吏治关系等。第二章“地方财政”，包括收入中的地租的种类、田制、赋则、征收、耗羡、地丁银、漕粮、粮折、盐政、盐课、盐厘、厘金、土药税、牙税、当税、契税、茶税、直隶的新税等款目；支出中的祭祀费、仪宪费、驿站费、赏恤、采办、织造、教育费、俸食（俸禄）、养廉银、公费银、红白事例银、河工、塘江、饷乾（驻防八旗、绿营、长江水师、勇饷、练军）、漕运经费、海军费、补支和预支、解京诸饷、协饷、在北京诸衙门费。并附录有地方财政实例（江南财政调查）[①]。第三章“中央财政”，包括经常收入中的漕粮、京饷、关税、杂款，临时收入中的协饷、捐项、借款、捐官；支出中的宫内费、俸食、养廉、饷乾、土木费、警察费、工部所管经费、宝源宝泉局经费、教育费、驿站、借拨银等。第四章“公债”，包括甲午以前的形势（外债的起源）、日清战争（甲午战争）导致的国债（含战初的财政状况、内债的募集、外债的成立）、日清战后善后公债（含怡和及瑞记借款、俄法借款、英德借款、偿还准备、昭信股票、续借英德洋款）、庚子赔款、地方借款

---

① 该调查包括“江宁藩库”、“江安粮道库”、“江南盐巡道库”、“江海关道库”、“金陵防营支应局”、“江南筹防局”、“金陵善后局”、“金陵厘捐局”、“江宁劝办房膏总局”、“徐州膏捐总局”、“裕宁官银钱局”、“江南银铜元局”、“皖南茶厘总局”、“徐州土药统捐总局”、“江宁府属清赋督垦局”、“吴淞口平粜义捐总局”、“上海摊地局”等。见《支那经济全书》第 1 辑，东京：东亚同文会 1907 年版，第 647—674 页。

等。又如《清国厘金税报告集——在清国帝国各领事馆调查》，依次包括了安东、奉天、牛庄、吉林、哈尔滨、天津、芝罘（烟台）、上海、南京、杭州、汉口、长沙、重庆、福州、厦门、汕头、广东等领事馆对厘金的调查，并辑录有各地的厘金税则与章程。这些资料也有助于晚清的财政史研究。

新中国成立以后直至80年代以前，有关的资料汇编也较为突出。严中平等《中国近代经济史统计资料选辑》（科学出版社1955年版），中国人民大学经济史研究室《中国近代国民经济史参考资料》（内部刊行，1962），在贸易、关税、银钱比价、地租形态等方面都选编了一些有价值的统计资料。李文治《中国近代农业史资料》（三联书店1957年版），对户口、田地、田赋资料的选编予以了充分的注意。巫宝三等《中国近代经济思想与经济政策资料选辑》（科学出版社1959年版），除了收录龚自珍、林则徐、魏源、王茂荫、包世臣等人的经济思想、财政思想、货币思想等资料外，还收录了嘉庆、道光、咸丰三朝的有关农业政策、工矿政策、商业政策、对外贸易政策、财政与货币政策等资料。中国人民银行总行参事室金融史料组《中国近代货币史资料》（中华书局1964年版），对近代货币资料的搜集堪称完备，特别是集中收录了相关档案资料，更具价值。徐义生《中国近代外债史统计资料》（中华书局1962年版），有较详的外债资料。姚贤镐《中国近代对外贸易史资料》（中华书局1962年版），有较详的关税资料。中国近代史资料丛刊编辑委员会主编的“帝国主义与中国海关资料丛编”，也是对海关与关税资料的集成，如《中国海关与中法战争》（科学出版社1957年版）、《中国海关与英德续借款》（科学出版社1959年版）、《中国海关与庚子赔款》（科学出版社1962年版）等。另外像《戊戌变法》（神州国光社1953年版）、《鸦片战争》（神州国光社1954年版)、《洋务运动》(上海人民出版社 1961 年版)等资料汇编，也有一定的财政资料的搜集。

20 世纪 80 年代以后，资料汇编受到进一步重视，特别是档案资料的编辑出版空前突出。除《历史档案》、《清代档案史料丛编》定期整理编辑出版清代档案资料外，许多类型的档案陆续出版，如《明清档案》(台湾联经出版事业公司 1986 年版)、《吴煦档案选编》(江苏人民出版社 1988 年版)、《光绪朝朱批奏折》(中华书局 1995 年版)、《咸丰同治两朝上谕档》(广西师范大学出版社 1998 年版)、《中国海关密档》(中华书局 1998 年版)，等等。这些档案汇编中包括了许多财政史料，有的还有财政史料专集，如《光绪朝朱批奏折》第 85、86、87 等辑，即是"财政"专编。《吴煦档案选编》的第 6 辑、第 7 辑则专门辑录了《清政府财政经济资料》。档案资料整理之外，一些集中的财政史料汇编也值得注意。如鲁子健《清代四川财政史料》(上册，四川社会科学出版社 1984 年版；下册，四川社会科学出版社 1988 年版)，徐雪筠《上海近代社会经济发展概况——〈海关十年报告译编〉》(上海社会科学出版社 1985 年版)，中国人民总行参事室《中国清代外债史资料》(中国金融出版社 1991 年版)，汤象龙《中国近代海关税收和分配统计》(中华书局 1992 年版)，穆和德、李策《近代武汉经济与社会——〈海关十年报告·汉口江汉关〉》(香港天马图书有限公司 1993 年版)，李必樟《上海近代贸易经济发展概况——1854—1898 年英国驻上海领事贸易报告汇编》(上海社会科学出版社 1993 年版)，吴兆莘、洪文金等《中国财政金融年表》下册(中国财政经济出版社 1994 年版)，莫世祥、虞和平等《近代拱北海关报告汇编》(澳门基金会 1998 年版)等。这些档案资料与财政资料汇编，对今后清代财政史的研究必将起到推进作用。

三、晚清财政史研究的特点与不足

概观20世纪的晚清财政史研究，我们可以总结出如下特点：

第一，从研究进程来看，20世纪之初至30年代以及20世纪80年代以后是晚清财政史研究较为突出的两个时期。在第一个时期，除了胡钧《中国财政史讲义》、徐式庄《中国财政史略》等多部财政通史和万国鼎《中国田赋史》、吴兆莘《中国税制史》等多部通史性的财政专史对晚清财政多有涉及外，还出现了哲美森《中国度支考》、吴廷燮《清财政考略》、松井义夫《清朝经费之研究》这样的专门研究清代财政史的著作。更为突出的是，出现了罗玉东的《中国厘金史》这样的堪称经典的专史著作。在第二个时期，除了著作、论文的数量猛增以及研究的深度、广度大为扩展外，晚清财政的专史研究非常突出，涵盖了田赋、盐税、关税、军费、货币、外债、厘金等诸多方面，并在若干方面形成了研究热点。从总体上研究晚清财政的著作，如《清咸同时期的财政》、《中国近代财政史丛稿》、《中国近代财政史》、《晚清财政与中国近代化》、《晚清财政与社会变迁》、《晚清财政经济研究》等，较为集中地出版。

第二，在晚清财政史研究的起步阶段，国内学者已比较注意国外财政学的理论著作翻译。如亚当士（斯）的《财政学大纲》，就由刘炳麟翻译，商务印书馆1933年出版；柏克的《市预算》，由孙树兴翻译，商务印书馆1933年出版；塞力格曼的《租税转嫁与归宿》，由许炳汉翻译，商务印书馆1935年出版；等等。同时，国内学者也开始撰写自己的财政学著作。如雍家源《中国政府会计论》，商务印书馆1933年出版；胡善恒的《赋税论》，商务印书馆1934年出版；尹文敬的《财政学》，商务印书馆1935年出版；马寅初的《财政学与中国财政》，商务印书馆1948年出版。这些财政学著作，一方面，注重财政理论与方法的探讨，对初始的财政史研究具有引导与规范作用；另一方面，注重论与史的结合，注重现实与历史的关系，对去时不远的晚清财政予以了关注和评说。胡善恒的《赋税论》对赋税的分类、赋税的原则、赋税的负担、赋税在经济上的影响以及我国的税种与西方国家的税种进行了分析论列。尹文敬的《财政学》在“预决算论”一编中，述及中国的预算起源时即云：“中国编制预算，起于清朝末年。光绪之季，政府以筹备宪政之名，注意清理财政，定清理财政章程三十五条，在京设财政清理处，各省设清理财政局，由部派财政监理官。令各省财政清理局将收支存储粮银各数，编造册籍并盈亏计算表送部。此种办法，已具会计出纳之形式，而为预算之先声……”这可以看作是在研究相关理论时对晚清预算的初步梳理。

第三，某些现实问题的凸显和对现实的关注，导致了研究热点的形成。20 世纪二三十年代的关税研究热就是一个典型。吴堉幹在其《中国关税问题》的序言中即称：“关税问题，系中国目前政治、经济、国权，均极重要。近年来，有识之士，殆均注意及此，即坊间关于此项问题之著述，亦尝汗牛充栋。”这从一个侧面反映出了财政史学者的学术责任感和现实使命感。仅从吴堉幹《中国关税问题》的章目中，亦可一目了然，如第二章为“中国关税自主权丧失之沿革”，第三章“中国海关行政权旁落之由来”，第四章“中国现行关税制度之缺点”。关注现实当然不能代替严格的学术研究，但历史与现实的相互照察，是学者的重要使命之一。

第四，一直比较注意财政资料的汇编与整理，大量财政资料的出版，成为晚清财政史研究的基础。哲美森的《中国度支考》、吴廷燮的《清财政考略》作为最初的财政史著作，主要显现的是其史料价值。而就专门的财政资料整理来说，有三个特点：一是从现有典籍文献中撮录财政史资料，如《中国财政金融年表》、《清代四川财政史料》等；[①] 二是清代档案的整理出版，如地方性档案馆的《吴熙档案选编》、中央级档案馆的《光绪朝朱批奏折》等，或者主要的是利用清代档案整理出的资料，如《中国近代货币史资料》、《中国清代外债史资料》等；三是带有研究性质的统计资料的整理，较为典型的是汤象龙《中国近代海关税收和分配统计》，罗尔纲在为该书所写的序中评价道："他（汤象龙）是1930年开始大量收集清政府档案时就选定'海关税收'作为研究课题。……从1930年至1936年他领导大批人员抄录了清代财政经济档案12万件，其中一半采用了统计列表方法。汤象龙同志撰著本书所用的档案多达六千件，只不过是他所收集的档案资料总数的百分之五。他把海关报告中的旧管、新收、开除、实在的四柱数字编成统计表格，在本书中发表了共计118个统计表，其中全国海关历年税收和分配综合统计表46个，全国各海关历年税收和分配关别统计表72个。可见著者在发掘和利用清代档案进行研究工作规模之大，在我国史学界是仅有的，也是最早的，至于著者运用统计方法整理大量财政经济档案更是我国史学界的第一人。"[②]

以往的晚清财政史研究虽然取得了很多值得称道的成果，但也存在着明显的不足，或者说存在着一些值得注意的问题。

我们知道，晚清财政史研究与前朝财政史研究的最大不同，是有清代档案可资利用，由于许多学者大量利用现存档案，使得研究课题显得细致而深入。汤象龙、刘隽、罗玉东等人在早期的研究中已开了利用清代档案的先河。其后，彭泽益《十九世纪后半期的中

① 《清代四川财政史料》中，也有少量的档案资料。
② 汤象龙：《中国近代海关税收和分配统计》，中华书局1992年版，第2页。

国财政与经济》收录的晚清财政史论文，陈锋《清代盐政与盐税》以及《陈锋自选集》中收录的研究论文等，都是主要依据清代档案资料写成。但不可否认的是，许多论著对档案材料的利用仍存在着明显的欠缺，甚至是一些重要的著作，如何烈《厘金制度新探》、《清咸同时期的财政》，周育民《晚清财政与社会变迁》等，仅仅是从已经出版的档案资料汇编或他人的论著中转引了一些材料，基本上没有自己查阅的档案。至于其他一些著作，如左治生《中国近代财政史丛稿》，孙文学主编《中国近代财政史》等，连转引的档案资料也稀见。并不是说，转用或不用档案资料就写不出好的著作，但毕竟制约着研究的深度。同时，档案资料的整理与出版亦明显滞后，虽然已经整理出版了许多档案资料，但与浩如烟海的清代档案资料相比还差之甚远，尚需动用大量的人力物力。而且，除了整理出版中国第一历史档案馆和台湾保存的清代档案外，各地方档案馆保存的档案也需要进一步予以关注。只有注意档案资料的利用，并加大档案资料特别是专题档案资料的整理出版，晚清财政史的研究才有望登上一个新的台阶。

另一个问题是，学术研究的规范性不够。关于这一个问题，近年已有不少文章进行指摘，也已有所好转。这当然是值得高兴的。晚清财政史研究的规范性问题，主要表现在两个方面：一是相当数量的论文选题重复，没有新意或新意很少，甚至不乏拼凑抄袭，不断地制造学术垃圾；二是有些论著既不进行学术史的检讨，也不借鉴或甚少借鉴他人的研究成果，这一方面可能是由于视野的受限，另一方面也有可能是有意无意的漠视。前已指出："1915年出版的吉田虎雄《中国关税及厘金制度》，1917年出版的王振先《中国厘金问题》，1926年出版的木村增太郎《中国的厘金制度》，是最早的研究著作，具有开拓之功。可惜的是，后来的相关论著鲜见提及。"这

“后来的相关论著”即包括了罗玉东的《中国厘金史》和何烈的《厘金制度新探》等[①]，罗、何的著作堪称名著，亦有这种现象，其他著作勿论。

再者，某些财政专题的研究甚少或缺失，比如赋税征收册籍的研究、杂税的研究、晚清俸禄变革的研究[②]、晚清新的财政支出的研究等等。

最后，尽管已有《清咸同时期的财政》、《晚清财政与中国近代化》、《晚清财政与社会变迁》、《晚清财政经济研究》等著作出版，但水平不等，深度不一。从严格的意义上说，至今还没有一部系统全面的晚清财政史著作。这既与汉、唐、宋等朝代以及民国年间的财政史撰写存在着差距，也与晚清财政史研究的活跃，以及晚清财政史研究的基本条件不协调。之所以会出现这种情况，一方面是由于现存清代文献资料和档案资料过于浩繁，非一人之力、非短期内可以撮其精要，正确论述。从这个意义上说，存世资料的多少，对研究者而言，也是一柄双刃剑。另一方面，也与某些专题研究的不足相关联。如果没有高水平的专题研究作为基础，也就不可能有系统全面的晚清财政史著作。

上述问题，实际上是互为关联的。因此，需要各个方面的共同努力，以造就新世纪晚清财政史研究的新景观。

（本文原载《近代史研究》2004年第3期）

---

① 罗、何著都引用过《支那经济全书》，何著另引用过《清国行政法》、《支那经济综揽》等。

② 应该说明，1996年武汉大学出版社出版的由我和黄惠贤主编的《中国俸禄制度史》中的“明清部分”，达20余万字，由我执笔。由于临时决定赴日访学一年，晚清的俸禄制度及其变革未来得及撰写。

近百年来清代盐政研究述评

清代盐政既是一个非常重要的专史，又涉及财政、经济、社会诸多方面的问题，所以一直受到学界的注意，相关研究成果也比较多。笔者撰写的《20世纪的清代财政史研究》、《20世纪的晚清财政史研究》[1]，何亚莉撰写的《二十世纪中国古代盐业史研究综述》[2]，以及吴海波《近十五年来清代私盐史研究综述》[3]，已有涉及，可以参考阅读。本文试图在视野所及的范围内，尽可能全面地综述迄今为止的清代盐政研究成果，并作出相应的评论。本文分作三个部分：一是对研究著作的综述；二是对研究论文的综述；三是对研究特色和存在的问题的评论以及以后的研究展望。

一

在研究著作方面，早在1905年，东亚同文书院的日野勉经过在中国的实地调查，撰写了《清国盐政考》一书，该书是第一部运用

---

① 《史学月刊》2004年第1期、《近代史研究》2004年第1期。

② 《盐业史研究》2004年第2期。

③ 《盐业史研究》2001年第3期。

现代的史学方法研究清代盐政的著作，分为盐政、各盐区概况、盐商三章。从总体上看，该书只是一般性的介绍，但对某些问题的叙述，仍有参考价值，如各地盐课、盐厘征收数额、长芦的盐产与盐商，以及长芦、淮南等地的盐商利润的计算等。该书认为，光绪年间，清代的盐课、盐厘为1300余万两，其中盐课700余万两，盐厘600余万两，并列出了各地盐课、盐厘的统计表。[①]对长芦的盐业生产和引斤的变化，也叙述较详。按照日野勉的介绍，长芦在晚清已经全部采用晒盐法，由小沟导海水入盐田（盐池），先导入盐田的最高层，经晒后再依次导入第二层、第三层，“凡盐田有五六层或七八层之分”，待盐水导入末层之时，味已浓厚，大约再晒一至三天，水分完全蒸发，即可成结晶盐。关于官方所定的引斤的变化以及实际的引盐载盐数，则有如下记述：“在明代，每引650斤，至清顺治元年，每引改为250斤，至康熙十六年，又加25斤，至雍正元年又加50斤，合计每引达到300斤。现今更增加到567斤7两，然而实际上还要加增190斤左右。”[②]其所列示的长芦行销直隶、河南各州县的销引额及拥有专卖权的“盐商店”名也很细致，列出了晋有孚、晋源永、永裕、晋和源、留和源、中兴善、绍复昌、德裕、庆祥厚、复昌德、复昌裕等131家盐商店名称以及各自的销盐州县和引额。[③]这里所谓的“盐商店”实际上就是国内学者所说的“纲商”，比其他的记载要详细得多。通过该书的介绍，还可以知晓，承担衡水、深泽、平乡、曲周等县所谓“悬岸”引地食盐销售的“盐商店”还有万聚魁、义德、信昌、诒德、义泰公、扬成源、和丰、晋益衡等。另外，作者计算盐商利润的方法也值得注意。作者采取了两种计算方法：一

① ［日］日野勉：《清国盐政考》，东京：东亚同文会1905年版，第16页。
② 同上，第22—23页。
③ 同上，第24—32页。

是抛去成本的简单计算，如长芦盐运往直隶行销，盐价、搬运费、帑利银、慈善事业费等，每包（引）合计银六两五钱，在销地卖价为十二两五钱，以此计算，利润为五两九钱，利润率高达90%；二是考虑到各种因素的综合计算，以10000引为计算单位，其利润为5800两，但还要扣除盐店的营业费、大小官吏的节礼银（规例银）、各种应酬费用等，其纯利为14%。①这种分析方法在当时已是难得。

佐伯富《清代盐政之研究》，是早期研究清代盐政的重要著作，分为序说、盐场问题、盐销区问题、私盐问题、官盐价格的昂贵、运商的没落与盐政的败坏、两淮盐政改革、结语诸章。如书名所标示的，该书主要研究清代的“盐政”问题，不以研究盐税为宗旨。而且，也主要以研究两淮盐区的盐政为主，这在该书第一章“序说”中有说明：“两淮盐在销量和盐课上，在清代盐政中占有重要位置。而且，清代盐政中的许多问题也是以两淮盐务为中心，其他盐区中的问题，不少也与淮盐有着直接或间接的关联。由于两淮盐的兴衰对清朝财政的命运有直接的重大影响，所以，清代的盐政政策中，也把淮盐作为最重要的问题，放在议事日程之中。……基于此，本书在研究清代盐政时，就以淮盐的兴衰为中心进行考察，从生产、转运、贩卖、消费等诸方面，对两淮盐业崩溃的原因进行分析，并围绕着陶澍的改革，特别是淮北（两淮）的盐政改革问题，加以论述。盐政中的诸多问题，因各地都有其特殊情况而多少有些差别，但问题的焦点大同小异。淮北盐政中的问题基本上可以反映出一般盐政中的问题。”②在第五章“官盐价格的昂贵”中，虽专节探讨过“盐课的递增”，但也只是探讨了两淮的盐课。在佐伯氏的这

---

① ［日］日野勉：《清国盐政考》，第56—57页。

② ［日］佐伯富：《清代盐政之研究》，京都：东洋史研究会1956年版，第19—20、23—24页。

部著作中，有些问题的论述较为系统。如第二章“盐场问题”，依次论述了两淮盐场与职官、盐池与盐锅、火伏法、草荡、盐价与场私、灶户的分化与场私，基本上涵盖了两淮盐场中的主要问题，为后来的研究开启了门径。特别是“灶户的分化与场私”一节论述细致，他认为，明代的灶户分化在嘉靖初期已很明显，“贫灶”与“富灶”判若分明①，清代的灶户分化更加明显，中小灶户生活的日益贫困化，是场私盛行和难以杜绝的重要原因。在第四章“私盐问题”中，归结了私盐的种类，并对漕私、船私、枭私、商私四种类型的私盐进行了专节讨论②，在此基础上，分析了私盐形成的原因，推算了私盐的数量。佐伯认为，私盐之所以盛行，其原因有八：一是私盐价格比官盐价格便宜；二是私盐的质量要比官盐好；三是私盐比官盐买食方便，私盐十两半斤即可购买，官盐要论包买，拆包困难；四是私盐可以赊欠，并可以以物易物，官盐必须现钱；五是私盐近村邻舍，早晚可以买食，官盐在城镇才有；六是缉私效果不好，对私盐不能彻底稽查；七是由于盐政的败坏，场商不能收买余盐，私盐大量从场灶透出；八是作为消费者的一般民众对私盐的欢迎。至于私盐的数量，他说：“道光时期的中国人口为4亿，每人每年的食盐消费量大致10至15斤，若以每人每年12斤计算，4亿人每年的消费量是48亿斤……（而道光末年官盐的额行盐斤数量是26.64亿斤有余），大体上说，清代人民的食盐消费，至少半数依赖于私盐。”③

---

① 陈诗启在《明代的灶户和盐的生产》中已指出，在明代弘治年间，沿海灶户已有“饶给之家”和“贫薄之人”的显著分化。见氏著《明代官手工业的研究》，湖北人民出版社1958年版，第177页。

② 在《清代盐政之研究》第二章“盐场问题”，第三章“盐销区问题”中，曾涉及场私和邻私，探讨了两淮盐价与场私、灶户的分化与场私，以及盐销区的固定化与私盐、两淮盐销区的邻私、两淮盐销区邻私盛行的原因。

③ ［日］佐伯富：《清代盐政之研究》，第205—206页。

佐伯富《中国盐政史的研究》是一部盐政通史性著作，出版以后颇受注目。收录在《中国盐政史的研究》中的“清代盐政”一章，大体上是《清代盐政之研究》的改写，篇目也基本一样。当然，在有些方面有所调整，在有些方面有进一步的探讨。如在“盐场问题”中，取消了“盐价与场私”、“灶户的分化与场私”两部分，代之以“商灶的发展”。[①]在“两淮盐政的改革”中，增写了陆建瀛的淮南盐政改革和清末的淮南盐政两部分内容。[②]尤其是对清末的淮南盐政论述比较细致，涉及长江运路的梗阻与票盐法的崩坏、邻盐的借运、盐厘的征收、就场征课法、设厂抽税法、总局的设置与大商的招徕、官运的倡行、淮南行盐引地的争夺、循环转运法等内容。[③]香坂昌纪的书评也认为：《中国盐政史的研究》之清代部分是《清代盐政之研究》的改写，“而其最大的不同，是前书写到陶澍的改革为止，本书对陶澍改革之后多有描述”[④]。

徐泓《清代两淮盐场的研究》（台湾嘉新水泥公司文化基金会1972年版），是对淮盐生产进行深入研究的专书，在“两淮盐场的行政组织”一章中，研究了两淮盐场与职官、灶户制度、保甲组织等问题。在“灶户组织的变迁”一章中，研究了明代团总组织的破坏、清初总催制度的破坏与“总催”之性质的改变、火伏法的实行与灶头长组织的建立等问题。在“生产形态的变迁”一章中，研究

---

① ［日］佐伯富：《中国盐政史的研究》，京都：法律文化社1987年版，第556—566页。

② 同上，第757—790页。

③ 增写的两部分内容，主要来源于佐伯富的三篇论文，即：《清代道光朝的淮南盐政改革》（《东方学论集》3，1955年。氏著：《中国史研究》第2卷收录，京都：东洋史研究会1971年版）；《清代咸丰朝的淮南盐政》（《东洋史研究》第16卷第3号，1955年）；《清代淮南引岸的争夺》（《史林》第39卷第4、5号，1956年。《中国史研究》第1卷收录，京都：东洋史研究会1969年版）。

④ ［日］香坂昌纪：《佐伯富，〈中国盐政史的研究〉》，《东洋史研究》第47卷第1号，1988年。

了明代两淮盐场的阶层分化与私有倾向的扩大、清代场商散做制的发展、张謇创办同仁泰盐业公司与盐业的企业化等问题。在“盐商组织的变迁”一章中，研究了开中制度的破坏与盐商的分化、清代的场商与运商、两淮盐商的没落等问题。在“私盐的流通与盐政的崩坏”一章中，研究了私盐的种类及其发生的原因、私盐盛行的主要原因、私盐的充斥与盐政的崩坏等问题。在“两淮盐政的改革”一章中，研究了明万历朝的盐政改革与纲法的建立、道光朝的废引改票、票法的变质与盐商的再起等问题。该书对两淮盐业生产的研究较为深入，对两淮盐场明清两代的沿革也有系统的梳理。而且，对典籍资料的引证繁富，对前此学者的成果也有很好的把握。

1988 年由中州古籍出版社出版的《清代盐政与盐税》（陈锋著），主要依据清代档案写成，系统研究了有清一代的盐政与盐税。该书共分为六章：第一章，清初盐业的恢复与盐务的行政管理；第二章，盐销区问题；第三章，盐课的征收及其在财政中的地位；第四章，私盐的泛滥与巡缉；第五章，盐商的报效；第六章，盐政的改革及其效应。在“盐课的征收”一章中，集中探讨了场课、引课、杂项、浮费、加价、盐厘等问题，并对盐课岁入额进行了辨析。其他各章也有可观之处。从总体上看，该书有三个特点：一是首次主要依据现存档案材料，对清代盐政进行考察，得出了一些新的结论；二是线索、脉络较为清晰，尽可能把复杂的盐政问题简明化；三是从财政问题着眼，对盐税的论述较为细致，对盐税与清代财政的关系，也有专门的论述。该书的不足之处，是对清代的盐业生产着墨不多。另外，作者于 20 世纪 80 年代初写作《清代盐政与盐税》时，大学刚刚毕业，由于受到学术交流的限制，未能见到前揭佐伯富与徐泓的大作。这些不足，在作者撰写的《中国盐业史·

清代》（人民出版社 1997 年版）中作了弥补。“清代盐业”作为《中国盐业史》的一章，大概有 13 万字，其除了概述清代盐业外，还有意识地对清代的盐业管理和盐业生产加重了分量。如在“清代的盐业生产”一节中，分为“盐产区分布与生产管理”、“制盐工本与灶户状况”、“海盐、池盐、井盐的品种与生产技术的进步”、“食盐产量”等问题，相关考察已较为细致。

张小也《清代私盐问题研究》（社会科学文献出版社 2001 年版），除一般性的叙述中国历史上的私盐问题外，梳理了清代私盐活动的成因，私盐活动的特点，盐政管理对私盐的影响，以及抑制私盐活动的措施。该书系在其博士论文基础上，经反复修改而成。全书利用了大量清代档案及文献资料，内容丰富翔实。由于作者有经济学和历史学的学习背景，在经济学理论和历史学理论方面均有素养，使得该书视野开阔，研究方法有其独到之处。也可以说，从经济学的供求、价格等市场规律以及生产力发展着眼，探求私盐活动产生及存在的因由，是该书的一大特色。

对四川井盐的研究，有一批著作出版，可以将其归结为三个方面：一是一般盐业史研究专著和论集，如张学君、冉光荣《明清四川井盐史稿》（四川人民出版社 1984 年版），彭久松、陈然《四川井盐史论丛》（四川省社会科学院出版社 1985 年版），宋良曦、钟长永《川盐史论》（四川人民出版社 1990 年版），吴天颖《井盐史探微》（四川人民出版社 1992 年版），自贡市政协文史资料委员会编《自流井盐业世家》（四川人民出版社 1995 年版）等。二是对井盐钻探技术的研究，如林元雄等《中国井盐科技史》（四川科技出版社 1987 年版），刘德林、周志征《中国古代井盐工具研究》（山东科学技术出版社 1990 年版），刘广志《中国钻探科学技术史》（地质出版社 1998 年版）等。三是资料汇编，如自贡市档案馆、北京经济学院、四川大学合编的《自贡盐业契约档案选辑》（中国社会科学出版社1985年版）。张学君、冉光荣、彭久松、陈然、宋良曦、钟长永、吴天颖等学者对四川盐史的研究，当然也有井盐技术史方面的探讨，但研究的范围非常广泛，涉及盐业生产和运销的各个方面，且大都重视历史的长时段研究，对清代以前的四川井盐业发展也有很好的论述。林元雄等学者对井盐钻探技术史的研究，相当专门，对钻凿工具的改进，以及补腔、打捞等一整套修治盐井技术的形成，有独到的研究，对汲卤、采气、输卤、输气等程序的描述，也很清晰，值得历史研究者参考借鉴。《自贡盐业契约档案选辑》收集了凿井、买卖、租佃、借贷、合伙、分关、诉讼等方面的相关契约文书，也有很高的参考价值。

其他方面的研究著作，如牧寒《内蒙古盐业史》（内蒙古人民出版社1987年版），黄培林、钟长永《滇盐史论》（四川人民出版社1997年版），是对内蒙、云南盐业发展史的考察。张海鹏、王廷元等《徽商研究》（安徽人民出版社1995年版），王振忠《明清徽商与淮扬社会变迁》（三联书店1996年版），如各自的书名所标示的，是对徽商及其关联问题的研究。① 《江淮论坛》编辑部汇编的《徽商研究论文集》（安徽人民出版社1985年版），则汇集了有关徽商研究的论文。

---

① 另外，据1942年何维凝编《中国盐书目录》（台北：文海出版社重印本，"近代中国史料丛刊续编"第16辑），何维凝《太平天国时代中国盐政概观》（中央大学社会科学丛刊1933年铅印本），主要分析太平军起义对当时盐政的影响。姚元纶《陋规问题》（1935年盐务缉私督察人员训练班）主要叙述陋规的由来及弊端，"是书虽以陋规为说明之重心，实则淮盐产区及其销岸鄂、湘、皖、西各区盐务腐败之由来，及民国二十四年前后整理之经过，均已涉及，足资参考之处甚多"。因笔者未见到是书，无法置评。《中国盐书目录》收书263种，东北之部35种，长芦之部22种，山东之部28种，两淮之部90种，两浙之部54种，福建之部23种，两广之部59种，四川之部82种，云南之部27种，河东之部10种。多是明清时代及民国初年的盐书，可以参考。

上述之外，一些相关著作也值得注意。在专门性通史著作中，如曾仰丰《中国盐政史》（商务印书馆1937年版）分为盐制、盐产、盐官、盐禁四章，在各章中，都对清代盐政给予了较多的关注。吴兆莘《中国税制史》（商务印书馆1937年版），在“清代的税制”一章中，专列“盐税”一节，对清代的盐场、运销制度、盐课、盐厘、缉私、盐务行政进行了简要的叙述。盐务署主持编撰的《中国盐政沿革史》，分盐区进行叙述，1914年出版《长芦》分册，1915年出版《奉天》分册。笔者在东京大学东洋文化研究所图书馆仅见到这两册。就这两册来看，所谓的“中国盐政沿革史”，主要的仍是叙述清代。在商业史的研究著作中，如张海鹏、张海瀛《中国十大商帮》（黄山书社1993年版），唐力行《商人与近世中国社会》（浙江人民出版社1994年版），张正明《晋商兴衰史》（山西古籍出版社1995年版），李纲《陕西商帮史》（西北大学出版社1997年版），黄鉴晖《明清山西商人研究》（山西经济出版社2002年版），刘建生等《晋商研究》（山西人民出版社2002年版）诸书，对清代盐商有不同程度的论述。另外，许涤新、吴承明主编《中国资本主义的萌芽》（人民出版社1985年版），清代盐业部分由方行撰写，对清代的盐业生产和运销有比较深入的描述和分析。张德泽《清代国家机关考略》，分作“中央机关”、“地方机关”、“清季国家机关之改革”三编，在“中央机关”编中，对“掌户籍与财政、经济的户部及有关机关”、“管理宫廷事务的内务府”作了重点介绍；在“地方机关”编中，除了介绍各省督、抚、司、道衙门，各省府、厅、州、县衙门的行政职能和财政职能外，对与财政事务密切相关的盐务衙门也有叙述；在“清季国家机关之改革”编中，重点介绍了光绪庚子后的改革官制、光绪三年成立责任内阁及各衙门的改设和增设。刘子扬《清代地方官制考》，在涉及地方财政的管理问题时，特别是对“管理盐务之地方官制”、“地方税务官制”等专题讨论，都较为细致。郭松义等《清朝典制》，也是一部值得注意的著作，在“国家机关制度”、“职官管理制度”、“财政、监察和法律制度”、“军事制度”诸章中，都涉及盐政和财政管理问题。而郭松义等《中国政治制度史·清代卷》，则专列“财政管理制度”一章，对清代的财政管理体制作了较有特点的论述。这些著作都值得注意和参考。

二

有关清代盐政的研究论文较多，就研究范围而言，主要集中在以下几个方面：

一是对清代盐政进行整体研究。姚永朴《清代盐法考略》上、下（《安徽大学月刊》第1卷6期、第2卷1期，1934），是一篇较早地全面研究清代盐政的论文，对清代盐政的方方面面都有所涉及，但以现在的眼光看，其研究还比较初始。佐伯富《清代食盐专卖制度》（《历史教育》第5卷第11、12号，1957），并不是如文题所示的那样对清代食盐专卖制度的系统探讨，而是叙述了两淮盐商的没落和陶澍的盐政改革，以及太平天国革命失败后两湖引案的争夺。换句话说，重在以两淮为个案探究专卖制度的变革。萧国亮《论清代纲盐制度》（《历史研究》1988年第5期）和《清代盐业制度论》（《盐业史研究》1989年第1、2期），对清代的纲盐制、引岸制的内容、特点及运行过程，引窝的起源及其性质、盐引的管理等问题，有比较系统的论述。李三谋《清代食盐贸易中的引岸制度》（《盐业史研究》1992年第1期），鲁子健《清代食盐专卖制度》(《盐业史研究》1991年第1期)和《清代食盐专卖新探》(《中国经济史研究》1992年第3期)对专商引岸制也进行了探讨。同时，萧国亮、李三谋、鲁子健的论文对盐商也给予了一定的注意。杨久谊《清代盐专卖制之特点——一个制度面的剖析》(《“中央研究院”近代史研究所集刊》第47期，2005)，在前人研究的基础上，对清代纲盐制度有新的探讨，该文除了缕述清代盐区制度及其起源外，通过对两淮和长芦盐区的比较，着力论述了纲盐的运作机制和特点，揭示出纲盐体制之下各盐区的异同。同时，该文对场商也有所分析。拙作《清代盐法考成述论》(《盐业史研究》1996年第1期)、《清代户部的盐政职能》(《盐业史研究》1998年第2期)，主要在于论述清代的盐业管理。前文是对考成制度的专门讨论，涉及产盐考成、征课考成、销引考成、缉私考成以及正常时期和非常时期的考成变更；后文探讨了户部以及户部山东清吏司在盐引颁发、盐课征收、盐政管理等方面的职能。李克毅《清代的盐官与盐政》(《中国社会经济史研究》1990年第4期)，也是一篇有特点的论述盐业管理和盐业制度的论文。姜道章《论清代中国的盐业贸易》(《盐业史研究》1989年第2期)，论述了清代盐业的国家控制、贸易网络、运输手段与市场区域的空间结构。姜道章的另一篇论文《清代的盐税》(《食货月刊》第6卷第7期，1976)对清代盐税制度和盐税政策进行探讨。张岩《清代盐义仓》(《盐业史研究》1993年第3期)，既论述了有关盐区盐义仓的设置及功能，也注意到了不同历史时期的发展变化。

二是对某一特定时期的盐政以及引人注目的问题进行研究。林永匡连续发表的几篇论文，如《清初的长芦运司盐政》(《河北学刊》1983年第3期)、《清初的两浙运司盐政》(《浙江学刊》1984

年第1期)、《清初的山东运司盐政》(《山东师范大学学报》1984年第4期)、《清初的两广运司盐政》(《华南师范大学学报》1984年第4期)、《清初的两淮运司盐政》(《安徽史学》1986年第3期)等，虽然具有分区研究的色彩，但主要的特点还是在于考察清初盐政的沿革和盐业制度的确立。拙作《论清顺治朝的盐税政策》(《社会科学辑刊》1987年第6期)、《清代三藩之乱期间盐课岁入辨析》(《历史档案》1989年第3期)，分别考察了清初盐税政策的变化和三藩之乱期间盐课的具体征收。笔者的另一篇文章《〈清史稿·盐法〉补正》(《文献》1990年第4期)，也主要是在于结合正史的记载辨析清初和道咸时期的盐法变制。张小也《李卫与清代前期的盐政》(《历史档案》1999年第3期)，主要论述了雍正年间李卫在云南、浙江实行的盐政措施和改革。赖惠敏《清乾隆朝的盐政与皇室财政》("近代中国的财经变迁与企业文化"国际学术研讨会论文，台北，2004年12月)，通过对相关档案的细致梳理，探讨了盐税之外的盐商报效、盐商帑息、盐政衙门的规费、余利、节省等项银两与皇室财政的关系。张笃勤《林则徐在两湖的盐政改革》(《盐业史研究》1989年第3期)，论述了清中叶林则徐在两湖的盐政措施。钟长永《试论晚清四川盐业中推行的官运商销制》(《井盐史通讯》1985年第2期)，张莉红《丁宝桢与川盐官运》(《盐业史研究》1988年第2期)，鲁子健《试论丁宝桢的盐政改革》(《盐业史研究》2000年第2期)，论述了晚清时期丁宝桢的川盐改制和官运商销体制的确立。何汉威《清末最后十五年间政府的筹款方策：盐斤加价》(《中国史学》第6号，1996)，对晚清的盐斤加价以及与财政的关系进行了系统的论述。刘佛丁《清末列强各国侵犯我国盐政主权的活动》(《盐业史研究》1986年第1期)，刘海军《善后大借款与中国盐务》(《盐业史研究》1989年第2期)，以及朱宗宙《外国资本主义势力对清代盐政主权的侵犯》(《盐业史研究》1992 年第 3 期)，鲁子健《近代外债与中国盐政》(《盐业史研究》2001 年第 3 期)，也是有特点的论文，主要涉及晚清盐政、盐税受制于外国列强的有关问题。对盐业中的资本主义萌芽问题，也引起了学者的注意，彭泽益通过对雍正年间灶户种类的分析，认为“从生产资料所有制来看，都在一定程度上具有资本主义的性质”，而到了乾隆年间（按：原作注明是“十八世纪中叶前后”），则是“四川井盐业中生产力和生产关系的新的发展”时期。① 张学君、冉光荣通过对富荣、犍乐等场在清代前期生产规模的扩大、生产技术分工的细密、雇佣劳动的普遍存在以及盐场投资方式、盐场土地性质的变化等方面的考察，认为：“清代四川井盐业资本主义萌芽主要是在富荣、犍乐等生产较为发达的盐场中开始出现，时间约是乾、嘉时期。” ② 许涤新、吴承明主编的《中国资本主义的萌芽》也认为：“清乾隆以后，四川井盐业中存在着工场手工业形式的资本主义萌芽，应当是无可怀疑的。鸦片战争后，它有了进一步的发展，并形成较大规模的经营。” ③ 陈锋则认为，四川井盐业中资本主义萌芽的发展，近代意义上的手工业工场的出现，井场内部管理系统的完备，专业分工的细密以及盐商资本踊跃转向井场，是在“川盐济楚”以后。④ 另外，张正明、柴继光有对河东盐池资本主义萌芽的探讨，简锐有对盐业资

---

① 彭泽益：《清代四川井盐工场手工业的兴起和发展》，《中国经济史研究》1986 年第 3 期。
② 张学君、冉光荣：《明清四川井盐史稿》，四川人民出版社 1984 年版，第 156—197 页。
③ 许涤新、吴承明主编：《中国资本主义的萌芽》，人民出版社 1985 年版，第 625 页。
④ 见拙作：《清代两湖市场与四川盐业的盛衰》，《四川大学学报》1988 年第 3 期。另外，还可以参见王昭贤：《四川井盐业经济的繁荣和资本主义生产关系的萌芽》，《盐业史研究》1992 年第 3 期。

本主义萌芽的总体探讨，均可以参考[①]。

三是对盐商进行研究。佐伯富《清代盐业资本》（《东洋史研究》第11卷第1、2号，1950、1951）是一篇分量较重的论文，除对各地盐商的一般性叙述外，主要在于讨论业盐两淮的盐商，认为："清代的两大财阀，是山西的票商和扬州的盐商。扬州的盐商是从事淮南盐贩卖的商人，在另外的地方，如长芦、山东、河东、两浙、福建、两广、云南、四川、陕甘、东三省等盐场，也不能说没有盐商的存在，然而，从淮盐在国家财政中所占的比重，以及从扬州盐商的地位来看，毫无疑问地说，其他地区的盐商也只能步扬州盐商的后尘。大体上说，清代食盐的专卖收益，约占国家岁入的四分之一甚至一半（按：所谓占财政岁入的'一半'，原文如此，并注明依据是魏源《圣武纪》卷十一《武事余纪》），其中，淮南盐（原按：淮北盐少量）约占四成。仅从盐利（'盐税'、'盐课'）这一点，扬州盐商的势力也是可以想象的。而关于清代的盐业资本，扬州盐商就具有更重要的意义。"因此，这篇论文，"主要是通过从事贩运的盐商特别是以扬州盐商为中心，考察清代盐业资本的形态及变迁"。该文分为七个问题展开论述，即：扬州盐商的发展、扬州盐商的资本、扬州盐商的没落、票法的实施、咸丰以后的淮南盐商资本、淮南以外的盐商资本、盐业资本的特性。"扬州盐商的发展"主要是对明代的叙述。认为，随着明代"开中法"的实行，成化年间至弘治年间拥有较大资本的盐商大部分从北边向江浙移住，盐商活动的中心也由北边向江浙转移，徽州人也向扬州移住，扬州盐商主要包括了安徽、山西、陕西三省，而徽州出身的占有相当的比例，

---

① 张正明：《河东池盐业中的资本主义萌芽问题》，见《中国盐业史论丛》，中国社会科学出版社1987年版；柴继光：《运城盐池资本主义萌芽初探》，《盐业史研究》1988年第1期；简锐：《清代中期中国盐业的资本主义萌芽》，《盐业史研究》1992年第1期。

虽然不能说徽州出身者占绝大多数，但从资本上看，占有压倒的地位。"扬州盐商的资本"认为，随着明末清初的更替和社会的安定，盐商资本急剧扩充，并出现了盐商的合资经营形态。[①]康熙、乾隆对盐商采取了许多优遇政策，盐商的报效也很突出。同时，这一时期，扬州多彩的学问、艺术、文学的发展，实际上也以盐商的资助为背景展开。"扬州盐商的没落"、"票法的实施"、"咸丰以后的淮南盐商资本"三部分，主要叙述总商与散商的关系，以及道光以降扬州盐商的衰败和盐法的变制。"淮南以外的盐商资本"是依次对长芦、山东、两浙、福建、两广、四川、河东盐商的简单叙述。"盐业资本的特性"事实上是探讨盐商资本的流向，主要是分析康乾时期扬州盐商的资本流向。认为盐商资本除投向盐场、药铺、贩米业等外，其他向企业的投资基本没有，也就是说没有将商业资本转化为产业资本。而扬州盐商的生活奢侈恐怕在世界历史上也罕见。另一方面，盐商又憧憬士大夫的生活，并有种种表现形式。[②]王思治、金成基《清代前期两淮盐商的盛衰》(《中国史研究》1981年第2期)，也是探讨两淮盐商的一篇重要论文，涉及两淮盐商业盐及其活动的方方面面，并对总商的设置作了较细致的探讨。前揭佐伯富《清代盐业资本》虽涉及总商与散商以及总商的职能，但关于总商的设置时间并不清楚。该文首次提出两淮总商的设置时间是康熙十

① 佐伯富认为，山西商人的企业形态是合伙制亦即合资经营，在明清时代得到普及，扬州盐商的合资经营者很多，"据《扬州画舫录》卷十二记载，徽州出身的黄氏寓居扬州，兄弟四人业盐起家，有'四元宝'之称，兄弟四人合资经营盐业是没有疑问的。……与这种合资经营形态同样值得注意的是官僚资本的导入。近世以来，禁止官僚的商业行为，但是，官僚以不同的形式投资商业者也不少，最便利的方法，是与商人勾结，以商人的名义经营商业。扬州盐商中就有这样的事例"。又：何炳棣在20世纪50年代中期也撰写过《扬州盐商：18世纪中国商业资本研究》(巫仁恕译)，《中国社会经济史研究》1999年第2期。

② 参见［日］佐伯富：《盐与中国社会》，《东亚人文学报》第3卷第1号，1943年。

六年，应该说是一个贡献。在这个基础上，前揭拙著《清代盐政与盐税》又有进一步的讨论，根据史料的梳理，认为在顺治年间，两淮即有总商的设置。萧国亮《清代两淮盐商的奢侈性消费及其经济影响》（《历史研究》1982 年第 4 期），以两淮盐商的奢侈性消费为出发点，对盐商资本的流向以及盐商的盛衰进行了分析。刘淼《徽商鲍志道及其家世考述》（《江淮论坛》1983 年第 3 期），是对淮商个案的研究，探讨相当细致。王振忠《明清淮安河下徽州盐商研究》（《江淮论坛》1994 年第 5 期），则对学者注意较少的业盐淮北地区的商人进行了研究。前此学者对两淮盐商的研究，虽然大都以“两淮”为题，实际上主要是对淮南盐商的研究，对淮北地区的盐商几乎没有注意，从这一点上说，王振忠的研究是一个贡献。王方中《清代前期的盐法、盐商与盐业生产》（《清史论丛》第 4 辑，1982），虽然是一篇综合性的文章，但对清代的盐商，特别是对两淮盐商的论述也颇具工力。汪士信《乾隆时期徽商在两淮盐业经营中的应得、实得利润与流向分析》（《中国经济史研究》1989 年第 3 期），也是一篇值得注意的有特点的论文。对盐商利润以及盐商资本流向问题，在一些著作和论文中都有所涉及，包括前揭日野勉《清国盐政考》对长芦、两淮盐商利润的计算等，但专门的研究不多。① 该文对两淮（主要是对淮南）场商、窝商、运商的利润进行了细致

① 还可参考汪崇筼：《乾隆朝徽商在淮盐业经营中的获利估算》，《盐业史研究》2000 年第 1 期；以及《明清两淮盐利个案两则》，《中国社会经济史研究》2000 年第 3 期；《清嘉道时期淮盐经营成本的估算和讨论》，《盐业史研究》2002 年第 1 期；《清代徽州盐商江仲馨获利案例试析》，《清史研究》2002 年第 2 期。另外，徐泓《盐价、银钱比价：清代两淮盐商的成本、利润及其没落》（未刊稿），蒙徐泓先生赠阅。该文分为盐商的衰落与盐政败坏及盐课收入、盐商的消乏原因旧说的检讨、盐价的增涨：影响盐商成本与利润的主要因素之一、银钱比价：影响盐商成本与利润的主要因素之二几部分。徐先生认为：“关于两淮盐商消乏的原因，过去中外史家的讨论，多归之于奢靡说、捐输宗族说、为善说、窖藏说等，并不能直指其中关键因素。”

分析。佐伯富《清代的盐务案》(《东方学》第32号，1966)，滝野正二郎《清代乾隆年间的官僚与盐商——以两淮盐引案为中心》一、二(《九州大学东洋史论集》第15、22号，1986，1994)，对乾隆年间引人注目的两淮“提引案”进行了细致的研究。前者对两淮提引案的发生、发展、处理过程叙述较详，后者更注意透过提引案的本身考察盐商与地方大僚的关系。另外，探讨两淮盐商的文章还有叶显恩《徽商的衰落及其历史作用》(《江淮论坛》1982年第3期)，刘淼《从徽州明清建筑看徽商利润的转移》(《江淮论坛》1982年第6期)，林永匡《乾隆帝与官吏对盐商额外剥削剖析》(《社会科学辑刊》1984年第3期)，陈忠平《明清徽商在江南市镇的活动》(《江淮论坛》1985年第5期)，唐力行《论徽商与封建宗族势力》(《历史研究》1986年第2期)，林永匡、王熹《清代两淮盐商与皇室》(《故宫博物院院刊》1988年第3期)，王振忠《明清扬州盐商社区文化及其影响》(《中国史研究》1992年第2期)，于海根、陈健梅《试析明清徽州盐商独特的文化人格现象》(《盐业史研究》1994年第2期)，王振忠《明清两淮盐业与扬州城市人口数的再认识》(《盐业史研究》1994年第3期)、《两淮盐业与明清扬州城市文化》(《盐业史研究》1995年第3期)，朱宗宙《明清时期扬州盐商与封建政府关系》(《盐业史研究》1998年第4期)、《清代扬州盐商与戏曲》(《盐业史研究》1999年第2期)，范金民《清代徽州商帮的慈善设施》(《中国史研究》1999年第4期)，冯尔康《明清时期扬州的徽商及其后裔述略》(《徽学》2000年卷)，周晓光《清代徽商与茶叶贸易》(《安徽师大学报》2000年第3期)，王伟康《两淮盐商与扬州文化》(《扬州大学学报》2001年第2期)，汪雷《明清时期徽商集团拓展壮大原因探析》(《学术月刊》2001年第6期)等。这些文章的讨论，在一定程度上已经超出了盐商与盐业本身，研究的视野有所拓展。[①]专门探讨场商的文章不多，徐泓《清代两淮的场商》（《史原》1970年第1期）一文，值得特别注意。

商鸿运《清代皇商介休范家》（《中华文史论丛》1981年第2期），韦庆远、吴奇衍《清代著名皇商范氏的兴衰》（《历史研究》1981年第3期），对主要从事长芦食盐运销的范氏家族进行了个案研究。芮和林《浅析乾隆时期长芦盐商走向衰落的原因》（《盐业史研究》1994年第4期），赖惠敏《乾隆朝内务府的当铺与发商生息》（《"中央研究院"近代史研究所集刊》1997年第28期），对乾隆前后的长芦盐商的经营活动进行了叙述和分析。尤其是赖惠敏的论文，对长芦盐商与内务府的关系以及"帑息"问题，分析细致而深入。王小荷《清代两广盐商及其特点》（《盐业史研究》1986年第1期），黄国信《藩王时期的两广盐商》（《盐业史研究》1999年第1期）、《明清两广盐区的食盐专卖与盐商》（《盐业史研究》1999年第4期），是对广东盐商的专门讨论。佐伯富《清朝的兴起与山西商人》（《社会文化史学》第1号，1966），张正明《明清时期的山西盐商》（《晋阳学刊》1991年第2期），是对明清时期山西盐商的考察。佐伯富的论文洋洋数万言，虽然不单纯探讨盐商，但对山西商人（日本学者所说的"山西商人"，也包括了陕西商人在内，也许称之为"西商"更为确切）的业盐活动给予了充分的注意。该文除缕述了明代西商在两淮的业盐活动及崛起为与"徽商"并称的两大商

---

① 其他探讨两淮盐商的文章如张连生：《清代扬州盐商衰败原因综述》，《盐业史研究》1986年第1期；周志初：《晚清的两淮盐商》，《盐业史研究》1988年第3期；周志初：《两淮盐商"帑利"述略》，《盐业史研究》1991年第3期；朱宗宙：《略论清代两淮盐商江春》，《盐业史研究》1991年第3期；王振忠：《清代汉口盐商研究》，《盐业史研究》1993年第3期；王振忠：《两淮"商籍"何以无徽商》，《盐业史研究》1994年第1期；朱宗宙：《扬州盐商的地域结构》，《盐业史研究》1996年第2期等。

人集团外，对清代前期的“政商”（即国内学者所谓的“皇商”）范氏、山西商人与盐业、山西商人与铜斤脚价、山西商人与内帑生息银两等，都作了专节讨论。宋良曦《试论清代四川盐商的发轫》（《井盐史通讯》1984 年第 1 期），对清代前期西商在四川的经营，有较为全面的叙述。两淮地区以外盐商的研究比较薄弱，因此，这几篇文章也值得特别注意。

另外，从总体上探讨清代盐商的文章，如薛宗正《清代前期的盐商》（《清史论丛》第 4 辑，1982），左步青《清代盐商的盛衰述略》（《故宫博物院院刊》1986 年第 1 期），李克毅《清代盐商与帑银》（《中国社会经济史研究》1989 年第 2 期），朱文成《清中叶盐商没落的原因及影响》（《盐业史研究》1991 年第 1 期），刘德仁、薛培《略论清政府对盐商的控制与利用》（《盐业史研究》1998 年第 2 期），宋良曦《清代中国盐商的社会定位》（《盐业史研究》1998 年第 4 期）等，也各有特点。

四是各分区盐政的研究。除早期的论文如王叔涵《两淮盐务与钱庄》（《经济学季刊》第 2 卷第 3 期，1931），刘隽《清代云南的盐务》（《中国近代经济史研究集刊》第 1 卷第 2 期，1933），吴雨苍《清代两淮盐政》（《国专月刊》第 3 卷第 5 期，1936），戴裔煊《清代盐课归丁史源试探》（《现代史学》第 5 卷第 1 期，1942）等外，对各分区盐政的研究主要集中在两淮。而且对两淮盐政变革的讨论比较集中。

关于两淮盐政的变革，刘隽《道光朝两淮废引改票始末》（《中国近代经济史研究集刊》第 2 卷第 2 期，1933）和《咸丰以后两淮之票法》（《中国近代经济史研究集刊》第 1 卷第 2 期，1933），是两篇早期的重要论文，也可以说是第一次对道光以降两淮的历次改革进行系统的论说，具有开启之功，已为国内学者所熟知。佐伯富在 20 世纪 50 年代发表的几篇论文也值得注意。《清代道光朝的淮南盐政改革》(《东方学论集》第3号，1955)，分为三部分，一是陶澍的淮南盐政改革，二是陶澍淮南盐政改革后淮南盐政的弊坏，三是陆建瀛的盐政改革。一般认为，陶澍的盐政改革主要是淮北的废引改票，该文认为，陶澍在实施淮北票盐法之前的一年，也就是道光十年的十二月，上两淮盐务章程十五条，确立了两淮盐政改革的根本方针，淮北的盐政改革只是一种试验，根据其试验的成果，然后渐渐地推及淮南。在陶澍就任两江总督兼两淮盐政之前，道光元年至道光十年，淮南盐十纲中仅办运五纲七分，欠课达到1980余万两。陶澍就任以后，淮南盐渐有起色，从道光十一年辛卯纲至道光十七年丁酉纲，七纲中奏销六纲，无论是征纳正课还是杂课，以及代完积欠，都大有成效。这正显示出陶澍淮南盐政改革的成功。陶澍的淮南盐政改革主要是裁减浮费、核减成本、降低盐价。这种探讨，应该说是该文最值得注意的地方。佐伯富《清代咸丰朝的淮南盐政》(《东洋史研究》第16卷第3号，1955年。《中国史研究》第1卷收录）一文，主要探讨了长江运路的梗阻与票盐法的崩坏、邻盐的借运、盐厘的征收、就场征课、官运的倡行等五个问题。作者认为："淮南盐政自从陶澍、陆建瀛实行改革，明代以来的盐政积弊尽洗，但陆建瀛实行淮南盐政改革的同年，也就是道光三十年，发生广西洪秀全起义，其势力如燎原之火蔓延，不过数年即席卷数省，咸丰三年江宁陷落，扬子江沿岸的主要城市汉口、武昌、安庆、九江、芜湖、扬州、镇江等也陷落，江路梗阻，淮南盐政的根基崩坏。这就是《清盐法志》卷一一四说的'咸丰军兴，岸悬商散。北则军队林立，饷盐充斥；南则江路梗阻，片引不行。票法于是乎大坏'。"① 也正是在这种前提下，不得不实行"川盐借销"（川盐济

① ［日］佐伯富：《中国史研究》第1卷，京都：东洋史研究会1971年版，第291页。

楚）等措施。同时，作者也认为，盐厘的征收也直接与借销邻盐有关："随着邻盐的借销，邻地的私盐也源源不断地流入行盐地，盐利尽被私盐贩卖者独占，政府不得不承认这种既定的事实，设卡从私盐中抽税，以盐厘的收入补充盐课的不足。"[①] 佐伯富《清代淮南引岸的争夺》（《史林》第 39 卷第 4、5 号，1951）一文，主要探讨太平天国革命失败后，淮盐与川盐对两湖引岸的争夺，也就是所谓的楚岸归复两淮。文中详细叙述了四川总督的立场、湖广总督的立场、两江总督的立场，以及引岸归复过程中，曾国藩的邻盐加税、川淮配销、川淮分界方案等。拙作《清代两湖市场与四川盐业的盛衰》（《四川大学学报》1988 年第 3 期），则从另一个角度论述了咸丰以后的"川盐济楚"以及淮南引岸的变更，对四川井盐业的影响，认为，"川盐济楚"导致了四川井盐业的快速发展和近代意义上的手工业工场的出现。而太平天国革命失败后，又有新的政策调整，从加重川盐税厘，到两湖市场的划地分销，直至川盐被清廷以强制手段挤出两湖市场，川盐逐步失去赖以发展的宽广销场，一步一步地走向衰落。在这期间，不论是井场，还是盐商，无不遭受到了沉重的打击。另外涉及两淮盐政变革的论文还有罗庆康《浅论陶澍整顿两淮盐政》（《盐业史研究》1988 年第 2 期），孙晋浩《清代盐政专商制的危机与改革》（《晋阳学刊》1989 年第 3 期），方一清《陶澍与两淮盐政改革》（《盐业史研究》1989 年第 4 期），陶用舒《论陶澍对两淮盐政的整顿和改革》（《盐业史研究》1991 年第 4 期），朱宗宙《试论曾国藩对两淮盐法的整顿》（《盐业史研究》1992 年第 2 期），徐凯希《略论晚清川盐破岸行楚》（《江汉论坛》1992 年第 9 期），盛茂才《包世臣与两淮盐政改革》（《盐业史研究》1994 年第 4 期），刘

---

① ［日］佐伯富：《中国史研究》第 1 卷，第 300 页。

洪石《略论清代的票盐改革》(《盐业史研究》1995 年第 4 期), 陶用舒《陶澍盐课商办述评》(《盐业史研究》1996 年第 2 期), 方裕谨《论道光十二年淮北票盐之制的实行》(《盐业史研究》1996 年第 3 期), 倪玉平《政府、商人与民众——试论陶澍淮北票盐改》(《盐业史研究》2005 年第 1 期) 等, 可以参考。[①]

上述之外, 对河东盐课归丁改革的讨论, 也值得注意, 前揭戴裔煊《清代盐课归丁史源试探》是这方面一篇较早的文章。其后有代表性的文章如张正明《清代河东盐课摊归地丁试析》(《山西师范学院学报》1982 年第 3 期), 林永匡《乾隆时期河东盐课归丁改革》(《历史档案》1982 年第 3 期), 刘素芬《乾嘉时期河东盐法之变革及其财政效果之检讨》(《史源》第 16 期, 1987)。这几篇文章的讨论都比较细致, 也有各自的特点, 张文更多地利用了地方文献, 林文更多地利用了档案文献, 刘文更注意相关问题的分析, 可以相互参考。山本进《清代河东盐政的变迁》(《东洋史论集》第 27 号, 1999), 也叙述了河东的盐课归丁改革。另外, 对四川和云南井盐区的研究, 也有较高质量的论文, 如彭泽益《清代四川井盐工场手工业的兴起和发展》(《中国经济史研究》1986 年第 3 期), 何珍如《康熙时期的云南盐政》(《中国盐业史论丛》, 中国社会科学出版社 1987 年版), 陈然《试论清初对自流井盐的开发》(《历史档案》1992 年第 3 期) 等。其他相关盐区的研究, 下述还会谈到。

五是对食盐生产的研究。在海盐、井盐、池盐各个制盐区域, 均有论文进行探讨。在海盐方面, 波多野善夫《清代两淮制盐业的

---

① 另外, 对淮盐引地食盐运销进行研究的论文也还有一些, 参见朱宗宙:《两淮盐运史上的几次灾难事故》,《盐业史研究》1997 年第 3 期; 田强:《清代长江三峡地区食盐问题分析》,《盐业史研究》2001 年第 2 期; 陈东有:《雍正初年湖广盐价风波议》,《江西财经大学学报》2001 年第 3 期; 方志远:《明清湘鄂赣地区食盐的输入与运销》,《中国社会经济史研究》2001 年第 4 期等。

生产组织》(《东洋史研究》第11卷1号，1950)，从两淮盐场的制盐技术和生产组织两个方面对重要的两淮盐场进行了较为系统的研究。该文认为，“虽然通称为两淮，淮南和淮北的制盐方法互异。淮北是‘天日制盐’，也就是所谓的晒盐，淮南则是煎盐”。并由此叙述了淮北从头道到九道的晒盐盐池和淮南的荡地、亭池和煎灶。在对两淮盐业生产组织的叙述中，分别对灶户的变化、灶丁与煎丁的区别（进行摊灰淋卤的称为灶丁，进行煎盐的称为煎丁）、商亭与灶亭问题以及盐场的管理组织作了探讨。该文的着力点是对生产组织的探讨，在制盐技术方面，只是一般的缕述，没有涉及清代两淮制盐方法的变化。徐泓《清代两淮的场商》(《史源》1970年第1期)，朱冠登《淮南商灶业荡权之争与亭荡产权关系的变化》(《盐业史研究》1990年第4期)，对淮南场商与灶户的关系，场商与运商的关系，场商与灶户的荡产、亭产等问题，也有细致的讨论。渡边惇《板晒法的兴起及其影响》(《东洋史研究》21卷第1号，1963)，主要是对浙江盐区新的晒盐方法的探讨，考证了浙江的板晒法始于嘉庆年间；并探讨了板晒法兴起以后的私盐问题。渡边惇的另一篇论文《清末沿海诸盐场制盐技术的转变及其意义》(《山崎先生退休纪念东洋史论集》，东京教育大学文学部东洋史学研究室1967年版)，其副标题是“以从煎法到晒法的转变为中心”，认为在盐海诸制盐区域，大都有“改煎为晒”的发展趋势。福建在道光年间，16个盐场，实行晒盐的有13个盐场，煎盐的只有3个盐场。两广在同一时期，31个盐场中，晒盐场为19个，煎盐场为12个。而到了晚清，实行煎盐法的已所剩无几。华北的山东、长芦盐区亦然：“在山东，《清盐法志》称，据旧志，三场行煎法，三场行晒法，四场煎晒并举。其后二场废止，存留八场全部变成晒场。而长芦的情况，《支那最近全国盐场录·长芦》载：‘长芦的盐场，原来海丰、严镇二场实行天日晒盐，济民、石碑、归化三场实行煎盐，丰财、芦台、越支三场煎晒相半。前清道光年间，大体上均由煎盐改为晒盐。'”由此，渡边惇认为：“道光年间，是由煎法到晒法的转换期。”该文还考察了淮南盐场和浙江盐场，认为：“淮南盐场和浙江盐场，在沿海诸盐场中，是顽强固守煎盐法的盐场。”即使如此，浙江盐场在嘉庆年间也有实行晒法的盐场，并有板晒法的出现。朱去非《盐板晒盐考》(《盐业史研究》1990年第3期）以及前揭笔者《中国盐业史·清代》，对板晒也进行了考察，认可渡边惇的研究成果。郑志章《板晒海盐技术的发明与传播》(《中国社会经济史研究》1984年第3期)，也是一篇值得注意的论文，该文认为，在明代，福建盐场已经首创了板晒法，康熙中期后，板晒法由闽南移民传入江浙，逐渐推广到浙江各盐场。上述之外，探讨沿海盐业生产的还有冼剑民《清代广东的制盐业》(《盐业史研究》1990年第3期)，蒋兆成《从顺治到乾隆两浙地区的盐业》(《盐业史研究》1990年第3期)，王佩环《清代前期盛京地区官盐生产供销概述》(《盐业史研究》1988年第3期)，温春来《清代广东盐场的灶户和灶丁》(《盐业史研究》1997年第3期)，李三谋《清代灶户、场商及其相互关系》(《盐业史研究》2000年第2期）等。由于盐业生产的专门化和历史传承性，对清代以前盐业生产研究的论文也是应该注意和了解的，如陈诗启《明代的灶户和盐的生产》(《明代官手工业的研究》，湖北人民出版社1958年版)，刘淼《明代海盐制法考》(《盐业史研究》1988年第4期)，白广美《中国古代海盐生产考》(《盐业史研究》1988年第1期）等，就值得一读。

对井盐生产的探讨，除前揭彭泽益《清代四川井盐工场手工业的兴起和发展》，陈然《试论清初对自流井盐的开发》，何珍如《康熙时期的云南盐政》外，森纪子《清代四川的盐业资本》(小野和子编《明清时代的政治与社会》，京都大学人文科学研究所 1983 年版)，钟长永《富荣盐场的机车采卤》(《井盐史通讯》1981 年第 1 期)，冉光荣、吴天颖《四川盐业井灶租佃形式及其特点》(《井盐史通讯》1984 年第 1 期)，宋良曦《论井盐输卤技术的发展》(《盐业史研究》1988 年第 2 期)，曾进平《清代自贡盐场的经营管理组织》(《盐业史研究》1988 年第 2 期)，蔡文钦、曾凡英《王三畏堂与罗筱元的经营管理》(《盐业史研究》1988 年第 3 期)，罗筱元《自流井三畏堂兴亡纪要》(《四川文史资料选集》第 8 辑)，杨笃行、罗筱元等《自贡盐场蒸汽机车汲卤概述》(《自贡文史资料选辑》第 3 辑)，也是值得注意的。森纪子《清代四川的盐业资本》，对富荣地区盐业资本形成的历史条件，以及盐井经营中的凿井契约、盐业大资本的形成、盐业生产中的劳动力问题等均有系统的论述。其他文章主要叙述了晚清四川盐业生产的变化以及盐业的近代化过程。对河东池盐生产的研究，则有张正明《古代河东盐池天日晒盐法的形成及发展》(《盐业史研究》1986 年第 1 期)，吉成名《运城池盐生产技术初探》(《盐业史研究》1989 年第 4 期)，柴继光《关于运城盐池制盐系列池及其生产工艺技术形成时期的探讨》(《盐业史研究》1993 年第 1 期) 等。在笔者撰写的《清代盐业史·清代》中，针对河东盐池的"分段浇晒法"问题，对张、柴二文已有评论，特别指出了柴文所谓的"运城盐池制盐池系列和生产工艺技术形成时期应是在宋代"，似乎仍缺乏可靠的证据。可以参考。房建昌《西藏盐业及盐政史略》(《西南民族学院学报》1993 年第 1 期)，对很少有研究的西藏盐产种类和分布以及历史沿革进行了开拓性研究。方裕瑾《嘉庆中期商办吉兰泰盐务述论》(《历史档案》1991 年第 2 期)，对内蒙吉兰泰盐池的生产与运销进行了探讨。

六是对私盐的研究。私盐问题一直受到学者的关注，如上所述，佐伯富在《清代盐政之研究》第四章“私盐问题”中，归结了私盐的种类，并对漕私、船私、枭私、商私四种类型的私盐进行了专节讨论，并分析了私盐形成的原因，推算了私盐的数量。拙著《清代盐政与盐税》第四章“私盐的泛滥与巡缉”中，考察了场私、军私、官私、邻私、船私、商私、枭私等七种类型的私盐，并对各种贩私处罚的规定以及缉私卡巡的设置进行了探讨。张小也《清代私盐问题研究》则是研究私盐问题的专著。应该说，对这一问题的研究已经相当深入。在相关论文中，比较注意地区性私盐的研究，如鲁子健《清代四川的盐榷与盐枭》(《盐业史研究》1986 年第 1 期)，宋良曦《川盐缉私略论》(《盐业史研究》1986 年第 1 期)，除讨论四川的专商引岸制和其他运销制度外，对四川的私盐问题，特别是四川盐枭的活动进行了探讨。王小荷《清代两广盐区私盐初探》(《历史档案》1986 年第 4 期)，对私盐的来源、私盐流通、贩私人员构成等均有描述，并特别注意了私盐与吏治、经济、社会生活的关系。黄启臣、黄国信《清代两广盐区私盐贩运方式及其特点》(《盐业史研究》1994 年第 1 期)、《清代两广私盐盛行现象初探》(《盐业史研究》1995 年第 2 期)，是另两篇探讨两广私盐问题的论文，重在叙述私盐现象和分析私盐猖獗的原因。渡边惇《清末时期长江下游的青帮、私盐集团活动——以与私盐流通的关系为中心》(《盐业史研究》1990 年第 2 期)，探讨了晚清长江下游、江浙地区的私盐流通，并特别注意了私盐集团与帮会、会党之间的联系。方裕谨《道光初年清政府遏制两淮私盐之对策》(《郑天挺先生百年诞辰纪念文集》，中华书局 2000 年版)，吕一郡《清代湖广私盐浅议》(《华中师范大学学报》1991 年第 4 期)，吴海波、杨勇《清中叶江西官私食盐的运输途径与流通方式》(《盐业史研究》2002 年第 3 期)，对同属于两淮引地的两湖、江西地区的私盐也进行了描述和分析。当然也还有对私盐进行专题研究的论文，如彭云鹤《明清两淮盐私和漕运》(《盐业史研究》1991 年第 4 期)，分析了漕运与私盐的关系。黄国信《清代雍正到道光初年的盐枭走私》(《盐业史研究》1996 年第 1 期)，以及《食盐专卖与盐枭略论》(《历史教学问题》2001 年第 5 期)，对引人注目的枭私进行了探讨。黄国信《清代私盐问题研究》(《盐业史研究》1999 年第 4 期)，张小也《清代盐政中的缉私问题》(《清史研究》2000 年第 1 期)，则带有总论的性质。

以上所区分的几个研究专题，只是为了评述的方便与清晰，实际上在许多文章中，对各个问题或各方面的研究是兼而有之的，希望读者注意。另外，因为研究专题的区分或视野所限，也可能遗漏了有价值的论文，希望作者谅解。

三

从总体上看，清代盐政的研究已有较好的基础，取得了丰硕的成果。其值得注意者主要有三：

第一，已有日野勉《清国盐政考》、佐伯富《清代盐政之研究》、陈锋《清代盐政与盐税》三种断代盐史著作先后出版，专题性或区域性的专著和论集则有张小也《清代私盐问题研究》，徐泓《清代两淮盐场的研究》，张学君、冉光荣《明清四川井盐史稿》，宋良曦、钟长永《川盐史论》，吴天颖《井盐史探微》，林元雄等《中国井盐科技史》，刘德林、周志征《中国古代井盐工具研究》，黄培林、钟长永《滇盐史论》，牧寒《内蒙古盐业史》，张海鹏、王廷元等《徽商研究》，王振忠《明清徽商与淮扬社会变迁》等十数种之多。这些著作的研究方法和研究深度虽然不一，但毕竟各有所长，也为后续研究开启了多种门径。

第二，就研究论文而言，涉及的范围十分广泛，上述从六个方面进行了归结，论文的数量也很大。虽不能说清代盐政的研究已成为史学界的热点，但可以说，在断代盐史研究中，清代盐史的研究是最为活跃的，并日益引起清史学界、经济史学界和社会史学界的重视。这种局面的出现，正是清代盐史研究者辛苦劳作的结果。同时也与《盐业史研究》的创刊和大量发表清代盐史论文相关联。在各种专题研究中，有的研究也已经相当深入，比如对清代盐商的研究，甚至可以说，在对清代商人的研究中，以盐商的研究最为深入，也最具有特色。

第三，已经走出了“就盐而论盐”的研究模式，研究的视野更为开阔。前揭佐伯富《清代的盐务案》、滝野正二郎《清代乾隆年间的官僚与盐商》、朱宗宙《明清时期扬州盐商与封建政府关系》、宋良曦《清代中国盐商的社会定位》等，已经充分注意了盐商与政治制度和吏治的关系。前揭王振忠《明清扬州盐商社区文化及其影响》、王伟康《两淮盐商与扬州文化》等文，以及王振忠《明清徽商与淮扬社会变迁》也专门就盐商与文化、社会之间的关系展开了论述。前揭渡边惇《清末时期长江下游的青帮、私盐集团活动》，注意了私盐集团与青帮的关系，具有社会史研究的色彩。拙著《清代盐政与盐税》在论述枭私时，也举出了四川武装走私与会党之间的联系事例。张笃勤《明清武汉的淮盐市场与城市经济》（《盐业史研究》1999年第4期），也选取了一个新的角度，论述盐业运销与城市发展的关系。十多年前，笔者在审阅照内由纪子的博士论文《关于清末长芦商人的经营活动》时，也注意到她对食盐运销路线与城镇发展关系的论述。这些论题的提出和研究角度的选择，对后续研究者不无启迪。

当然，清代盐政的研究也存在着若干问题或不足。就其主要者而言，可以归结为如下四端：

首先，清代盐政的资料整理较为缺乏。应该指出，清末至民国年间对盐法志的编写，如《清盐法志》、周庆云《盐法通志》、吴炜等《四川盐政史》等，继承了先前盐法志书的编撰传统，辑录、保存了大量的盐政资料，为后人的研究提供了方便。特别是民国年间吴炜等编撰的《四川盐政史》，除了按传统的门类进行撰写外，在首卷还增写了"通论"，已略具现代史家的眼光。上述也已经谈到，有《自贡盐业契约档案选辑》以及《清代徽商资料》等资料的整理出版。但是，与其他专史相比，还显得远远不够，举凡实录、政书、盐法志、方志、文集、谱牒中的相关资料没有系统地整理过，就是已经整理出版的经济史资料或财政史资料，其中的盐政资料或者阙如，或者分量很轻。档案的整理亦然，虽然近十年来清代档案的整理出版取得了很大的成就，有综合性的，也有专题性的，但涉及清代盐政的可谓凤毛麟角，只有《历史档案》辑录了《顺治年间两淮盐务题本》等。这不能不影响到清代盐政研究的进一步深入。

其二，对有些问题的研究，或者欠缺，或者不够深入。即使是研究较为深入的盐商研究，也存在着问题，如对盐商组织的研究，各盐区的总商、纲总、纲首、纲头、甲商、值年等，以及盐商公所、盐商总局、商司、商厅等如何履行其职能和发挥作用，还不是太清楚。盐政衙门、盐商组织、地方有司之间的关系和相互协调或制约，也有进一步探讨的必要。又如官督商销之外的食盐运销形式，像官运商销、商运商销、商运民销、民运民销、官督民销等各种运销形式的研究，也相当薄弱。其他像灶户的研究、食盐生产技术的研究、杂费的研究、食盐转运的研究等，也可以再深究。

其三，在有些问题的研究方面，选题重复的现象十分严重。从本文所揭示的相关论文中，已不难看出某些论题的重复和接近，一个相同的问题，论文可达十数篇甚至数十篇之多，而新意极少，甚至根本没有新意，不断地剪贴、重复别人的研究成果，制造学术垃圾。而更为严重的是，在这些论文中，对前人的成果不加注明，或点缀式的注引，而行抄袭之实。这种不尊重前人的研究成果和不规范的学术行为，近年虽略有好转，但仍然应该引起注意。

其四，对各盐区以及历史阶段的研究不够平衡。在盐区的研究上，我们不否认都取得过一些较优秀的成果，但从总体上说，只有淮盐和四川井盐的研究相对较为深入，其他盐区，如奉天、陕西花马池、山东、长芦、两浙、广东、福建、云南等的研究还相当初始或不够全面。在历史时段上，对清初或清代前期的研究较好，对道咸之际的盐政变革也有较好的研究基础，但对晚清食盐运销体制的变化、税制的变化等方面的研究则显得薄弱。这一方面受制于史料的不足或缺乏深入的挖掘，另一方面也由于近代史或近代经济史学者中对盐政进行研究的不多。

今后对清代盐政的研究，主要的应该是弥补上述的薄弱环节。除此之外，有些综合性的研究或扩展性的研究，也需要进一步加强。如杂费的征收，以及陋规、匣费的清理与地方财政和吏治的关系；盐商资本流向与文化发展与地方公共事业发展的关系；食盐转运路线、集散与市镇兴衰的关系；长江运道盐船回空与粮食运销、竹木运销，以及市场网络的形成；食盐价格的变动以及盐斤加价，对盐商与人民生活的影响；私盐兴贩，特别是武装走私与地方社会控制等。由于盐政问题本身的复杂和涉及范围的广泛，决定了对盐政的深入研究必然会对财政、经济、吏治、社会、文化的研究都有促进。

（本文原载台湾《汉学研究通讯》
第25卷第2期，2006年5月）

清末民国年间日本对华调查报告中的财政与经济资料

日本在明治维新以后，国门大开，了解世界，特别是了解近邻的中国，以促进商贸，成为朝野上下的迫切愿望。大隈重信氏为《支那经济全书》撰写的“序”中说：“自中兴之后，订通商之约，于是彼此往来，懋迁之业大兴矣。贸易之道，知彼为要，凡其国政教风化，地理民俗，物产之丰歉，人情之好恶，必精察审知，然后时措之宜。今我之于支那，对立东瀛，同种同文，通交最久，宜人人熟悉其国情。而其实有不然者，概皆知古而昧乎今，见外而遗乎内，莫有能综计而详说之者。其非观国之术有所未至邪？是以业贸易者，未免有望洋之叹焉。”也正是在这个基点上，明治末年展开了对晚清国情的大调查。这一时期，除了各种单独成册的调查报告外，大型的调查资料汇编如《支那经济全书》等也相继出版。松方正义氏为《支那经济全书》所作的“叙”曾感叹道：“所谓经济事项者，网罗靡遗，本末具举，洋洋乎大观哉。此书一出，其裨益于我贸易产业者，岂浅鲜也乎？”如果说明治末年日本对中国进行的大调查，出发点在于开展或促进贸易，那么，20 世纪以来特别是 20 世纪三四十年代所进行的大调查，意旨又有所不同，如曾任满铁总裁的松冈洋右所言，满铁的调查关乎日本国策的制定和执行以及“满洲国”的建国和建设。[①] 事实上，不单是满铁

① ［日］松冈洋右：《话说满铁》，东京：东京第一出版社昭和十二年（1937）版，第 182—183 页。

的调查，其他的一些调查活动也直接与日本对中国的觊觎、侵略相关联。但是，由于历次调查汇集起来的翔实的调查资料涉及中国当时的政治、经济、军事、地理、文化、社会的方方面面，又确实可以弥补中国文献记载的不足，对深化某一领域或某一门类的研究大有裨益，因此，这些调查资料日益受到学界的注意。即使是调查活动的本身也已经成为许多学者的研究课题。① 本文仅就视野所及，揭示相关调查报告以及调查资料汇编中的财政与经济资料，以期有助于国内学者的历史研究。

一、晚清的调查资料

（一）日本官方和民间的调查报告

明治初年以来，日本政府和民间机构就不断派员赴中国调查，但规模较为有限，调查的内容偏重于地理、军事等方面。② 从明治三十一年（1898）起，日本农商务省等部门开始大规模派遣“清国实业视察员”对中国的经济进行调查。③ 这些视察员回国后，撰写递交

---

① 如20世纪90年代本庄比佐子领衔、日本文部省资助的研究课题《战前期中国实态调查资料的综合研究》、《战前期中国调查资料研究》等。其他日本学者的著作有马场明：《日中关系与外政机构研究》，东京：原书房1983年版；井村哲郎：《满铁调查部》，东京：亚洲经济研究所1996年版；久保亨：《战时华北的工场调查》，东京：一桥大学经济研究所1998年版；本庄比佐子、内山雅生、久保亨编：《兴亚院与中国战时调查》，东京：岩波书店2002年版等。附记：2002年下半年我在东京大学东洋文化研究所访学，《兴亚院与中国战时调查》一书尚未出版，滨下武志先生知道我要写作这篇文章，惠寄了本书，特此致谢。

② 如1879年日本参谋本部派员对中国军事、地理的调查。参见上揭［日］本庄比佐子等：《兴亚院与中国战时调查·前言》。

③ 此前日本农商务省就曾派员调查，如明治三十年农商务省农务局的《清国蚕丝业视察报告书》等。

了数量可观的“复命书”、“报告书”，如农商务省商工局的《清国出张复命书》、《清国织物业视察复命书》、《清国染织业视察复命书》（明治三十二年），《清国陶器业视察报告书》（明治三十九年），《清国窑业调查报告书》、《清国工艺品匠人调查报告书》（明治四十一年）；农商务省农务局的《清国蚕丝业调查复命书》、《清国农商工视察报告》（明治三十二年）；农商务省山林局的《清国视察复命书》（明治三十六年），《清国林业及木材商业视察复命书》（明治三十八年）；农商务省水产局的《清国水产贩路调查报告》（明治三十三年）；农商务省盐业调查所的《清国盐业视察报告书》（明治三十二年）；外务省通商局的《清国商况视察复命书》（明治三十五年）等。

明治中后期开始的带有官方色彩的调查，目的在于“精查详查清国实业上的真相，以窥知实业界的盛衰消长”[①]，所以上述“复命书”、“报告书”更多地集中在经济方面。如由加藤末郎撰述的《清国出张复命书》，农商务省商工局明治三十二年（1899）刊印。该书分为“北清的农事”、“满洲的大豆”、“南清的农事”三部分，每一部分又有细目，在“南清的农事”中，就分别对杭州的农业、苏州的农业、上海附近的棉花栽培与买卖、汉口烟叶集散状况进行了叙述。又如《清国农商工视察报告》，由吉川荣吉撰述，农商务省农务局明治三十二年刊印。该书分为商业、农业、养蚕、蚕丝业四部分，由于其考察的路线是由横滨港到达上海，游历江浙二省后，到达汉口，再由汉口到广东、福建，最后到达台湾，再由台湾回日本，所以介绍的主要是上海、杭州、海宁、湖州、苏州、无锡、江宁、汉口、广东、福州、厦门、香港、澳门等地的情况。在叙述“税厘”时称：“清国内地的税厘，其种类之多之繁，实出于意料之

① ［日］吉川荣吉：《清国农商工视察报告·绪言》，农商务省农务局，明治三十二年。

外，试以浙江省湖州府南浔镇的生丝输出课厘为例，生丝一包，即80斤，需付税厘：1. 正厘16元，2. 沪饷4元，3. 塘工堤防费2元40钱，4. 善后费2元，5. 赈捐2元，6. 浚湖经费30钱，7. 湖州本镇善举1元。通计27元70钱。另外，本镇的‘公同慈善’还要捐费数元。而生丝运至上海，还有江苏厘捐。其种类的繁杂亦不让于南浔。”[①]记述相当细致。再如《清国商况视察复命书》[②]，该书除了对贸易、商人有总体的述说外，分别对北京、张家口、保定、天津、锦州、盛京、牛庄、烟台、上海、苏州、无锡、湖州、杭州、宁波、福州、厦门、泉州、漳州、汕头、澳门等地的商况进行了详细的描述。在对北京的描述中，着重于炉房、银号、钱铺、当铺，记载了180家钱铺的名称及其设置地点，并称“恒利、恒兴、恒和、恒源，为钱铺中的‘四大恒’，明代就已开设，信用最著”[③]。在对上海的描述中，炉房、银号、钱铺、当铺的记载亦详，另外，还详于上海的棉花市场、棉布制造、行会行规以及各种输出输入统计表，等等。书后附录的“天津厘金税则”、“牛庄港老关税率”、“江苏省外国物品厘金税则”、“重订苏省水卡捐章”、“苏常镇各局管辖分卡清单”、“江苏省牙厘总局光绪二十三年收到各局清数”、“福建省厘金税则”、“厦门内地税关税目”、“广东省厘金税则”等亦弥足珍贵。[④]

上述之外，在明治年间，还有一些非官方的视察或调查报告，

---

① 见该书第16页。这里未用银两为单位，据第29页记载，湖州在商业上皆使用洋银，故丝行的交易等均用洋银计算。

② 这是正式出版的本子，东京大学经济学部图书馆藏。书前用了“故公使馆二等书记官楢原陈政”字样，该调查报告的作成时间应在前，书中记述事项的最后时间是1897年。另外，东洋文库亦有藏本，但刊印时间不详。

③ ［日］楢原陈政：《清国商况视察复命书》，东京：元真社明治三十五年版，第32页。

④ 同上，第378—479页。

如三井物产的《清国绵丝贸易实况报告书》（明治二十四年），名古屋商业会议所的《清国新开港场商业视察报告书》（明治二十九年），京都商业会议所的《清国新开港场视察报告》（明治三十年），茶业组合中央会议所的《清国、印度、锡兰茶况视察复命书》（明治三十一年），三井银行的《清国福建、浙江两省铁道线路调查报告书》、《闽浙两省视察报告书》（明治三十四年），东京高等商业学校的《清国货币问题、沪汉金融机关调查报告》（明治三十一年）、《清国苏州、杭州绢织物业调查报告书》（明治三十八年），静国农事试验场的《清国茶业调查复命书》（明治四十二年），横滨正金银行的《清国国债事情》（明治四十三年）等等。这些调查或视察报告，也值得注意。如受横滨正金银行的委托，财政史学家安东不二雄的调查报告《清国国债事情》就很有特点，该著分为7章，分别为清国国债的起源、日清战争以前的国债、日清战争公债、义和团赔偿金及补充公债、铁道借款、内国债及地方公债、全国岁出岁入及关税收入额。该书以调查研究清代的对外借款为主，对国内的借款也有专章，在对外借款中，详于甲午战争所导致外债的叙述与分析，对汇丰银款、汇丰金款、克萨借款、俄法借款、英德借款、英德续借款有单独论列，并对每次借款的偿还方法、偿还资金、偿还财源等作了说明。对铁道借款的叙述也相当细致，按时间顺序分别叙述了关内外铁道公债、京汉铁道公债、正太铁道公债、汴洛铁道公债、沪宁铁道公债、粤汉铁道借款、道清铁道借款、广九铁道公债、津浦铁道第一次公债、沪杭甬铁道公债、邮传部公债、新奉铁道借款、吉长铁道借款、津浦铁道第二次公债、邮传部赎路公债。对内的借款，则有甲午商款、昭信股票、直隶公债、收赎京汉铁路公债、湖北公债、安徽公债、湖南公债等的分节叙述。这既是调查资料的汇集，也兼具专著的性质。

（二）东亚同文书院的调查资料汇编

东亚同文书院及其前身汉口乐知堂和上海日清贸易研究所以对中国的连续性调查而著名。1886 年，日本“兴亚论”者荒尾精在汉口创办汉口乐知堂，1890 年，又在上海设立日清贸易研究所。同年底，荒尾精在陆军士官学校时期的校友根津一继任所务。1892 年，根津一依据汉口乐知堂和上海日清贸易研究所对中国的调查材料编成《清国通商总览》，该书 2 编 3 册，长达 2300 余页，分地理、交通、运输、金融、产业、习惯等类项，作为早期的调查资料，具有相当的价值。1898 年，东亚同文会在东京成立，1900 年，东亚同文会在华办学，南京同文书院成立，院长为根津一。次年，书院迁至上海，更名“东亚同文书院”，院长依旧是根津一。[①] 东亚同文书院作为以研究中国现状为专务的学校，更加重视对中国的调查，东亚同文会编辑的《支那经济全书》即是东亚同文书院的早期调查集成。

据东亚同文会的“编辑绪言”称，东亚同文书院的调查历经数年，先后参加调查的人数达 200 余人，原稿达 2 万页以上，从中选择成书出版的约 1 万页。指导调查和总其成者，是著名学者根岸佶。明治四十年（1907）出版的《支那经济全书》分作 4 辑，每辑又分若干编，第 1 辑 7 编，主要涉及农政、手工业、工业、资本家、物价、人民生活、财政等事项；第 2 辑 6 编，主要涉及商贾、特许商（盐商、茶商）、买办、会馆公所、行规条约、家规店规等；第 3 辑 5 编，主要涉及旧关（常关）、新关（海关）、水运、仓库、山西票

---

① 参见冯天瑜：《中文版前言》，沪友会编、杨华等译：《上海东亚同文书院大旅行记录》，商务印书馆 2000 年版，第 1—15 页。

庄等；第4辑4编，主要涉及商政、商品陈列场、商用书式、商用账簿等。明治四十一年又出版8辑，每辑的序号仍然续前。第5辑2编，为铁道总论、铁道分论；第6辑6编，分别是邮政、电信、度量衡、货币、支那银行、支那的外国银行；第7辑8编，分别是海上保险、商帮、牙行、报关行（包括渝行与通关所）、招牌、广告、商标、列国对清贸易；第8辑7编，分别是农业、米、麦、豆（包括豆饼与豆油）、砂糖、棉花、脂肪油与蜡；第9辑2编，分作畜牧（含牛骨、皮货、制革等）和海产；第10辑3编，分作木材、木炭、矿山；第11辑7编，分别是一般工业、磷寸（火柴）、造纸业、精米业、制粉与制面、纺织业及棉丝、棉织物；第12辑6编，分别为制丝业、绢织物、陶瓷器、出版业、文房用具、杂货。在12辑之外，另附有《支那交通全图》。

《支那经济全书》每辑各编的内容之详细，资料之丰富，可以说是前所未有的。

《支那经济全书》所汇集的资料，有的来源于实地调查，有的是文牍档案典章的直接迻录，有的是从相关资料中采摘综合。就三种资料的来源形式来看，实地调查和采摘综合的资料最具价值。

实地调查的资料很多，在各辑各编中都有。如第1辑第3编“劳动者”，分别对劳动者的种类、就业年龄，劳动的方法、时间、工钱等，进行了调查。其对劳动者的工钱调查，可以参见下表：①

① 《支那经济全书》第1辑，东京：东亚同文会明治四十年版，第153—154页。据《清国事情》（日本外务省通商局，明治四十年版）第2辑第13卷，第820页载，十仙银货商人呼之为“七分二”；一弗相当于银货一元，等于库平银两七钱二分；又，洋银一弗五十仙等于一海关两，当然，每年的比价有所不同，如一海关两1892年的比价为一弗五十六仙，1893年为一弗五十四仙，1894年为一弗五十二仙，1899年为一弗四十二仙，1900年为一弗三十九仙，1901年为一弗四十一仙等。

职名	日给或月给	上海的情况	天津的情况
石工	日	50—60 仙	—
铁工	日	60—85 仙	40—70 仙
铜工	日	50—60 仙	—
染工	日	40—50 仙	年 40—100 弗
纺织男工	日	25 仙	—
纺织女工	日	22 仙	—
船工	日	60—85 仙	55—65 仙
建筑大工	日	55 仙	40 仙
英语翻译	月	8 弗以上	—

另外，对夔昌自来水公司、汉口枪炮局的工钱支付，也有系统的调查统计。又如第 1 辑第 6 编“人民生活程度”，分别对北京、汉口、香港每月的温度、衣冠、饮食、居住状况，北方人的生活状态、江南人的生活状态、上海的商人生活、上海的买办生活、上流社会的生活状态等进行了调查。在“上海的商人生活”一节中，甚至记录了上海大东门外一个小卖店在光绪三十年正月和三月每天的日常开支。[①]再如第 9 辑第 1 编“牧畜（附养鸡）、牛骨、兽皮、制革、羊毛、猪毛及鸭子”，分别对相关类项进行了调查。对北京猪行的调查称，北京的猪行在东单牌楼马市附近，同业者有五六十行，其中最大的猪行称为“黄店王”，猪的产地大多来自张家口、大同府、宣化府、平泉州、八沟、哈达州（赤峰）、建昌县、丰宁县、承德府等。猪的买卖数，各行合计，平均每天八百余头。[②]对汉口、天津等地的牛皮行调查称，汉口的牛皮是重要的商品之一，每年的集散量高达 27 万担以上。专营牛皮的牛皮行，外国人有美最时、太平洋行两家，中国人经营的徐复

① 《支那经济全书》第 1 辑，第 403—414 页。原文虽称其为“小卖店”，但恐怕亦有一定规模，该小卖店专做丝的生意，除夫妻、女儿三人外，还雇有三个伙计和仆人，其长子在美国读书，次子曾留学日本，学成归国后在武昌的一所学校供职。

② 《支那经济全书》第 9 辑，东京：东亚同文会明治四十年版，第 56—58 页。

泰行、徐德祥行、姚义兴行三家最具实力，其他则有臣泰昌、张森茂、常永茂、复盛源、慎发、瑞泰、金益、彭长泰、杜祥兴、杨洪顺、陈元丰、萧万泰、张永元、产茂恒、玉和太、源顺欣、张祥兴、高复泰、杜同盛、周源顺、兴泰礼、义泰信等行。天津和汉口一样，牛皮也是最重要的商品，天津有名的牛皮行有新泰兴洋行、隆茂洋行、顺庆洋行、明义洋行、平和洋行、礼和洋行、高林洋行、聚立洋行、信远洋行、德义洋行、仁记洋行，另外还有恒顺茂、恒平号、裕昌兴、恒利号、天顺成、兴顺成、兴盛德、东泉盛、东聚成等皮货铺。①

采摘综合的资料，如对同治以后的海关收入统计，据编者云，分别采自《政治家年鉴》、“钱洵的统计”（称钱洵为“著名的财政论者”）、《光绪会计表》、《海关报告》，由于前二种资料难寻，也就显得珍贵。编者并且指出：“光绪二十年之前和二十一年之后，数字差异很大，值得怀疑，尚待日后补正”（二十一年之后据《海关报告》）。又，光绪十一年至十三年钱洵的统计和《光绪会计表》的统计不同，一并采纳。兹将此统计示列如下表。②

对于中国学者来说，《支那经济全书》直接迻录的文牍档案典章资料，可以在汉籍中查寻，如“光绪二十九年部库收款细数”、“光绪二十九年部库放款细数”、“光绪二十九年各省岁入表”等。③但由于一些汉籍资料已阙如或难以觅到，如“赈册书式”，“红契书式”、“官契书式”、“白契书式”、“典契”，“执业田单书式”、“贷地地契书式”，等等。④所以这一部分的资料价值仍不可忽视。

---

① 《支那经济全书》第 9 辑，第 164—169 页。

② 《支那经济全书》第 1 辑，第 909—912 页。

③ 同上，第 913—976 页。

④ 同上，第 49—50、78—85、100—102 页。

时间	海关岁入银两	折合英镑
同治三年（1864）	7872257	2361677
光绪元年（1875）	11968109	
光绪二年	12152921	
光绪三年	12067078	
光绪四年	12483988	
光绪五年	13531670	
光绪六年	14258583	
光绪七年	14685162	
光绪八年	14085672	
光绪九年	13286757	
光绪十年	13510712	
光绪十一年	14472766 13527584	
光绪十二年	15144678 14366306	
光绪十三年	15895577 19319999	
光绪十四年	17754216	
光绪十五年	16767282	
光绪十六年	16710373	
光绪十七年	18206777	
光绪十八年	17622859	
光绪十九年	16801180	
光绪二十年	10674032	
光绪二十一年	21385389	3497402
光绪二十二年	22579366	3763227
光绪二十三年	22742104	3387626
光绪二十四年	22503397	3246584
光绪二十五年	26661460	4013105
光绪二十六年	22873986	3550233
光绪二十七年	25537574	3784100
光绪二十八年	30007044	3900915
光绪二十九年	30530688	4007150
光绪三十年	31493156	4514020
光绪三十一年	35111004	5281280

上述之外，值得注意的问题有三：第一，该调查资料的资料时限

虽然主要集中在晚清，但在有些地方又不局限于此。如第 6 辑“度量衡”编，专列一章叙述先秦至晚清的度量衡沿革。第 7 辑“商帮”编，在介绍宁波帮、绍兴帮、钱江帮、金华帮、广东帮、山西帮、徽州帮、福建帮、江西帮、四川帮等商帮时，注意了源流的上溯。第 12 辑“文房用具”编，分为秦汉时代以后的文具、隋唐时代的文具、宋元时代的文具、明至现代的文具加以叙述。第二，对一些不太引人注目的社会经济事项，列有专编，从前揭编目中已可窥知一二。并且，其介绍和资料的搜集也较为细致。如第 7 辑“广告”编，不但有店铺新开广告、卖药广告、香烟广告等一般的广告，也有报纸等新式媒体刊载的广告。第 11 辑“磷寸”编，对汉口燮昌公司、长沙和丰公司、北京京师丹凤火柴有限公司、重庆有邻公司、上海燮昌公司、福州福建火柴厂、九龙隆起公司、广东大和公司、佛山巧明公司等，一一罗列。第三，是书不仅仅是资料的汇编，还表现出一定的识见。其识见一般反映在各编的“总论”、“总说”、“绪论”、“结论”、“余论”中，如论赋税的征收与吏治关系：“官吏的中饱，导致了财政秩序的混乱，从俚语‘三年清知府，十万雪花银’，可窥实情之一斑。……清国收入表面上约一亿两，但民间实际负担额则在四倍以上。”[①] 在列制统计表后，对前后数据升降之原因，也大多有分析论述。

《支那经济全书》之外，明治末年，东亚同文会还编辑出版有《清国商业综览》5 册，东亚同文会明治三十九至四十一年（1906—1908）版，上海东亚同文书院则有《清国商业惯习及金融事情》一书，东亚同文书院明治三十七年版。如《清国商业惯习及金融事情》，分为“清国商业习惯”和“金融事情”两卷，主要是对上海、汉口两地的调查资料。在“清国商业习惯”卷中，对上海的内地商人、上海的会馆及公所、上海商业会议公所、上海的行栈、上海的

① 《支那经济全书》第 1 辑，第 443—444 页。

报关行、上海的茶馆、汉口的商帮、汉口的交兑习惯、汉口的行帮及市场、汉口的报关行及渝行、汉口的会馆公所等有详细的记载。在“金融事情”卷中，主要记述了沪汉两地的银号、银炉、银元局、公估局、钱庄、票号、当铺及货币种类等。

（三）驻华领事馆的调查报告汇编

日本驻华领事馆亦十分注重对华的调查，从明治十四年起，日本外务省通商局就将各领事馆不同时间的调查报告汇编成册，分别冠以“通商汇编”、“通商报告”、“清国事情”等书名出版。这些调查报告从不同的角度记述了晚清的政治、经济、社会、文化等状况。以明治四十年出版的《清国事情》为例，可以略加管窥。

《清国事情》分作2辑，第1辑4卷，分别是“在天津帝国总领事馆管辖区域内的事情”、“在芝罘（烟台）帝国领事馆管辖区域内的事情”、“在上海帝国总领事馆管辖区域内的事情”、“在汉口帝国领事馆管辖区域内的事情”；第2辑10卷，分别是苏州、杭州、南京、长沙、沙市、福州、厦门、汕头、广东、重庆领事馆管辖区域内的事情。每卷又分作若干章、若干节、若干款、若干项，十分细致。如第4卷“在汉口帝国领事馆管辖区域内的事情”长达400页，分作17章，分别为地势、面积、人口与职业、管辖区内的一般特征、衣食住状态、气候与卫生、商业机关与市场、贸易、工业与矿业、重要农产物、林产物与畜牧、土地、金融与度量衡、铁路、航运、汽船业与仓库、租界、土地房产的买卖与租赁、劳动价格、物价、学校与公共团体。[①]各章的调查和记述虽详略不一，但有关记载

① 各卷的章目虽然不尽相同，但大体一致，显现出各领事馆的调查事先有统一的规划。当然，各领事馆对有关事项的调查详略不一，如天津领事馆对税关的调查较为细致，上海领事馆对周边地区的宁波、温州、芜湖等地的调查较详。

的详细程度的确值得注意，如对湖北厘金局卡设置、征收的记述，对九江贸易额的统计，对汉口各种棉布产地、名称、尺寸、价格的记述，对汉口外国银行、洋行、工场商店的统计，对汉口的食品价格、木材价格、杂货价格的统计等①，都远远超出国内学者现有研究成果的表述。

二、民国年间的调查资料

民国年间的调查资料以“满铁调查资料”最为著名，也已为国内学者所熟悉。但是，“满铁调查资料”只是“南满洲铁道株式会社”的调查资料之一种。南满洲铁道株式会社成立于1906年11月，1907年4月正式运营。②在其运营之初，即开始了对东北地区及整个中国的调查，当时汇编成册的资料有《南满洲经济调查资料》7册，满铁调查课，明治四十二年至大正一年（1909—1912）版；《满蒙交界地方经济调查资料》3册，满铁调查课，明治四十二年至大正四年版；《北满洲经济调查资料》2册，满铁调查课，明治四十三年至四十四年版等。

据满铁总裁松冈洋右的《话说满铁》介绍，作为一般的调查机构，于明治四十年设立调查部（次年改称调查课）；明治四十一年，在满铁的东京支社设立东亚经济调查局；大正十二年（1923）设立哈尔滨事务所调查课；昭和七年（1932），又在哈尔滨事务所调查课的基础上组成经济调查会；昭和十年，在哈尔滨铁路局内设置哈尔

① 《清国事情》，日本外务省通商局明治四十年版，第738—744、783—788、817—821、1014—1021、1023—1028页。

② ［日］小林英夫：《满铁经济调查会小史》，见《满铁经济调查会史料》第1卷，东京：柏书房株式会社1998年版。

滨经济调查所（后改称北满经济调查所）；同年，又设立天津事务所调查课。这些调查机构也作了大量的调查，如，满铁调查课于昭和七年废止，在存在的25年间，刊行的调查资料有《满洲旧惯调查报告书》、《经济调查资料》、《交涉资料》、《调查报告书》、《满铁调查资料》、《满蒙全书》、《劳农露国（俄国）研究丛书》、《露亚经济调查丛书》等，总数达467部，涉及中国、俄国等的政治、法律、经济、交通、文化各个方面。另外，还有《满铁调查月报》等刊物的发行。又如，经济调查会刊行的资料，截至昭和十一年九月，有《经调资料》、《苏联研究资料》、《苏联远东及外蒙调查资料》等178部。另有《满洲经济年报》（即《满洲经济统计》年刊）、《苏联年鉴》等刊物的发行。再如东亚经济调查局，其初设时是作为满铁东京支社的一个机构，着眼于东亚经济和世界经济动向的调查研究，到昭和四年，该调查局成为具有财团法人性质的国家调查机构。其刊行的资料为《调查报告》（后改称《经济资料》），达到一百数十编。①

除了松冈洋右氏提到的之外，据笔者在东洋文库、东京大学图书馆和有关部所的图书馆检索查阅，满铁所属的许多机构都程度不等地进行过调查，并有调查资料的编辑出版。这些机构有：满铁临时经济调查委员会、满铁国际收支调查委员会、满铁太平洋问题调查准备会、满铁社长室、满铁总裁室、满铁总务部、满铁弘报课、满铁资料课、满铁交涉部资料课、满铁矿业部矿物课、满铁兴业部商工科及农务课、满铁产业部、满铁地方部、满铁产业试验场、满铁长春事务所、满铁北满经济调查所、满铁北支经济调查所、满铁北支事务局调查室、满铁上海事务所等。

---

① 参见［日］松冈洋右：《话说满铁》，东京：东京第一出版社昭和十二年版，第181—186页。

（一）“满铁调查资料”

“满铁调查资料”在大正年间和昭和年间由南满洲铁道株式会社陆续刊行。与财政、经济有关的资料如：第7编《银两与铜元的比较》，大正十一年版；第14编《支那的国债统计》，大正十二年版；第17编《满洲的磷寸工业》，大正十二年版；第18编《满洲的纺织业》，大正十二年版；第19编《满洲的柞蚕制丝业》，大正十二年版；第23编《满洲的油坊业》，大正十三年版；第24编《日本的木材需求与满洲木材》，大正十三年版；第32编《满洲的制粉业》，大正十三年版；第34编《在满洲的外国经济势力》，大正十三年版；第38编《满洲的砂糖》，大正十三年版；第41编《满洲的肉类加工业》，大正十三年版；第64编《东三省的度量衡》，大正十三年版；第74编《奉天省的财政》，昭和三年版；第92编《满洲物价调查》，昭和四年版；第95编《最近支那关税问题》，昭和四年版；第96编《满洲物价调查》，昭和四年版；第108编《最近支那财政概说》，昭和四年版；第112编《支那的对外政治借款》，昭和四年版；第127编《支那内国公债事情》，昭和五年版；第132编《满洲油坊现状》，昭和五年版；第140编《支那的对外交通经济借款》，昭和五年版；第149编《黑龙江省的财政》，昭和六年版；第154编《支那银行关系规定》，昭和六年版，等等。

如上所揭示的“满铁调查资料”，主要是对东北地区的调查，但值得注意的是，即使是对东北地区的调查，也涉及其他地区，如《满洲物价调查》，在“支那的物价”一节中，就有上海、北京、广东等地的物价资料。同时，该调查资料，不仅仅是资料的汇集，也收录有个人的研究著作。如中滨义久《支那的对外政治借款》，全书分为14章，前5章：甲午战争以前的外债、甲午战争以后的外债、义和团与外债、币制改革及东三省实业振兴借款、瑞记借款，叙述晚清的借款事宜，后续几章的白耳义借款、バーチ・クリスプ借款、五国善后大借款、续善后借款、西原借款、烟酒借款契约、新四国财团等则是叙述民国年间的借款事宜。另外，作为“满铁调查资料”第82编，中滨义久还有《吉林省的财政》一书。又如竹内元平《最近支那财政概说》，该书共有十三章：第一章，总论；第二章，财政组织；第三章，岁入岁出概说；第四章，租税；第五章，岁计和军阀的关系；第六章，国债通论；第七章，外债；第八章，内债；第九章，国民政府的财政；第十章，各省财政；第十一章，支那财政上的主要问题；第十二章，国民政府的新财政方针；第十三章，结论。该书主要研究民国年间的财政问题，但也涉及晚清的财政状况与沿革。

（二）“临时经济调查委员会刊行资料”

与“满铁调查资料”相比，“临时经济调查委员会刊行资料”规模较小，共有24编。调查资料涉及的范围主要是东北三省，内容主要是东北三省及近邻省区的道路、水运、森林采伐、家畜饲料、燃料、牛、毛皮、大豆、高粱、课税、外商势力等，基本上是以一个专题作为一编，单独成书。对这些问题的调查都比较专门，而且目前对这些问题的研究阙如，因此，这些资料也就显得重要。如第24编《关于满蒙牛向日本输出的调查》，南满洲铁道株式会社昭和五年版，该书分作14章，其章目如下：

第一章　　总论

第二章　　日本牛肉的需求情况

第三章　　满蒙牛的现状

第四章　　满蒙牛的放牧与饲养

第五章　满蒙牛的市场集散与输出
第六章　大连的满蒙牛输出趋势
第七章　满蒙牛的买卖与输出成本
第八章　催肥
第九章　屠宰场
第十章　冷藏库
第十一章　输送机构
第十二章　青岛牛与牛肉的输出
第十三章　朝鲜牛的输出
第十四章　结论

有关各章的内容都较为翔实，且有统计表格以资说明，如第二章“日本牛肉的需求情况”分别为日本的畜牛总头数、日本与其他国家对牛肉的消费比较，以及青岛、大连、天津、朝鲜、澳大利亚、加拿大对日本的肉牛输出等。该章的统计表有“大正六年以来日本的畜牛头数与公牛母牛比例”、“大正年间日本的畜牛总头数与生产、死亡、屠杀比例”、“大正十一年以降大连港的满蒙牛向日本的输出头数”、“牛肉输入国别、数量及价格历年比较”等。值得注意的是，该调查虽然在昭和二年至三年进行，但相关资料上溯到20世纪初叶。

又如第16编《支那毛皮》，南满洲铁道株式会社昭和四年版，调查时间是1928年2月至1929年5月，全书分为上、下两编，上编8章，主要涉及毛皮的种类、生产、市场、消费、输出等，附录有“满洲毛皮输出数量金额表”、“天津毛皮输出数量表”、“美国领事馆调查的奉天及哈尔滨毛皮输出数量金额表”、“美国领事馆调查的天津输出毛皮数量金额表”等。下编10章，主要叙述奉天、哈尔滨、海拉尔、满洲里、齐齐哈尔、吉林、锦州、天津、张家口、宣化等地的毛皮集散市场。

（三）满铁“经调资料”

据小林英夫《满铁经济调查会小史》，经济调查会于“满洲事变”（1931年9月18日）的次年1932年1月成立，1936年10月废止。这个机构作为“满洲国”（1932年3月“建国”）的政策立案机关发挥了重要作用，也有人认为其为日本的战时经济政策的制定提供了帮助。经济调查会下分五部，各有职掌：第1部，经济一般；第2部，产业；第3部，交通；第4部，商业及金融；第5部，法政一般（包括法政、财政、关税、国际关系等）。每部又有若干般。常规编制达到300余人。[①] 该调查会调查出版的丛书性质的资料有“经调资料”、“立案调查书类”、“资源调查书类”、“苏联研究资料”等。就“经调资料”而言，涉及财政经济事项的较多，比较重要的如：《清朝经费之研究》，满铁经济调查会“经调资料”第66编，南满洲铁道株式会社昭和十年版；《华北地契制度的研究》，满铁经济调查会“经调资料”第87编，南满洲铁道株式会社昭和十年版；《山东省一个农村（张耀屯）的社会经济事情》，满铁经济调查会“经调资料”第95编，南满洲铁道株式会社昭和十年版；《山东省经济调查资料》，满铁经济调查会“经调资料”第97编，南满洲铁道株式会社昭和十一年版；《中国大豆生产统计表》，满铁经济调查会“经调资料”第110编，南满洲铁道株式会社昭和十一年版；《满人农家经济调查报告》，满铁经济调查会“经调资料”第119编，南满洲铁道株式会社昭和十一年版等。

---

① 见《满铁经济调查会史料》第1卷，东京：柏书房株式会社1998年版。

在“经调资料”中，村级调查资料值得注意。如《山东省一个农村（张耀屯）的社会经济事情》，分为村落概说、土地、建筑物、劳动力、家畜及家禽、农具、作物耕种及肥料、生产物的处理及交易、税课等负担、借贷、农家的生活制度、风俗与习惯、度量衡及通货等13章，是现实性的田野调查。

“经调资料”也包括了研究性的著作。如松井义夫《清朝经费之研究》，分为制度和经费二编，“制度”编分为官制、财务行政两章，“经费”编分为总论、经费准则、经费的类别、国家经费与地方经费的关系、经费的区分、经费的膨胀、皇室费、俸给费、军事费、公债费等10章。在一般性叙述财务行政以及国家财政和地方财政的基础上，重点探讨了晚清的财政支出和相关财政问题。又如矢野春隆《华北地契制度的研究》，全书8章，对契的字意、沿革、种类、性质以及契税制度等进行了研究。在“契税制度”一章中，除了对明清契税进行梳理外，关于民国年间契税征收的研究尤详。

满铁其他调查机构编辑出版的涉及财政、经济的资料主要者如满铁上海事务所的《浙江财阀》（“上海满铁调查资料”，第22编），《米：以无锡米市场为中心》（同前，第25编），《江苏省太仓县农村实态调查报告书》（同前，第35编），《米：上海米市场调查》（同前，第39编），《江苏省松江县实态调查报告书》（同前，第48编）等。满铁总务部调查课的《黑龙江省财政一斑及现行税则》（“调查报告书”，第8卷），《关于支那地租制度改革问题》（“调查资料”，第3辑），《满洲的金融机关与通货》（同前，第6辑）等。满铁天津事务所的《冀东区域贸易概况与关税事情》（“北支经济资料”，第5辑），《河北省农业调查报告》（同前，第26、30、31辑），《河北省棉产调查报告书》（同前，第35辑）等。满铁东亚经济调查局的《上海的金融机关》（“经济资料”，第13卷第9号），《支那的国际财团》（同前，第14卷第9号）等。满铁北支事务局调查室的《杀虎口关税》（“北调理”10），《中支三省对外收支推计》（“北调理”11），《河南省焦作煤矿权益调查》（“北调法”10），《京汉沿线农业设施调查报告》（“北调农”2）等。满铁北支事务局调查部的《河北省税制调查报告书》（“北支调查资料”，第1辑），《山东棉业调查报告》（同前，第4辑），《青岛附近农村实态调查报告：青岛特别市李村区西韩哥庄》（同前，第7辑）等。

（四）台湾“南支那及南洋调查”

与满铁在北部中国的调查相呼应，“台湾总督官房调查课”从20世纪20年代起，开始进行大规模的相关调查，① 其调查资料的汇编，最著名的就是“南支那及南洋调查”。

在“南支那及南洋调查”这个系列的调查报告中，除了南洋菲律宾、马来西亚等国外，既有南部中国省份的调查资料，如《云南省事情》1—3册，系“南支那及南洋调查”第96辑，大正十三年版；又有涉及整个中国财政经济事项的调查资料，如《支那的商业事情》（同前，第57辑，大正十一年版），《支那的渔业》（同前，第94辑，大正十四年版），《支那关税特别会议的经过》（同前，第134辑，昭和二年版），《支那最近的工业与财政》（同前，第163辑，昭和四年版），《支那内国关税制度》1—4册（同前，第158、176、208、215辑，昭和四至九年版），等等。

---

① 20世纪初，“临时台湾旧惯调查会”已开始了对台湾社会经济的调查，并于明治三十八年（1905）出版了《台湾旧惯调查经济资料报告》，该资料分为产业、地方产业、交通、一般经济资料4编，基本上涵盖了台湾经济的方方面面。

这些资料具有相当的史料价值，有些带有研究性质，如《支那内国关税制度》第3册《厘金》（“南支那及南洋调查”第208辑，台湾总督官房调查课昭和七年版），为井出季和太氏撰写，内容翔实，分别对厘金的沿革、厘金的意义、厘金的种类、厘金的征收机关、厘金的税率、厘金的利弊、各地的厘金制度、铁道厘金、特殊厘金、厘金收入、厘金减免等问题进行了叙述。该著在资料性和学术性方面，超过了前此各种著作。在台湾总督官房调查课写的“凡例”中，也认为井出季和太氏的“调查研究”具有极其重要的参考价值。

除了台湾总督官房调查课调查编辑的资料外，同属于“台湾总督府”的其他一些机构也有调查资料的编辑出版，如台湾总督府财务局的《南支南洋的关税和内国税》（昭和十年版），分为南支南洋的关税和南支那的内国税两编，有较为细致的民国年间的关税调查资料。又如台湾总督府热带产业调查会的《南支那的资源和经济》第1卷《福建省》，长达1300页，分为地志、产业、交通、金融、财政5章，并附录有“福建历年大事记”（先秦至1938年6月20日），内容相当完备。其中，“地志”是包括土地及民众、地势、气象、地方情势等的一般性介绍。“工业”则包括了农业、林业、矿业、渔业、盐业、工业、电气事业、土木事业、度量衡。“财政”包括中央财政、省地方财政、县地方财政以及田赋的整理、契税的整理、营业税的整理等项内容。该资料汇编主要叙述民国年间福建的事情，但大多有晚清以来的沿革以及与其他省区的比较对照，如第3章“交通”，在叙述“有线电信”时称：“本省的有线电信局处，清末光绪三十二年，有厦门、漳州、泉州、福州、水口、涵江、建宁、马尾、浦城、三都澳、延平、云霄等十三个（原文如此，实际上共列出12个），民国初年有十五个，民国九年有十九个，民国二十四年增加到三十五个。其局处的种类，有管理局（福州）、一等及二等局各一，三等局二，四等局三，支局二十七，合计三十五局。如果再加上十二个营业处，营业局处则有四十七个。”[①]在叙述邮政时，列有“民国年间各省民局处理邮件数额对照表”[②]、“光绪二十四年全国的民局数额及处理邮件数额统计表”[③]等。另外，还有台湾总督府财务局的《支那国民政府的税制》（昭和十六年版）、《台湾贸易四十年表》（昭和十一年版），台湾总督府殖产局的《主要农作物经济调查》（昭和三年版）、《渔业经济调查书》（昭和十二年版），台湾总督府临时南支调查局的《广东省调查书》（昭和十三年版）、《广东省营工厂调查报告书》（昭和十四年版），台湾银行总务部调查课的《南洋华侨与金融机关》（大正五年版）、《福建矿物志》（大正九年版），等等。

同样为调查报告，金子隆三的《支那之厘金制度与产业政策》也值得注意。[④]该书的分量较足，其“厘金”部分多达十六章，由于该书属于调查报告的性质，当然不乏识见，但更偏重于资料的汇集。如第三章中对重庆厘金局、汉口征收局、长沙厘金局、广东韶州厘金局组织机构的示列；第六章中对湖北、山东厘金税则的统计；第十一章中对广西与江西的糖厘、江苏与浙江等地的丝蚕厘列举等，都有相当的参考价值。

---

① 《南支那的资源和经济》第1卷《福建省》，台北：台湾总督府热带产业调查会昭和十三年版，第983页。

② 同上，第974—975页。

③ 同上，第981—982页。

④ 该书属于“支那出张复命书”第四编《厘金》、第五编《支那的产业保护政策》的合集。《支那之厘金制度与产业政策》藏于东京大学经济学部图书馆，资料卡上注明：东京，出版时间不详。该书亦没有版权页，但贴有东京岩松堂书店的售书小票。书中引用资料的最后时限是1916年。东洋文库的藏本作：金子隆三《支那出张复命书》，大正七年（1918）。

（五）其他调查资料

另外，像兴亚院[①]政务部编撰的“兴亚资料”（分为经济编、政治编，如经济编中的《以广州为中心的对外贸易》、《中国南部矿产资源调查报告》、《中华民国的财政经济》等），兴亚院技术部编撰的“兴技调查资料”（如《中国北部林产资源调查》、《中国北部小麦品质及需求情况的调查》、《两淮地方的盐垦事业》等），兴亚院华北联络部编撰的“调查所调查资料”（如《中国北部农具事情的调查》、《中国北部棉作经营调查》、《华北兽医的调查》等）、“调查资料”（如《中国北部花生、花生油及油粕调查》、《华北各地粮食交易机构的调查》、《济南市郊农家的调查》等），兴亚院华中联络部编撰的“兴亚华中资料”（如《海关的预算制度及预算编成的顺序》、《中国盐税的研究》、《战后上海的物价状态》等），“华中调查资料”（如《苏北共产地区实情调查报告书》、《新四军的现状》等），“农产资源资料”（如《中国中部生丝调查报告》、《中国中部粮食作物调查报告书》等），东亚研究所编撰的“资料”甲、乙、丙、丁系列（如资料甲第27、34、36号《经济方面中国的惯行调查报告书》，第25、33、35号《中国农村惯行调查报告书》；资料乙第54号《中国生丝的世界地位》，第55号《中国茶的世界地位与前瞻》；资料丙第43号《英国对华公共事业投资：电灯、煤气、自来水及客车、电车》，第153号《内蒙古的农牧业》；资料丁第3号《中国沿海及长江流域的卫生状况》，第7号《中国西北羊毛贸易与回族的作用》），中支建设资料整备委员会编撰的“编译汇报”

① 据［日］本庄比佐子等：《兴亚院与中国战时调查》一书附录的“兴亚院调查报告目录”来看，兴亚院的调查资料达到1935种之多。另外，该书中久保亨撰写的《兴亚院的中国实态调查》，本庄比佐子撰写的《华南的调查》，金丸裕一撰写的《中国工业调查》，奥村哲撰写的《重要国防资源调查》，内山雅生撰写的《华北联络部的资源调查与华北农村》等都可以参考。

（如《河南省的棉业》、《湖南省的桐油与桐油业》、《广东经济调查报告》等）、“资料通报”（如《中国经济、财政、金融关系资料目录》、《中国工业关系资料目录》、《中国交通关系资料目录》等），中支经济研究所编撰的“中支经济资料”（如《上海华商银行的构成与战后动向》、《民国二十七年度中国对外贸易概论》等），上海商务官事务所编撰的“支那通商报告”（如《中国通商报告》、《中国对外贸易概况》、《最近中国罢工事情》等）。这些资料数量繁多，涉及民国年间（主要是20世纪三四十年代）财政、经济的方方面面，值得注意。

东亚同文书院不但继续了以往的调查，而且规模更加扩大。民国年间，东亚同文书院参加调查的学生达到5000人，调查线路达到700条，除西藏之外几乎遍布中国所有省区。[①]在这一时期不但陆续出版了大型调查资料的集成《支那省别全志》（1917—1920年出版）、《支那经济地理志》（1922—1928年出版）、《新修支那省别全志》（1941—1946年出版），而且也有《支那年鉴》的出版发行。在这些资料汇编中，有大量的财政经济资料，如《支那经济地理志》分为交通全编、制度全编和产业贸易编，《支那年鉴》则分为法制、政治、外交、国防、教育、财政、贸易、商业、金融等类。另外，各年度的调查报告书也值得注意，如《东亚调查报告书——昭和十六年度》（东亚同文书院1942年版），就包括了《以青岛港为中心的民船业》、《镇江金融状况》、《包头当铺研究》、《厦门货币金融状况》、《广东货币金融状况》、《闽江流域的经济》、《南昌县的

---

① 爱知大学藤田桂久教授曾将东亚同文书院对中国的调查分为几个时期：一是1901—1905年的肇始期，调查范围主要在山东和武汉；二是1906—1919年的扩大期，其标志是日本外务省自1907年起对调查提供补助金，调查扩大到各省区；三是1920—1930年的圆熟期，调查更加专业化和细密化；四是1931年后的制约期，由于“九·一八”事变和中日战争的爆发而受到限制。参见沪友会编《上海东亚同文书院大旅行记录》，第7页。

财政》、《厦门的米粉业》等专题调查。这些调查，非常专业和细密，如《南昌县的财政》分为财政组织的现状、地方收入概要、地方公债、地方经费、预算与决算制度、新政权地方财政的根本问题等章。《厦门的米粉业》分为厦门工业一般、米粉业概观、工业组织、劳动者分析、同业工会、米粉业的将来等章。由于调查的专业化和细密化，提供的资料和相关分析也就具有相当的资料价值和学术性的启迪。

（本文原载《近代史研究》2004 年第 3 期）

清代财政收入政策与收入结构的变动

清代前期的财政收入与支出政策，从总的方面来看，基本上是围绕着“量入为出”的原则而变动。清代后期由于支出顿增，财政收入政策随之调整，以应时局之变，财政范式更多地具有“量出制入”的色彩。

一、清代前期的财政收入结构及岁入辨析

清代前期，财政收入的构成主要是田赋、盐课、关税、杂赋四项（也有学者将其分解为田赋、漕粮、盐课、关税、杂赋、耗羡六项）。[①]这些税种都较为复杂，兹集中在这里作简要释名。

田赋是对民田、屯田等田制类别的直接课税（其中主要是民田）。摊丁入地之后，田赋中又包括了丁银，因此，田赋又称作“地丁”。田赋征收主要采取货币地租形式，大多征收银钱，但也有一小部分征收实物地租，直接征收粮食、草束。在山东、河南、江苏、

① 又有学者分为直接税、消费税、收益税、流通税四种。参见陈秀夔：《中国财政制度史》，台北：正中书局1973年版，第326页。并参［日］滨下武志：《中国近代经济史研究》，东京：东京大学东洋文化研究所报告，1989年，第80—81页。

浙江、安徽、江西、湖北、湖南等省征收的“漕粮”以及在江苏、浙江二省所属五府一州征收的“白粮”，除了在某些时候进行漕、白二粮“改折”外，也全是征收实物（另随征经费银）。因此，田赋又称作“地丁钱粮”或“地丁漕项”。

盐课又称作盐税，一般来说是对食盐消费者征收的一种间接税（其中的灶课是对食盐生产者课纳的直接税）。分作灶课、引课、正项、杂项等许多类别，除了“贡盐”之外，全部征收银钱。盐课向来被视作税制中最复杂的一种。

关税是对商人征收的商品过往税。清代前期的关税主要是指内地的“常关税”（康熙年间开海禁，已设置海关），以别于清代后期的“海关税”。征收关税的各关就其隶属关系而言，又分为户部关、工部关，户关主要征收衣食百货税，工关主要征收竹木船料税。

杂赋又称“杂税”，是指其他杂项税种。也有人认为除传统的正项钱粮——田赋之外，都可称之为杂赋，即“地丁之外取于民者，皆为杂赋”。[1]但在实际征收中，杂赋有较为确实的内涵，据《大清会典事例·户部·杂赋》所罗列，杂赋包括以“课”命名的芦课、茶课、金银矿课、铜铁锡铅矿课、水银砂雄黄矿课、鱼课；以“税”命名的田房契税、牙税、当税、落地牛马猪羊等项杂税。以及以“租”命名的旗地租、学田租、公田租等（实际上是田赋的一种特殊形式）。另外还有少数民族地区的实物贡税，如马贡、狐皮贡、贝母贡、蜡贡等（也有的贡税折银）。为了显示财政收入沿革与构成比例，据许檀、经君健的统计，列表如下：[2]

---

① （清）王庆云：《石渠余纪》卷6，《纪杂税》。胡均在《中国财政史》中也采取这种区分法。

② 许檀、经君健：《清代前期商税问题新探》，载《中国经济史研究》1990年第2期。数字一仍其旧，笔者仅加了百分比。

表1 清代前期各朝主要财政岁入一览

（单位：万两）

年代	总额	地丁	%	盐课	%	关税	%	杂赋	%
顺治九年	2438	2126	87.2	212	8.7	100	4.1	—	—
康熙二十四年	3424	2823	82.4	388	11.3	122	3.6	91	2.7
雍正二年	3649	3028	83.0	387	10.6	135	3.7	99	2.7
乾隆十八年	4266	2964	69.5	701	16.4	459	10.8	142	3.3
乾隆三十一年	4254	2991	70.3	574	13.5	540	12.7	149	3.5
嘉庆十七年	4014	2802	69.8	580	14.4	481	12.0	151	3.8

上表大体能反映清代前期的赋税沿革及岁入构成情况，其岁入的增长也与社会经济的恢复、发展基本吻合。当然，这种统计尽管颇费心思，也未必尽如人意，正如作者所说："首先遇到的困难就是统计资料的欠缺，我们很难见到构成年序系列的可比统计，或有总额而无分项，或有分项而与总数不能吻合。其次，有些统计数字令人难以放心地使用。例如，《大清会典》和《史料旬刊》均载有嘉庆十七年的地丁杂税额，前者来自《十七年奏销册》，后者引自《汇核十七年各直省钱粮出入清单》。两者都有权威的依据，但都无法复核确认，令人难以取舍。尤其应该注意的是，封建财政税收的分类，与今天的概念大不相同。而其中某些项目，我们又不能查到具体的说明，仅从税课名称很难确定其课征对象，也为我们重新分类统计增加了困难。"作者虽然是有感于"商税"而发，但事实上是整个财政经济史研究中都必然遇到的问题。刘锦藻在梳理清代前期的赋额时也曾叹称："同一官书，而人人言殊，何能考焉！"①

在这里，笔者无意作系统的考证，仅分别列出乾隆十八年

① 《清朝续文献通考》卷66，《国用四》，第8225页。

（1753）、三十一年二表[①]，结合论题略作辨析。

表 2 乾隆十八年岁入明细统计

类别	银（两）	粮（石）	草（束）	备注
民田赋	29611201	8406422	5145578	草每束 7 斤
屯田赋	503557	373		
旗地租	202267			
官庄田租	38924		121709	
学田租	19069			
漕粮		4000000		另有麦、豆 107142 石
白粮		216638		
盐课	7014941			
关税	4595546			
芦课	195768			
茶课	69191			江苏、安徽课原汇入关税
鱼课	27482			
金矿课	66			征收金，为金两
银矿课	67296			无定额者除外
铜矿课	10825			同上
铁矿课	2152			同上
铅锡等矿课	3186			同上
田房契税	190000			
牙、当等税	186190			
落地杂税	856214			
贡税	41618	17700		折银者计入
耗羡	3500000			
常例捐输	2000000			
合计	49133493	12748275	5267827	

① 据乾隆《大清会典则例》、乾隆《大清会典》、《清朝文献通考》、光绪《大清会典事例》有关各卷及《清史稿》卷 125，《食货六》；魏源《圣武记》卷 11，《武事余记·兵制兵饷》编制。A. 表中漕粮、白粮均是原额，实征为少，如乾隆十八年漕粮实征正兑米 2751283 石，改兑米 501490 石，二者合计为 3252773 石，不足 400 万石之数。B. 表中常例捐输一项，《圣武记》、《清史稿》虽然均言是 300 万两，笔者认为是一个夸大了的数目，以估计数 200 万两列入。C. 屯赋指内地的屯田，新疆等地屯田所收未记入，

表3　乾隆三十一年岁入统计

类别	银（两）	粮（石）	草（束）	备注
民田赋	29917761	8317735	5144658	草每束7斤
屯田赋	784902	1079064	5050620	
旗地租	315492			
官庄田租	44908		618145	
学田租	19069			
漕粮		4000000		另有麦、豆107142石
白粮		216638		
盐课	5745000			
关税	5415000			
芦课	122500			
茶课	73100			
鱼课	24500			
矿课	81000			无定额者除外
田房契税	190000			
牙、当等税	160000			
落地杂税	858000			
贡税	41000	17000		
耗羡	3500000			
常例捐输	2000000			
合计	49292232	13755579	10813423	

以上两表的统计已作得较为细致（表2又比表3更细一点），但由于典籍记载的参差以及史料的欠缺，仍难免会有一些出入。而且将上述杂赋中的“租”列到了前面，与后列杂赋中的“课”、“税”相分离，略有豁裂之嫌，这均是为了有助于后面的分析。

（接上页注）每年约收粮20余万石。D.彭泽益《清代财政管理体制与收支结构》，载《中国社会科学院研究生院学报》1990年第2期；吴慧：《明清财政结构性变化计量分析》，载《中国社会经济史研究》1990年第3期，列有乾隆三十一年统计表。汤象龙：《鸦片战争前夕中国的财政制度》，列有清代前期岁入估算表。原载《财经科学》1956年第1期，已收入汤著《中国近代财政经济史论文选》，西南财经大学出版社1987年版。均可参看，不过与笔者的统计有所不同。

这里需要阐述的主要问题有四点：

第一，田赋等银的统计值得注意。在摊丁入地之前，一般地说，田赋与丁银（徭里银、口赋）分开统计，但事实上，《实录》中所载的“田赋”额已包括了丁银在内，有些学者未加分辨，在田赋之上再加丁银，导致了重复计算。在这方面，上列表1的统计有些是正确的。如顺治九年（1652）地丁征银2126万两（《清世祖实录》记载同》，康熙二十四年（1685）征银2823万两，均是包括了田赋、丁银两项。[①] 雍正以降，摊丁入地，“田赋”与“地丁”同义，田赋中包括丁银则是毋庸言。不过，就笔者看来，表1对雍正以后的统计仍有问题。首先，雍正二年（1724）3028万两之额则不单单是“地丁”银，似乎是包括了屯赋、学田租等银[②]，乾隆十八年、三十一年（1753、1766）之额又是较为严格意义上的“地丁”银（参见表2、表3）。其次，嘉庆十七年（1812）的“地丁”银更为复杂，列在《汇核嘉庆十七年各直省钱粮出入清单》中的“地丁项下”银额，已经明确标明是“额征地丁杂税等银”或“额征地丁芦课杂税等银”。[③] 这里最值得注意的是，官方对田赋等银的统计方法在不同的朝代都有所变化。据《清朝文献通考》、乾隆《大清会典》、乾隆《大清会典则例》的记载，雍、乾年间已将田赋、丁银、屯赋、学田租等银都统计在“田赋”项下，所谓的“杂赋”只包括芦、茶、鱼、矿等课及田房契税、牙税、当税、落地杂税等。嘉庆年间以降，变化更大，“田赋”或“地丁”项下，又包括了各种

① 据《清朝文献通考》，康熙二十四年田赋银为24449724两，丁银为3136932两，二者合计为27586656两，这个数字更接近于《清圣祖实录》中的2721万两之额。

② 据《清朝文献通考》，是年田赋银为26362541两，口赋银（丁银）为3291229两，屯赋银为436446两，学田租银为23458两，四者合计始达3011万两。

③ 见《史料旬刊》第22—27期。据笔者重新计算，该年“地丁项下”额征地丁杂税等银为31783502两（另有蠲缓等银4832862两），实征银为29528201两。

“杂赋”或“杂税”,《汇核嘉庆十七年各直省钱粮出入清单》中的收入部分,实际上只列了三项,即:地丁项下(地丁杂税)、盐课项下、关税项下,从而使复杂的税种在统计上趋于简明。王庆云在《石渠余纪·直省岁入总数表》中所列道光年间的岁入,之所以只记地丁杂税、盐课税、关税三项,也应该认为是因着这种变化的结果。统计方法上的变化,当然不会改变清代前期财政收入的构成,却是应该注意和明了的。①

第二,以银两为单位的货币收入是清代前期的主要财政收入,但以粮石为单位的实物收入也占有相当大的比重,不可忽视。据表2、表3所示,乾隆年间的粮石岁入为一千数百万石,基本上由田赋中的实物收入与漕粮、白粮构成。历朝的粮石岁入虽有所增减,但总在1000万石左右。吴慧先生的统计比此为少,主要是忽略了漕、白二粮。②粮石收入有较为固定的用途,田赋中的粮石主要用于支给各省驻军的饷米,漕粮主要用于京城禁旅八旗及百官俸米(有时也截留改拨地方),白粮则主要供给宫廷。需要同时说明的是,漕粮与白粮的征收,除了随粮征收加耗外,由于是沿途转运,还同时征收“经费”等银,以供转运所需,所附征银两数额为数不少,如白粮经费,“江苏、浙江共征银二十三万二千六十一两八厘”,漕粮所征各项银两更多达185万余两。③这一部分银两由于考虑到主要是转运经费,所以未统计在上列表中。但在漕、白二粮“改折”时,这一部分银两依然征收,省减的转运经费又成为国家的收入。④

第三,耗羡银与常例捐输银,是雍、乾年间政府新的财政收

---

① 另外,“杂赋”中的统计方法尚有一些问题需要注意,这里从略。

② 参见吴慧:《明清财政结构性变化的计量分析》,载《中国社会经济史研究》1990年第3期。

③ 《清朝文献通考》卷43,《国用五》,第5251页。

④ 参见陈锋:《清代军费研究》,武汉大学出版社1992年版,第336页。

入。当然，耗羡银的征收在雍正以前已经普遍存在[①]，不论何种钱粮，均有耗羡的征收，且有不断加重的趋势。就田赋中的耗羡而言，“州县火耗，每两有加二三钱者，有加四五钱者”[②]；“大州上县，每正赋一两，收耗银一钱及一钱五分、二钱不等。其或偏州僻县，赋额少至一二百两者，税轻耗重，数倍于正额者有之”[③]。这种耗羡的征收，虽然在顺、康年间屡有谕旨禁止，但事实上无法遏制，且逐步得到清廷的默认：一方面是谕称“屡经严饬，而积习未改”；一方面又谕称“量加些微，原是私事”。[④]雍正之前，耗羡的征收在财政上的关键之点是“皆系州县入已”[⑤]，“官取之，官主之，不入于司农之会计，无耗羡之名耳”，“非无耗羡也”[⑥]。雍正年间以来，则是“耗羡归公”，将入于地方官员腰包的私自收入转归于政府的财政收入，然后再用耗羡收入所得支发官员的养廉等，以弥补官员正俸的歉薄和地方财政的亏空。“耗羡归公”也是雍正帝即位后整顿、清厘财政的重要举措之一。盐税中的“浮费归公”也与“耗羡归公”有大致相同的主旨。[⑦]每年的耗羡银收入，《清史稿》、《圣武记》等书均记为“三百万两有奇”，表2、表3所列350

① （清）王庆云认为：“火耗起于前明，国初屡有严禁”，但加耗如故。见《石渠余纪》卷3，《纪耗羡归公》。钱陈群认为：“正供之外有耗羡一项，日方于唐之中叶立羡余赏格，于是天下竞以无艺之求，为进阶之计。五代滋甚……明代征收正赋之外，有倾销耗银，即耗羡也，有解费、有部费、有杂费、有免役费，种种名色，不可悉数。……本朝定鼎后，耗羡一项，尚存其旧”。见《皇朝经世文编》卷27，《户部·理财下》。另可参见［日］安部健夫：《耗羡提解之研究》，载《东洋史研究》第16卷第4号。

② （清）蒋良骐：《东华录》卷24，第399页。

③ （清）钱陈群：《条陈耗羡疏》，见《皇朝经世文编》卷27。

④ 《清朝文献通考》卷2，《田赋二》，第4864页。蒋良骐：《东华录》卷24，第399页。

⑤ （清）高成龄：《议覆提解耗羡疏》，见《皇朝经世文编》卷27。

⑥ （清）钱陈群：《条陈耗羡疏》，见《皇朝经世文编》卷27。

⑦ 参见拙著：《清代盐政与盐税》，中州古籍出版社1988年版，第128—134页。

万两，则是根据已有的研究成果统计。①

一般所说的“常例捐输”始于乾隆初年（在清代的先例，则可以追溯到顺治六年举办的“捐纳”，包括“纳监生例”、“纳吏例”、“纳承差例”），每年收银数十万两至数百万两不等，也成为清廷的一笔经常性收入。②上表列乾隆朝的常例捐输岁入银200万两左右，只是一个取中的估计数。另据汤象龙先生的详细统计，嘉庆五年（1800）至道光二年（1822）的23年中，常例捐输入银为4436万余两，平均每年收捐190万两左右；道光元年至道光三十年的30年中，常例捐输入银3388万余两，平均每年收捐110万两左右。③大致说，常例捐输银呈现出各朝递减的趋势。

第四，据表2、表3的统计，乾隆朝的财政岁入在4900万两左右，是清代前期的岁入高峰（据表1的不完全统计，乾隆朝的岁入也是最多的）。之所以如此，一是由于雍正以来进行了财政整顿，新增加了财政收入项目，二是由于当时赋税征收状况较好。这也正是雍、乾年间户部存银增加的原因之一。雍正以前岁入在3600万两以下，除了少耗羡银和常例捐输银的收入外，主要是赋税收不足额和社会经济尚未完全恢复使然。④嘉、道年间岁入的减少，则主要是由

---

① 参见薛瑞录：《清代养廉银制度简论》，载《清史论丛》第5辑，1984年。并参葛寒峰：《清代田赋中之耗羡》，载《农学月刊》1939年第5期。另据陈康祺：《度支考》的不完全记载，耗羡银亦在354万两以上，见《清朝续文献通考》卷66，《国用四》，第8225页。再，《嘉庆十七年奏销册》所载的各省耗羡银数，合计共为398万余两（包括部分盐规、匣费等银）。见嘉庆《大清会典》卷13，《户部·湖广清吏司》。

② 参见拙著：《清代军费研究》第331页、第325页。许大龄先生认为常例捐输始于乾隆十年，见许大龄：《清代捐纳制度》燕京大学1950年版，第86页。每年户部的捐银收入见罗玉东：《中国厘金史》上册第6—7页，《历朝户部银库收入表》，商务印书馆1936年版。

③ 参见汤象龙：《道光朝捐监之统计》与《鸦片战争前夕中国的财政制度》两文，见《中国近代财政经济史论文选》，西南财经大学出版社1987年版。

④ 如所周知，顺治年间的情况更为特殊。据户部顺治十一年六月奏称，当时清政府所控制的直隶、山东、山西、河南、浙江、江南、陕西、湖广、江西、福建、广东11省的原额地丁银一项即达31645668两，荒亡蠲免银即达6394000两。见《清世祖实录》卷84，顺治十一年六月癸未。

于赋税的欠征、缓征等原因，按照《汇核嘉庆十七年各直省钱粮出入清单》的解释，则是："因地丁银两蠲缓多寡不同，盐课余银行销无定，杂税、关税例系尽收尽解，是以较少。"[①]。据表1的统计，嘉庆十七年的岁入为4014万两，若再加上耗羡银、常例捐输等银600万两左右，实际岁入大致在4600万两。[②]

要言之，清代前期财政收入结构的变动并不是太大，仍是以田赋（地丁）、盐课、关税、杂赋四项为主干，雍乾所间耗羡银与常例捐输银的增列，也只是在原来已有的耗羡征收以及顺治六年（1649）已开始举办的"捐纳"基础上的政策调整。而就赋税的征收税则而言，经过顺治年间以来赋役制度的整顿，也应当说是相对稳定的。当然，这种相对稳定并不意味着税则的丝毫不变。

二、清代前期的财政收入政策

一个突出的现象是，在正常时期，赋税的税则基本确定，赋税征收有章可循，财政收入基本上围绕着既定政策操作。而在非常时期——主要是战争时期，也包括其他原因的支出增加而导致的财政困难时期，清政府的财政政策也由传统的"量入为出"转变为"量出制入"，随着这一整体政策的变动，各种筹款的举措也因时而生，不但赋税的税则发生变化，而且增加了新的临时性收入。换句话说就是，在非常时期，财政收入政策表现出更多的积极性或变动性。

---

① 见《史料旬刊》第30期。

② 常例捐输仍以年收入银200万两计入；耗羡银一项，据《嘉庆十七年奏销册》所载各省细数合计，共为3987671两，这里面包括了部分盐规、匣费等银。见嘉庆《大清会典》卷13，《户部》。

清开国时期财政收入政策的变动已如第二章所述。在那种特殊的情势下，兵马钱粮的摊派勒索，赋税的预征、加征、私征等都曾对社会经济的恢复带来巨大的影响，同时也是那一时期财政收入政策多变的标志。此后以迄鸦片战争前，非常时期收入政策的变动也多有值得注意之处。

就田赋的征收而言，三藩之乱期间有"加征官宦地亩银"一项，加征的税则，是"每亩三钱，每石三斗"，加征的范围是绅衿官户名下所属地亩，"在任在籍乡绅及贡、监诸生，不论已未出仕者，无不遍及"。这种加征，已有让绅衿富户为国分忧的意味，但在具体执行中，加征的范围有所扩大，即所谓"有民田收入官户者，亦在加征之例"[①]。康末雍初西北用兵期间，"陕西、甘肃二属各州县卫所地丁钱粮，每一钱额外征收三厘，米每斗额外征收三合"，以致陕甘地区"兵饥于外，民困于内"。[②]乾、嘉、道时期，因金川用兵、白莲教之役以及筹措防边经费，四川等省则有"津贴银"的累次加征，"军需浩大，征榷繁兴，朝廷避加赋之名，随粮附征银曰津贴"[③]，按粮摊派的津贴银，成为筹措军费的重要手段。

一般地说，康、雍、乾、嘉各朝对田赋的加征比较避讳，田赋加征的范围与地区均有所限制，但清廷屡次标榜的"永不加赋"信条，事实上已经打破。

就盐课的征收而言，三藩之乱期间，尽管"自滇、黔告变，所在揭竿蜂起，盐无行销地，商皆裹足不前，至亦榛墟弥望，无所得售"，但"计臣以军需所恃，督饷之檄，急如星火"。[④]盐课的加征

---

① （清）叶梦珠：《阅世编》卷6，《赋税》。

② 《平定准噶尔方略》前编卷11，雍正元年六月庚申。参见（清）汪景祺：《读书堂西征随笔》，"西安吏治"条。

③ 民国《绵阳县志》卷3，《食货》。

④ 《清史稿》卷123，《食货四》。

比之于田赋的加征更是肆无忌惮，当时的加征主要有“加征五分银”、“加斤增课银”、“遇闰加课银”、“计丁加引”等四项，所增银两为数不少。据笔者考证，三藩之乱期间虽然处于战火燎烧、盐引难销的非常时期，由于实行了盐课的加征和其他督征措施，盐课岁入最高时仍达到400万两以上，反而比战前的盐课岁入增加。三藩之乱以后，虽然对盐课的加征有所豁除，但同时也有新的加征，这从“引课”的不断增长上也可窥知。以长芦盐区为例：顺治初期，每引征正课银二钱六分五厘零；康熙中期，每引征银已达四钱六分；乾嘉时期，每引征银更增至六钱三分三厘。增加的比例相当之大。当然，每引盐的重量历朝有所变化，如果把引斤和课额的变化综合加以考察，则更可以得出较为确切的加征比例，如下表所示：①

表4　清代前期长芦盐区引斤课额比较

时期	每引载盐数(斤)	每引正额银(两)	每百斤正课银(两)	课额加增(%)
顺治初期	200	0.265	0.133	100
康熙中期	250	0.460	0.148	138.9
乾嘉时期	300	0.633	0.211	159.2

在盐课中“引课”的加征之外，“杂项”的加征也值得注意，比如康熙中后期开始摊派的“铜斤银”(又称“铜斤脚价”)、“河工银”(又称“河工节省”、“河工捐输”)等。另外，最值得注意的，还有“盐斤加价”一项，据笔者界定，盐斤加价实有“补贴加价”、“因公加价”两个类别，嘉庆之前主要实行的是补贴加价，嘉庆以后主要实行的是因公加价。嘉庆十四年，因“南河大工”需款，开始实行“因公加价”，当时被称作“南河大工加价”(即“河工加价”)，仅此一项，即收银400余万两。此后又有“堰工加价”、“海

① 参见拙著：《清代盐政与盐税》，第117页。

防加价”等名目。这种因公加价，一般说来是因临时需要经费而采行的临时收入措施，因此从性质上说是一种临时性的财政收入，不列入国家的正常财政收入预算。但所谓的“临时”，一旦加征，也往往历经数年之久，而且越到后来越成为补苴财政的重要手段，“临时”演变为“经常”，这种特征，在清代后期更是显露无遗。

就关税的征收而言，主要是实行“溢额议叙”法。本来，康熙帝即位后已经认识到顺治年间实行溢额议叙的弊端，指出：“各省设立关税，原期通商以裕国用，向因钱粮不敷，故定例将抽税溢额者加级纪录，以示鼓励，遂使各差冀邀恩典，因而骚扰地方，困苦商民”，宣布“罢抽税溢额议叙之例”。[①]康熙十四年，清廷急于筹饷，除了严申关差考成之制外，又重新实施“溢额议叙”法，规定：“全完者纪录一次，溢额每千两者，加一级；至五千两以上者，以应升缺先用”。十六年又进一步规定：“各关税额二万两以下者，仍照前议叙。二万两以上者，额税全完纪录一次，溢额半分以上加一级，一分以上加二级，一分半以上加三级，二分以上加四级，三分以上以应升缺先用。数多者递准加级。”[②]这无疑是鼓励关税的加抽滥征。随后意识到“关差苛取溢额”，“任意征收”，才又改弦易辙。

就杂税的征收而言，也以三藩之乱期间的加征最为突出。据上谕称，当时加征的项目为田房契税和牙税二项[③]，但事实上则包括了房税（间架税）、田房契税、牙税、当税、酒税、落地杂税等名目。《阅世编》卷6，述房税的加征云：“康熙十五年丙辰，以军需浩繁，国用不足，始税天下市房，不论内房多寡，惟计门面间架，每间税银二钱，一年即止。除乡僻田庐而外，凡京省各府州县城市以

① 《清圣祖实录》卷14，康熙四年正月己亥。

② 《清朝文献通考》卷26，《征榷一》，第5078页。

③ 《康熙朝东华录》卷5，康熙十七年三月壬午。

及村庄落聚数家者皆遍，即草房亦同。……二十年辛酉春，以国用不给，江南抚臣慕天颜疏请再征房税一年。……平屋每间征银四钱，楼房每间征银六钱。天下皆然，惟山西以旱荒特免。”其他各种杂税的征收，据档案记载，一般分为“旧额加增”、“议增”、“新增”诸项，估计是累次议加。拙著《清代军费研究》已有论述，不赘。

另外，非常时期的两项主要的临时性财政收入是“捐纳”和“报效”。

所谓“捐纳”，是指政府通过加级、议叙、旌奖或直接出卖官位，用以筹措经费、增加财政收入，以应要需的措施。就捐纳的种类而言，根据其筹措经费的不同用途，许大龄先生将其分为四种：一为军需事例，二为河工事例，三为赈灾事例，四为营田事例。[①]早在顺治年间，清廷就曾议开过“监生、吏典、承差等援纳”以及“捐马议叙例”，其捐纳规则笔者在《清代军费研究》中已经根据档案作过介绍。值得注意的是，顺治朝的捐纳限于援纳监生和吏役，以及现任官员的纪录、升级等，均不能直接捐取官位，这标示着开国之初清廷对捐纳的谨慎态度。入康熙朝以后，三藩之乱期间，因着财政的特别困难，则开了捐官的先例，即如《清史稿·选举志》所称的：“文官捐始康熙十三年，以用兵三藩，军需孔亟，暂开事例。”从康熙十三年至十六年，捐纳的知县达500多人，捐款收入达200余万两。除捐纳知县外，还有捐其他官员之例。笔者已有论述，不赘。要言之，三藩之乱期间的捐纳已非昔日可比，捐纳已包括了为后来所沿袭的诸多内容，特别是捐纳实官的肇始，[②]虽能筹集较多的经费以应要需，但却为害深远。

---

① 许大龄：《清代捐纳制度》，燕京大学1950年版，第13页。

② 当然，捐纳实官之例，在清代之前已经存在。参见陈锋、刘经华：《中国病态社会史论》，“捐纳制与政治腐败”，河南人民出版社1991年版，第104页。

所谓"报效"，是指富豪之家因公抒诚，捐出银两，报效国家。有清一代的"报效"者，主要是特别富有的盐商。就盐商的报效动机来看，应该说不乏主动输将、急公好义者，但在大多数情况下，所谓的"报效"，却是统治者为了解决财政的困难，明示暗派、勒索商人钱财的一种惯用手段。就盐商报效的类别来看，可分为军需报效、水利报效、赈济报效和备皇室之需的"备公报效"四种①，其中最主要的是战争年间为筹措军费而举行的军需报效。《清史稿·食货志·盐法》称："或遇军需，各商报效之例，肇于雍正年芦商捐银十万两。"根据笔者的考证，事实上在顺治年间已有军需报效的个例，康熙朝三藩之乱期间军需报效正式实行，同时，在康熙年间还开始了赈济报效、水利报效之例。②有清一代的盐商报效在乾、嘉年间最为突出，对国家财政的补苴意义也最为显要，兹根据笔者的统计示列如下：

表5　乾、嘉两朝盐商报效统计

（单位：两）

盐区	类别	乾隆朝	嘉庆朝	小计
长芦	军需报效	1800000	526000	2326000
	水利报效	—	460000	460000
	赈济报效	100000	246000	346000
	备公报效	—	60000	60000
山东	军需报效	600000	274000	874000
	水利报效	—	720000	720000
	赈济报效	—	80000	80000
	备公报效	—	40000	40000
两淮	军需报效	15100000	10000000	25100000
	水利报效	2317600	2500000	4817600
	赈济报效	2077891	300000	2377891
	备公报效	9270000	—	9270000

① 另外，在个别盐区有"缉私报效"，晚清又有为办理新政而举行的"杂项报效"。

② 除参见拙作：《清代盐政与盐税》外，还可参见拙作：《清史稿·盐法补正》，载《文献》1990年第4期。

（续表）

盐区	类别	乾隆朝	嘉庆朝	小计
两浙	军需报效	2700000	4500000	7200000
	水利报效	1600000	—	1600000
	赈济报效	—	300000	300000
	备公报效	1000000	—	1000000
两广	军需报效	1800000	3300000	5100000
	水利报效	—	3100000	3100000
	备公报效	—	200000	200000
河东	军需报效	300000	30000	330000
合计		38665491	26636000	65001491

据表5所列，乾隆、嘉庆两朝四种类别的盐商报效银达6500余万两之巨。其中军需报效为4063万两，占62.5%；水利报效为1069万余两，占16.4%；赈济报效应310万余两，占4.8%；备公报效为1057万两，占16.3%。仅从不同的报效所占的比例这一点也可以领会报效的性质及其功用。

三、清代后期的财政收入政策与财政收入结构

以鸦片战争为界标的清代后期的财政收入政策与财政收入结构均发生了重大的变化。这种变化可以引用马克思在《中国革命和欧洲革命》中的一段话来揭明：

> 中国在1840年战争失败后被迫付给英国的赔款，大量的非生产性的鸦片消费，鸦片贸易所引起的金银外流，外国竞争对本国生产的破坏，国家行政机关的腐化，这一切就造成了两个

后果：旧税捐更重更难负担，此外又加上了新税捐。[①]

没有疑问，所谓“旧税捐更重更难负担，此外又加上了新税捐”，是由于鸦片战争以及此后的军费支出、赔款支出、洋务费支出等财政支出的不断增加，清政府的财政空前危机，不得不采取新的财政收入政策，以弥补缺项。

鸦片战争以后，有关整顿财政、筹措经费的上谕频颁，以户部为首的理财官员也纷纷条奏各种理财办法，如道光二十一年谕令户部：“国家经费有常，自应量入为出，现在军需、河工、灾赈，先后颁发帑金数已不少……当此制用孔亟之时，谅能仰体朕心，分别缓急，通盘筹度。”[②]道光二十三年谕军机大臣等：“体察情形，所有大小工程及支领款项，遇有可裁减者即行裁减，可节省者即行节省。总期实力撙节，积少成多，庶于公项有裨。”[③]道光三十年户部奏称：“理财之要，以地丁、盐课、关税为岁入之大端，以兵饷、河工为岁出之大端。得其弊之所在，认真革除，害去而利自见。”“与其正赋之外别费经营，何若于正赋之中核实筹划。”[④]咸丰元年（1851）户部奏称：“自古理财之道，不外开源节流二端。开源之道必须有利无弊，或弊少利多者方可举行。臣等旦夕思维，未有良法可裨经费。惟节流之道臣等随事讲求，有以节制……”并议定章程七条。[⑤]咸丰二年又谕军机大臣等：“户部议奏，度支万分紧迫，军饷无款可筹，密陈情形一折，览奏实深焦灼。……若不及早筹维，岂

① 《马克思恩格斯选集》第2卷，第3页。
② 《皇朝政典类纂》卷155，《国用二》。
③ 《清宣宗实录》卷390，道光二十三年三月庚午。
④ 《清文宗实录》卷7，道光三十年四月癸酉。
⑤ 《皇朝政典类纂》卷155，《国用二》。

能以有限之帑金，供无穷之军饷乎?"[①] 咸丰三年又因军费支出"刻不容缓"，谕令地方大员"无论何款，迅速筹备"。[②] 接着，又有漕粮改折、杂款摊捐、征抽厘金、田赋征借、按粮津贴、推广捐例、发行票钞、举借外债内债等种种吁请和措施出台，真正到了"财用之不足，内外臣工人人忧虑"的地步。[③] 光绪六年，户部专折上奏，胪列筹备饷需措施十款，上谕饬令户部及地方大员"振刷精神，悉心筹画，各尽其职，为所当为，毋避嫌怨，毋涉瞻徇，毋畏艰难，毋任粉饰，总期于国计民生两有裨益"。同时再次谕令："如有可筹之款，可兴之利，无损于民而有益于国者，各抒所见，一并奏闻，以备采择。"[④] 光绪十年，在"军饷紧要"，财政极度困厄的情势下奉慈禧太后懿旨："现在军饷紧要，应如何预为筹画之处，着军机大臣、户部、总理各国事务衙门大臣公同妥议具奏"，户部等衙门认为："国家理财一政，行之无事之时较易，行之军兴之际实难；行之小有挞伐之始尚易，行之大乱初平之后尤难。自咸丰、同治以来，粤匪乱起，海国事滋，中外用项日增月益，彼时筹饷即难。然各省广开捐例，初议抽厘，各军每自设供饷之方，未全劳庙堂之筹措，兼之改币行钞，大减放款，勉为敷衍京省之需。发捻平后，西路、海防两处，用尤浩繁，一岁所入不足一岁之出，又十五六年矣。户部前于光绪二年奏总核度支，八年奏筹备饷需。……无如内外臣工，因循成习，情面未除，言而未必行，行而未必果。"[⑤] 于是，户部等衙门在"辄深愧愤"，深刻反省以往筹款不力的心情下，遵旨议定

---

① 《皇朝政典类纂》卷 173，《国用二十》。

② 《清文宗实录》卷 83，咸丰三年正月戊辰。

③ （清）曾国藩：《议汰兵疏》，见《曾文正公奏稿》卷 1。

④ （清）朱寿朋：《光绪朝东华录》（一），中华书局 1958 年版，第 863—869 页。

⑤ 档案，光绪十年户部等衙门奏折。见《历史档案》1985 年第 2 期。原标点不妥之处已予纠正。

“开源节流事宜二十四条”：

> 1. 领票行盐，酌令捐输；2. 整顿鹾务；3. 就出茶处所征收茶课；4. 推广洋药捐输；5. 推广沙田、牙帖捐输；6. 烟酒行店入赀给贴；7. 汇兑号商入赀给贴；8. 划定各项减平减成；9. 严提交代征存未解银两，并严定交代限期；10. 严催亏空、应缴应赔各款；11. 入官产业勒限变价解部；12. 酌提漕规、盐务盐规余款（以上开源）。13. 裁减厘局经费；14. 核减各关经费；15. 核定各省局员额数、银数；16. 随营文武分别裁汰，及酌定额数、银数；17. 酌减内地各省防军口粮；18. 酌减内地防军、长夫；19. 防军有营房者，不准再领账棚折价；20. 核定内地各省兵勇饷数；21. 确定各项军饷，按年指拨；22. 停止不急工程；23. 各项欠发勒限清厘，各项预支分别核办；24. 另定各省起运、存留（以上节流）。①

光绪十二年，户部又称：“我朝用兵之费，未有如今之多且久，财用窘乏，亦未有如今日之甚者”，因此，“各省关或括库储，或向商借，剜肉补疮，设法筹解，已属不遗余力，而各路犹以饷不足用，屡请于朝。……上捐国帑，下竭民膏，艰窘情形，日甚一日。”②此后，各种筹款方策仍不断上陈，清廷也仍不断下令让臣僚们就筹款问题各抒己见。除各种名目的“节流”措施外，所谓的“开源”，仍旧是旧税的加征和新税的开办，从而形成晚清财政收入中极富搜刮特征的“苛捐杂税”以及随之而加剧的吏治崩坏，一如咸丰帝所

① 《皇朝政典类纂》卷160，《国用七》。参见《清德宗实录》卷193，光绪十年九月丙午。
② 《皇朝政典类纂》卷155，《国用二》。

谕："朕闻各处办捐，有指捐、借捐、炮船捐、亩捐、米捐、饷捐、堤工捐、船捐、房捐、盐捐、板捐、活捐，名目滋多，员司猥杂。其实取民者多，归公者募。近年军饷浩繁，不得已而借资民力、商力，然必涓滴归公，撙节动用，始得实济，若似此征求无艺，薄民生，尚复成何政体！"①

旧税种的加征，主要是田赋征收中的附征和浮收勒折，以及盐课征收中的盐斤加价和抽收盐厘。

表6　晚清各省田赋附加比例

年代	地区	田赋标准	加派前原额		加派后赋额		增加(%)
			单位	额数	单位	额数	
1868	江西南昌县	地丁银	银两	1.0	银两	1.5	50
1877	四川各大县	地丁银	银两	1.0	银两	10.5	900
1877	四川各小县	地丁银	银两	1.0	银两	5—6	400—500
1908	江西南昌县	地丁银	银两	1.0	银两	1.8	80
1908	江西南昌县	地丁银	银两	1.0	银两	1.9	90
1908	江苏上海县	地每亩	钱文	13	钱文	70	438
1908	河南浚县	地每亩	银两	0.037	银两	0.096	159
1908	河南新乡县	地每亩	银两	0.054	银两	0.216	300

事实上，在清初以及清代前期的田赋征收中，已经存在着预征、摊征、加征、私征等种种并非正常的现象，但均有所限制，已如上述。鸦片战争以后，特别是太平天国起义以后，随着财政的困难以及各种筹款政策的出台，田赋征收中的各种"附征"成为普遍的现象，有所谓"田赋征借"、"按粮津贴"、"按粮捐输"、"亩捐"、"赔款新捐"等种种名目。各种"附征"，各省不尽相同，就其性质而言，是为避加赋之名而征收的田赋附加税，"名称虽殊，实

① 《清朝续文献通考》卷46，《征榷十八》，第8009—8010页。

与加赋无大异”。[①]各省的田赋附加情况，学者们已多有论述[②]，李文治编《中国近代农业史资料》和鲁子健编《清代四川财政史料》也分别就全国的情况和四川的情况作过较详的示例，大致各地田赋附加比田赋原额加征数倍至十数倍不等，兹据此分列二表，以见有关地区田赋的附加比例。

表7　晚清四川田赋附加比例

（单位：两）

年代	州县	田赋正额	按粮津贴	按粮捐输	附加合计	增加(%)
1901	渠县	6458	6458	32500	38958	603
1901	泸州	12670	12667	83600	96267	760
1902	华阳	8196	8196	44000	52196	637
1902	合州	4998	4998	61500	66498	1330
1903	峨眉	5373	5052	20000	25052	466
1905	广安	9808	9808	59000	68809	701
1907	南充	9012	9012	18000	27012	300
1908	东乡	2981	2981	14600	17581	590
1909	南川	2462	2400	23000	25400	1032
1909	巴县	6781	6657	51000	57657	850
1910	富顺	12366	12366	71000	83366	674
1911	江津	5996	5996	50700	56696	946

浮收勒折之弊在清代前期即已存在，《清史稿·食货志·赋役》云：“乾隆初，州县征收钱粮，尚少浮收之弊。其后诸弊丛生，初犹不过就斛面浮收，未几，遂有折扣之法，每石折耗数升，渐增至五折六折，余米竟收至二斗五升，小民病之。”又云：“漕粮浮收，其来已久。”晚清更是严重，河南“各州县征漕，每石浮收二两，地丁

① 《清史稿》卷121，《食货二》。

② 参见彭雨新：《辛亥革命前夕清王朝财政的崩溃》，载《辛亥革命论文集》，湖北人民出版1981年版；彭泽益：《十九世纪五十至七十年代清朝财政危机和财政搜刮的加剧》，载《十九世纪后半期的中国财政与经济》，人民出版社1983年版。

钱粮谅不无浮收之处”。山东“有漕州县，按章征收者绝少，往往于官斗之外倍蓰加收，并立样盘名目，纵容蠹役格外剥削”。[①]湖南“州县廉俸无多，办公之需，全赖钱漕陋规稍资津贴。……地丁正银一两，民间有费至数两者；漕米一石，民间有费至数石者。款目繁多，民间难以析算，州县亦难逐一清厘，一听户粮书吏科算征收，包征包解，不厌不止”。[②]

一般地说，田赋（地丁、糟粮）征收中的“浮收”，是随着吏治的腐败和地方财政的困难，地方官员的一种非法征收，所以不断有上谕禁止，有关官员也不断上疏请求整饬，但终归痼疾难治，如咸丰三年上谕：“给事中雷维翰奏，州县浮收激变，多以抗粮滋事为词，请旨饬各督抚妥办一折。国家征收赋税，各有定额，岂容不肖贪吏于正供之外任意勒折浮收，以致民力告匮，民欠日多。中饱在于吏胥，而亏损在于国课。若该给事中所奏，州县收漕，竟有应交一石，浮收至两石之多，并有运米不收，勒折交银，以致民怨沸腾，激成事变，遂有聚众戕官之案。”[③]又如同治六年上谕所称：“浮收之弊，例禁虽严，而不肖州县仍敢视若具文，诛求无厌，以有限之脂膏充难盈之豁壑，积习相沿，殊堪痛恨。”[④]田赋征收中的“勒折”（主要是漕粮），虽也与吏治的腐败有关，如贫民小户在缴纳本色粮石时，多方刁难，“任意诛求，迟至廒满停收，即须改征折色，每石价至五六千文不等”[⑤]，这也就是“小户交折色，大户交本色”之弊[⑥]。但更为

---

① 《清朝续文献通考》卷3，《田赋》，第7521、7525页。

② （清）骆秉章：《沥陈湖南筹饷情形折》，见《骆文忠公奏议》卷12。

③ 《清文宗实录》卷105，咸丰三年九月甲辰。

④ 《清朝续文献通考》卷3，《田赋三》，第7525页。

⑤ 同上，第7522页。

⑥ （清）胡林翼：《致罗淡村方伯》，见《胡文忠公遗集》卷60。胡林翼在这里还说：“小户交折色，愚弱良善，书差欺压，数至倍蓰。……至于大户，则以本色完纳，书吏不敢盈取。州县费用不足，则以小户之有余，暗为取偿，是湖北二百年之虐政，亦天下有漕省分之积弊也。”

重要的则是，当时清廷财政困难，对有漕省份实行“漕粮改折”政策，从征收实物粮石改而征收折色银两，并借银贵钱贱之机，提高银、钱的转折比例。咸丰三年初定漕粮改折时，系“每石以银一两三钱解部”。[①]具体征收时，又大都以银折钱，“每石折收钱或五六千，或七八千，或十二三千，或十五六千，竟有多至十八九千者”[②]。“咸丰中，胡林翼始定核收漕粮，每石不得过六千钱。”[③]此项规定之后，虽“渐少浮收之弊”，但在有些地区，仍是“浮收勒折，自倍蓰至十百不止”。[④]而且，这种“改折”的限定，仍显得过高，据称，是时“米价每石不及二千，是以三石完一石矣”。[⑤]显然是清廷通过漕粮的改折以及地方官员的浮收勒折而加重对农民的搜刮。

食盐运销以及盐课征收中的“盐斤加价”作为“补贴商人”与筹措要需的一种手段已经屡有采行。清代后期的盐斤加价则主要是为了筹措各种经费，以弥补财力的不足。在道、咸、同各朝，已有“堰工加价”、“海防加价”、“河防加价”、“归公加价”等名目，入光绪朝以后，盐斤加价名目更多，也更为频繁，兹将不同地区、不同时间的盐斤加价分列二表示之。[⑥]

显而易见，清代后期的盐斤加价各区虽有所不同，但以光绪朝为烈。光绪以前的加价一般是每斤一文二文，光绪朝的每次加价以每斤二文四文居多，而且加价频繁，甚至一年数加。据表9所示也

---

① 《清朝续文献通考》卷66，《国用四》，第8226页。

② （清）胡林翼：《革除漕务积弊并减定漕章密疏》，见《胡文忠公遗集》卷23。

③ 《清史稿》卷121，《食货二》。

④ 光绪《湘潭县志》卷6，《赋役》。

⑤ 《清朝续文献通考》卷3，《田赋三》，第7526页。

⑥ 表8资料来源为：《清盐法志》卷3，《通例·征榷门》卷21；《长芦·运销门》卷23—24；《长芦·征榷门》。表9参见陈锋：《清代盐政与盐税》，中州古籍出版社1988年版，第140页。按：书中的“偿款加价”错印为“光绪二十二年”，实为“光绪二十七年”，在这里予以纠正。

可看出，光绪朝的各种加价一直是沿而不废，宣统元年（1909）的征收额事实上是各种加价的累积。在盐斤加价的同时，又有各种“杂项”的征解，湖南在宣统元年征收的杂项款目及银额为：缉私岸费51458两，衡岸配销岸费6533两，局费7818两，杂支经费7678两，善堂经费7199两，备荒经费7199两，学堂经费101477两，商捐

表8　道光以后长芦盐区的盐斤加价

时间	加增钱额	征收银额（两）	加价名目及备注
道光五年（1825）	每斤二文	560000	堰工加价
道光二十二年	同上	342000	海防加价
咸丰八年（1858）	同上	200000	海防加价
同治五年（1866）	同上	120000	河防加价（豫岸）
同治十三年	同上	210000	归公加价（直岸）
光绪二十一年（1895）	同上	120000	海防加价（豫岸）
光绪二十一年	每斤一文	100000	饷需加价（直岸）
光绪二十七年	每斤四文	700000	赔款加价
光绪三十二年	每斤一文	60000	练军加价（豫岸）
光绪三十四年	每斤四文	810000	抵补土税加价
光绪三十四年	同上	450000	铁路加价（豫岸）
宣统元年（1909）	同上	500000	铁路加价（直岸）

表9　光绪朝湖南的盐斤加价

时间	加增钱额	加价名目	宣统元年征收银额（两）
光绪十午（1884）	每斤二文	防饷加价	2916
光绪十一年	同上	江防加价	51519
光绪二十年	同上	军需加价	51519
光绪二十年	同上	海防加价	9202
光绪二十五年	同上	练饷加价	125734
光绪二十七年	每斤四文	偿款加价	297835
光绪二十七年	每斤二文	配销加价	7774
光绪二十七年	每斤四文	偿款口捐	432731
光绪三十二年	每斤二文	配销续加价	6102
光绪三十四年	每斤四文	抵补土税加价	79381
光绪三十四年	同上	铁路口捐	359379

旅京学费 8120 两，永、宝、衡岸配销余利提解学费并路捐 20112 两。[①]其他各区的情况大致类似。盐斤加价以及其他名目的加征，必然使盐引成本增高，食盐售价也随之加增，最后的重负落在食盐消费者的头上，其结果也就如王守基所云："官盐价贵，私盐乘之，遂无可如何矣。"[②]

盐厘从某种程度上说，可视为是厘金的一种。但首先应该明了的是，一般所说的厘金是指"百货厘金"，基本上不包括盐厘，盐厘是盐课的直接附加，独自成为一个系统。[③]《清史稿·食货志·盐法》云："道光以前，惟有盐课。及咸丰军兴，复创盐厘"。最早抽收盐厘的盐区是两淮，时间在咸丰四年四月，此后，四川、河东、山东等盐区陆续抽收，"以抽厘为济饷之举"[④]。盐厘的征收极为复杂，各区的情况也很不一致，笔者在《清代盐政与盐税》中已把盐厘分为引厘、关卡厘、包厘、私盐厘、正课厘等五种类型予以阐述。大致说，在盐厘的征收过程中，制度混乱，五种类型的盐厘交织在一起，有的盐区以一种类型为主，兼抽其他，有的盐区几种盐厘并抽。而且，随着清廷财政困难的加剧，盐厘的抽收不断加重，盐厘名目也在不断增加。如四川的引厘，咸丰五年初征时规定：犍为、乐山、富顺、荣县、射洪等井厂，"凡配引盐，每斤榷银一厘"。至咸丰十一年，巴盐每斤加征一厘五毫，每引计征引厘十九两五钱，花盐每斤加征一厘，每引计征引厘二十五两。[⑤]入光绪朝以

① 《湖南财政说明书》卷 4。

② 《清朝续文献通考》卷 37，《征榷九》，第 7906 页。

③ ［日］井出季和太氏的《厘金》对各省区的盐厘也有叙述，可以参考。见《支那内国关税制度》的第三册，"南支那及南洋调查"第 208 辑。台北：台湾总督官房调查课昭和七年（1932）版。

④ 《清盐法志》卷 3，《通例·征榷门》。参见拙著：《清代盐政与盐税》，中州古籍出版社 1988 年版，第 143—154 页。

⑤ 参见光绪《四川盐法志》卷 24，《征榷五》；卷 25，《征榷六》。

后，因军费、赔款等支出剧增，在原有引厘之外，又增加“加厘”、“新加厘”、“外筹加厘”、“新军加厘”、“土税加厘”等许多名目的引厘，如下表所示：①

表 10 光绪朝川盐每引课厘细目

税目	开征时间	滇黔官运每引课厘（两）		计岸官运每引课厘（两）	
		巴盐	花盐	巴盐	花盐
引厘	咸丰五年	19.5	18	18	18
渝厘	咸丰十年	2	2	2	2
黔税厘	光绪三年	10.4	10.4	—	—
滇加厘	光绪九年	0.6	0.6	—	—
加厘	光绪二十一年	10	12.5	10	12.5
新加厘	光绪二十五年	10	12.5	10	12.5
外筹加厘	光绪二十七年	15	18.7	15	18.7
滇团厘	光绪二十八年	1	1	—	—
黔加厘	光绪二十九年	9	9	—	—
新军加厘	光绪三十二年	10	12.5	10	12.5
土税加厘	光绪三十四年	19.3	18.7	15	18.7
合计		106.8	115.9	115.9	94.9

盐厘征收的苛重显而易见，它与盐斤加价共同构成清代后期盐课中最为重要的两项加征。

在田赋、盐课等旧有税种的加征之外，新税种的增加也非常突出。以百货厘金的征收而言，“咸丰三年，金陵失陷，饷源枯竭。太常寺卿雷以諴治军扬州，始于仙女庙倡办厘捐。是年，苏、常叠陷，仅存上海一隅，丁漕丝毫无收，仅资沪关税项，实不足以赡

① 据《清盐法志》卷263，《四川 · 征榷门》。各县井厂的课厘标准有所不同，表中所列以富、荣井厂的巴盐、花盐课厘为准。又：济楚商运的课厘，除在川省征收部分引厘外，一般“由鄂设关自征”，属“关卡厘”范畴，此处不计。再：四川的“余盐”，只征厘金，不纳盐课，厘课合一，其厘金名称初为“垣厘”，继为“票厘”，属“正课厘”的范畴，如同治年间“富、犍等厂抽收引外余盐厘斤，巴盐每斤抽钱五文，花盐每斤抽钱四文”，此后亦不断加抽，参见拙著：《清代盐政与盐税》第31表。

军，乃设立厘局，藉资接济”[①]。厘金的开征是为了筹措镇压太平天国起义的军费，万般无奈而为之，即李鸿章所云：“正项既不足以养兵，必须厘金济饷。”[②]亦如咸丰、同治二帝所谕：“近年用兵省分，需饷浩繁，劝办捐输，设卡抽厘，借以接济军需，原属一时权宜之计。”“国家爱育黎元，体恤商民，从无苛刻之事。近因军饷浩繁，设局抽厘，乃朝廷万不得已之举。”[③]这种一时权宜之计，后来并不曾废止，反而在抽征范围上不断扩大，在抽征税率上不断提高，《清朝续文献通考》曾总结道：“每百文抽一文，此为厘金作俑之始，所取廉，所入巨，是以商贾不病，兵气遂扬。曾、胡踵之，事平不去，且增至每百抽三文。江浙二省岁抽各约三四百万，可不谓之巨款耶！其后卡若栉比，法若凝脂，一局多卡，一卡多人，只鸡尺布，并计起捐，碎物零星，任意扣罚。行旅愁叹，衢路荆棘。”[④]另据统计，“烟酒厘金”一项，广东1895年加抽两倍，1899年再加抽一倍，1901年又加抽30%；浙江1896年加抽20%，1900年续加20%，1901年又加30%，1904年再加50%；直隶1896年加抽40%，1898年加抽60%，1900年加抽130%。“茶糖厘金”一项，浙江1896年加征20%，1900年续加20%，1901年又加30%，1904年再加50%；直隶1894年加征20%，1902年加征50%。其他如洋药厘、土药厘、肉厘、竹篾厘、煤厘、绸缎厘、鹿茸厘、麝香厘等也各有加征。[⑤]按照何烈的说法，当时各省推行厘金制度，大体解决了

---

① 光绪《大清会典事例》卷241，《户部·厘税·直省厘局》。

② 《李文忠公全书·奏稿》卷9，第2页。

③ 光绪《大清会典事例》卷241，《户部·厘税·禁例》。

④ 《清朝续文献通考》卷49，《征榷二十一》，第8037页。

⑤ 参见徐义生：《中国近代外债史统计资料》第8表，中华书局1962年版。

军饷缺乏的困难，是清廷逃过一次覆亡危机的重要原因之所在。①

王振先《中国厘金问题》，将厘金的沿革分作三个时期，一是创办时期，包括雷以镇的创制和曾国藩、胡林冀的仿行。二是推广时期，认为："办有成效，各省争自仿行，不数年间，厘金遂推及于各地。开办伊时，厘局地点尚限于水陆冲要、货物辐辏之区。自商贾谋脱税趋歧路，承办厘金之局员，复认额包征，借以牟利。时捐输之例即开，纳贿得官者相望于道，其势不能不多取盈。防奸商趋避之弊，不免多设分局，在在盘诘留难，商民益受其累。"三是发达时期，认为，咸丰末年，虽已认识到厘金的弊害，屡有裁减厘局之谕，但因为财政困难，厘局难撤。至光绪年间，厘局益繁，病民亦愈甚。"江苏一省，有四百余所之分卡，自大运河上流宿迁县至镇江，其间距离仅六百里，而厘局及常关之数，达十有九。又由河南省卫辉府经卫河输送货物于天津，历河南、山东、直隶三省，沿途纳税须十余次。其烦苛可想。……所谓厘金发达时期，即其殃民最甚之时。"②

厘金的抽收以官吏中饱、苛扰商民、诸弊丛生著称。《清史稿·食货志·征榷》云："厘捐各委员徒事中饱，民怨沸腾。"《清朝续文献通考·征榷考·厘金》云："商民以十输，公家所入三四而已，其六七皆官私所耗费，而鱼肉之于关市为暴客，于国家直盗臣耳！大抵有厘捐之省，殆无不舞弊之委员，无不染指之大吏。其款皆外销，即责令报部，亦止总数，固无不花私费之报销也。积弊既深，厉民滋甚。"关乎此，上谕亦不讳言，咸丰帝称："各省劝捐及委办厘卡各员，率多虐取侵蚀，以饱私囊，是赡军之举，转为病民之

① 何烈：《清咸同时期的财政》，台北："国立编译馆"中华丛书编审委员会 1981 年版，第 1 页。

② 王振先：《中国厘金问题》，商务印书馆 1917 年版，第 50—51 页。

事。”同治帝称：“地方不肖绅士，往往寅缘入局，百端侵渔，商贾不胜其扰，而军饷仍无裨益。是以朝廷不得已之举，为不肖委员、绅士分肥之地，利归于下，怨敛于上。”光绪帝称：“各省抽收厘金，叠经谕令各督抚等据实报部，力杜中饱。乃近来厘局委员，往往徇情滥委，任用匪人，以致贪婪侵蚀，百弊丛生，殊堪痛恨！当此库款支绌之时，自应涓滴归公，实征实解，若非认真稽察，将使亿万厘金，半归私囊，实属不成事体。”①

从以上对诸多弊端的指斥中不难看出，以苛扰商民、加重商民负担而抽收的巨额厘金，并没有“涓滴归公，实征实解”，有相当大的一部分被官吏中饱、地方耗费而侵蚀、截流掉了。因此，其实征数额也就难以稽察。仅就上报的厘金数额来看，每年总在1000万两以上。据光绪《大清会典》所载，光绪十三年各省册报的厘金岁入如下表：②

表11 光绪十三年各省厘金册报额

（单位：两）

省别	银额	省别	银额
奉天	408638	浙江	2076347
直隶	303056	福建	1760565
山东	105172	湖北	1314557
河南	78526	湖南	1181979
山西	195490	广东	195490
陕西	386547	广西	670879
甘肃	413388	四川	1601789
安徽	475432	云南	333442
江苏	2281181	贵州	150563
江西	1323712		
合计	16747194		

① 光绪《大清会典事例》卷241，《户部·厘税·禁例》。

② 光绪《大清会典》卷18，《户部》。

另据《清史稿》所载，光绪十七年的厘金岁入为1631万余两[1]；再据《光绪岁入总表》所载，光绪十一年至二十年的厘金岁入浮动在1421万余两至1674万余两之间。[2]光绪二十九年各省厘金收入仅为1179万余两，而宣统三年的厘金预算又达到4318万余两。[3]从而成为晚清的主要岁入之一。各种不同记载的厘金岁入额不管如何参差[4]，由于存在着上揭"半归私橐"，"公家所入三四而已，其六七皆官私所耗费"的现象，所以，册报的厘金岁入额充其量也不过是实征厘金的一半左右。

晚清以增加财政收入为目的的厘金抽收以及抽收厘金过程中的种种弊端，正标志着官吏中饱、苛扰商民的加剧。而鸦片战争以后海关税额的增加以及鸦片烟税的征收，则又标示出中国半殖民地半封建社会状态下财政收入的极度变态。本来，鸦片战争之前，关税主要是指常关税，"洋关之设，自五口通商始。前此虽有洋商来粤贸易，惟遵章向常关税纳税而已"[5]。随着《江宁条约》（《南京条约》）等一系列不平等条约的签订，清政府被迫对外开放通商口岸，中国的海关设置权、海关税则制定权、海关行政管理权等国家主权渐次丧失。如海关税则的制定，道光二十二年签订的中英《江宁条约》规定："英国商民居住通商之广州等五处，应纳进口、出口货税、饷费，均宜秉公议定则例"，所谓的"秉公议定则例"，实即英国侵略者单方拟定，次年签订的中英《五口通商附粘善后条款》（《虎门条约》）、《五口通商章程：海关税则》（《五口通商章程》）

① 《清史稿》卷125，《食货六》。

② 《清朝续文献通考》卷66，《国用四》，第8227—8228页。

③ 王振先：《中国厘金问题》，商务印书馆1917年版，第55—58页。

④ 各种不同的厘金岁入统计，可以参见罗玉东：《中国厘金史》上册，商务印书馆1936版，第160—192页。

⑤ 《清史稿》卷125，《食货六》。

即强迫清政府接受了极低的税率。道光二十四年签订的中美、中法《五口贸易章程：海关税则》（《中美望厦条约》、《中法黄埔条约》）更载明："倘中国日后欲将税则更变，须与合众国领事等官议允。如另有利益及于各国，合众国民人应一体均沾"；"如将来改变则例，应与佛兰西会同议允后，方可酌改"。[①]也就是说，海关税则的修改，也必须得到外国侵略者的批准。《清史稿·食货志六·征榷》在谈及海关税额沿革时云："合计洋关岁征各税，咸丰末年，只四百九十余万。同治末年，增至千一百四十余万。光绪十三年，兼征洋药厘金，增为二千五十余万。三十四年，增至三千二百九十余万。宣统末年，都三千六百十七万有奇，为岁入大宗。"可以认为，海关税额的增加以及其成为晚清财政收入的重要构成，是以国家主权的被侵蚀为代价。同时，也必须意识到，极低的税率以及海关主权的旁落，不仅使海关税额遭到侵夺，殖民主义者也借此倾销、走私商品，加强了对中国的经济侵略。当甲午战争以后海关税被指作偿还巨额债款的担保后，海关税在财政收入上的意义也转而归于债权国。

鸦片烟税是对鸦片所征之税。鸦片进口向为清廷所禁止，至少在名义上是如此，即所谓"鸦片烟流毒无穷，久干例禁"[②]。第一次鸦片战争之后以迄第二次鸦片战争前，鸦片仍属禁品，屡屡"申明禁令"[③]，但这其间鸦片走私相当猖獗，非法鸦片贸易形同"合法"，鸦片进口量大幅度增加，据统计，第一次鸦片战争前几年间（1835—1839）平均每年进口鸦片达到3万箱，鸦片贸易"在数量上和利润上都有了增加"，"外国进口商们是尝到血的滋味了"；至第

① 见王铁崖编：《中外旧约章汇编》第1册，三联书店1957年版，第32、34—50、51、59页。
② 《史料旬刊》第3册，道光十一年湖广道监察御史冯赞元奏折。
③ 《清朝续文献通考》卷53，《征榷二十五》，第8083页。

二次鸦片战争前的1854年，每年进口鸦片已突破6万箱，1855年又增加到6.5万余箱。[①]在鸦片既不能禁止又影响税款收入的情况下，一方面，地方大员极力鼓吹“寓禁于征”，征收鸦片烟税以解财政之困厄，咸丰七年，闽浙总督王懿德即奏称“军需紧要，请暂时从权，将进口洋药量予抽捐，以济眉急”，“朝旨允行”。[②]另一方面，鸦片烟贩、外国侵略者也极力怂恿并向清政府施加压力对鸦片课税，以使鸦片贸易“合法化”。[③]第二次鸦片战争后，咸丰八年（1858）在中英、中美、中法间相继签订的《通商章程善后条约：海关税则》（“通商章程”）第五款中规定：“洋药准其进口，议定每百斤纳税银三十两。”[④]从此，鸦片便以“洋药”为名，在列强强加的“条约制度”下合法化了。

在上揭《通商章程》中同时载明，鸦片运入内地后，“关税之则，与洋药无涉。其如何征税，听凭中国办理”。光绪元年（1875），广东曾有“招商包收洋药捐”之举；光绪七年（1881），左宗棠又奏称：“禁食鸦片，宜先增税，洋药百斤，拟征税厘百五十两。土药（土产鸦片）价低，准依洋药推算”，寻经议准，洋药“税、厘并征”，“每百斤正税三十两外，加征八十两，统计厘税百一十两，土药不论价之高下，每百斤征四十两”。[⑤]其鸦片烟税年征收额，咸丰年间大致在270万两[⑥]，光绪朝税、厘并征后大致在900

---

① ［美］马士：《中华帝国对外关系史》第1卷，三联书店1957年版，第208、613页。

② 《清朝续文献通考》卷50，《征榷二十二》，第8057页。《清史稿》卷125，《食货六》。

③ 参见严中平主编《中国近代经济史》，人民出版社1989年版，第119—132页。

④ 见王铁崖编：《中外旧约章汇编》第1册，三联书店1957年版，第117、134、138页。

⑤ 《清史稿》卷125，《食货六》。

⑥ 《筹办夷务始末》（咸丰朝）卷79，中华书局1979年版，第2935—2937页。

万两，再加上土药税厘，年征税额当在1500万两以上。[①]鸦片烟税的征收以及征税后鸦片贸易的合法化以及土产鸦片的泛滥，不言而喻都导致了沉重的后果，税额的增加也正是以中国人的受毒日深为代价。

当然，从财政角度着眼，由上述带来的变化是明显的，其最突出之点就是在以旧税的加征和新税的开办为标志的财政政策下财政岁入的急剧膨胀（其又以岁出的膨胀为前提）；在膨胀的岁入中，新税种占有突出的比例，原有税种所占比例则相应下降，即如光绪十年户部所奏："国家自咸丰、同治年来，各省出入迥非乾隆年间可比，近来岁入之项，转以厘金、洋税等为大宗。"[②]从以下统计中更可看出这种变化。

王庆云曾作过鸦片战争后几年的《直省岁入总数表》，经过整理后列为下表：[③]

表12 鸦片战争后道光年间岁入统计

（单位：万两）

年代	总额	地丁杂税	%	盐课	%	关税	%
道光二十一年	3859	2943	76.3	495	12.8	421	10.9
道光二十二年	3868	2957	76.4	76.4	76.4	413	413
道光二十五年	4079	3021	74.1	507	12.4	551	13.5
道光二十九年	4250	3281	77.2	499	11.7	470	11.1

① 参见彭雨新：《中国近代财政史简述》，载孙健编：《中国经济史论文集》，中国人民大学出版社1987年版。

② 由此，户部奏定新的度支办法："以地丁、杂赋、地租、粮折、漕折、漕项、耗羡、盐课、常税、生息等十项为常例征收；以厘金、洋税、新关税、按粮津贴等四项为新增征收；以续完、捐输、完缴、节扣等四项为本年收款，排比核列，以见一年人数。"见《皇朝政典类纂》卷161，《国用八·会计》。

③ 原表见（清）王庆云：《石渠余纪》卷3，或《熙朝政纪》卷4。原表中道光二十二年、二十五年、二十九年实征总数有错误，北京古籍出版社1985年出版的点校本未加校正。笔者在列制此表时参酌《清朝续文献通考》卷66，《国用四》所载作了改动。

如果将此表与表1相对照可以发现，鸦片战争后十年的财政岁入及其结构和康、雍、乾、嘉各朝基本相同（道光年间岁入总额比乾、嘉年间的减少，主要是欠征所致，当时的岁入总定额为4517万余两。另外，当时的一些非常规收入也没有统计在内），地丁、盐课、关税仍是财政岁入的三大支柱，特别是地丁银，仍是财政收入的主体。这似乎也说明，虽然时代已进入半封建半殖民地阶段，传统的封建性财政并未因之改变。

随着咸丰以后旧税的加征与新税的开办，此后的情况当然是大异于前了。据刘岳云《光绪岁入总表》提供的数据，光绪年间的岁入情况大致如下表：[①]

表13　光绪年间岁入统计

年代	岁入总额（千两）	各项财政收入所占百分比（以各类总计为100）（%）					
		地丁杂税	盐课	常税	厘金	洋税	其他
光绪十一年	77086	42.0	9.6	3.1	18.5	18.5	9.2
光绪十二年	81269	40.4	8.3	3.2	18.6	17.7	17.7
光绪十三年	84217	38.9	8.3	3.0	19.9	22.9	7.0
光绪十四年	87792	37.8	8.6	3.1	17.7	20.2	12.6
光绪十五年	80761	39.7	9.6	3.2	18.5	20.8	8.2
光绪十六年	86807	38.9	8.6	3.0	17.7	19.3	12.5
光绪十七年	89684	37.5	8.0	2.9	18.2	20.3	13.1
光绪十八年	84364	39.5	8.8	3.0	18.2	20.9	9.6
光绪十九年	83110	40.0	9.2	3.4	17.2	20.2	10.6
光绪二十年	81033	40.3	8.3	3.4	17.5	13.2	17.3

另外当时上海英领事哲美森统计的数据，光绪十八至二十年（1892—1894）的平均岁入总额与各项岁入所占百分比则如表14所示：[②]

---

① 《清朝续文献通考》卷66，《国用四》，第8227—8228页。

② 《清朝续文献通考》卷68，《国用六》，第8247—8248页。

表 14 光绪年间岁入统计比较

岁入总额(千两)	地丁	漕粮	盐课盐厘	常关	洋关	百货厘	土药	杂税
89029	28.2%	7.4%	15.3%	1.1%	24.7%	14.6%	2.5%	6.2%

以上两表映现出两个最为显著的特征：一是岁入总额在各项加征之下大幅度增加，已由原来的额定征收额 4000 余万两增至 8000 万两左右。①这对应付当时膨胀的岁出不能不说是财政收入政策的行之有效。二是财政收入结构明显改变。表 13 标示的地丁杂税银（包括地丁、杂赋、租息、粮折、耗羡等项）由表 12 标示的 76% 左右降至 40% 左右，如果单纯以"地丁"计，光绪十一年地丁收入为 2302 万余两，占总额的 29.9%，光绪十二年为 28.6%，光绪十七年仅为 26.4%（这与乾、嘉年间地丁银占 70% 左右亦是相差悬殊。参见表 1）；盐课、常关税银等传统的收入在岁入总额中的比例亦大为降低。② 与此相反，新增加的厘金、洋税却一跃成为收入的大宗，表 13 中厘金、洋税两项约占总收入的 38%（最低的光绪二十年为 30.7%，最高的光绪十三年为 42.8%，大多数年份则为 38% 左右）；表 14 中洋关、百货厘、土药三项则占总收入的 41.8%，这还不包括盐课中的新增盐厘。这种财政收入结构在总体上的变动，不仅可以反观或者进一步体味晚清财政收入政策的变化，而且也标示着中国社会在进入半封建半殖民地之后随着时间的推移而导致的传统封建

① 据光绪十年户部奏称，此前奏销混入，不但"各省奏销迟延"，许多新征税目收而未报，"即常例地丁等项出入册籍，亦多造送不能齐备"，经过清厘整饬后，光绪六、七等年的实际岁入额已达 8234 万余两，另入本色粮米 1120 余万石。见《皇朝政典类纂》卷 161，《国用八 · 会计》。

② 常关税银由于表 13、表 14 的统计不同，所占比例也不同，晚清常关税额的降低（约为 260 万两）却是一个事实。关于盐课，表 13 的统计基本上未包括盐厘，表 14 却包括了盐厘在内，故所占比例亦不同，有关情况可参见拙著：《清代盐政与盐税》，第 173—177 页。

财政的瓦解。尤其是厘金、洋税等间接税收在征收伊始和征收过程中的病态特征以及列强侵夺、威逼的印记，也就更加反映了晚清财政的变异。财政问题最终是与社会性质相吻合了。

应该指出，由于晚清财政的混乱，财政岁入总额以及各类税收的数额都存在着一些问题，即如盐课，光绪三十一年户部在议复署兵部尚书铁良清查两淮盐务折时即奏称：

> 总计两淮岁入报部有案者，共只五百余万两，此外若新课、新厘、偿款加价皆收而未报；又若局费、缉费、外销各款向未奏咨立案，皆收而不报。此两淮相沿之办法也。此次该大臣奏命往查，不避劳怨，于两淮正杂各款举向所未经报部者亦悉令开出，复为详列科则，计二十九年共报收银一千二百余万，以视历年之自行奏报仅得银五百余万者已为倍之，固由是年收数较旺于往年，亦实由外销各款为数过多，且其间又有内销正款如余斤加价者亦拨作外销者，绳以部章，多不能合。[①]

《清朝续文献通考》又载称：

> 甲午前后盐税岁入一千三百余万，茶税仅九十万，且国家有事，盐税必加，中日战时加一次，庚子乱后再加，近因政费膨胀而又加，然始终为千三百余万，闻者咸以为奇，知其中必有隐匿者。果也！预算案言，盐茶税共四千六百余万，较前增三倍。[②]

① 《清朝续文献通考》卷38，《征榷十》，第7921页。
② 《清朝续文献通考》卷68，《国用六》，第8250页。

因之，实际的岁入数尚需进一步考证。兹再列出光绪三十四年各省的岁入岁出数额①以及宣统二年度支部的预算表作为参照。②

表15　光绪三十四年各省的岁入与岁出

（单位：两）

省份	岁入	岁出	盈（+）亏（-）
奉天	15807273	15587889	+219384
吉林	4858702	5355657	-496995
黑龙江	1904022	2778612	-874589
直隶	22464982	24415403	-1950421
江苏	47654604	52010237	-4355632
安徽	6006729	6741779	-735050
山东	11311699	10502928	+785771
山西	5871806	6140252	-268446
河南	6885117	6600049	+285023
陕西	3963702	4127565	-163863
新疆	3172300	3346564	-174264
甘肃	3121780	3293194	-169840
福建	6721105	6941107	-220002
浙江	11079254	11355368	-276113
江西	7569863	7895177	-325314
湖南	6442260	6788358	-346097
湖北	16545200	18521400	-1976200
四川	15320659	14964926	+355731
广东	25275696	25505489	-229793
广西	4890643	4992157	-101514
云南	6011502	6983166	-971664
贵州	1533270	1791056	-257786
合计	234413043	246661380	-12247637

① ［日］安东不二雄：《清国国债事情》，横滨正金银行明治四十三年版，第198—200页。

② 《清史稿》卷125，《食货六》。另外，还有附列二项临时收入，一为捐输，岁入为5652千余两，一为公债，岁入为3560千两。统计预算岁入，经常与临时共为296963千两。后来又经资政院复核，预算岁入之数有所增加，以便与岁出持平。请参见《清朝续文献通考》卷68，《国用六》，第8245页。

表16 宣统年间预算岁入统计

税目	岁入额（千两）	占总额百分比（%）	备注
田赋	46165	17.1	临时岁入1937千两
盐茶课税	46312	17.2	
洋关税	35140	13.0	
常关税	6991	2.6	临时岁入8千两
正杂各税	26164	9.7	
厘捐	43188	16.0	
官业收入	46601	17.3	
杂收入	19194	7.1	临时岁入16051千两
合计	269755	100	

财政问题确实至为繁杂，由于许多基础性的问题需要清厘，本文所述不免过于冗长。综合本文所述，要言之：正常时期的财政收入政策并不具有太多的弹性，只是在正常收入不足以应付正常支出以及临时支出的情况下，收入政策才有一些修修补补式的更张；与此相伴随，财政收入结构也就没有大的变动，清代前期非常时期的财政收入政策（比如三藩之乱时期）随着支出的剧增而出现大的调整，虽然也一时改变了财政收入结构，但非常时期结束之后，各项支出仍循原来之径，收入政策又重新调整到原来的轨道，所以从一个较长的历史时段来看，清代前期的财政收入结构是较为稳定的。清代后期的情况当然是不同了。与前期相比，清代后期的大多数时间一直处于非常时期，收入与支出都具有非常时期的特征。而且，社会性质的转变也直接与财政体制的变化相关联，所以收入政策与收入结构的剧烈变动也就毫不奇怪。

（本文原载《人文论丛》2001年卷）

清代财政支出政策与支出结构的变动

在“量入为出”的基本原则或财政范式下，正常的财政收入必须等于或略大于财政支出，财政收入是支出的前提条件，财政支出必须在财政收入的额度内安排、协调，这就意味着赋税不能任意增减，这是维持财政秩序的一个方面。另一方面，由于以入定出，财政收入一经稳定，财政支出也必然受到限制，不能任意变动，即使增加支出，也要严加审核，否则就不能保持收支平衡。这两个方面表明了财政收入与支出的相互影响和相互制约，同时也表明，在正常的财政秩序下收入政策与支出政策具有一致性，而且，支出政策在更大的程度上受制于收入政策。

一旦战事兴起，特别是较大规模的战争，军费支出陡增，伴随着战火的燎烧而出现的问题就是收支程式的打破，必然出现国家财政的入不敷出（当然也包括因其他原因而导致的财政困难），在这种情势下，统治者亦不会束手无策，必然采取相应的措施加以弥补，这也就是笔者已经申说过的国家财政在非常时期由“量入为出”转变为“量出制入”。[①]“量出制入”当然也意味着收入政策与支出政策的相互影响和相互制约，但收入政策在更大

① 参见拙著：《清代军费研究》，武汉大学出版社1992年版，第10—11页。

的程度上受制于支出政策。

清代的支出政策与支出结构也围绕着这种基本原则而变动。

一、清代前期的财政支出问题

顺治一朝作为开国时期，由于连年用兵，加上奏销制度及其他财政制度尚未上轨，从总体上看，顺治朝的支出政策与支出结构主要是围绕着军费支出进行有限的调整，尚不具备后来那样较为固定的支出项目和比例。

据《大清会典》记载，清代前期较为固定的财政支出共有12款，即：祭祀之款、仪宪之款、俸食之款、科场之款、饷乾之款、驿站之款、廪膳之款、赏恤之款、修缮之款、采办之款、织造之款、公廉之款。①

对于这12款支出（或归结为数款支出）的一般性叙述，可以参考注揭诸文，笔者在这里重点阐明的主要是两个问题：一是财政支出的岁额及其比例，二是典籍所载的“岁出之款”是否就是前此学者所指称的“全部国家岁出”。这两个问题相互联系，所以结合下面对康、乾、嘉三朝的统计兼而述之。

刘献廷《广阳杂记》在谈及“天下钱粮出进存剩总数”时说：

---

① 嘉庆《大清会典》卷12，《户部·尚书侍郎职掌三》。汤象龙在《鸦片战争前夕中国的财政制度》一文中，将此12款支出归纳为6项，即：皇室经费、宗室世职和官吏俸禄、兵饷、驿站经费、教育经费、河工塘工经费。该文发表于1956年，已收入《中国近代财政经济史论文选》，西南财经大学出版社1987年版。彭泽益所述略同，见《清代财政管理体制与收支结构》，文载《中国社会科学院研究生院学报》1990年第2期。彭雨新则归纳为行政费支出、军费支出、治水费支出3项，见《清代前期三大财政支出》，文载《中国古代史论丛》1981年第2期。

“每岁进银三千四百八十四万四千九百七十五两，加闰在外；每岁出银二千七百三十八万八千五百八十八两，加闰在外。每岁存剩银七百四十五万六千三百八十七两。案天下之饷，合满汉之兵，岁需者不过一千三百五十万而止耳。”[①] 如按此说，每岁支出银为2700余万两，与岁入银3400余万两相比，结余730余万两，支出最多的兵饷一项为1300余万两，占总支出2700余万两的49.3%，但值得注意的是，刘氏在这里所说的兵饷只是各省之额，并不包括京城支款，各项岁出如下表所示：[②]

表1　康熙中期岁出统计

岁出项目	银额（两）	百分比（%）
京城官员俸银、杂项银等	2453772	8.4
京城、盛京八旗饷银	5348821	18.3
各省八旗、绿营饷银	13642496	46.7
各省存留俸工、驿站、河工等银	7761875	26.6
合计	29206964	100

据上，就支出结构来看，兵饷一项为岁出大宗，仅就所列饷额已占岁出的65%，其他各项则占岁出的30%以上。就岁出总额来看，比岁入额3400余万两结余500万两左右，这从总体上说应该视为三藩之乱后清廷财政状况好转的一个标志，同时也是康熙帝清理财政，“事事减省”的结果。[③] 不过，应该指出的是，除上列支出

① （清）刘献廷：《广阳杂记》卷2，中华书局1957年重刊本，第76—77页。刘氏所言之数额未指明是何年，笔者估计是康熙二十六年左右的数额，也就是说岁入与岁出均较为正常。

② 《广阳杂记》所载岁出总数与各细数不敷，此表按各细数统计。表中“京城官员俸银、杂项银等”一款，包括王以下满洲官员俸银、汉官俸银、蒙古王俸银、各部院杂项银、各部院公费银等项。另参见陈锋：《清代军费研究》，武汉大学出版社1992年版，第200页。

③ 《清朝文献通考》卷39，《国用一》，第5218页。

外，还有其他一些支出未能列入，比如河工经费一项，有所谓岁修、抢修、另案、大工四种的分别，表中所列各地的存留河工银，一般仅指数额有限的岁修银。据汤象龙先生统计，清代前期的四种河工费用支出每年在350万两左右，若再加上塘工经费，每年的支出则在400万两左右。[①]当然，有些河工经费银，特别是河工另案与大工，并不列入正常的岁出，所需款项也往往另外筹措。估计康熙年间正常的河工费用支出，每年总有一二百万两，再加上其他一些支出，每年的结余额大致在200万两，这个数字与康熙中期的户部存银额基本吻合。[②]康熙后期，“京城俸饷等项一年需用九百万两有余”[③]，结余银亦相应减少。

乾隆朝的岁出，《清史稿·食货志六·会计》曾概述乾隆三十一年（1766）的支出款项与数额云：

> 岁出为满、汉兵饷一千七百余万两，王公百官俸九十余万两，外藩王公俸十二万两有奇，文职养廉三百四十七万两有奇，武职养廉八十万两有奇，京官各衙门公费饭食十四万两有奇，内务府、工部、太常侍、光禄寺、理藩院祭祀、宾客备用银五十六万两，采办颜料、木、铜、布银十二万两有奇，织造银十四万两有奇，宝泉、宝源局工料银丨万两有奇，京师各衙门胥役工食银八万两有奇，京师官牧马牛羊象刍秣银八万两有奇，东河、南河岁修银三百八十余万两，各省留支驿站、祭祀、仪宪、官俸役食、科场廪膳等银六百余万两，岁不全支，更定漕

① 参见汤象龙：《鸦片战争前夕中国的财政制度》，载《中国近代财政经济史论文选》，西南财经大学出版社1987年版。

② 参见（清）法式善：《陶庐杂录》卷1，中华书局1959年刊本，第23页。

③ 《康熙朝东华录》卷17，康熙四十八年十一月庚辰。

船岁约需银一百二十万两，是为岁出三千数百余万之大数。而宗室年俸津贴、漕运旗丁诸费之无定额者，各省之外销者不与焉。

据该段史料，合计岁出银3451万余两。魏源《圣武记·武事余记·兵制兵饷》与前揭彭泽益先生文均统计为3077万余两；吴慧先生统计岁出为2325万余两，① 更令人生疑。这与当时的岁入银4900余万两相较②，委实悬殊，这当然不能视作是当时年结余银在一千数百万两或两千数百万两。其中的问题，除了魏源所说的“至出入开除外，岁余若干之确数，则《会典》及《皇清三通》均无明文”而导致的统计困难外，最主要的原因恐怕是将各省的支出与京城的支出混淆——尤其是将各省兵饷支出1700余万两误以为是全部的兵饷支出，对此，拙著《清代军费研究》已作过辨析，可以参考。另外，《清朝文献通考》列有当时（乾隆三十年奏销）京城的岁出21款，合计为961万余两，③ 据此并参酌《圣武记》、《清史稿》等书所记，可以列制下表。（见表2）

表2合计岁出银为4220余万两。受资料的限制，统计仍难周详，如京城每年的岁出，《清朝文献通考》记为961万余两（即上表前9项合计数），而在乾隆七年甘肃巡抚黄廷桂所上题本中引户部左侍郎梁诗正的奏折时已称“京中各项支销，合计须一千一二百万”④，乾隆中期京城需款按理也应在1200万两左右，必有一些岁

① 参见吴慧：《明清财政结构性变化的计量分析》，《中国社会经济史研究》1990年第3期。

② 参见拙作：《清代财政收入政策与收入结构的变动》。

③ 参见《清朝文献通考》卷40，《国用一》，第5227页。凡以钱文为单位者，以1000文作银1两折算。

④ 钞档：《俸饷》22，《军务·经制·善后》，乾隆七年三月十一日黄廷桂题本，中国社会科学院经济研究所藏。

表2 乾隆三十一年岁出统计

（单位：两）

岁出项目	银额
京城兵饷	6033045
盛京等地官兵俸饷	1500000
京城王公百官俸银	938700
外藩王公俸银	128000
内务府、工部、太常侍、光禄寺、理藩院备用银	565000
宝泉、宝源局工料银	107671
在京各衙门胥役工食钱粮银	83330
内务府、上驷院、奉宸苑等刍牧银	83560
京城其他杂项支出银	177211
各省满汉兵饷银	17037100
文职养廉银	3473000
武职养廉银	800000
八旗添设养育兵银	422000
满汉兵赏恤银	300000
恩赏旗兵钱粮银	380000
更造漕船料银	120000
河工岁修银	3800000
采办颜料、木、铜、布等银	121014
织造银	140050
各省留支驿站、祭祀、官俸役食等银	6000000
合计	42209681

出未能悉数列出，岁出之款超过上表所列。事实上，乾隆朝的财政状况并不像人们想象的那样宽裕，上揭黄廷桂的题本已经指出过乾隆初年“所入不敷所出，比岁皆然”，并进一步分析道：

> 盖因八旗兵饷浩繁，故所出者多；各省绿旗兵饷日增，故所入者渐少。是兵饷一项，居国用十分之六七。……查直省一切正杂钱粮，康熙、雍正年间岁岁相积，仍有余存。迩年以来，统计直

> 省收支各款，其在年谷顺成、钱粮全完之岁，所入仅敷所出，倘有蠲缺仃缓，即不足供一岁用度。如直省支放项下，雍正元年计需兵饷一千三百余万两，乾隆四年计需兵饷一千七百余万两，其计多用银四百余万两。雍正元年计需俸工等银五百余万两，乾隆四年计需俸工等银六百余万两……又如部库支放项下，雍正年间，除西北两路军需外，每岁用银八九百万两不等，乾隆四年因添设养育兵丁、加给京官双俸、并各衙门一切经费，岁需银一千一百余万两……再如直省杂支项下，若地方工程等项，向或民力兴修，以及公项贴补，近来渐次动拨地丁钱粮，加以采买储备，拨补荒缺诸费，共计每岁又多用银百余万两不等。又如直省征收项下，自乾隆元年以来，各案永蠲地丁杂税银一百二万余两，永蠲关税盈余银五十八万余两……自雍正十三年起至乾隆五年岁底，恩蠲、积欠等银至三千四十二万余两，灾蠲银至二百四万余两，米豆等项至二百八十余万石……

由此可以看出，雍正末年以迄乾隆初年，正常的财政收入不敷财政支出或基本持平的原因，一是在于京城和直省兵饷的增加，二是在于俸禄、工食钱粮等银的增加，三是在于原不动用正项钱粮的地方工程等项转而改为正常开支，四是在于蠲免等仁政的实行以及钱粮的欠征使得正常的财政岁入有所减少。乾隆十年御史柴潮生也曾指出："就今日计之，则所入仅供所出；就异日计之，则所入殆不足供所出。以皇上之仁明，国家之休暇，而不筹以开源节流之法，为万世无弊之方，是为失时。"因而上"理财三策"。[①] 这也就可以

① （清）柴潮生：《理财三策疏》，见《皇朝经世文编》卷26。

理解当时不得不采用各种筹款之方法以资挹注的根由。[①] 至于乾隆朝库存银的增加（从乾隆元年的3300余万两到乾隆三十七年的7800余万两），在笔者看来，一方面是由于正常收入与正常支出程式下的结余（笔者估计，乾隆中期年节余银在400万两左右，最多不会超过600万两，而不太可能像有些学者统计的那样达到一千数百万两或两千数百万两），另一方面则是多方筹措以及“准回之役”结束后（乾隆二十六年）节省部分支出的结果，略如乾隆三十七年谕称：“方今国家当全盛之时，左藏所储，日以充积。……因平定西陲以来，摘减沿边防守兵马及酌裁各省驻防汉军粮饷马乾等项，除抵补新疆经费外，每年节省银九十余万两，历今十有余载，岁需出数较少，约积存千有余万，库帑之增，大率因此。”[②] 此后，由于武职养廉、红白事例银、绿营公费银等改由正项支出，[③] 岁出又增，由此引起大臣的担忧，并进而受到“因一时库藏充盈，不思久远之计的批评”[④]。

嘉庆朝的岁出基本上仍依乾隆朝之制，但岁出之项目更为规范化，所谓清代前期岁出的十二个款项（祭祀之款、仪宪之款、俸食之款等）正是由嘉庆《大清会典》首次明确。嘉庆朝“凡各省岁入岁出之数”，“按《嘉庆十七年奏单》，岁入银除蠲缓银四百八十三万二千八百六十二两有奇，实入银四千十三万六千一百九十四两有奇，岁出银二千五百十万七千五百二十四两有奇”[⑤]。据《史料旬刊》所载《汇核嘉庆十七年各直省钱粮出入清单》称，当时的额征地丁杂税、盐课、关税等项岁入银为44969056两，嘉庆十六年

① 参见肖一山：《清代全史》第2册，第357页。

② 《清高宗实录》卷920，乾隆三十七年十一月癸卯。

③ 参见拙著：《清代军费研究》，第215—222页。

④ 参见（清）阿桂：《清增兵筹饷疏》，（清）英和：《开源节流疏》，均见《皇朝经世文编》卷26。

⑤ 嘉庆《大清会典》卷13，《户部·山西清吏司》。

（1811）实际岁入银为43501077两，岁出银为36004605两；嘉庆十七年岁入银为40136194两，岁出银为35107534两。

必须再次指出，许多学者将此岁入、岁出之数误认为是全国的岁入、岁出数，并依此来分析岁入、岁出结构，并得出了嘉庆年间的财政收支相抵、每年结余500万两左右的结论。这显然是一种疏忽。事实上，史料所载已明确标示出岁入、岁出数是“各省”或“各直省”之额，并不包括京城的支款与户部另外的入款。如果再细心一点，同样会发现，嘉庆《大清会典·户部·尚书侍郎职掌三》所载12项岁出之款的银两支数均不包括京城，如“祭祀之款”下称：“京城各坛庙祭祀，由太常侍领取物价咨部核销；各处陵寝米麦折价银两，由礼部支领核销。各省坛庙祭祀银两俱在地丁银内动用。”其中直隶为26210两，奉天为966两，吉林为93两，山东为11774两，山西为15748两等（不备举，各省合计为198958两。下述款项均有各省的细数记载）。如“俸食之款”下称：“京城各衙门俸工役食，归陕两司、八旗俸饷处专核。外省文员均按品给俸……额支官俸役食银，直隶211386两，奉天13613两……”如“饷乾之款”下称：“京城八旗官兵俸饷，由八旗俸饷处专核；陵寝官兵俸饷及各处牧群官丁俸饷，归福建司专核；巡捕五营官兵俸饷，由陕西司专核。”如“公廉之款”下称：“京城满汉官员公费，巡捕营红白事例，归陕西司；八旗官员养廉，归山东司；八旗官兵红白事例，归俸饷处专核。外省文职养廉，在耗羡银内动支，绿营武职公费银，关地丁正项银内动支，绿营武职及驻防官兵养廉、红白事例银，在耗羡、匣费及盐规杂税银内动支……”很明显，由于奏销归口不一，京城的支款均是另外记载的，如支出最多的兵饷一项，典籍一般所记的“饷乾之款”当时为1724万余两，仅是各省的支出（这里不包括东北，更不包括京城），如果以此来分析常额军费在岁出中的比例当然是错误的。笔者在拙著《清代军费研究》中已有分析，可以参见。

笔者认为，嘉庆年间各省的岁入、岁出相抵，每年结余500万两左右，并不表示当时财政状况的宽裕，这500万两左右的银额仅仅是在各省存留、支出、协拨之后存剩的上调户部之数，由于“在京之支款有官俸、有兵饷、有公费、有役食，余者为杂支”[①]，京城支款每年总在1000万两以上，各省的岁出结余并不足以应付，尚需用常例捐输以及另外开捐等加以弥补。如果以嘉庆十七年直省岁出银3500万两、京城支款1200万两计之，岁出银为4700万两，较之前述岁入银4600余万两，已有入不敷出之虞。这种入不敷出主要是由于赋税钱粮的欠征所致，并与吏治的腐败联系在一起。道光朝依然延续了这一态势。一如道光三年（1823）上谕所指：

> 国家出纳，岁有常经，所入银数果能全行征解，即除岁出之数，本有盈余。兹据该部（户部）按近三年比较开单呈览，综计岁入，每年多有缺少。实缘定额应支之款势不能减，其无定额者又复任意加增……嗣后著各督抚率同该藩司实力钩稽，不得任意动垫，尤不得违例格外请支。至于地丁各款，全完省分甚少，皆因不肖官员以完作欠，惟在地方大吏认真考核督催，力除积弊。此外，盐务如何畅销引课，关税如何定额无亏，以及铜铅如何不致短绌，均令各该管上司力矢公忠，劝惩严明，以收实效。[②]

由于史料的限制以及财政问题本身的复杂，我们很难作出精确的岁出统计，而且每年的“岁用之数盈缩不齐”，仅统计出某朝某年的岁出额作为衡量某一历史时段的标尺也难免会有出入。但是，在尽量钩

---

① 嘉庆《大清会典》卷14，《户部 · 陕西清吏司》。

② 《清朝续文献通考》卷69，《国用七》，第8257页。

稽、澄清一些误解后，相信还是能够得出大致的认识：顺治朝的财政支出，由于连年用兵，基本上是一种军事性质的支出，尽管采取了许多筹饷措施以弥补正常收入的不足，仍然处于入不敷出的境地。康熙初年财政支出步入正轨，社会经济也有所恢复，财政出现结余，至康熙十二年（1655），户部存款已达2100余万两，但随即爆发的三藩之乱，军费支出浩繁，使库存销蚀殆尽，在各种筹款措施纷纷出台的情况下，仍难以扭转财政的困厄。三藩之乱结束以后，伴随着社会经济的全面恢复，收入稳定、支出有制，应该说清朝财政渐入佳境，每年的财政收入在应付正常的财政支出外，年结余额估计在200万两左右，户部存款最多时曾达到4700余万两①，具备了蠲免钱粮以及应付非常支出的能力。雍正以降，虽然财政支出较前增加，但由于财政的整顿，收入亦增，雍正年间户部存银最多时曾达到6200余万两，只是由于雍正末年的西北用兵，使存银减耗至3200余万两。乾隆初年以迄乾隆中期，“大兵大役，散财不赀”，正常的财政收入、支出程式常被打破，户部存银徘徊在2700余万两至4300余万两之间，虽然是散财不赀，但总归聚财有道。乾隆二十六年准回之役结束后，财政状况再度明显好转，收支相抵，估计年结余银在400万两左右，至乾隆三十六年“二次金川之役”时，户部存银已接近7900万两。此后，二次金川之役、台湾之役、安南之役、初次廓尔喀之役、二次廓尔喀之役、湘黔苗民起义之役接连发生，乾隆中后期这六次战争的军费支出笔者已统计为1.1亿两，②而“（乾隆）四十五年以前又普免天下钱粮四

---

① 此据（清）法式善：《陶庐杂录》，存银最多的两个年份是康熙四十七年4718万余两，康熙五十八年4736万余两。另可参见《历史档案》1984年第4期公布的户部存银档案。陈康祺：《度支考》则云康熙四十八年存银达到5000余万两，见《清朝续文献通考》卷66，《国用四》，第8225页。

② 参见拙作：《清代军费研究》表6—8。清代前期的战时军费支出，笔者认为在7亿两以上。

次，户部尚余银七千八百万。五十五年以前又免钱粮多次，而户部尚存银八千万”[①]。一方面是战时军费支出巨大，另一方面是普免钱粮使正常收入减少，这里的户部存银额并不完全标示正常收入与支出的结余，而是由于实行了盐商报效等另外的筹款手段。[②]事实上，乾隆四十六年后陆续实行的武职养廉、红白事例银、绿营公费银改由正项支出，每年已多支出银200余万两，财政结余已是大不如前。嘉庆即位，适逢白莲教起义，“用帑逾万万”，这种巨额的战时军费支出，虽说“以屡次开捐所收七千余万两抵之”[③]，另外也还有加征“津贴银”等筹饷手段，使嘉庆帝度过了一段艰难的非常时期，但是，正常的财政收入与支出已出现拮据，其困厄来自两个方面，一是沿自乾隆后期财政结余的减少，二是赋税的普遍欠征。按照曾国藩的说法，嘉庆以后，“国家岁入之数与岁出之数而通筹之，一岁本可余二三百万”，但在欠征之下，已无结余可言。[④]当然，在嘉庆、道光年间，由于盐斤的屡次加价以及捐例的屡开，户部的存银每年尚有一两千万两，财政尚未到山穷水尽的地步。即使如此，帝王与臣僚的焦虑也还是明显的。[⑤]

二、清代后期财政支出问题

鸦片战争以后，国家财政更趋紧张，特别是太平天国起义以后，入款减少，支出顿增，户部存银几乎枯竭，即如咸丰二年

---

① 《清朝续文献通考》卷66，《国用四》，第8225页。

② 参见拙著：《清代盐政与盐税》表47，中州古籍出版社1988年版。

③ （清）魏源：《圣武记》卷11，《武事余记·兵制兵饷》。

④ 《皇朝政典类纂》卷155，《国用二·节用》。

⑤ 参见（清）英和：《开源节流疏》，见《皇朝经世文编》卷26。

（1852）上谕："国家经费有常，自道光二十年以后即已日形短绌，近复军兴三载，糜饷已至二千九百六十三万余两。部库之款原以各省为来源，乃地丁多不足额，税课竟存虚名！……见在部库仅存正项待支银二十二万七千余两，七月份应发兵饷尚多不敷。"[①] 另据当时户部银库的收支统计，也几乎是年年入不敷出，具体情况如下表所示：[②]

表3　咸丰年间户部银库收支统计

（单位：两）

年度	进银	出银	盈（+）亏（-）
咸丰二年	9196945	11103669	-1906724
咸丰三年	5638380	9840151	-4201771
咸丰四年	10442075	10468564	-26489
咸丰五年	9956867	10079189	-122322
咸丰六年	9220056	9141910	+78146
咸丰九年	15580654	13350297	+2230357
咸丰十年	9397441	12795530	-3398089
咸丰十一年	7108582	6581645	+526937

此后，随着财政收支规模的扩大，户部银库的出入银额相应增加，但从总体上说，虽然是经过了"同治中兴"，户部银库空虚的状况仍未改观，兹再根据有关档案统计制成下表作为参照（见表4）。[③]

表4统计11个年份，有6个年份盈余、5个年份亏空，仅就此统计来看，盈亏相抵，尚亏空银634391两。

① 《皇朝政典类纂》卷173，《国用二十 · 会计》。

② 据彭泽益的统计改制，见《十九世纪后半期的中国财政与经济》，人民出版社1983年版，第140页。

③ 参见周育民：《甲午战后清朝财政研究》，载《中国经济史研究》1989年第4期；彭泽益：《清代财政管理体制与收支结构》，载《中国社会科学院研究生院学报》1990年第2期。

表4　同光年间户部银库收支统计

（单位：两）

年度	进银	出银	盈（+）亏（-）
同治十二年（1873）	11274430	11623012	-348582
光绪十七年（1891）	14245372	13052961	+1192411
光绪二十年	13381524	14154824	-773300
光绪二十三年	15540824	15142508	15142508
光绪二十四年	18359330	18010663	+348667
光绪二十五年	14543209	15258046	-714837
光绪三十年	12941234	13639395	-698161
光绪三十一年	15962259	15483844	+478415
光绪三十二年	17344061	17045029	+299032
光绪三十三年	16076821	15347679	+729142
光绪三十四年	16502019	18047513	-1545494

户部银库空虚的原因，除了支出的不断增加外，与各省解部之款的拖欠亦大有关系。在鸦片战争之前，上谕已经屡屡指出，如道光十六年上谕内阁称：“国家赋入，岁有常经，度支攸关，岂容任意延宕？是以上年曾经降旨饬催，自应遵照赶紧办理，兹据该部（户部）查明奏催各款银数，共八百七十余万两。现据各该省陆续起解，入拨到部，截至本年三月底止，仅止报拨解部共银二百六十七万……”[①]道光十九年（1839）上谕又称：“国家经费有常，度支有节，凡各省应纳之赋及其余税课，均于征收后随时入拨报解，不容丝毫短少，所以重帑项而权出入。兹据户部查明，积年渐久，延欠频仍，综计欠解银数，除盐务悬引未完及帑利等款准其分别展缓外，其余拖欠有二千九百四十余万两之多。”[②]这种状况不但在道光朝未能改变，入咸丰朝之后反而变得更为严重。不得已，咸丰帝于

① 《清宣宗实录》卷282，道光十六年四月己卯。

② 《清宣宗实录》卷323，道光十九年六月戊辰。

咸丰三年批准户部的变通措施，将原来的各省解京款项，由春秋两季报拨时“随时奏拨解部”，改为“归入冬拨案内，与各直省协拨兵饷一律酌拨”，也就是说由当年的奏拨改为年前的预拨摊解，即如上谕所称：

> 户部奏，部库岁需银两，请改归冬拨案内办理一折。向来户部岁需京饷，例于各省春、秋拨册内随时奏拨解部。近年以来，各省经部指拨之款，每因起解不时，以致部库时形支绌，自应先期筹画，以济要需。所有该部岁拨京饷，著准其自本年为始，归入冬拨案内，与各直省协拨兵饷一律酌拨。……各该省督抚于部拨款项，无论京饷、外饷，均宜照数起解。倘有藉词截留及率请改拨者，著户部随时查核，据实参奏。[①]

这一拨解制度的更张，对晚清财政体制的变化有多方面的影响，值得注意。其直接的用意当然是在于保证户部的入款和“京饷”的支出，但事实上问题依然严重，次年，上谕已经指责“山东、河南两省应解京饷银两，经户部屡次奏催，日久未据报解。……仍复任意迁延”。[②]咸丰九年上谕又指出“山东等省积年欠解京饷银两为数甚多”，据称，“各该省欠解咸丰六七八等年银三百六十六万余两……其本年山西、山东、河南、陕西、浙江、四川等省欠解银二百八十二万余两”，[③]旧欠新欠竟达648万两之多。又据同治二年户部奏，“京饷报解寥寥”，该年应解京饷700万两，除山西、山

---

① 《清文宗实录》卷113，咸丰三年十一月戊辰。彭泽益先生认为：“从1856年起，把京饷原由各省预拨改为临时定额摊派解款。”见前揭《十九世纪后半期的中国财政与经济》第143页。这一说法与笔者的拙见不同。

② 《清文宗实录》卷150，咸丰四年十一月丙寅。

③ 《清朝续文献通考》卷69，《国用七》，第8260—8261页。

东、长芦、湖北、粤海关解到地丁、盐课、关税银21万两外，“余俱丝毫未解”，“转瞬即届五月初限，若再似此延宕，势必贻误”，而上年所欠京饷，也仍达340余万两。[①]此后欠解依旧，上谕频频，有关上谕除不断饬令地方大员将欠款“扫数解齐，毋得迟延干咎”，“毋得饰词延宕，致误要需”外[②]，竟也近乎哀求：“当此需用孔亟，各该督抚等俱有天良，无论如何为难，总当依限速解，力顾大局。”[③]这从总体上反映出鸦片战争以后特别是太平天国起义以后部库的益形支绌。

其所以如此，究其根本原因，则是由于当时各项支出的增加，即所谓：“自咸丰同治以来，粤匪乱起，海疆滋事，中外用项日增月益”，“一岁所入不足供一岁之出”；即所谓：“国家岁入岁出自有常经，军兴以来，供亿浩繁，以致京师及各省库储均形支绌。事平之后，帑藏仍未裕如。”[④]

晚清的财政支出已经是“迥非乾隆年间可比”，支出结构与支出总数都有较大的变化。据户部所办光绪七年（1881）的奏销来看，“以各省陵寝供应、交进银两、祭祀、仪宪、俸食、科场、饷乾、驿站、廪膳、赏恤、修缮、河工、采办、办漕、织造、公廉、杂支等十七项为常例开支；以勇营饷需、关局经费、洋款、还债息款等四项为新增开支，以补发旧欠、预行支给两项为补支预支，以批解在京各衙门银两一项为批解支款”[⑤]。17项常例开支，[⑥]按户部的解

① 见太平天国历史博物馆编：《吴煦档案选编》第6辑，江苏人民出版社1983年版，第88页。
② 《清穆宗实录》卷316，同治十年七月癸丑；《曾国藩全集·奏稿九》，岳麓书社1991年版，第5682页。
③ 《清穆宗实录》卷329，同治十一年二月庚辰。
④ 参见《清朝续文献通考》卷70，《国用八》，第8265—8267页。
⑤ 《皇朝政典类纂》卷161，《国用八·会计》。
⑥ 后来在光绪《大清会典》及刘岳云《光绪岁出兑表》中归并为15项，即将“河工”归并于“修缮”项下，将“办漕”归并于“采办”项下。

释，“系敬遵《钦定大清会典》及《皇朝文献通考》内原有门类”，基本上等同于清代前期的支出。新增勇营饷需、关局经费、洋款、还债息款等项支出，则是“参酌近年情事纂定”，从一个重要的侧面反映出了晚清财政支出的变化，兹据刘岳云《光绪岁出总表》提供的数据列表如下：①

表5　光绪年间岁出统计年代岁出总额

年代	岁出总额（千两）	各项财政支出所占百分比（以各类总计为100）(%)					
		勇饷	局费	洋款	补支预支	常例支出	其他
光绪十一年	72735	34.7	3.3	3.6	10.2	46.2	2.0
光绪十二年	78551	35.2	3.8	3.1	9.0	46.7	2.2
光绪十三年	81280	24.8	3.3	4.6	14.2	50.3	2.8
光绪十四年	81967	27.8	3.6	4.4	5.4	55.3	3.5
光绪十五年	73079	28.2	3.8	4.3	9.3	50.7	3.7
光绪十六年	78410	25.5	3.5	4.0	12.7	49.9	4.4
光绪十七年	89355	20.4	3.5	4.3	16.3	52.7	2.8
光绪十八年	75545	24.6	4.3	6.0	9.2	52.7	3.2
光绪十九年	75513	25.3	4.2	4.8	9.5	52.8	3.4
光绪二十年	81281	23.3	3.5	4.6	10.3	55.5	2.8

由上表可以清楚地看出，光绪年间的岁出与清代前期相比，已有较大幅度的增加，岁出的增加，主要是由于新增款项使然。据上表所列新增勇饷、局费（关局经费）、洋款（还债息款）三项统计，已占岁出的30%—40%。若将上表与财政收入比较还可看出，是时的岁入略大于岁出，多少有一定的盈余。但由于统计本身存在着一些问题，“盈余”未必可靠，与“入不敷出”的纷纷陈词亦不吻合。另据哲美森的统计，甲午（光绪二十年）之前岁出为89249000余两，与岁入相较赤字为20余万两；再据赫德的统计，甲午之后岁

① 《清朝续文献通考》卷67，《国用五》，第8232—8233页。

出为10112万两（其中各省行政费2000万两，陆军军费3000万两，海军军费500万两，京城行政费1000万两，旗饷138万两，宫廷经费110万两，海关经费360万两，出使经费100万两，河道工程94万两，铁路80万两，债款开支2400万两，准备金330万两），与岁入8820万两相比，赤字达1292万两之多。[①] 这是需要进一步探讨的。但不管怎么说，有一点却很清楚，这就是晚清财政支出的膨胀以及财政支出结构的变动，以及财政的入不敷出，均与新增支出有关。因此，需对新增支出之主要者略加分析。

首先是勇饷及其他军费开支。

在镇压太平天国起义过程中出现的勇营与清代前期战时招募的乡勇已是大为不同，由于各省的募勇筹饷多具地方色彩，“勇营饷需”年支出多少，户部很难稽查。据刘岳云《光绪岁出总表》，光绪十一年至二十年勇饷开支浮动在1826万余两至2761万余两之间。而另据记载，光绪十一年勇营岁需银则达3400余万两，该年八月，军机大臣会同户部奏称：“自咸丰年来，各省舍兵不用而用勇，兵乃日归无用，岁仍糜额饷一千四五百万两。至今又养营勇，以户部登记册档可考者核计，约有五十四万余员名，一岁约需饷银三千四百余万两。是各省兵、勇两项已不下百余万人，岁需饷项五千余万两。再加以京外旗兵三十余万人，岁又需额项银一千余万两。就现时赋税额入连例外征收之厘金、洋税等项合计，一岁约共应收银七八千万两，其中各项每年仍约有欠完银共六七百万两不等。是竭天下之物力，八分以养兵勇！长此支销，断非经久之道也。”[②] 细读之，不难体会是时绿营、八旗、营勇之需费给国家财政带来的负

① 《中国海关与义和团运动》，《帝国主义与中国海关资料丛编》，中华书局1983年版，第64—65页。参见《清朝续文献通考》卷68，《国用六》，第8248—8249页。

② 《洋务运动》（三），第541页。载《中国近代史资料丛刊》。

担，竟是“竭天下之物力，八分以养兵勇”。其中，新增加的勇饷又成为常额军费中的一项主要支出。[①] 另外，“常胜军”的军费，据统计，咸丰十一年至同治元年也达342万余两。[②] 从同治十三年起开始筹建的南北洋海军，在光绪初年大约年需军费400万两。[③] 至于晚清的军事企业以及购甲置械等支出，即可看作是洋务费支出，同时也是军费支出的一部分，其年支出数，薛福成曾略称：“欲图自强，于是不得不修炮台、购火器，不得不设船政局与机器局……综计岁费亦不下一千数百万两。”[④] 这说明有些军费支出并未列入统计之内。

巨额的战时军费支出，更是另款奏销。《清史稿·食货志六·会计》述及晚清战时军费支出时云：

> 英人之役，一千数百万两。咸丰初年粤匪之役，二千七百万，其后江南大营月需五十万两，徽宁防营月需三十万两，则一年亦千万。湖北供东征之需者，岁四百余万，湖南亦不赀。而北路及西南各省用兵之费不与焉。同治中，曾国藩奏湘军四

---

① 八旗、绿营传统的“饷乾之教”，由于绿营兵的裁减，岁出已有所减少，光绪十三年各省饷乾之款为14861965两，京城6164310两，另，钱18272串，钱折银276910两。见光绪《大清会典》卷19、卷21，《户部》。又：勇营以及绿营兵额在晚清时有变动，饷额也无一定之数，据光绪二十三年户部奏称，经裁减兵额后，是时“各省兵勇约共八十余万人，岁需饷银约共三千余万两”。这或许就是上揭赫德所谓陆军军费3000万两之由。见《清朝续文献通考》卷203，《兵二》，第9510页。

② 彭泽益：《十九世纪后半期的中国财政与经济》，人民出版社1983年版，第130页。

③ 《洋务运动》（八）第483页。据称：沈葆桢“奏定各省协款每年解南北洋各二百万两，专储为筹办海军之用，期以十年成南洋、北洋、粤洋海军三大支。嗣犹恐缓不及事，请以四百万两尽解北洋，俟北洋成军后再解南洋”。另据李鸿章奏，北洋海军经费，从光绪十五年正月起，“遵照新章收支”，所用款项分别归户部、兵部、工部核销。光绪十五年共新收银102万余两，开除银99万余两；光绪十六年共新收银138万余两，开除银142万余两，各不等。见（清）朱寿朋：《光绪朝东华录》（三），光绪十八年五月，第3115—3116页；光绪十九年五月，第3228—3229页，中华书局1958年版。

④ 《清朝续文献通考》卷203，《兵二》，第9507页。

> 案、五案，合之剿捻军费，共请销三千余万两。李鸿章奏苏沪一案、二案，合之淮军西征两案，共请销一千七百余万两。左宗棠奏西征两案，共请销四千八百二十余万两。此外若福建援浙军需，合之本省及台湾军需，截至三年六月，已逾六百万两。四川、湖南援黔军需，岁约四百余万两，积五年二千万两。云南自同治二年至同治十二年，请销军需一千四百六十余万两。而甘肃官绅商民集捐银粮供军需者，五千余万两，再加各省广中额学额计之，当不下数万万。光绪中，惟中法之役三千余万两。若西征之饷，海防之饷，则已入年例岁出，不复列。

这当然只是概言之，其中尚存在许多问题。据彭泽益先生的研究统计，咸、同年间的战时军费支出，有案可稽者达到4223万两，若再加上奏销的缺漏部分和不入奏销的各种支出，估计约支出银8.5亿两。[①]与清代前期一样，晚清的战时军费支出对清廷财政带来重大影响，甚或说对晚清的财政压力更为巨大，一如光绪十二年户部所奏："我朝用兵之费，未有如今之多且久；财用窘乏，亦未有如今日之甚者。军兴以来近三十年，用财曷止万万！迄寰宇底定，而甘肃、新疆需饷孔多……各省关或括库储，或向商借，剜肉补疮，设法筹解，已属不遗余力，而各路犹以饷不足用，屡请于朝。"[②]由军费支出带来的"财用窘乏"溢于言表。

其次是外债支出。

晚清的举借外债，曾作为地方及清朝政府筹措应急款项的一种

---

① 参见彭泽益：《清代咸同年间军需奏销统计》。该文已收入《十九世纪后半期的中国财政与经济》，人民出版社1983年版。

② 《皇朝政典类纂》卷155，《国用二·节用》引邸钞。

手段。从财政意义上讲，外债具有双重性质：一方面，在举借外债之时，外债是作为财政收入补苴国用的；另一方面，在偿还外债本息之时，外债又作为财政支出而改变着财政支出结构。甲午战争之前，由地方及中央政府出面承借的外债款额虽然不是太大，[①]但在偿还外债时已给清廷带来一定的压力，光绪十二年户部即奏称："一款未清，又借一款，重重计息，愈累愈多，近来所偿息款，将近千万。上捐国帑，下竭民膏，艰窘情形，日甚一日。"[②]又据上表的统计，光绪十一年至光绪二十年每年偿还外债本息（洋款）分别占财政支出的3.1%—6%（合计偿还外债本息银为3440万两左右，最多的一年偿还451万余两）。光绪二十年中日甲午战争爆发，由于战时军费支出以及战后赔款，清廷不得不连续举借外债，随后，偿还外债更成为清廷的重负，如光绪二十二年（1896）户部所奏：

> 近时新增岁出之款，首以俄法、英德两项借款（指1895年俄法借款4亿法郎，1896年英德借款1600万英镑）为大宗。俄法借款计一年共应还本息二千一百十五万四千七百五十二佛郎，现在佛郎合银时价核算，约需银五百余万两。……英德借款计一年共还本息九十六万六千九百五十二镑，照现在金镑时价核算，约需银六百数万两。……二者岁共需银一千二百万两上下，益以所借汇丰、克萨（指汇丰借款、克萨镑款）及华商等款（指瑞记洋款）本息，并袁世凯、宋庆、董福祥、魏光焘等

① 据徐义生统计，共计43笔借款，款额约为4600万两。见《中国近代外债史统计资料》，中华书局1962年版，第4—10页。

② 《皇朝政典类纂》卷155，《国用二·节用》。参见［日］滨下武志：《中国近代经济史研究》，东京：东京大学东洋文化研究所报告，1989年，第68—69页。

> 军饷乾则，岁增出款已不下二千万两矣。国家财赋出入，皆不常经，欲开源而源不能骤开，欲节流而流亦不能骤节，其将何以应之？此非各省、关与臣部分任其难不可。[①]

在这基础之上，光绪二十四年因“日本赔款尚欠七千二百五十万两，若不续借巨款，照约于两年内还清，则已付之息不能扣回，威海之军不能早撤，中国受亏甚巨”，又向英德续借1600万镑（约合银1.12亿两）之巨款，[②]每年的偿还外债支出遂达到2400万两左右，[③]约占岁出的25%。当时的财政状况已略如赫德所说：

> 根据户部从残存案卷所编制的最近财政收支清表，岁入约88000000两，而岁出据说需101000000两。岁入的四分之一以上须用于偿还旧债，收支相抵不敷部分，仍是一种亏欠，还没有款项抵还。
>
> 事实上用这样多的收入偿还旧债，是造成入不敷出的原因，因为所有这些债款的支付，都是政府从北京和各省的行政经费中扣除下来的。没有新的收入来应付新的支出。因此，如果再从收入项下提款，入不敷出的数字更要增大，欠债更多，财政势必破产……[④]

---

① 参见《中国海关与英德续借款》（帝国主义与中国海关资料丛编）所附光绪二十二年五月一日户部奏折，中华书局1983年版。1200万两债款本息分别有关税、地丁杂税、盐课、盐厘、货厘等项下摊还。户部奏折另附有《部库及各省、关认还借款清单》，可以参看。

② 参见《清朝续文献通考》卷71，《国用九》，第8273—8274页。

③ 光绪二十五年为2227万余两，二十六年为2372万余两，二十七年为2456万余两，二十八年为2440万余两，二十九年为2408万余两各不等。见《中国海关与英德续借款》（帝国主义与中国海关资料丛编），中华书局1983年版，第52页。

④ 1901年3月25日《赫德致北京公使团赔款委员会意见书》，见《中国海关与义和团运动》（帝国主义与中国海关资料丛编），中华书局1983年版，第64页。

此后，外债与赔款俱增，据度支部所办宣统三年预算，每年的外债与赔款支出已达5164万余两，[①]仍是岁出之大宗。

其三是赔款支出。

赔款支出不唯是财政上的负担，而且烙记着中国近代历史上的耻辱。据汤象龙先生研究，自第一次鸦片战争以至清末，在50年的时间中，大小赔款约一百数十次，“有因战争失败而成立的，有因教案发生而成立的；有由中央政府偿付的，有由地方政府偿付的”。其中以清廷的军事赔款与财政的关系最为密切，也最为重要，此类赔款有五次：一是道光二十二年鸦片战争赔款2100万元（以1元折银7钱计，合银1470万两）；二是咸丰十年英法联军赔款1600万两；三是光绪七年伊犁偿款500万两；四是光绪二十一年日本赔款2.3亿两（赔日本军费2亿两，退还辽东半岛偿款3000万两）；五是光绪二十七年八国联军赔款4.5亿两。此五次赔款合计，款额已达7.157亿两之巨。[②]如果再加上分期偿款的利息，数额更巨，如八国联军赔款（即所谓“庚子赔款”）摊还期为39年，年息四厘，本息合计接近10亿两（赔款本额4.5亿两，赔款利息5.3亿余两）。

应该说，前三次赔款支出尚在清政府的财政承受能力之内，清政府分别在地丁、盐课、关税、商捐、兵饷、厘金等项下支付，据统计，鸦片战争赔款来源及比例如下（见表6）。[③]

可见，在偿付鸦片战争赔款中，关税（这里是粤海关税银）所占比例最大，从关税中支付的银两，约占粤海关同期税收的75%（1843—1846年度，粤海关收银8559995两，拨付赔款银为6388000

---

① 《清史稿》卷125，《食货六》。

② 参见汤象龙：《民国以前的赔款是如何偿付的》，原载《中国近代经济史研究集刊》第2卷，第2期，1934年。该文已收入《中国近代财政经济史论文选》，西南财经大学出版社1987年版。

③ 彭泽益：《十九世纪后半期的中国财政与经济》，人民出版社1983年版，第16页。

两），事实上已经开了用关税作为赔款主要经费来源的先例。在偿付英法联军赔款时，又在条约中正式规定了用关税作为赔款的担保，1600万两赔款，由江海关、镇海关、九江关、江汉关、浙海关、闽海关、粤海关等海关扣付的银两即达1434万余两，约占赔款额的90%。① 偿付伊犁赔款时，在关税、田赋附加税之外，又将厘金作为重要的偿款税源。这意味着前三次赔款虽然清朝政府的财政能力尚能承受，但已迫不得已把当时的重要税源作为挹注。

表6　鸦片战争赔款支出与来源

赔款来源	银两（两）	百分比（%）
关税	6388000	43.28
地丁	3125800	21.18
盐课	601200	4.07
兵饷	650000	4.40
商捐	3995000	27.07
合计	14760000	100

说明：表中的地丁包括少量关税、盐课，无法剔去计算。

后两次赔款支出则使清朝政府财政走向崩溃。甲午战争对日本赔款2.3亿两（再加上利息，则达2.4亿两以上），如此巨款，清政府已无力承担，不得不转借外债以偿赔款，其情形如下：②

表7　甲午赔款举借外债情形

借债时间	借债名称	借款额	折合银两（两）	年息	期限
光绪二十一年	俄法借款	4亿法郎	90517516	4%	36年
光绪二十二年	英德借款	1600万英镑	97622400	5%	36年
光绪二十四年	英德续借款	1600万英镑	112776780	4.5%	45年

① 参见上揭汤象龙文。

② 据徐义生：《中国近代外债史统计资料》表一，《从甲午中日战争至辛亥革命时期清政府所借外债表》编制，中华书局1962年版。

以上三项借款共计3亿余两，赔款转而成为长期的外债负担（加上前几次借款，每年需偿还本息2400余万两，已如上述），而且，此三项借款分别以关税、货厘、盐厘担保，清廷财政更受制于债权国。此后的庚子赔款4.5亿两，更非清政府所能支付，按照上揭赫德《致北京公使团赔款委员会意见书》中的出谋划策以及随后签订的《辛丑条约》，规定此项赔款由清政府发出债券交由各国收执，分作39年摊还，年息四厘，4.5亿两赔款，加上逐年利息，遂申算为9.8亿余两之额，赔款又转为外债负担，并由三大收入担保、摊还：1. 关税担保前此借款以外的剩余，以及关税增加百分之五所得之收入；2. 各通商口岸五十里以内的常关税收；3. 盐税担保前此借款以外的剩余。据统计，各省、关每年所摊还的赔款银额在2500万两左右，具体情况如下表所示：①

表8 各省关历年摊还庚子赔款统计

（单位：两）

年代	各省摊还数	各海关摊还数	合计
光绪二十八年（1902）	21212500	3198367	24410867
光绪二十九年	21162500	3005368	24167868
光绪三十年	21137500	3641784	24779284
光绪三十一年	21212500	3756880	24969380
光绪三十二年	21212500	4172083	25384583
光绪三十三年	21212500	4109156	25321656
光绪三十四年	21212500	3849803	25062303
宣统元年（1909）	21212500	3811276	25023776
宣统二年	21212500	3935118	25147618
总计	190787500	33479835	224267335

在庚子赔款之前已有其他债负，如果将此前的债负合而计之，

① 据上揭汤象龙文。

庚子赔款之年开始的外债、赔款支出已在4700万两以上，下表即是光绪二十八年的外债、赔款额数以及税项来源比例：[①]

表9 光绪二十八年债款摊解

赋税厘捐种类	摊解额（两）	百分比（%）
地丁税捐	27736657	58.12
关税与洋药税厘	11160250	23.38
盐课与盐厘	8827093	18.50
合计	47724000	100

这项支出约占当时清政府财政收入额的40%和支出额的30%，由此可以了解清廷的财政负担是如何的沉重，由此也可以了解当时各种税捐的迅速增加和搜括的加剧。

上述军费、外债和赔款是晚清最主要的三项支出，而且这三项支出有着密不可分的连带关系，一如上揭汤象龙先生在《民国以前的赔款是如何偿付的》文中所指出的："一旦对外战争爆发或对内镇压农民起义，政府军费随之膨胀；军费膨胀，外债即随之。及对外战争结束，赔款又随之。或因赔款难偿，外债又随之。此种连带的关系构成中国近代财政史的主要基础之一。"就其财政支出的性质而言，晚清的军费支出与清代前期的军费支出相比，虽然在支出数额、支出结构方面都发生了变化，但不管是其对内用于镇压人民起义或平定叛乱，还是对外防边御侮，都是为了维护封建统治。编练营勇、操练海军，是有感于"绿营之无用"，有感于"其不能当大敌、御外侮"，甚至连"土匪、盐枭亦不能剿捕"；[②]后来的编练新军，则是有感于"一代有一代之兵制，一时又有一时之兵制，未可

① 据徐义生：《中国近代外债史统计资料》表九，《各省关按年摊解八项债款本息表》编制。

② （清）张之洞：《遵旨筹议变法折》，见《张文襄公奏稿》卷32。

泥古剂以疗新病”[①]。另外如购置洋枪、洋炮、兴办军事企业等，在支出政策导向上具有“自强”的意味，应该是值得注意的。至于巨额的军费支出所带来的对内镇压凶残、对外不足以御敌的后果，则是清朝政府反动性与腐朽性的集中体现。外债支出与赔款支出不但标示着清政府的腐败和财政的崩溃，而且也反映出西方列强对中国侵略程度的加深。从外债的用途来看，甲午战争之前举借43笔外债，银额约为4600万两，用途如下表所示：[②]

表10　甲午战争之前外债用途分类

类别	银额（两）	百分比(%)	备注
军费支出	34279974	74.53	
实业支出	4705640	10.23	用于轮船招商局、铁路、织布局
河工支出	2333955	5.08	用于河南郑工、山东河工
消费性支出	4500000	9.78	修建颐和园及三海、南海用款
其他	173400	0.38	出使经费及恤款
合计	45992969	100	

上列表一目了然，所借外债主要用于军事，特别是其中有983万两直接用于残酷镇压人民起义，益显反动。在财政入不敷出之时，用450万两的外债修建供统治者寻欢作乐的园林，也充分反映出清政府的腐朽。实业借款及河工借款虽具有积极意义，但比例毕竟很小。甲午战争以后的借款（1894—1911）总额为12亿两，用于铁路、工矿的借款略有增加（占29.6%），但主要的则是为了赔款（占59.9%）。[③]标示着列强对中国的掠夺。所借外债都附有苛刻的政治和经济条件（包括高额债息，用关税、厘金、盐课、地丁杂税

---

① 《清朝续文献通考》卷204，《兵三》，第9517页。

② 据徐义生：《中国近代外债史统计资料》第4—10页所列表重新编制。

③ 参见前揭徐义生：《中国近代外债史统计资料》第90页所列表。

等主要税收担保，攫取海关管理权、开埠通商权、修筑铁路权、开矿权以及优先购买债权国商品等），列强正是通过借债（资本输出）实施对中国的财政及社会经济的控制。这一点，早在1896年英德、俄法借款时盘踞中国海关总税务司要职的赫德就向伦敦政府表白过："中国必须筹借更多的钱……总理衙门问我是否愿意负责管理内地的土产鸦片，各通商口岸的常关、厘金、盐税等，如有可能，也都将交我管。我想法国和俄国正在企图控制中国的内地税收，交换条件是中国可以从此不再为了钱而为难。中国如果吞下这块钓饵，下一步就将被吞并了。"在争得1898年的英德续借款后，赫德又得意地说："新借款一千六百万镑的草合同已签字。总理衙门已听从我的意见，应允由我管理盐税和厘金，以每年约五百万两的收入，作为借款担保，并允将来扩大管理范围。"此事除经济上的丰润外，并且有"政治上的重要性"。[①]这里揭示的意蕴已是再清楚不过。甲午战争以后巨额的赔款支出或转借外债，不唯是列强对中国掠夺和控制程度的再次加深，而且依据《马关条约》、《辛丑条约》规定，款额要在各主要税种中分期摊还、抵付，这样，一方面是分期摊还、抵付，使财政支出变态性膨胀，[②]另一方面又竭力搜刮，使财政收入也变态膨胀，但因收入的相当一部分是偿款所需，政府的实际收入反而减少，致使晚清财政陷入重困而不能自拔。即使清廷灭亡后，这一问题也依然困扰着后继政府。

（本文原载《江汉论坛》2000年第5期）

---

① 《中国海关与英德续借款》，本文收入《帝国主义与中国海关资料丛编》，中华书局1983年版，第3—4、36页。

② 参见孙文学主编：《中国近代财政史》，东北财经大学出版社1990年版，第115页。

清初“轻徭薄赋”政策考论

明末清初的连年战乱使社会经济遭到了严重的破坏。统治阶级为了满足王公贵族以及八旗官兵的需要又实行圈地政策，致使一些地区特别是畿辅地区的经济再度萧条。但是，在新旧王朝交替之际，统治者不可能不注意到政策的更张，不可能不将传统的借以笼络人心的“轻徭薄赋”旗帜再度张扬起来，这也就是所谓的“收拾民心，莫过于‘轻徭薄赋’”[①]。对此，在顺治三年（1646）的上谕中曾作过明确的表白：

> 国计民生，首重财赋，明季私征滥派，民不聊生，朕救民水火，蠲者蠲，革者革，庶几轻徭薄赋，与民休息。而兵火之余，多借口方策无存，增减任意，此皆贪官猾胥，恶害去籍。将朝廷德意，何时下究？明季丛蠹，何时清理？今特遣大学士冯铨前往户部，与公英俄尔岱彻底查核，在京各衙门钱粮数目，原额若干？见今作何收支、销算？在外各直省钱粮，明季加派三项，蠲免若干？见在田土，民间实种若干？应实征、起解、存留若干？在内责成各该管衙门，在外责成抚、按，严核

① （清）朱鼎新：《请明纪纲定人心疏》，见《皇清奏议》卷1。

详稽，拟定《赋役全书》，进朕亲览，颁行天下，务期积弊一清，民生永赖，称朕加惠元元至意。[①]

这里所谓“轻徭薄赋，与民休息”，显然是以鉴前朝弊政、宣布新朝德政为出发点，并有一些具体的纠偏清查指令，当然是值得注意的。但是，轻徭薄赋政策在清初到底执行到何种程度，更值得注意。

一、“轻徭”问题

一般地说，自从明代实行“一条鞭法”之后，赋与役合一，随地亩征收钱粮，“薄赋”也就意味着“轻徭”。但这大多只具有理论意义，征敛赋税与摊派徭役在很多情况下并不相同。由于清初战争相继、兵马过往不息，加上河工城防、土木工程，徭役非但不能轻减，滥加差役、派夫，反而成为突出的问题。时人称：“王师屡出，河工告急，派粮料、派梢草，转运数百里之外。其一二仅存之孑遗，困于征输，颠仆道路，憔悴家室者，不知其几何！”[②]顺治八年（1651年）闰二月上谕兵部时曾概称：

年来四方多故，兵马络绎，差遣繁多，驿递疲困，至今日已极。乃奉差官员全不知地方苦楚，勘合火牌之外，恣意苦

① 《顺治朝东华录》卷2，顺治三年四月壬寅。参见《清世祖实录》卷25。

② （清）罗国士：《急复驿递原额疏》，见《皇清奏议》卷3。康熙《四川总志》卷35，《筹边》所载四川巡抚张德地奏疏亦称：“搬移王眷，会剿逆贼，叠差烦累，日无休息。且蜀道险峻，行李等项俱系背送，皮骨俱穿……”

> 索，驿夫不足，派及民夫，骚动里甲，甚而牵连妇女，系累生儒，鞭驿官如罪犯，辱州县等奴隶，以致夫逃马倒、罢市止耕，上误公务，下害小民。①

顺治帝在这里已经指出了不按“勘合火牌”，滥征役夫的弊端，从而使本已繁重的徭役征发更趋繁重。同年，户部左侍郎王永吉也谈到，徭役的私派滥征，除了与地方有司不体恤下情有关外，如狼似虎的奉差满汉官员“亦不能辞其责”。王氏具体指出江南的情况：“每船一只，要夫五十名，如到十只，便派夫五百名。若到大差，则派夫一二千名、三四千名不等。关锁空院，伺候三五日，大寒大暑与中途逼打赶牵纤而死者不少。州县所以有民夫之派也。此外有陆路用马匹及水陆带长马者，勒抢草豆，稍不遂意，凌辱职官，吊拷衙役，无可奈何。何怪有司借口加派以殃民哉！职见江都县每年私派柴烛供应银六千两，预备马草银三千九百两，预备料豆（银）六千两，预备米银一千两。起派民夫，通县每月约起夫一千七八百名，一年约起夫二万余名，二城市门面夫犹不与焉。……由此推之江南各府，又推之闽浙、江广各省，其为扰费何可胜算哉。”②

顺治中期以后，随着湖广、云贵等地的用兵，“大兵屡出，百姓未获宁息”③，役夫频差，人民更困于转运之苦。顺治十二年，五省经略洪承畴称：“湖南贼氛未靖，官兵驻扎宝庆等处，需用米粮豆谷甚多……即令长沙民人解运，乃水路由三塘街小河赴宝庆，计程七百余里，每船一只止可载米十四五石，中有五十三滩，如船遇滩

① 《顺治朝东华录》卷3，顺治八年闰二月丙寅。

② 《明清史料》丙编，第4本，顺治八年九月王永吉揭贴。

③ 《明清史料》甲编，第4本，顺治十年八月十五日洪承畴揭贴。

险，即搬米上岸，过滩复载。若晴明二十日可到，倘或贼阻或阴雨及风不顺，必一月始得抵宝庆。又陆运先自长沙水路运至湘乡，自湘乡县陆路到宝庆计程三百余里，皆大山峻险，肩挑背负，一人有力者背米不过四五斗，又雇一人代负食米，往回必十二三日，较之水路更甚……民人安得不逃窜死亡？且驱而为盗！……若不早议苏豁，则皮骨俱尽，必至无民；若不早定转运长法，则粮料中断，必致误兵。”① 次年，洪氏又叹称：“大兵久露于外，休息无期；民人供亿于内，疲困莫支。”② 顺治十五年，江南道监察御史李粹然更形象地描述：“东连燕赵，西接秦川，官兵之往返，差役之来去，络绎如线。因而有行李，有眷属，其车牛之运行也必矣。初则载行李载眷属，多不过一二十辆而止，官兵差役奉旨牌票，皆系王事，孑民竭蹶应承……稍不如意，辱有司，笞书役，鞭挞士民，毙牛坏车，无所不至其极。可温可饱有家毋论矣，穷而至于鳏寡孤独，亦不能免此征派。”③ 顺治十六年，兵科给事中杨雍建又指出“弊政数大端”，其一云：“正赋之外，夫役、匠役有派，河船、马船有派，炮车、铅药、器具有派……此滥派之害。”其二云：“里役不立良法，但轮流值月，上官交际，军旅供应，皆于是乎取之，一遇值月，遂至倾家，此里役无定例之害。”其三云：“用夫不据勘合火牌，凡往来馈送、土木工作，皆妄滥差役。甚有抑勒折价，此处即折，彼处仍复取夫，在在流毒，此用夫无限数之害。”④ 正所谓：“陆有供应夫马之扰，水有轮派水手之累，寥寥孑遗，兽奔鸟散。”⑤ 关于此，

---

① 《明清史料》甲编，第6本，顺治十二年二月二十三日洪承畴揭贴。

② 《明清史料》丙编，第2本，顺治十三年六月二十九日洪承畴揭贴。

③ 档案，顺治十五年九月二日李粹然题：《为陈晋地艰难等事》，中国第一历史档案馆藏。

④ 《清世祖实录》卷123，顺治十六年正月癸卯。

⑤ 《明清史料》丙编，第10本，顺治十七年四月一日张所志揭贴。

在清初的有关诗词中也多有描述，可参看。[①]

清初的差役派夫之频之烈，通过上揭史料已可略见，这里当然谈不上徭役的轻减。不唯如此，清初对征发的夫役，又往往不给雇价，即使给少许雇价以资糊口，在国家财政困难的情势下，兵饷军费尚应接不暇，不得不让地方“设处”，即所谓：“搬运、车牛、人工之费，均有州县设处。”[②]这种“设处”当然也是取自民间，也是私征滥派，所以连顺治帝也承认：“运送脚价及各项器用，所费不赀，悉系民间购办，最为苦累。”[③]而且，令地方官设处的雇价、水脚，又因着各种情由成为画饼，一如湖广总督祖泽远所说：“前者湖南各属因用过水脚无抵，喋喋请扰，至今尚未结案。今复不加详议，恐运费仍无凑处。……湖南未靖，师旅繁兴，粮糈一项最为吃紧，缘永、宝、辰、常、沅、靖一带，水路俱多险阻，不特措办维艰，而解运更为不易也。职每鳃鳃虑之，节据州县申详，皆以解役苦累为词，亟思补救，殊无良策。”[④]

要之，顺治年间处于一种特殊的兵荒马乱时期，徭役的征发是普遍性的，所谓的“轻徭”根本无从谈起。非但如此，由于满族官兵以及奉

---

① 见拙著：《清代军费研究》已经引述过清初著名词人陈维崧的《贺新郎·纤夫词》，陈维崧所言“尽累累，锁系空仓后”，颇类似上揭王永吉所言“关锁空院”。另外，吴伟业《遇南厢园叟感赋八十韵》诗云：“大军从北来，百姓闻惊皇。下令将入城，传箭需民房。……按籍缚富人，坐索千金装。……今日解马草，明日修官塘。诛求却到骨，皮肉俱生疮。”查慎行《麻阳运船行》诗云：“麻阳县西催转粟，人少山空闻鬼哭。一家丁壮尽从军，携稚扶幼出茅屋。朝行派米暮催船，里胥点名还索钱。……脂膏已尽正输租，皮骨仅存犹应役。君不见一军坐食万民劳，民气难苏士气骄。”

② 档案，顺治十三年二月二十二日戴明说（户部尚书）题：《为救穷民当禁私派事》，中国第一历史档案馆藏。

③ 《清世祖实录》卷 88，顺治十二年正月辛亥。

④ 《明清史料》甲编，第 4 本，顺治十一年正月五日祖泽远揭帖。在该揭帖中，祖泽远曾引述了制定于顺治八年九月二十五的运粮脚价银额及食米额定例，可以参看。但事实上难以执行，直到康熙中期，支发脚价雇资才走向正规。参见拙作：《清代军费研究》，武汉大学出版社 1992 年版，第 214—215 页，第 232—235 页，第 351 页。

差官员的蛮横，被派贫民的性命有同蝼蚁，即使是州县官以及一般官吏士绅也难免蒙辱，所以上揭史料有“鞭驿官如罪犯，辱州县等奴隶”，“辱有司，笞书役，鞭挞士民”等语。这里，既有征夫派役的刻不容缓，又反映出满族官兵以胜利者的姿态对被统治族人民的任意欺凌。

二、“薄赋”问题

相较于“轻徭”的无声无息、毫无实迹，“薄赋”政策可谓是政令屡下，大张旗鼓了。

在田赋征收中废除明末的“三饷”加派，最为引人注目，据《清世祖实录》记载，最早的一次有关诏令是顺治元年七月以摄政王多尔衮的名义（时顺治帝尚未到北京）发布的，其文曰：

> 前朝弊政，厉民最甚者，莫如加派辽饷，以致民穷盗起，而复加剿饷，再为各边抽练，而复加练饷，惟此三饷，数倍正供，苦累小民，剔脂刮髓。远者二十余年，近者十余年，天下嗷嗷，朝不及夕。更有召买粮料，名为当官平市，实则计亩加征。……自顺治元年为始，凡正额之外一切加派，如辽饷、剿饷、练饷及召买米豆，尽行蠲免。各该抚、按即行所属各道府州县、军卫衙门，大张榜示，晓谕通知。如有官吏朦胧混征暗派者，察实纠参，必杀无赦。[①]

① 《清世祖实录》卷6，顺治元年七月壬寅。该谕原件请参见《明清档案》第1册，第15件，顺治元年七月八日摄政王谕令。台湾联经出版事业公司1986年版。此前，天津总督骆养性曾疏请“豁免明季加派钱粮”。参见《清世祖实录》卷6，顺治元年七月甲午。

这次轻徭薄赋谕旨的重点，是在于革除招致民怨沸腾的明末“三饷”加派，也就是所谓的“我朝革命，首除三饷，与民休息”[①]。同年十月，顺治帝在北京登基后，颁即位诏于天下，又重申了上述政策：

地亩钱粮俱照前朝会计录原额，自顺治元年五月初一日起，按亩征解，凡加派辽饷、新饷、练饷、召买等项，悉行蠲免。其大兵经过地方，仍免正粮一半，归顺地方，不系大兵经过者，免三分之一。[②]

此后，每当清军收复一地，即有类似的谕旨颁发。我们称之为“类似”，是因其并非完全相同，为了展示类似谕旨的频颁以及后文的分析，特将有关谕旨排列于下：

顺治二年四月，颁恩诏于陕西等处：

陕西通省地亩钱粮，自顺治二年正月为始，止征正额，凡加派辽饷、新饷、练饷、召买等项，悉行蠲免。其大兵经过地方，仍免正粮一半，归顺地方，不系大兵经过者，三分免一。[③]

顺治二年六月，以南京平定，颁诏：

河南、江北、江南等处人丁地亩钱粮及关津税银，各运司盐课，自顺治二年六月初一日起，照前朝会计录原额征解。官

① （清）王庆云：《石渠余纪》卷3，《纪赋册粮票》。
② 《清世祖实录》卷9，顺治元年十月甲子。
③ 《清世祖实录》卷15，顺治二年四月丁卯。

吏加耗、重收或分外科敛者，治以重罪。凡各派辽饷、剿饷、练饷、召买等项，永行蠲免。即正额钱粮以前拖欠在民者，亦尽行蠲免。①

顺治四年二月，以浙江、福建平定，颁诏：

浙江、福建人丁地亩钱粮，并卫所屯粮，除浙江杭、嘉、湖三府业经该总督题准照平南恩诏开征，今浙东八府并福建全省，俱自顺治四年正月初一日起，俱照前朝万历四十八年则例征收，天启、崇祯时加派，尽行蠲免。②

顺治四年七月，以广东平定，颁诏：

广东人丁地亩本折钱粮，并卫所屯粮，俱自顺治四年正月初一日起，通照前朝万历四十八年则例征收，天启、崇祯年间加派，尽行蠲免。③

终顺治一朝，有关废除明末加派的谕旨多达十余次，足见清廷对此一问题的重视，并在一定范围内对明末的加征有所减免，因之，被视为是恢复社会经济的最为重要的措施。④但是，究其实际执

① 《清世祖实录》卷17，顺治二年六月己卯。

② 《清世祖实录》卷30，顺治四年二月癸未。

③ 《清世祖实录》卷33，顺治四年七月甲子。

④ 参见戴逸主编：《简明清史》第1册，人民出版社1980年版，第192—193页；郭蕴静：《清代经济史简编》，河南人民出版社1984年版，第19页；李龙潜：《明清经济史》，广东高等教育出版社1988年版，第301—302页；周远廉：《顺治帝》，吉林文史出版社1993年版，第112—113页。

行情况，有几个问题值得特别注意。

第一，受着清初赋役制度的混乱以及财政困难、军需紧急的双向制约，所谓废除明末的加征，在许多情况下只具有安抚的性质，有关谕令形同虚文，私征暗派十分严重。顺治元年，监察御使卫周胤曾说："上有加派之严禁，而下有暗派之弊端"；"上有蠲免之深仁，而下无奉蠲之实事"。[①]顺治二年，兵科给事中李运长曾指出："明季度支百出，正供之外乃有辽、练、剿饷种种加派。……我皇上子惠遗黎，恩诏蠲免。……今乃泽未下究，弊端渐复。窃闻省直州县易剿、练等税为草豆等名色，加征如故。询诸外来士民，大抵皆然，非止一处。"[②]前揭顺治三年"轻徭薄赋谕"亦承认："朕救民水火，蠲者蠲，革者革，庶几轻徭薄赋，与民休息，而兵火之余，多借口方策无存，增减任意"，朝廷的"德意"无法下究，明季的"丛蠹"也难以清理。顺治八年，刑科给事中魏象枢奏称："有司派征钱粮，皆假吏胥里书之手，或蒙弊不知，或通同作弊，朝廷虽有浩荡之恩，而小民终未免剥削之苦。"[③]顺治十八年，户科给事中彭之风题称："百姓每地一亩额银若干如数征收，何难输纳。所难者贪婪官吏，正额之外，复有私派，正饷之内，复有加耗。即如兵马经过，借口急需，因公滥派者，不待言已。……应纳之正粮有限，上下之烦费无穷，民力几何，堪此重困乎。"[④]这也就是大学士张玉书所说的"方今民穷财尽，多因有司私派"[⑤]。终顺治一朝的私征暗派显然十分严重，在这种背景之下的废除加征也就打了许多折扣。

第二，在顺治元年曾经谕令废止的"三饷"之一的"辽饷"，不

---

① （清）卫周胤：《痛陈民苦疏》，见《皇清奏议》卷1。

② （清）李运长：《敬陈保邦富国要图疏》，见《皇清奏议》卷2。

③ 《清世祖实录》卷57，顺治八年六月辛酉。

④ 《清代档案史料丛编》第4辑，中华书局1979年版，第4页。

⑤ （清）张玉书：《请杜设法名色疏》，见《皇朝经世文偏》卷26。

久又重新开征。辽饷的重新开征，是借口辽饷系万历旧例，而清初的钱粮征收又是依照"万历则例"，如江西巡抚朱延庆所云："案查明季万历四十八年间，江西布政司奉文每田一亩加派辽饷银九厘，共该银三十六万一千三十六两一钱四分四厘，至崇祯年间又加练、新二饷。……至顺治三年归附之后，据布政司通行造册奏报，谓此三饷俱在蠲免之例矣。后奉部文通行直省内开：派征钱粮照万历年间则例，其天启、崇祯年加增尽行蠲免。盖以前项辽饷在万历年间加派，故复照旧派征耳。"[①]朱延庆所说的"后奉部文"，即是指上揭顺治四年二月和七月之诏称的："俱照前朝万历四十八年则例征收，天启、崇祯时加派尽行蠲免。"只是清代为避"辽饷"之恶名，一般改称"九厘银"、"九厘饷"或"九厘地亩"。[②]

至于九厘银（辽饷）重新开征的时间，笔者在拙著《清代军费研究》中指明是顺治四年（1647），陈支平在《清代赋役制度演变新探》中判定为顺治三年，根据是《清史稿·食货志》和《石渠余纪·纪赋册粮票》中的两条间接史料，所言亦有据。[③]另外，笔者所查档案中亦有一条材料与此相符，即户部尚书巴哈纳题称

---

① 档案，顺治六年七月十五日朱延庆题：《为民田半属抛荒、辽饷万难加派，恳请俯准蠲停事》，中国第一历史档案馆藏。《清代档案史料丛编》第1辑公布的一件档案与笔者所查朱延庆的题本（分类为《顺治朝题本·粮饷类》）基本相同，但《丛编》标明是巡抚江西监察御史王志佐题。

② 九厘银名称的来由，据上揭朱延庆题本所云，是每田一亩加派九厘，但事实上并非全部如此。如湖广总督祖泽远称："陕西、湖广以照亩而改为照粮，总随土宜民便，盖有由焉。……至湖北多未照亩起派者，田地最为低薄，有三等九则，又有金、银、铜、锡、铁五则科粮，皆因土作贡，原非一例，有每亩纳赋几分以致几厘者，至于塘堰，多名水心，每亩更有纳赋几厘以及几毫者，若一概按亩九厘，是轻重不均，加派数倍于正赋。当初改为照粮，盖使上下得平，民无偏累，不知经几番拟议而后定也。且所获十一处之单，俱系照粮，其余概可推矣。"见档案，顺治十一年六月二十九日祖泽远题：《为请征辽饷明示以便遵行事》，中国第一历史档案馆藏。在方志中亦可见有些州县由于地处山区，只是象征性的征收，如湖北郧西原额田地为26506顷27亩，仅征九厘银179两。见同治《郧西县志》卷5，《赋役》。

③ 另参见陈支平：《明末辽饷与清代九厘银沿革考实》，《文史》第30辑，1988年。

的："该臣等看得，万历年间加增九厘，已于三年奉旨派征。今江西抚、按二臣以地方久罹兵荒，方脱汤火，百姓穷苦，输纳惟艰，请免六年以前加增银两，似应允从，以昭朝廷轸恤之仁。七年以后照例征解可也。"皇父摄政王旨："依议。"[①]但仅发现此一条材料，大多数记载，则是顺治四年开始。上揭朱延庆题本亦称："臣查顺治四年间江西虽曾派征，然而有充兵饷，有系民欠，未及分晰销算。"再如户部尚书车克题称："明季末年加增辽饷一项，元年已奉诏免，顺四年复奉（诏）仍征之。"[②]地方志中的记载亦然，如《溧水县志》："清朝鼎兴，至顺治四年，因而复征如故，改为九厘地亩。"[③]又如《苏州府志》："（顺治）四年复征九厘地亩银。"[④]《青浦县志》："顺治四年复征九厘地亩银。"[⑤]《苏松历代财赋考》亦云："所谓九厘地亩，止苏州一府已加增三万三千六百六十三两六钱有零，忧为初年之所未有。此项顺治二年除之，顺治四年重复征之。"[⑥]最大的可能当是顺治三年奉旨派征，顺治四年开征。当然，由于清初许多地区还处在战乱之中，九厘银的开征也随之推迟，如江西省在顺治四年虽奉开征之令，但征收无几，复遭金声恒叛乱，又奉旨免征，规定"七年以后照例征解"[⑦]。如湖广，亦"应楚地反侧未靖，尚未开征"，直至顺治九年，始"令藩司飞檄各属，每亩加

---

① 档案，顺治六年十月十四日巴哈纳题：《为辽饷万难加派事》。中国第一历史档案馆藏。《顺治朝东华录》卷3，顺治六年十月己亥条载：免"江西六年以前明季加增辽饷"。参见《清世祖实录》卷46。

② 档案，顺治九年六月十六日车克题：《为请征辽饷明示以例遵行事》，中国第一历史档案馆藏。

③ 顺治《溧水县志》卷4，《田赋志·税粮》。

④ 同治《苏州府志》卷12，《田赋》。

⑤ 光绪《青浦县志》卷7，《田赋》。

⑥ 佚名《苏松历代财赋考》，"万历中加增之赋，本朝尚未革除"篇。

⑦ 前揭朱延庆题本、巴哈纳题本。

增九厘，勒限征解，以济军需”。[①] 如广西，顺治十年“奉旨准征”，“但十年、十一年陆续恢复桂、平、梧三府州县，有派征者，有不派征者。因粤西初复，寇氛未靖，土逆作祟，百姓观望者多，有司竭力招抚，一切正供银米，尚属缓缓劝输，此项银两，量地方稍有余饶，可以派者派之，至于荒残太甚，可以宽者宽之，是以有征、有不征之故”。[②] 揭示出这种复杂的情况，意旨在于说明即使是统一的加征，实情亦各不相同。

至顺治十四年，刊定《赋役全书》，谕令：“钱粮则例俱照万历年间……至若九厘银，旧书未载者，今已增入。”[③] 从此，九厘银除在个别地区、个别情况下有所减征外[④]，九厘银的加征一直延续了下来，直到清末，视同正项。

还应指出，九厘银的重新开征虽说是“照万历年间则例”，但事实上则是万历及以后加征的累积，以江西婺源县为例：万历四十七年（1619）加征辽饷额为 2004 两，天启元年（1621）的加征额为 5153 两，崇祯年间的加征额则为 5563 两，清初所沿袭的九厘银额系明末的最高数额，而不是万历数额。[⑤] 而且，在九厘银重新开征之

① 前揭车克题本。又据其他档案材料，之前未见到湖北征收九厘银的记载。顺治九年的钱粮奏销中，“除荆属归州、兴山、巴东三州县尚未恢复，无征外”，其他府州县已开征九厘银，但征收情况并不好。在顺治十一年的钱粮奏销中，已积欠九厘银 86869 两零。见档案，顺治十一年迟日盖题：《为奏销顺治九年钱粮事》；顺治十三年二月二十七日林天擎题：《为奏销十一年钱粮事》，中国第一历史档案馆藏。湖南的九厘银开征又比湖北为晚。

② 档案，顺治十三年闰五月十四日孙廷铨题：《为清查征解钱粮以便具题销算事》，中国第一历史档案馆藏。

③ 乾隆《江西赋役全书·省总·田产》。又见《清世祖实录》卷 112，顺治十四年十月丙子。

④ 如顺治八年顺治帝亲政，九厘银在该年准免三分之一。又如江苏青浦县九厘银，雍正三年奉旨减赋，“减存每亩六厘三忽有奇”。见光绪《青浦县志》卷 7，《田赋》。

⑤ 光绪《婺源县志》卷 16，《食货志》。陈支平在《清代赋役制度演变新探》第 28 页也曾根据其他材料指出了这一点。可以相互印证。当然，有些地区的九厘银额因“除荒”，额征也有减少的情况，如荆州府原额九厘银为 43913 两，除荒外，实征 31507 两。见光绪《荆州府志》卷 13，《经政志·田赋》。

前，即有“混征”的现象；在九厘银开征之后，又有“重复征收”的弊端。如河南安阳，“自明万历间添设辽饷二千余金，业经裁革，有司相沿肥己，名曰‘小粮’”[①]。又如顺治末年浙江巡抚秦世祯称：“本院翻阅纂到（赋役）全书，万历年间旧额共二百一十四万。后暂加九厘地亩饷银四十二万。今全书不为分别，纂入总征之数矣。查此外尚有新增银四十余万。本院不觉愕然！”[②]另外，清代的“更名田”亦新征九厘银，如湖北荆州府更名田征九厘银2199两，[③]襄阳府更名田征1799两，[④]湖南益阳县更名田征221两，[⑤]等等。新开垦的“额外”土地以及新丈出的“额外”土地也随着赋额的增加而起征九厘银。

第三，在军需紧急的情况下，打破赋税征收定例，进行田赋的预征。[⑥]本来，田赋的预征也是明末的一项弊政，清初依旧沿袭。顺治初年，户部尚书车克在谈及陕西的情况时说：“自故明崇祯年间，秦中军兴浩繁，需饷甚殷，持筹者计无所出，遂议于通省地方预征三分，以济燃眉。其初亦曰偶一行之。后遂相沿为例，以致延、庆诸郡民穷为盗，地荒而丁绝，竟不可问焉！迄今沿袭未革。”[⑦]之所以“沿袭未革”，是由于“秦中满汉兵马云集，本省钱粮不足，全望拨济者以充之，而协解多不如期，此预征之弊所由难返也”。在明末，还只是预征三分，至清初已是预征五分，并将预征“折色”改

---

① 乾隆《彰德府志》卷14，《人物志》。

② （清）秦世祯：《抚浙檄草》，见《清史资料》第2辑。

③ 光绪《荆州府志》卷13，《经政志·田赋》。

④ 乾隆《襄阳府志》卷13，《田赋》。

⑤ 同治《益阳县志》卷5，《田赋志·赋役总目》。益阳县的九厘银明确区分为民赋九厘银、更名九厘银、屯田九厘银三项。

⑥ 参见拙作：《顺治朝的军费支出与田赋预征》，载《中国社会经济史研究》1992年第1期。

⑦ 档案，顺治九年六月十六日车克题：《为预征相沿为例，秦民苦累难堪，请旨永禁，以固邦本事》，中国第一历史档案馆藏。

为预征“本色”，由于当时粮价飞涨，也就更加加重了人民的负担，如陕西巡抚雷兴所云：“因军需不敷，不得已而檄征（顺治）三年本色五分，接济兵食。然旧贮已空，新苗未布，见在市价升米四分，升豆三分，较征折色四倍其值。”[①]而到了顺治七、八等年则又预征来年的全部额赋，从而导致各地士民“纷纷称苦”。因此，户部尚书车克在上揭顺治九年的题本中认为：“钱粮自应按年征解，预征委属病民”，要求“嗣后敢有预征滋扰者，即行指名特参，以苏民困”。朱批：“依议。”首次有了禁止预征的政策出台：“凡禁止预征，顺治九年覆准，直省钱粮，应按期征解，有预征滋扰者，听督抚按指参。”[②]顺治十二年的上谕也曾指出，自今以后，各地方钱粮有“非时预征”者，“严行禁革，有违犯者，该督抚即行纠参，以凭重处。如督抚徇情庇纵，部院科道官访实劾奏”。[③]但是，后来在粮饷不继的情况下仍有预征，并不曾被纠参，仍为清廷默认。当然，也仍有禁止预征的政策颁布，如康熙四年（1665）题准：“征收钱粮，定限四月完三分之二，八月内全完。有司不遵定限，预征累民，及不分别欠粮多寡，概行鞭扑者，该抚参处。”康熙十八年覆准：“州县官隔年预征钱粮，照私派例革职提问，司道府官，明知不报者，革职。若已经详报，督抚不题参者，降五级调用。”[④]

根据笔者所接触到的档案材料，除了陕西的田赋预征外，在湖北、湖南、广西、贵州等省也有田赋的预征。凡此预征，一般是经过地方官事先申详，或经略大臣具题，复经最高统治者应允实施的。除此之外，不“事先申详”、“不奉明旨”的私自预征或“擅行

---

① 档案，顺治三年二月七日雷兴题：《为大兵云集，粮饷不敷事》，中国第一历史档案馆藏。
② 康熙《大清会典》卷24，《户部·赋役一·征收》。
③ 《清世祖实录》卷88，顺治十二年正月甲辰。
④ 康熙《大清会典》卷24，《户部·赋役一·征收》。

预征”更为普遍，不备述。

第四，曾经被明令革除的“练饷”，亦因财政困难、军费不足而重新于顺治十八年开始加征。户部尚书阿思哈述其缘起云：

> 前以钱粮不敷，兵饷告匮，臣部具有兵饷缺额等事一疏，奉有议政王、贝勒、大臣、九卿、科道会同确议具奏之旨。遵此，随经公同会议，不敷钱粮应将明季所增练饷照旧例于顺治十八年为始加征。奉旨：依议。钦遵。随即行文各督抚，一面查照旧例作速派征，另为收贮，候拨兵饷，一面将旧例报部在案。①

阿思哈明确指出，练饷是“照旧例”征解，所谓的照旧例，亦即“照明例，每亩一分派征”。据户部当时依次公布的直隶、山东、河南、江南、山西、浙江、江西、湖广、广东、福建、陕西、广西、四川十三省区的亩额，合计共为5721840余顷，除东北地区不征练饷外，“以上各省每亩田地一分派征，共约计银五百余万两”，“限文到两个月内，尽数征完”，“至于云贵，系新辟地方，臣部无熟地亩可查，应敕云贵巡抚备查见征钱粮亩数，照此派征，仍将派征数目报部，其一切勒限禁约处分，俱照各省之例”。②

这里值得注意的是，户部所公布的派征练饷亩额，大大超过了一般典籍所记载的亩额，如《清圣祖实录》卷五载，顺治十八年全国田、地、山、荡、畦地合计共为5265028顷，仅上引直隶等十三省的亩额已超出是额45.6万余顷。怎样解释这一差额呢？笔者认为，

---

① 档案，顺治十八年闰七月二十九日阿思哈题本。见《清代档案史料丛编》第4辑。该辑公布了有关练饷加征题本40件，以下所引，未注明题本名称者均源于此。

② 档案，顺治十八年八月六日阿思哈题本，中国第一历史档案馆藏。

除了大亩、小亩以及折亩带来的统计标准不一外[①]，其中一个主要的原因就是把部分荒地和报垦地统计了进来，如山西省，据山西巡抚白如梅题称只有熟地31.5万余顷，比户部题定之额少10万余顷，即属于"见荒并开恳不应起科之地"。这部分土地，"正粮与加增九厘银两，已奉皇恩蠲免，今练饷似当暂为除豁"[②]。按说应少征练饷银10万余两，但户部的重新议奏仍坚持原议：

> 查新增练饷，臣部明照见在田地，每亩加征银一分。山西省计见在田地共四十二万三千七百五十余顷，应增银四十二万三千七百五十余两。已经题奉旨派拨二分兵饷。今该抚题报之数，比臣部题定之数少银十万八千两，但所增练饷原充兵饷之用，难以缺额，应请敕下该抚，查照臣部题定数目征收可也。[③]

其他省份也有类似的情况，如湖广，户部题定的田地总额为65.7万余顷，应征练饷65.7万余两，实际上，湖广土地"总计实止五十八万六千七百二十二顷九十五亩零，共不敷饷七万一千七十七两零，无从派征"[④]。又如江西，户部题定的田地总额为44.9万余顷，但"及查全书，止共四十四万四千三百余顷"，不但与现存熟地不符，即与《赋役全书》相较亦有缺额，所以，"自派之后，本司凛遵督催，厉牌严檄，催征之法术已寡；面命耳提，追呼之焦劳倍

① 参见拙作：《清代亩额初探》，载《武汉大学学报》1987年第5期。

② 档案，顺治十八年闰七月二十七日白如梅题本，中国第一历史档案馆藏。

③ 档案，顺治十八年八月二十六日阿思哈题本。另据笔者所抄录的一份档案，顺治十八年十一月二十七日阿思哈题：《为各省镇兵饷找拨届期，请动所征练饷以济军需事》称："该本司左布政使王显祚查看得练饷银两，遵照部定，晋省应征银四十二万三千七百五十九两，已经申详本部院在案。本司竭力严催，各府州征解去后，节据各府州申报，俱于限内催征全完。"中国第一历史档案馆藏。

④ 档案，顺治十八年十一月六日杨茂勋题本，中国第一历史档案馆藏。

至。虽念切急公，依限完解州县固多，其因民告艰，代请免山、免塘者亦复不少。纵有部议止有田地，其如足额，必合山塘，虽民困固当轸念，但额饷已奉派拨，何哉分毫难少”。[①]这说明，为了多征练饷，户部所题定的亩额比当时起赋的亩额为多；同时，不论土地肥瘠，不管田地山塘的区别一概每亩征银一分，也标示着练饷加征“大为不均”。[②]

另外，在明季未加征练饷的卫所土地以及明代废藩土地，也“概加征收，以济军需”[③]。在某些地区，还有所谓“额外加增练饷银”[④]。

当时，练饷的加征一方面弥补了清廷的财政亏空，将加征所得拨充了兵饷；而另一方面又不可避免地带来许多弊端，在清初社会经济尚未复苏的情势下尤其如此。所以，新即位的康熙帝在顺治十八年十二月十六日发布上谕：“今思各省水旱、盗贼，民生未获苏息，正赋之外，复有加征，小民困苦。朕心殊为不忍。若不急停以舒民困，必至失所。除顺治十八年已派外，康熙元年通行停止。”[⑤]至此，大规模的练饷加征方告结束。

以上是对田赋征收中的有关政策进行的分析探讨。

如所周知，清初的三大收入是田赋、盐课与关税，对盐课与关税这两大税种也应该作相应的讨论，由于笔者在盐课方面已有专文和专著，可从参看[⑥]，兹从略。

---

① 档案，顺治十八年十一月十二日张朝嶙题：《为各省镇兵饷找拨届期，请动所征练饷以济军需事》，中国第一历史档案馆藏。

② （清）李鹏鸣：《停止加饷疏》，见《皇朝经世文编》卷72。

③ 档案，顺治十八年十一月二十日阿思哈题本；顺治十八年十二月十八日阿思哈题本，中国第一历史档案馆藏。

④ 参见拙著：《清代军费研究》，武汉大学出版社1992年版，第298—300页，表7—1、7—2。

⑤ 档案，顺治十八年十二月十八日阿思哈题：《为恭缴上谕事》，中国第一历史档案馆藏。

⑥ 参见拙著：《论清顺治朝的盐税政策》，载《社会科学辑刊》1987年第6期；《〈清史稿·盐法〉补正》，载《文献》1990年第4期。

在关税征收方面，明代末年同样有各种加派。

从某种程度上说，清初的关税征收，比之于田赋与盐课，更为繁重、混乱不堪。

在顺治元年十月的上谕中指出：“关津抽税，原寓讥察，非欲困商。顺治元年准通免一年，自二年正月初一日以后，方照故明初额起税，凡末年一切加增，尽行豁免。其直省州县零星抽取落地税银名色，概行严禁。”① 是时，谕令仅具空名。稍后，顺治二年六月的上谕中也有涉及：“河南、江北、江南、浙江等处人丁地亩钱粮及关津税银、各运司盐课，自顺治二年六月初一日起，俱照前朝会计录原额征解，官吏加耗重收，或分外科敛者，治以重罪。凡加派辽饷、练饷、召买等项，永行蠲免。”② 而专门把关税作为“恩诏”的一条再次予以颁布，时在顺治四年二月，诏云：

> 关津抽税，原寓讥察，非欲困商。明末迭增，数倍原额，已经户部题定，照万历年间原额及天启、崇祯递增额数一半征收。杭州南、北二关先已差官，其余自顺治四年正月初一日以后，俱照此例一体抽收。③

顺治五年十一月颁布的“大赦天下诏”，只有措辞的不同，意旨一样：

> 各关抽税，俱照万历年间旧例，其天启、崇祯年间加额除

---

① 《清世祖实录》卷9，顺治元年十月甲子。

② 乾隆《浙江通志》卷76，《蠲恤二》。

③ 《清世祖实录》卷30，顺治四年二月癸未。参见乾隆《浙江通志》卷76，《蠲恤二》。“原寓讥察”中的“寓”字，《浙江通志》为“属”字。

> 免一半，不得踵行明季陋规，分外多抽，及多设委官巡拦，以察税为名，肆行科扰。[①]

显而易见，仅此诏令上表现出来的政策导向，关税已是袭承了万历年间的全部及天启、崇祯年间加征的一半。而事实上，所谓的“天启、崇祯年间加额除免一半”，也不曾执行，已如陈支平所指出的，清初的市征税率比明代高得多，清初对明代关税的沿革，是明减暗增。[②]有关档案材料也揭示了这一点，顺治六年，户部尚书巴哈纳就曾称：“各关抽征税料，俱照明季旧例。”[③]顺治十三年，“因钱粮入不敷出，又经户部议奏，加增盐课、关税等项，以抵不敷兵饷”[④]。

我们只要对照乾隆《江南通志》卷七十九《食货志·关税》所载江南各关平料、加平料、补料、加补料新旧征收则例即可以看出明清的沿革。

江南关税的征收，在明代宣德年间设置钞关后，曾经规定“量舟大小修广而差”，其额谓之船料。嘉靖年间又规定，“各钞关丈量船只，止以成尺为限，此外零数不许逐寸科取”。清初沿袭了明代的这种科征办法。上表清楚地表明，崇祯年间的科则与万历年间的科则约略相当，清初顺治年间以及康熙年间的则例与明代相比要高出许多。以船只的尺寸一丈为例，崇祯年间的则例为：平料征收五钱六分，加平料征收八钱零五厘，补料征收一两一钱二分，加补料征收一两六钱一分。顺治年间的则例为：平料征收一两一钱二分，加平料征收一两六钱一分，补料征收二两二钱四分，加补料征收三两

---

① 《清世祖实录》卷41，顺治五年十一月辛未。

② 陈支平：《清代赋役制度演变新探》，厦门大学出版社1988年版，第39页。

③ 档案，顺治六年十月十八日巴哈纳题本，见《历史档案》1982年第4期。

④ 档案，顺治十七年六月十二日车克题：《为酌拨十七年兵饷事》，中国第一历史档案馆藏。

表1　明代万历年间江南关税（船钞）征收则例

船只尺寸	平料征收标准	加平料征收标准	补料征收标准	加补料征收标准
五尺	钞一十贯，该钱二十文，折银七分		钞二十贯，该钱四十文，折银一钱四分	
六尺	钞二十贯，该钱四十文，折银一钱四分	钞三十贯，该钱六十文，折银二钱一分	钞四十贯，该钱八十文，折银二钱八分	钞六十贯，该钱一百二十文，折银四钱二分
七尺	钞三十贯，该钱六十文，折银二钱一分	钞四十五贯，该钱九十文，折银三钱一分五厘	钞六十贯，该钱一百二十文，折银四钱二分	钞八十贯，该钱一百八十文，折银六钱三分
八尺	钞三十五贯，该钱七十文，折银二钱四分五厘	钞六十贯，该钱一百二十文，折银四钱二分	钞七十贯，该钱一百四十文，折银四钱九分	钞一百二十贯，该钱二百四十文，折银八钱四分
九尺	钞五十贯，该钱一百文，折银三钱五分	钞七十五贯，该钱一百五十文，折银五钱二分五厘	钞一百贯，该钱二百文，折银七钱	钞一百五十贯，该钱三百文，折银一两零五分
一丈	钞八十贯，该钱一百六十文，折银五钱六分	钞一百一十五贯，该钱二百三十文，折银八钱零五厘	钞一百六十贯，该钱三百二十文，折银一两一钱二分	钞二百三十贯，该钱四百六十文，折银一两六钱一分
一丈一尺	钞一百一十贯，该钱二百二十文，折银七钱七分	钞一百六十五贯，该钱三百三十文，折银一两一钱五分五厘	钞二百二十贯，该钱四百四十文，折银一两五钱四分	钞三百三十贯，该钱六百六十文，折银二两三钱一分
一丈二尺	钞一百四十贯，该钱二百八十文，折银九钱八分	钞一百九十五贯，该钱三百九十文，折银一两三钱六分五厘	钞二百五十贯，该钱五百六十文，折银一两九钱六分	钞三百九十贯，该钱七百八十文，折银二两七钱三分
一丈三尺	钞一百七十贯，该钱三百四十文，折银一两一钱九分	钞二百二十五贯，该钱四百五十文，折银一两五钱七分五厘	钞三百四十贯，该钱六百八十文，折银二两三钱八分	钞四百五十贯，该钱九百文，折银三两一钱五分
一丈四尺	钞二百贯，该钱四百文，折银一两四钱	钞二百五十五贯，该钱五百一十文，折银一两七钱八分五厘	钞四百贯，该钱八百文，折银二两八钱	钞五百一十贯，该钱一千零二十文，折银三两五钱七分

表2　明代崇祯五年江南关税（船钞）征收则例

船只尺寸	平料征收标准	加平料征收标准	补料征收标准	加补料征收标准
七尺	银二钱一分	银三钱一分五厘	银四钱二分	银六钱三分
八尺	银二钱四分五厘	银四钱二分	银四钱九分	银八钱四分
九尺	银三钱五分	银二钱二分五厘	银七钱	银一两零五分
一丈	银五钱六分	银八钱零五厘	银一两一钱二分	银一两六钱一分
一丈一尺	银七钱七分	银一两一钱五分五厘	银一两五钱四分	银二两三钱一分
一丈二尺	银九钱八分	银一两三钱六分五厘	银一两九钱六分	银二两七钱三分
一丈三尺	银一两一钱九分	银一两五钱七分五厘	银二两三钱八分	银三两一钱五分
一丈四尺	银一两四钱	银一两七钱八分五厘	银二两八钱	银二两五钱七分
一丈五尺	银一两五钱四分	银一两九钱九分五厘	银三两零八分	银三两九钱九分
一丈六尺	银一两六钱八分	银二两二钱零五厘	银一两三钱六分	四两四钱一分
一丈七尺	银一两八钱二分	银二两四钱一分五厘	银三两六钱四分	银四两八钱三分
一丈八尺	银一两九钱六分	银二两六钱二分五厘	银三两九钱二分	银五两二钱五分

二钱二分。康熙年间的则例为：平料征收五两三钱，加平料征收十六两四钱，补料征收十七两四钱，加补料征收二十九两四钱。如是，清初顺治年间比明末高出了一倍，康熙年间又比顺治年间高出了数倍。清初对关税的重科已是显而易见。①

① 当然，各省以及各关的情况也并不一致，这也是需要注意的，如山东临清关，“明季旧额七万六千二百七十一两零。顺治十三年，减五万一千九百七十一两零。至康熙二十五年，增五千三百八十四两”。清初的税额要比明末低很多。参见乾隆《山东通志》卷12，《田赋志·杂税》。

表3 顺治十二年江南关税（船钞）征收则例

船只尺寸	平料税银	加平料税银	补料税银	加补料税银
七尺	四钱二分	六钱三分	八钱四分	一两二钱六分
八尺	四钱九分	八钱四分	九钱八分	一两六钱八分
九尺	七钱	一两零五分	一两四钱	二两一钱
一丈	一两一钱二分	一两六钱一分	二两二钱四分	三两二钱二分
一丈一尺	一两五钱四分	二两三钱一分	三两零八分	四两六钱二分
一丈二尺	一两九钱六分	二两七钱三分	三两九钱二分	五两四钱六分
一丈三尺	二两三钱八分	三两一钱五分	四两七钱六分	六两三钱
一丈四尺	二两八钱	三两五钱七分	五两六钱	七两一钱四分
一丈五尺	三两零八分	三两九钱九分	六两一钱六分	七两九钱八分
一丈六尺	三两三钱六分	四两四钱一分	六两七钱二分	八两八钱二分
一丈七尺	三两六钱四分	四两八钱三分	七两二钱八分	九两六钱八分
一丈八尺	三两七钱二分	五两二钱五分	七两八钱四分	十两五钱

表4 康熙二十五年江南关税（船钞）征收则例

船只尺寸	平料税银	加平料税银	补料税银	加补料税银
七尺	一两七钱	八两一钱	九两一钱	十一两一钱
八尺	三两一钱	十一两二钱	十二两二钱	十六两二钱
九尺	四两二钱	十四两三钱	十五两三钱	二十四两三钱
一丈	五两三钱	十六两四钱	十七两四钱	二十九两四钱
一丈一尺	七两四钱	二十两五钱	二十一两五钱	三十四两五钱
一丈二尺	八两五钱	二十四两六钱	二十五两六钱	三十九两六钱
一丈三尺	九两六钱	二十八两七钱	二十九两七钱	四十四两七钱
一丈四尺	十两七钱	三十三两三钱	三十三两八钱	四十九两八钱
一丈五尺	十一两八钱	三十八两九钱	三十九两九钱	四十九两八钱
一丈六尺	十二两九钱	四十二两一钱	四十二两一钱	五十九两一钱
一丈七尺	十四两一钱	四十六两二钱	四十七两二钱	六十三两二钱
一丈八尺	十五两二钱	五十一两三钱	五十二两三钱	六十七两三钱

不唯如此，顺治初年在局势动荡、商贾裹足、关税经常欠征的情况下，为了保证关税的足额，清廷还曾命户、工二部在原有汉官关差外，增派满洲关差①，这些满洲关差一经到任，为非作歹，“加

① 《清世祖实录》卷30，顺治四年二月丁丑。

倍需索，不顾商人贫苦”，“有余者自润，不足者横征”。[①]因此，顺治八年（1651）曾有旨令裁去满官，加以整顿：

> 榷关之设，国家借以通商，非以苦商。关税原有定额，差一司官已足，何故滥差多人？忽而三员，忽而二员。每官一出，必市马数十匹，招募书吏数十人，绍兴棍徒谋充书吏，争竞钻营，未出都门，先行纳贿；户部又填给粮单，沿途骚扰，鞭打驿官，奴使村民，恶迹不可枚举。包揽经纪，任意需索，量船盘货，假公行私，沿河一带，公然与劫夺无异，商贾恐惧不前，百物腾贵。……朕灼知今日商民之苦，著仍旧每关设官一员，其添设者悉行裁去，以后不得滥差。[②]

此谕在指摘关差弊端的基点上，宣扬“朕通商爱民至意”，并要求有关部门“实心遵守”。若确如此，大可值得肯定，但随即户部出于弥足财力的考虑，又专上题本指出：“各处税课，前差满官之时，起解甚多。一从撤去满官之后，税课甚绌”，“关税各有定额，额外横征则病商，额内短少则病国”，因此要求“仍差满官，从今收税，不但税难漏脱……而国课可充”。在这种呼吁之下，又得到顺治帝的认可。[③]财政上的考虑，当然压过商民的利益。于是，前此弊端也就仍难避免。如康熙四年上谕所指称：“各省钞关之设，原期通商利民，以资国用，非欲其额外多征，扰害地方。近闻各处收税官员希图肥已，任用积蠹地棍，通同作弊，巧立名色，另设等秤，于定额之外恣意多索，或指称漏税，妄拿过往商民拷诈，或将民间日用细

---

① 《清世祖实录》卷48，顺治七年四月壬子；卷54，顺治八年闰二月乙丑。

② 《清世祖实录》卷54，顺治八年闰二月乙卯。

③ 档案，顺治九年六月二十一日车克题：《为复差满洲官员事》。中国第一历史档案馆藏。

琐之物及衣帽等类原不抽税者，亦违例抽税，或商贾已经报税，不令过关口，故意迟延勒掯，遂其贪心乃已。此等弊端甚多，难以枚举，违背国法，扰害商民，殊为可恶。”①

而且，在具体的关税征收中，又有着“关外之关”、“税外之税”等种种私征滥派及关政弊端。顺治八年，礼科给事中李人龙曾指摘关税五弊：一为“单书之弊”，二为“盘货之弊”，三为“包揽之弊”，四为“关牙之弊”，五为“量船之弊”，即所谓“上单则高下其手，盘货则巧捏漏报，包揽则假公济私，寻税则搜及境外，量船则越例倍征”。江宁巡抚上官铉也指摘关税三弊：一为“保家之弊”，二为“巡兵之弊”，三为“委官之弊”，所谓“关政之害多端，而保家、巡兵、委官三者为甚”。②顺治十六年，兵科给事中杨雍建又奏称：“土官镇弁，创设私税，地不及二百里，抽者数处，以致商贾困匮。”③关税征收中的这些弊端，除了关差选非其人、吏治不清外，亦与当时清廷倡立《抽税溢额议叙例》，鼓励关税经征者多抽关税以应军需有密切的联系，正如康熙四年“罢抽税溢额议叙之例”时所谕称的：“各省设立关税，原期通商以裕国用，向因钱粮不敷，故定例将抽税溢额者加级、纪录，以示鼓励，遂使各差冀邀恩典，因而骚扰地方，困苦商民。”④而到了康熙十四年，由于军需紧急，一度被废除了的抽税溢额议叙之例又被再次捡拾，规定：征收关税，“至一年额税全完者，纪录一次，溢银一千两者加一级，溢银二千两者加二级，溢银三千两者加三级，溢银四千两者加四级，

① 乾隆《江南通志》卷79，《食货志·关税》。

② 见《历史档案》1982年第4期。“上官铉”刊作“上官鉉”，当是刊误。见《清史列传》卷7，《上官铉传》，又参见《清朝文献通考》卷26，《征榷一》，第5076页。

③《清世祖实录》卷123，顺治十六年正月癸卯。

④《清圣祖实录》卷14，康熙四年正月己亥。

溢银五千两以上者以应升之缺先用”[①]。

田赋、盐课、关税是清初最主要的三个税种，不少论者认为顺治初年对明末加征的免除是恢复社会经济的有力措施，从而多加肯定。通过以上的考察，不难看出，在清初用兵连年、军需紧急、财政困难的情势下，明末的许多加征被沿袭了下来，提高科征标准与私征滥派也异常严重，清廷为收服人心所颁布的“豁免之谕”或“恩诏”，大多只具有安抚的性质和标榜的用意。当然，我们这样说，并不等于否认清廷对明末“厉政”的省思、明鉴，以及在省思、明鉴之下税收政策的调整。

（本文原载《武汉大学学报》1999 年第 3 期）

① 乾隆《江南通志》卷 79，《食货志 · 关税》。

清代前期的奏销制度与政策演变

中国古代的钱粮奏销是财政史研究中的一个重要内容。奏销制度是否完善，奏销政策是否适宜，直接制约着财政收支的正常运作。本文试图通过“奏销行政组织职能与奏销程序”、“常规奏销制度及政策演变”、“战时奏销制度及政策演变”三个论题，对清代前期的奏销制度和奏销政策作比较系统的研究，尚望读者赐教。

一、奏销行政组织职能与奏销程序

户部作为政府的财政中枢，“掌天下之地政与其版籍，以赞上养万民，凡赋税征课之则，俸饷颁给之制，仓库出纳之数，川陆转运之宜，百司以达于部，尚书侍郎率其属以定议，大事上之，小事则行，以足邦用”[①]。也就是说户部掌管一切财政经济事宜。在奏销方面，则“制天下之经费”与“国用之出纳”。[②]但清代实行的是分司理事制度，户部之下设有 14 个清吏司分掌事权。14 个清吏司的职掌在清代前后期略有变化，兹以乾隆《大清会典》与光

① 光绪《大清会典》卷 13，《户部》。
② 光绪《大清会典》卷 19，《户部》。

绪《大清会典》所记分别示之：[①]

司别	乾隆《大清会典》所记职掌	光绪《大清会典》所记职掌
	山东清吏司掌稽山东布政使司及盛京民赋收支奏册，兼掌盐课请引疏销。	掌核山东布政司及东三省钱粮，兼掌盐课、参课及八旗官员之养廉。
山西清吏司	掌稽山西布政使司民赋收支奏册，兼掌游牧察哈尔地亩。	掌核山西布政司之钱粮。
河南清吏司	掌稽河南布政使司民赋收支奏册，兼掌游牧察哈尔以及围场捕盗官兵俸饷。	掌核河南布政司钱粮及察哈尔之俸饷，又掌报销之未结者。
江南清吏司	掌稽江苏、安徽二布政使司民赋收支奏册，兼掌江宁、苏州二织造有关钱粮支销奏册。	掌核江南三布政司钱粮及江宁、苏州织造之奏销，又掌各省之平余与地丁之逾限而未结者。
江西清吏司	掌稽江西布政使司民赋奏册。	掌核江西布政司之钱粮，又掌各省之协饷。
福建清吏司	掌稽直隶、福建二布政使司民赋收支奏册，兼掌直属内府庄田，以及游牧察哈尔地亩。	掌核直隶、福建二布政司钱粮与天津之海税，又掌直隶之杂款、赈济及官房租收入。
浙江清吏司	掌稽浙江布政使司民赋收支奏册，兼掌杭州织造支销奏册。	掌核浙江布政司钱粮及织造之奏销，又掌天下民数、谷数。
湖广清吏司	掌稽湖北、湖南二布政使司民赋钱粮有关收支奏销册籍。	掌核湖北、湖南二布政司钱粮与厂课，又掌耗羡之政。
陕西清吏司	掌稽西安、甘肃二布政使司民赋收支奏册，兼掌行销茶引、在京汉官俸禄、外藩俸禄、巡捕三营俸饷及各衙门经费。	掌核陕甘新疆三布政司及粮储道之钱粮，又掌茶法及在京之支款（官俸、兵饷、公费、役食、杂支）。
四川清吏司	掌稽四川布政使司民赋收支奏册，本省关税及在京入官户口。	掌核四川布政司钱粮与其关税，又掌草厂之出纳、纸朱之奏销及入官之款，又汇奏天下收成之数。
广东清吏司	掌稽广东布政使司民赋收支奏册，兼掌八旗继嗣归宗、更正户口。	掌核广东布政司之钱粮与八旗继嗣之政令，又掌户差之更代。

① 据（清）王庆云：《石渠余纪》卷3，《直省出入岁余表》所记，“户部山西司奏销红册为一岁国用出入总汇之本”。据此，山西司在奏销方面的职掌相当重要，但乾隆与光绪《大清会典》均缺记。

（续表）

司别	乾隆《大清会典》所记职掌	光绪《大清会典》所记职掌
广西清吏司	掌稽广西布政使司民赋收支奏册，兼掌京省钱局运铜鼓铸及内仓粮石支放与供应刍豆。	掌核广西布政司之钱粮及其厂税，又掌天下之钱法、内仓之出纳及矿政。
云南清吏司	掌稽云南布政使司民赋收支奏册，兼掌山东、河南、江南、江西、浙江、湖广等省岁运漕粮及京通仓储、江宁水次六仓收支考核。	掌核云南布政司粮储道之钱粮及其厂课，又掌漕政及八旗甲米的预报、发放，八旗及内务府官员俸米发放亦掌之。
贵州清吏司	掌稽贵州布政使司民赋收支奏册，兼掌各关各口征收税课。	掌核贵州布政司粮储道之钱粮与关税、貂贡。

如上，光绪《大清会典》所记各司职掌，大多比乾隆《大清会典》所记有所扩大[①]，只有山西清吏司的职掌缩小。各清吏司的职掌是依其事务繁简而均匀定之，不大可能让山西清吏司的职掌独简。所谓“只有山西清吏司只管本省钱粮，不兼办其他事务”[②]，是值得怀疑的。结合以上注揭《石渠余纪》所载文字分析，有理由认为，光绪《大清会典》关于山西清吏司职掌的记载当有脱文。

由上可以看出，各清吏司有稽核分省奏销之责，即“凡钱粮入有额征，动有额支，解有额拨，存有额储，无额则有案。及奏销，则稽其额与其案而议之。省各隶于司”[③]。同时，各清吏司还兼管其

---

① 事实上，在乾隆之前，各司职掌也多有变化，据顺治八年九月十六日和硕端重亲王波洛所上题本《为改附兵饷以专责成事》称：“照得臣部（户部）山东司专管本省本折钱粮并六运司盐法以及各省镇兵马钱粮、满洲驻防、招买粮草，素称事繁。兼之引从部发，事更繁多，一司难以料理。及查兵饷事务，在明季时，原设左右二司专理。自我朝定鼎，将左右二司官裁撤，各留书办一名附入山东、山西二司带管。今山东司盐法事繁，难以兼摄。查广东司事务简少，合将右科兵饷等项事务并承行书役一切文卷改附广东司兼理，庶繁简得均而事有专责”。朱批：“是”。中国第一历史档案馆藏。如是，在顺治元年至八年间，山东司亦兼掌兵饷事宜，随后又改归广东司兼掌。附志于此，以见诸司职掌变化之一斑。

② 张德泽：《清代国家机关考略》，中国人民大学出版社 1981 年版，第 45 页。

③ 光绪《大清会典》卷 20，《户部》。

他财政奏销事宜，如山东司兼管盐课奏销，江南司、浙江司兼管织造奏销，陕西司兼管茶课、京官俸禄奏销，云南司兼管漕粮奏销，贵州司兼管关税奏销等。

此外，涉及财政奏销，上述之外的其他有关部门的职能也值得注意。兹据光绪《大清会典》略加引述：

北档房："掌缮清字、汉字之题本奏折，拨京省之饷。凡拨饷，曰春拨，曰秋拨，令各省以其实存之数报于部，乃察其盈绌而拨于京省。曰冬拨，各省估其来岁之兵饷以报部，则酌而拨之。凡拨饷，先以本省，不足，则视其省之近者而协拨焉。会计各省岁出岁入之数。"

八旗俸饷处："掌核八旗之俸饷与其赏恤。"

捐纳房："掌捐纳之事。"

内仓："掌内仓之出纳。"

银库："掌银钱之出纳。"

坐粮厅："掌验收漕粮，转石坝土坝水陆之运，司通济库之出纳。"

盛京户部："掌治盛京之财赋。"

光禄寺："掌燕劳荐飨之政令，办其品式，稽其经费。……春秋预支银于户部，越岁则奏销。"

内务府广储司："掌库藏出纳之政令。设六库以储上用，一曰银库，二曰皮库，三曰瓷库，四曰缎库，五曰衣库，六曰茶库。皆时其启闭，各稽其出纳之数，书于黄册蓝册，五年则钦派大臣以察核之。"

内务府会计司："掌征三旗庄赋园赋而稽其出纳。……岁终会核其数而题焉。"

六科："在京部院衙门支领户部银物月册，各省收成分数、易知由单，并奏销钱粮册，钱粮交盘册，漕粮全单及漕运交兑册，各仓收放米豆册，坐粮厅岁报抵通漕白册，盐课奏销册，各户关一年汇报册，皆由户科察核。官兵俸饷册，朋桩奏销册，驿站奏销册，由兵科察核。脏赎银谷册，由刑科察核。工程奏销册，工关一年汇报册，由工科察核。”

十五道：“掌稽在京各衙门之政事，而注销其限。……若制签、搭饷、磨册、勘工，则道各分其职。”

户部及所属清吏司，以及上揭各部门的有关职能，一方面说明了财政奏销的繁杂，另一方面又标志着财政奏销的条块分割及相互制约。特别是都察院所属六科对有关奏销册的“察核”，事实上起着财政审计的作用，值得注意。

光绪三十二年（1906），为适应“新政”的需要，户部改为度支部。新改易的度支部与军机处联衔上疏认为：“旧时之以一清吏司领一布政司者，揆之事势，殊难允惬，自不能不因时变通。”因此，要求将原有的14个清吏司“从新厘定，以事名司”，“分配繁简，各以类附”，得到清廷的允可。[①]于是，度支部拟定章程20条，将14司改为田赋、漕仓、税课、管榷、通阜、库藏、廉俸、军饷、制用、会计10司，并规范了度支部及新设10司的职掌。

其中，度支部职掌为：“综理全国财政，管理直省田赋、关税、榷课、漕仓、公债、货币、银行及会计度支一切事宜。”10司职掌为：“田赋司掌各直省地丁正耗完欠奏销，新增地丁随粮各捐，规复征额差徭，筹议垦务及清丈田亩，改正地租升科定则，并稽核内务府八旗庄田地亩，稽核赐复、免科、除役、蠲赋、缓征，并稽核州县交代各事宜。”“漕仓司掌各直省漕粮、漕折、漕项等奏销考成、春秋拨册及临时蠲缓等款，稽核京外各仓积储支放及各省兵米谷数，筹备赈抚各事宜。”“税课司掌稽核常洋各关收支各直省商货通

---

① 《光绪政要》卷33，江苏广陵古籍刻印社1991年版，第2384—2385页。

税及当杂各税，筹计各省新增税项、烟酒杂捐、机器制造各货税，发给各省田房税契、货商牙帖及一切印花，考核进出口税则，发给关单执照，考核官物及新法制造应否免税等项，查核各关出入口货税收数比较各事宜。”“管榷司掌各省盐法，稽核引票、课厘、租税、规羡、杂款、加价、折价、场课、灶课、井课、畦税各项考成奏销，春秋拨册，贡盐、京饷、帑利、饭银、纸朱各款，盘查运库、道库、盐属各官交代更换，纲总认办引岸，兼管茶引、茶课、羡截、土药统税及筹议专卖各事宜。”“通阜司掌稽核各省所有金银铜铅矿物，云贵等省铜铅运务，筹铸金银铜各种货币，核议制造纸币，代造商家银行行使凭票，订正总分银行、总分造币厂各章程，筹画全国流通货币办法，调查全国需用货币数目，稽核银行造币厂、印刷造纸等厂局报告，核计购买铜铅各事宜。”“库藏司掌稽核国库出入款项，各直省报解京饷各项经费，收放颜缎两库物料，核定折价，核议苏杭两省织造奏销，盘查银缎颜三库，稽核各省司道库储新旧案减平银册，兼管本部饭银出入各事宜。”“廉俸司掌稽核京外王公百官廉俸，各处驻防官兵半俸半饷、养赡、红白事赏及各衙门经费事宜。”“军饷司掌稽核全国海陆各军、长江水师、在京各旗及各处驻防、各省绿营、官设警兵饷项，并各省协饷各事宜。”“制用司掌筹拨京协各饷，稽核各项工程领款及一切例支杂支札库事宜，并各处河工、海塘岁修款项及路矿邮电本利、福建船厂经费报销及一切官有财产出入各事宜。”“会计司掌综核全国岁入岁出款目，编列预算决算表式，汇纂各部各省财政统计，颁布各项簿计法式，核定各项特别经费特别报销，筹计颁布国家公债，核算赔还洋款，核办各省春秋冬拨册各事宜。”①

① 《清朝续文献通考》卷121，《职官七》。第8810—8811页。

此次改易，体现了“以事名司”的指归，将原来各司纵横交错的财政职能改为“以类相从”，从而使新设各司的财政职能趋于条理化和明晰化。而新设会计司则有可能使奏销更加规范，并与新式预算（详见后述）的酝酿实施有关。

就奏销程序而言，当然与财政机构的设置与更易密不可分。在户部改为度支部以及新设各司后，各类奏销分别由地方或财政机构上达于各司，如田赋归之于田赋司，漕粮归之于漕粮司，关税及正杂各税归之于税课司，盐课归之于管榷司等，然后由会计司综核，度支部长官审定复核。

在户部以及各司未改易之前，有关奏销程序，《大清会典》有所说明：

> 凡岁课奏销，布政司会所属见年赋税出入之数申巡抚，疏报以册达部，曰奏销册。载旧管、新收、开除、实在四柱，条析起运、存留、支给、拨协、采办为数若干，以待检校。部会全数而复核之。汇疏以闻。以慎财赋出入，以定奏销考成。①

在这里，除了涉及奏销格式（详见后述）外，主要是奏销程序的概要述说。但应该指出的是，此处的奏销程序仅是就田赋奏销而言。田赋的奏销，布政使司是一个关键的环节。众所周知，清代的地方政权分为省、府、县诸级，“布政使司布政使掌一省之政，司钱谷之出纳”②，上受户部有关清吏司之辖，下则管统府县。当奏销之时，各府县将各地钱粮出纳之册报送布政使司，“布政使司受其出入

① 乾隆《大清会典》卷10，《户部》。

② 《清朝文献通考》卷85，《职官九》，第5617页。

之籍而钩考之，以待奏销”[①]。然后，各布政使司将各省的奏销册呈送各主管清吏司，户部“责成各司详加磨勘”[②]，再由户部“会全数而复核之，汇疏以闻”。

其他钱粮奏销，另有其奏销程序，如盐课，先由各盐运使司造册申巡盐御使（盐政）或巡抚，再由巡盐御使或巡抚将奏销册呈送户部山东司稽核，再由户部复核。[③]又如王公、京营绿旗等俸禄支领奏销，“王公公主额驸领俸，以旗册呈宗人府，满世爵及文武官由本旗，汉文官由本部院册送吏、兵二部，核实咨（户）部”。“京营绿旗武职领俸，由步军统领册送兵部，核实咨（户）部。”[④]再如河工经费支出奏销，“凡经费，各工有修防之费，有俸饷之费，有役食之费，有岁报图册之费。江南河工有岁增五寸之费，山东有疏浚运河之费。各有常额。江南以河库道，河南以开归陈道、彰怀卫道，山东以运河道，直隶以天津道、通永道、永定河道、清河道、大名道，掌其出纳，岁要其数于河道总督，核实报销”[⑤]。不同的财政类别款项，各有其不同的奏销程序。

二、清代前期的常规奏销制度及政策演变

财政是传统社会中统治者最为重视的类项，经过历朝历代的因袭借鉴与整饬规范，应该说，财政奏销是较为成熟的制度之一。但即使是成熟的制度，在新的情势下，也不可能完全萧规曹随，也有

① 乾隆《大清会典》卷10，《户部》。

② 《清史稿》卷121，《食货二》。

③ 参见拙著：《清代盐政与盐税》，中州古籍出版社1988年版，第29—31页。

④ 乾隆《大清会典》卷18，《户部》。

⑤ 乾隆《大清会典》卷74，《工部》。

在政策导引下重新整饬规范的一面，重新整饬规范也往往更为重要，更为值得重视。

在清王朝入关之前的崇德三年（1638），都察院承政祖可法疏言："户部掌司钱谷，职任匪轻，应立旧管、新收、开除、实在文簿，年终令公明官稽察。"① 得到统治者的认可。虽然具体情景不甚明了，但已揭示当时的奏销制度已有雏形。清王朝入关之初，由于特殊的战乱格局，未见有明晰的钱粮奏销，现存档案和现有典籍中也不见记载。至顺治三年（1646）四月，摄政王多尔衮始谕令户部：

> 今特遣大学士冯铨前往户部，与公英俄尔岱彻底查核，在京各衙门钱粮数目，原额若干？见今作何收支、销算？在外各直省钱粮，明季加派三项，蠲免若干？见在田土，民间实种若干？应实征、起解、存留若干？在内责成各衙门，在外责成抚、按，严加详稽，拟定《赋役全书》，进朕亲览，颁行天下，务期积弊一清，民生永赖。②

此次上谕，虽然是针对编制《赋役全书》而言，但也同时表达了进行钱粮奏销的意愿。同年，又有"造报文册"和"钱粮考成"的政策出台。③"造报文册"当然不单指钱粮奏销册，但其列在《大

---

① 《清朝文献通考》卷41，《国用三》，第5259页。

② 《清世祖实录》卷25，顺治三年四月壬寅。

③ 关于"造报文册"，光绪《大清会典事例》卷177，《户部·田赋·奏销》载："顺治三年定，官员造报各项文册，遗漏重开，数目舛错，或多开少报，遗漏职名者，罚俸三月。该管官未经查出，据册转报者，罚俸一月。"关于"钱粮考成"，《古今图书集成》卷134，《食货典·赋役部》载："凡完欠劝惩，顺治三年复准，司道府州县官征收钱粮完欠分数，岁终报部查核。完十分者为上等，完六分以上者为中等，完五分以下者为下等，按分数定其殿最。"

清会典事例·户部·奏销》中，“钱粮考成”则应以钱粮征收、奏销相联系，所以，从这里已可大致看出当时对钱粮奏销的重视和钱粮奏销的肇始。事实上，我们在现存档案中，也发现了顺治三年后有关田赋、盐课等的分类奏销记载。如顺治六年，巡按河南监察御使李若琛题称，据河南省造报的奏销册：“河南一省宣武等共二十二卫所，通共原额屯地九万九千三百八十八顷十三亩，自顺治元年起至顺治四年终止，实开熟地二万五千九百九十七顷八十六亩。又编审过汝州等五卫所屯丁二千三百二十四丁。合计丁地二项，元、二、三、四年共征银八万八千四十一两，已完过银五万四千三百九十一两。除解支过，尚遗存库银三千五百二十九两。……顺治五年分旧管并新收共熟地二万七千七百五十顷九十一亩……合计丁地二项并续查出实地共该征银四万二千八百八十六两，已完银三万一千五十七两。据报解过布政司银二万九百二十七两，又解部军器折价牛角箭弦等银一千四百五十二两……见在库银二千九百八十二两。”[①]从这份题本中可以看出，顺治元年至四年的奏销为一案，顺治五年的奏销为一案，亦可证顺治三年之前没有单独的奏销，即使有钱粮征解数字也是后来补报的[②]，其后才过渡到年度奏销。

尽管如此，当时的奏销并不规范，主要存在着两个问题，一是有的省份有钱粮奏销，有的省份则没有钱粮奏销[③]，即使有钱粮奏销的省份，也没有一定的奏销时间限制；二是受前者的制约，户部没

---

① 钞档：《地丁题本·河南（四）》，顺治六年六月二十四日李若琛题，中国社会科学院经济所藏。

② 按：湖广顺治五年的钱粮奏销也是顺治八年才补报。见档案，顺治八年七月二十日迟日益题：《为奏销五年钱粮事》，中国第一历史档案馆藏。

③ （清）王庆云：《石渠余纪》卷3，《纪赋册粮票》云：“开国之初，法制未定。顺治八年以后，各省始有奏销数目。”有所疏忽。如上所述，在顺治八年之前，有些省份是有钱粮奏销的。

有也不可能有全国的总奏销。鉴于此，顺治八年（1651）顺治帝亲政后，刑科左给事中魏象枢专折上疏：

> 国家钱粮，部臣掌出，藩臣掌入。入数不清，故出数不明。请自八年为始，各省布政使司于每岁终会计通省钱粮，分别款项，造册呈送该督抚按查核。恭缮黄册一套，抚臣会题总数，随本进呈御览。仍造清册，咨送在京各该衙门互相查考，既可杜藩臣之欺隐，又可核部臣之参差。①

魏象枢的上疏及其被采纳，是清代奏销制度确立的一个相当重要的界标。据有关档案的记载，当时的奏销确实是遵循此奏及户部的议复进行，可以引述江西巡抚张嘉的一份奏折为证：

> 奉札行准户部咨开：刑科左给事中魏象枢题《为请定藩司会计奏报之法等事》，内称：省直钱粮，自八年为始，令每岁终藩司造册报督抚按，缮黄册进呈。仍册报在京各有钱粮衙门，互相查算等因。复奉谕旨，备札到臣。就经严檄布政司督催前项册报，以凭磨算。去后，值新抚未任，臣驻省会督催，往复驳核。据该司将额征起存完欠数目逐一分别造册到臣，臣复亲行核算，移送江南督臣马国柱重加复核磨算，计江西省属一十三府顺治八年分田亩人丁所征额赋并课钞租税等项共该银二百三十二万九千八百三十五两有奇……②

---

① 《清世祖实录》卷57，顺治八年六月辛酉。又《清史列传》卷8，《魏象枢传》："八年，世祖章皇帝初亲政……（象枢）请定藩司会计之法，以杜欺隐；立内外各官治事之限，以清稽滞。皆报可。"

② 档案，顺治九年张嘉题：《为遵旨会议奏销钱粮事》。该件档案残损，缺上疏的具体时间，中国第一历史档案馆藏。

张嘉的上疏是针对田赋奏销而言，在相当重要的兵马钱粮奏销方面，也同样进行了新的整饬，户部尚书车克奏称：

> 查各镇饷司有循例按季报销者，有稽迟不报者。至于各督抚镇有年终奏销者，亦有年终报销者，甚至有经年不行奏报者，孰非划一之规。合通行各督抚镇于年终将所辖各营路及道标各项兵马支放过本折钱粮备开管、收、除、在，截日扣支等项清册奏销。其从前未报者悉行补报。
>
> 朱批：是。①

无疑，经过顺治八年的奏销整顿，各项钱粮收支的年终奏销，奏销册的管、收、除、在“四拄”格式，以及对奏销册的核查磨算等，已经初步形成制度。并且，在各省及各项钱粮奏销的基础上，户部也有了对全国出入总数的总奏销，②载在《清世祖实录》以及

---

① 档案，顺治八年车克题：《为销算兵马钱粮事》。中国第一历史档案馆藏。该件档案残损，缺上疏的具体时间。另据顺治十七年二月三十日山东巡抚许文秀呈报的兵马钱粮奏销册称：“顺治八年六月初八日准户部咨，《为销算兵马钱粮事》内开：新奉明旨，一切钱粮现在奏销，而兵马钱粮支放繁多，尤为吃紧，合通行各督抚镇于年终将所辖各营路及各道标各项兵马支放过本折钱粮，备开管、收、除、在、截日扣支等项清册奏销。其从前未报者，悉行补报。”内容大致相同，故可知车克的上疏亦当在此前后。

② 据记载，在顺治十一年，户部首次有了对全国岁入岁出的总奏报。户部奏称：“国家所赖者赋税，官兵所倚者俸饷，关系匪轻。今约计北直、山东、山西、河南、浙江、江南、陕西、湖广、江西、福建、广东十一省，原额地丁银三千一百六十四万五千六百六十六两有奇，内除荒亡蠲免银六百三十九万四千两零，地方存留银八百三十七万一千六百九十六两零，起解各部寺银二百七万六千八十六两零，该臣部下银一千四百八十万三千八百八十四两零，内拨给十一年分各省镇兵饷一千一百五十一万八千四百两零，应解臣部银三百二十八万五千四百五十两零；又应找拨陕西、广东、湖广等处兵饷银一百八十万两，又王公、文武满汉官兵俸饷银一百九万一千一百两零，计不敷银四十一万五千六百两零……”见《清世祖实录》卷84，顺治十一年六月癸未。又：顺治“十四年，设巡视官察核光禄寺钱粮，并饬户工两部岁终会计，勿使入不敷出”。见《清朝文献通考》卷41，《国用三》，第5299页。

《清圣祖实录》、《清世宗实录》中的历年全国地丁钱粮总额，[①]也是从顺治八年开始，这正与奏销的整顿与上轨相吻合。

当然，任何政策的出台，在初始阶段都有其一定的局限性；任何制度的确立，也有其逐步完善的过程。顺治八年钱粮奏销的上轨，并不意味着所有奏销都循例进行，[②]这是问题的一个方面；另一方面，也还有对相关事项的进一步规定。就有关事项的进一步规定来看，有几个问题值得注意：

第一，奏销时限的规定。上述有关钱粮的奏销仅仅概称“岁终会计”（即年终奏销），至于何时造册进呈，则未加限制。各省如果没有一定的奏销时间规范，造册奏销难免迟延或参差不齐，势必影响到户部的总奏销。于是，顺治九年议准：“直省销算钱粮，逐款备造支解完欠清册，户部据以查核。近畿各省限二月终，远省限三月终到部，逾限者参处。”这是有关奏销时限的首次规定，但这一规定仅以“近畿”和“远省”相区分，还较为笼统。因此，顺治十二年又议准：“奏销本年钱粮报部定限，直隶、山东、山西、河南、陕西限次年二月终；江南、浙江、江西、湖广限三月中；福建、四川、广东、广西限三月终。”由于两广离京遥远，奏销册籍难以按时到部，顺治十六年又议准：“广东、广西改限五月终奏销。”云贵收复后，顺治十八年，首先规定了贵州的奏销时限：“贵州钱粮限六月中

① 参见陈振汉等编：《清实录经济史资料》第三分册上，《顺治朝历年地丁钱粮统计表》、《康熙朝历年地丁钱粮统计表》、《雍正朝历年地丁钱粮统计表》，北京大学出版社 1989 年版。

② 如顺治十六年云南新复后，“滇省废弛日久，钱粮概多混淆，田地荒芜，户口残缺，十六年分各州县经征米谷，有兵马驻镇动支者，有起运接济者，又有存留未尽者。至若所征银两，有起解司库者，有就近在彼买办粮料支放者。且《赋役全书》于十二月中旬始到，转发各属远近不等，必数月方能传遍，一时难以清楚”，难以造册奏销。见钞档：《地丁题本 · 云南（二）》，顺治十七年二月林天擎揭帖，中国社会科学院经济研究所藏。

造册奏报。”[①]康熙三年，又规定了云南的奏销时限：“云南奏销钱粮限六月中报部。”[②]至此，各省的钱粮奏销都有了各自的时限规范。[③]如果奏销违限，则予以处罚，并有相应的处罚则例出台。[④]

第二，奏销格式的重申。应该说，我国传统的财政制度相对成熟，奏销册的“四柱”格式创立及沿袭，有比较长的历史过程。[⑤]如上所述，在崇德三年（1638）及顺治八年的奏销要求中，已有旧管、新收、开除、实在的四柱格式规定。但征诸现存档案，可以知晓，这种规定并没有得到切实的执行。如山西省顺治八年的地丁钱粮奏销册，分为原额、存留、起运、续报、续完、未完等项。[⑥]顺治

---

① 均见《古今图书集成》卷134，《食货典·赋役部》。

② 《古今图书集成》卷135，《食货典·赋役部》。

③ 后来，由于钱粮征解的迟延，奏销时限又有所延缓，如雍正七年议准：“地丁钱粮奏销定例，直隶、山东、山西、河南、陕西令四月到部；江苏、安徽、江西、浙江、湖广令五月到部；福建、四川、广东、广西、云南、贵州令六月到部。”钱粮征解奏销的迟延，必然影响到钱粮支出的安排，因而又要求各省在正式奏销前，“先造草册一本”。见光绪《大清会典事例》卷177，《户部·田赋·奏销》。又，与地丁钱粮奏销时限的限定与更改相一致，也有对“兵马钱粮奏销册籍到部定限”的规定。参见拙著：《清代军费研究》，武汉大学出版社1992年版，第161页。

④ 如康熙二十二年题定的处罚例：“奏销钱粮册结，必须随案送部，若司道都司府州县卫所官将册结迟延不送，违限一月者罚俸六个月，违限二月者罚俸九个月，违限三月者罚俸一年，违限四五月者降一级留任，违限六月以上者降二级调用，违限一年以上者革职。如已申送而督抚不即送部，违限五月以下者照司道等官例处分，违限六月以上者降二级留任，违限一年以上者降三级调用。”见《古今图书集成》卷136，《食货典·赋役部》。

⑤ 据郭道扬的研究，唐代前期所用会计结算法，基本上还是“三柱”法，唐代中期出现“四柱结算法”的名目，已经有了由“三柱结算法”向“四柱结算法”的过渡迹象。至宋代，“四柱结算法”已得到普遍运用，而且名目划一，简明扼要，趋于完善。在宋哲宗统治时期，四柱名目又发生变化，“元管”改作“旧管”，“已支”改作“开除”，“见在”改作“实在”。这样，旧管、新收、开除、实在的四柱册名目与样式便被固定下来，为明清所沿用。见《中国会计史稿》上册，中国财政经济出版社1982年版，第316、396页。在述及清代时，郭道扬概称：“在清代的官厅会计核算中，四柱法的运用较之明代进一步普及。账簿、名籍、鱼鳞册、黄册、奏销册、《赋役全书》，以及《会计录》等无一不取用四柱式。”见前揭书下册，中国财政经济出版1988年版，第173页。

⑥ 钞档：《地丁题本·山西（二）》，顺治九年六月二十六日车克题本，中国社会科学院经济研究所藏。

十六年的地丁钱粮奏销册，分为原额、旧管、新收、开除、实在等项。[①] 又如同年的山东省兵马钱粮奏销册，分为旧管、新收、拨兑、开除、实在等项。[②] 再如两淮盐区顺治十年的盐课奏销册，在"正项钱粮"、"杂项钱粮"、"部议十四款"等款目类别中，分为额征、征解、未完、带征、实征等项。[③]鉴于这种奏销格式的混乱，康熙十一年再次申令："奏销册，直省布政使司总数，府州县细数，皆载旧管、新收、开除、实在四柱，以凭稽核。"[④] 经过此次申令，在地丁钱粮奏销和兵马钱粮奏销中的四柱奏销格式基本划一。但我们也注意到，此后并不是所有的钱粮奏销都采用了四柱格式。[⑤] 所谓"无一不采用四柱式"[⑥]，是值得怀疑的。

第三，月报制、冬估制、春秋拨制的实行。1. 月报制。如上所述，清代的钱粮奏销采取年终奏销制，但对不时动用的钱粮奏销则没有规定。康熙三十九年，因工部钱粮奏销"情弊甚多"，始谕令："凡有修理之处，将司官笔帖式俱奏，请派出每月支用钱粮分晰细数，造册具奏。"康熙四十五年，又谕令户工二部，"将不启奏用咨文动支大小款项钱粮，于月终汇奏"[⑦]。至此，不时动用钱粮的月终

---

① 钞档：《地丁题本 · 山西（二）》，顺治十七年二月白如梅题本，中国社会科学院经济所藏。

② 档案，顺治十七年二月三十日许文秀呈：《奏销十六年兵马钱粮文册》，中国第一历史档案馆藏。

③ 档案，顺治十一年二月二十七日梁凤鸣呈：《顺治十年分征解过正杂盐课钱粮数目文册》。中国第一历史档案馆藏。

④ 光绪《大清会典事例》卷 177，《户部 · 田赋 · 奏销》。

⑤ 如康熙十八年两淮盐课奏销册，在"正项钱粮"、"杂项钱粮"（上揭"部议十四款"已归并入杂项钱粮下）类别下，分为额征、实征、起解、存库等项。见档案，康熙十九年八月二十七日布哈呈：《两淮运司康熙十八年分正杂钱粮文册》。又如康熙十九年江苏杂税奏销册，分为旧额、加增、议增、已完、未完等项。见档案，康熙二十年八月十五日慕天颜呈：《康熙十九年分江苏八府州属牙帖、田房、牛驴猪羊等杂税册》。

⑥ 见上揭郭道扬书。

⑦ 《清朝文献通考》卷 41，《国用三》，第 5230 页。

奏销形成定制，并在月报制的基础上，年终再统一奏销。2. 冬估制。顺治五年规定："各督抚于题请兵饷疏内，开列该抚额征钱粮现在实数，及兵马岁需饷乾数目，以便部拨。"已初具冬估制的雏形。[①] 随着"分成拨饷制"和"预拨来年春季俸饷制"的实行，[②] 冬估制亦逐步完善，至雍正三年，明确规定："每年冬，各省督抚将本省次年一岁应需官兵俸饷，预为会计，造册咨部，由部将各省额征起运等项银两，按款照数拨给。"[③] 3. 春秋拨制。春秋拨制与冬估制有一定的联系，所谓联系，就是户部在各省冬估册的基础上，对各省征收、库存钱粮分春、秋进行二次拨解，即："凡拨饷，曰春拨，曰秋拨。"[④] 春秋拨制亦在雍正三年趋于完善，该年奏准："直省于春秋二季将实在存库帑银，造具清册，春季限于二月，秋季限于八月到部，由部据各省所报现存实数，酌定数目，奏明拨解。除仅敷本省需用之福建、广东、广西等省，及不敷本省需用之陕西、甘肃、四川、云南、贵州等省存留本省，不解至京，余省春秋二季册报实存银数，酌量存留本省，以备协济邻省兵饷，并别有所需请拨用外，其余银悉令解部。"[⑤]

第四，地丁钱粮奏销与兵马钱粮奏销的同时进行。这与冬估

---

① 光绪《大清会典事例》卷255，《户部 · 俸饷 · 各省兵饷一》。按：康熙二年，工科给事中吴国龙曾疏言："各部寺衙门应用钱粮，年前具题数目，次年于户部支给。""下部议行。"见《清朝文献通考》卷41，《国用三》。第5229—5230页。这是在京需用钱粮冬估制的肇始。

② 参见拙著：《清代军费研究》，第160—163页。

③ 光绪《大清会典事例》卷169，《户部 · 田赋 · 部拨京饷》。

④ 光绪《大清会典》卷19，《户部》。

⑤ 光绪《大清会典事例》卷169，《户部 · 田赋 · 部拨兵饷》。按：据档案记载："春秋二拨，自雍正三年为始，每春秋二季造具实在存库银两清册送部，春季清册务于二月二十日以前到部，秋季清册务于八月二十日以前到部。臣部（户部）据各省所报见存实数，定分拨多寡。"见档案，乾隆元年十二月十九日法敏题：《为请定酌拨条例事》引前定例。

制、春秋拨制都有一定的联系，特别是与冬估制联系密切。如上所揭，在顺治五年的规定中，已要求“各督抚于题请兵饷疏内，开列该抚额征钱粮现在实数”，以便户部统筹考虑。但这种奏销难免头绪不清，导致了奏销册的繁杂，于是，康熙二十五年又重新规定：“嗣后应令奏销兵马钱粮与奏销地丁钱粮，同时各为一疏奏销。”[①]也就是说，既将地丁钱粮奏销与兵马钱粮奏销同时进行，又将二者分别奏销。

第五，将奏销钱粮与清查亏空结合起来。康熙二十三年，康熙帝“以各省督抚侵欺库帑，户部无凭查核”为由，要求大学士、九卿“详定条例”。在随后所定条例中，还只是限于对存留、起运款项的分晰造报，对用过款项的清查，以及对舛错款项的驳查等。[②]康熙二十八年，户部疏称：“各处藩司库银，屡以亏空见告，虽定有藩司升任巡抚躬自盘查之例，然平时漫无稽核，至升任时始行盘查，未免已晚。……嗣后应令各省巡抚于每年奏销时，将司库钱粮亲身盘查，如无亏空，于奏销本内一并保题。倘保题之后仍有查出亏空者，将巡抚照康熙二十七年十二月内新定交盘例治罪。”[③]雍正元年，又进一步重申，并增加了“令总督监同巡抚亲身盘查”，“钱粮无缺，出具印结，于奏销本内一并保题”的内容。[④]

第六，对部费陋规的清理。钱粮奏销头绪纷繁，各地的钱粮奏销册在送呈户部以后，往往因数字舛错或格式不符等种种理由屡遭

① 档案，乾隆三十六年素尔讷题：《为奏销乾隆三十五年钱粮事》引前定例，中国第一历史档案馆藏。按：该件档案残损。

② 《清朝文献通考》卷41，《国用三》，第5230页。

③ 钞档：《地丁题本·湖南（二）》，乾隆二年八月十九日张廷玉题本引前定例，中国社会科学院经济所藏。

④ 档案，乾隆三十六年素尔讷题：《为奏销乾隆三十五年钱粮事》引前定例，中国第一历史档案馆藏。

驳查，在顺治年间已有“在外年年销算，在内年年驳查，相习成例”之说。[①] 以致造成“章奏之最繁者，奏销之驳查”的局面。针对这种情况，一方面，给事中姚文然提出“应驳者必驳，不应驳者即省，庶内省章奏之繁，外省驳查之累”的建议；[②] 另一方面，职掌造册的官员为使奏销顺利通过，又大肆向户部行贿，从而形成引人注目的部费陋规。康熙年间的名臣靳辅即指出：“迩来各省销算钱粮，科钞到部，承议司官，虽不乏从公议允之案，然偶值一事，或执一己之偏见，或信部胥之唆使，任意吹求，苛驳无已。钱粮数目繁琐，头绪牵杂，非精于核算，洞悉款项，熟知卷案者，万难得其要领。……则经用钱粮之官，不得不行贿以求之，所谓部费也。”[③] 康熙年间的部费陋规已相当严重，虽经整饬，但并无多大效果。雍正元年（1723）上谕即称：“一应奏销，积弊甚大。若无部费，虽当用之项册档分明，亦因本内数字互异，或因银数几两不符，往来驳诘，不准奏销。一有部费，即靡费钱粮百万，亦准奏销。……朕今不得不加整理。”[④] 经过雍正年间的清理整顿，情况有所好转。[⑤]

综上，不难看出，有关新政策的出台与奏销制度的进一步完善相辅而行。奏销时限的规定，奏销格式的重申，以及月报制、冬估制、春秋拨制的实行，目的在于钱粮奏销的规范化；地丁钱粮奏销与兵马钱粮奏销的同时进行，奏销与清查亏空的结合，目的在于钱粮奏销的通盘考虑和最大限度地发挥奏销的功能；而对部费陋规的清理，则标志着整顿财政和肃整吏治的统一。而且，冬估制、春秋

① 档案，顺治十一年正月十二日杨璜题：《为支销之弊宜除事》，中国第一历史档案馆藏。

② （清）姚文然：《请省奏销驳查疏》，见《清朝经世文编》卷 12。

③ 靳辅：《苛驳宜禁疏》，见《清朝经世文编》卷 26。

④ 《清朝文献通考》卷 41，《国用三》。第 5231 页。

⑤ 参见拙著：《清代军费研究》，第 164—165 页。雍正年间对其他陋规的清理整顿也相当突出，参见拙著：《清代盐政与盐税》，中州古籍出版社 1988 年版，第 128—133 页。

拨制以及地丁钱粮奏销与兵马钱粮奏销的同时进行，已经显现出清代前期奏销的“预算”色彩。

上述奏销制度的整顿与规范性措施，主要实施于康、雍年间，因此，可以认为：顺治八年，是清代奏销制度的确立点；康、雍两朝，则是清代奏销制度的完备期。

当然，康、雍两朝奏销制度的完备，并不意味着清代前期的常规奏销制度再无变化，这只是一种不拘泥于细枝末叶的概说。雍正朝以后，常规奏销制度除循例进行外，在两个方面仍有新的特色：一是“上、下忙造册”的实行，二是“比较奏销法”的实行。①

地丁钱粮分为春季和秋季的上、下忙征收，是一种惯例；上忙何时征完，下忙何时征完，也有明确的时间限定。但要求将上、下忙征收分别造册，则始自嘉庆二十年（1815）。是年，经户部奏准：

> 各州县应征上下忙钱粮，除例准留支及实欠在民外，所有征存属库银两，尽数提解司库。其上忙应四月完半者，限五月底；六月完半者，限七月底。下忙限十二月底截清。解司银数，按限造册送部查核。所有上下忙解司银数，送部款册，令藩司核明。州县每年额征钱粮，本年征过若干，各未完若干，其已完银内，州县应留支若干，实应解存司库、报部候拨若

① 当然，除此之外，也还有其他一些奏销措施出台，并形成新的制度。如，雍正年间以后，在八旗与绿营中实行“红白事例银”制度，红白事例银的发放与造报，也专门有《红白奏销册》。参见拙著：《清代军费研究》，第68—73、129—136页。又如雍正年间实行“耗羡归公”后，至乾隆五年，上谕始要求各省“将一年之内额征公费完欠杂支同余剩未给各数目，逐一归款。……俱于岁底将一切动存完欠各数，及扣存减半平余银两，造册咨送户部核销”。见光绪《大清会典事例》卷170，《户部·田赋·耗羡动支》。在《宫中档乾隆朝奏折》第5辑、第6辑中载有湖北、山西、江西、河南、山东、广西等省的耗羡奏销报告。例如：湖北乾隆十七年耗羡银，旧管363614两，新收470931两，开除479963两，应存354582两。山西乾隆十七年耗羡银，旧管235799两，新收394049两，开除413174两，实在216674两，等等。

干，又节年缓带征钱粮征获若干，仍未完若干，分别正课杂项，各归各款，造具简明册，依限详报督抚查核。该督抚即于二十日内专折具奏，将原册一并送部。迟逾参处。并责成承办司员，按款详细登记印簿，俟该省春秋二拨及奏销各册到日，逐一核对。遇有送到州县交代册结，随时抽查。倘有已征未解情弊，除州县参革治罪外，并将该督抚藩司一并严参。①

据此，上下忙的分别造册，除将上下忙征收期限有所展缓外，还将此与春秋拨册及州县交代制结合起来。随后，又制定了上下忙造册及有关考成的处分则例。②

实行上下忙分别造册后，年度奏销依然进行，只不过此后的年度奏销增加了对上下忙钱粮征收情况的总体奏报。

比较奏销法则始自道光二年（1822）。该年，因着御使刘尹衡的上疏和户部的议奏，道光帝发布上谕：

嗣后实征钱粮，务令扫数完解，并饬藩司随时调查红簿串根，如有银数参差，立即分别参办，至各州县征解银数，著照部议，设立比较之法，于奏销题报外，照例具奏，折内开具清单，明列通省三年比较，如本年额征若干，已完若干，未完若干，积年旧欠若干，本年带征已完若干，未完若干，比之上三年最多最少之数盈或绌，一一注明。③

---

① 光绪《大清会典事例》卷171，《户部·田赋·催科期限》。参见钞档：《地丁题本·直隶（一）》，道光三年十一月七日蒋攸题本引前定例，中国社会科学院经济所藏。

② 参见光绪《大清会典事例》卷173，《户部·田赋·催科考成》。

③ 档案，道光三年五月十五日韩文绮题：《为查明道光元年奏销案内已未完解地丁钱粮，比较上三年完欠银数事》，中国第一历史档案馆藏。

由于当时地丁钱粮征收的拖欠以及奏销的展限，奉此上谕后，户部随即行令各省“将道光元年地丁奏销案内已未完欠数目，补行奏报”，补行奏报亦用“三年比较法”，所以，比较奏销法事实上是从道光元年的奏销开始。

根据上揭上谕，可以看出，比较奏销法，事实上包括了“本年额征”钱粮与上三年比较，以及“积年旧欠”钱粮与上三年比较两项内容。现存档案也证实了这一点。如道光二年福建的地丁钱粮奏销：

道光二年地丁并升垦起科银1234269两零，除留支各款银200923两零外，截至奏销止，解完司库银840941两零，尚未完银192404两零。比较嘉庆二十四年分额征地丁银1233654两零，除留支各款银200923两零外，截至奏销止，解完司库银819197两零，尚未完银213533两零，计多完银21744两零。

比较嘉庆二十五年分额征地丁银1234191两零，除留支各款银199770两零外，截至奏销止，解完司库银796752两零，尚未完银237668两零，计多完银44189两零。

比较道光元年分额征地丁银1234193两零，除留支各款银199731两零外，截至奏销止，解完司库银833956两零，尚未完银210505两零，计多完银16984两零。

带征积年旧欠：

道光二年分带征嘉庆二十三、四、五等年并道光元年积欠地丁银704754两零，尚未完银627158两零。

比较嘉庆二十四年分带征嘉庆二十三年积欠地丁银230424两零，截至奏销止，解完司库银58034两零，尚未完银172390两零，计多完银19561两零。

比较嘉庆二十五年分带征嘉庆二十三、四等年积欠地丁银

385923 两零，截至奏销止，解完司库银 61785 两零，尚未完银 324137 两零，计多完银 15810 两零。

比较道光元年分带征嘉庆二十三、四、五等年积欠地丁银 561805 两零，截至奏销止，解完司库银 67557 两零，尚未完银 494248 两零，计多完银 10038 两零。①

其他各省的地丁钱粮比较奏销均类是。此后，道光六年，户部又议准："各省征收新旧钱粮比较分数，自道光五年为始，均于奏销截数后开单奏报。并颁清单式样。"② 从而使比较奏销进一步规范。③

上下忙分别奏销与比较奏销，是原有年度奏销的重要补充。同时，我们也应该看到，此两项奏销制度的实行，是清代中期地丁钱粮征收普遍拖欠情势下的必然产物，其目的是在于及时掌握不同时期、不同年度的钱粮征收情况，并试图借此加强对有关官员征收钱粮的考核。

三、清代前期的战时奏销制度及政策演变

一般地说，常规奏销制度是较为规范的制度，一旦确立便具有相对稳定性。与常规奏销制度相比，战时奏销制度则具有临时性和

① 钞档：《地丁题本 · 福建（一）》，道光三年八月五日孙尔准题本，中国社会科学院经济所藏。

② 档案，道光十六年八月四日林则徐题：《为道光十五年江苏地丁奏销比较上三年分数事》引前定例，中国第一历史档案馆藏。

③ 清代后期，三年比较法改为仅与上年比较，我们在同治八年浙江的地丁钱粮奏销中，看到了这种变化。见钞档：《地丁题本 · 浙江（二）》，同治九年二月三十日杨昌浚题本，中国社会科学院经济研究所藏。

多变性，战时奏销政策也因时因事而异。

战时奏销制度有其特定的范畴，主要指的是战时军费奏销（或称“军需奏销”），它与平时军费奏销（或称“兵马钱粮奏销”）相对应。罗尔纲先生曾对清代的战时军费奏销下过一段定语：“军需奏销为兴大兵役时的特别支出，与经常的兵马钱粮奏销不同，它的性质是临时的，它的范围，是跟着战事的进展随时随地而不同的。……报销之始，则先将原拨银两数目作为初案新收，次列开除若干，实存若干，以初案的实存，作为次案的旧管。支用数目，逐案层递滚算，分门别类，挨次题销。”[①] 罗先生的这段话，是对战时军费奏销的一般性概括，说明了战时军费奏销的特殊性和奏销程序，但没有注意到战时军费奏销的多变性和复杂性。

清初顺治年间，连年用兵，战火不断，“频年鞠旅陈师，饷繁粮浩”[②]。战时军费奏销比之于常规奏销的无序及渐上轨道，更显得杂乱无章。当时在各省区设立的“饷司”，既主管兵马钱粮的摊派、催缴，又主管军需的奏销，但由于缺乏相应的规章制约，诸弊丛生。顺治八年，四川道监察御使王亮教称：“饷司历年任其出入不闻，奏报销算，差官催饷，势同狼虎，粮役恣其鱼肉，有司受其凭凌。”[③] 顺治十年，户部尚书车克称：“我朝沿习旧制，特设饷司各官，以办粮糗，此政之所以重军需而稽侵冒也。近见宣大督臣题为悖旨冒饷一疏，内云，饷司徐兆举、陆云龙与镇标中军张世忠等通同侵扣饷银六万六千余两。又云，桃花、矾山等处，五六等年钱粮蒙混支销，借题克落者为数尚多。……臣谓一镇如此，他镇可知；近畿如

① 罗尔纲：《绿营兵志》，中华书局 1984 年版，第 373 页。

② 档案，顺治四年高士俊题：《为急需接济，筹饷无术事》，中国第一历史档案馆藏。

③ 档案，顺治八年闰二月二十日王亮教题：《为遵旨请撤饷司事》，中国第一历史档案馆藏。

此，远方可知。当此需兵需饷之际，使朝廷有用金钱徒饱贪官之腹。”[①]顺治十一年，户科给事中杨璜又称：“臣查天下钱粮之弊，万绪千端，其最著者莫大于支销不明，得以彼此牵混，行其影射侵挪之计。”[②]终顺治一朝，战时军费奏销的混乱格局没有改变。

在三藩之乱初期的康熙十三年，康熙帝曾明确谕令：“拨饷一次即造册奏销一次，以杜不肖官役借端牵混、挪移侵欺并贱价作贵等弊。”[③]这是一次较为重要的上谕，也是在战时军费奏销方面作的第一次明确规定。据此，各地的军需局或粮台在收到户部的拨饷或各地的协饷之后，即将旧管钱粮数额、新收钱粮数额，以及拨解在途、尚未收到的数额，并预估以后的需款数额等分别缮造清册，由总督、巡抚或布政使等用兵地方大员上报户部，户部借此再作权衡拨解。

很清楚，这一规定主要在于军需的估报和拨款后的收款奏报，试图扭转以往“支销不明”的状况。但由于缺乏对用过之款的报销限定，因此，军需的拨款和收款数目虽然明晰，而军需用款的报销依然混乱。有的地方是用过一次款项即造册奏销一次，有的地方则迟延不报或经年不报，针对这种情况，户部题准：“嗣后大兵经过，动用本省钱粮，仍应于本省造册之外，另行造册，一年报销一次。至大兵进剿，拨各省协解钱粮，拨一次即将一次造册报销。”[④]从而将项目奏销与年度奏销结合起来。

尽管如此，当时的军费奏销仍然不规范，并未出现前揭罗尔纲先

---

① 档案，顺治十年十二月三日车克题：《为兵饷侵冒多端事》，中国第一历史档案馆藏。

② 档案，顺治十一年正月十二日杨璜题：《为支销之积弊宜除事》，中国第一历史档案馆藏。

③ 档案，康熙十四年九月二十日蔡毓荣呈：《奏销敕部立法销算兵马钱粮事件文册》，中国第一历史档案馆藏。

④ 档案，康熙十八年十二月八日张朝珍呈：《奏销荆襄大营自康熙十七年六月起至九月止收支协饷军需等项目黄册》，中国第一历史档案馆藏。

生所说的“支用款目，逐案层递滚算，分门别类，挨次题销”的那种情况，而是在战争结束以后再进行总的销算。由于战争结束后，战时设立的军需局或粮台相应撤销，军费奏销的任务便落在各地藩司头上，即“军务告竣，一切奏销案件改由藩司汇核查办”[①]。有时因奏销案件太多，也曾设立报销总局以主其事。这样一来，或因接手之员事务不熟，茫无所知；或因历时久远，无从稽考；或因案牍繁多，难以析别。所谓军费奏销的“算总账”，便往往成了一笔糊涂账。这或许就是乾隆以前历次战争的军费数额，官书阙于记载的主要原因。

实际上，许多战争的用款也确实是销算不清。即如历时八年的三藩之乱用款，直至康熙末年，还茫无头绪。此后以迄乾隆初年的历次战时军费奏销，也大多历经十数年、数十年不能完结。[②]其所以出现军费销算不清的局面，因素当然是多方面的，比如经理军需人员不按部定则例采买粮草、支销钱粮，贪劣之员借机渔利等等，在奏销之时难免要遭到“部驳”，户部驳文一下，又要辗转核查，难免旷日持久。但是，这与当时军费奏销没有统一的制度，多不按时、分案奏销密切相关。直到乾隆十九年，在预备西北军需时，山西巡抚恒文才率先提出了按时、分案奏销军需的意见。他说：

> 窃惟军需钱粮帑项攸关，向来办理军需，每俟军务告竣之后，始行查办报销，不特头绪纷繁，抑且承办之员前后更易，造报不免舛错，驳查更费周章。似不若办竣一案即将一案用过钱粮造册报销，则造报之员均属经手之人，即查核之上司，曾经督办，亦深悉其原委，不能丝毫弊混，可以迅速完结。惟当

---

① 档案，乾隆元年十二月十二日刘于义题：《为奏销军需钱粮事》，中国第一历史档案馆藏。

② 参见拙著：《清代军费研究》，第178—179页。

> 军务未竣之时，一切关系军情事宜，均应密办，若将承办军需随案具本题销，总（纵）极详慎，而咨揭繁多，恐有漏泻（泄），更不如以奏代题，尤为谨密。[①]

乾隆二十年，甘肃布政使史奕昂亦指出：

> 自臣抵任以来，检阅从前军需旧案，每至数年之久方始报销，承办之员类多更易，事经年远，查询愈繁，胥吏反得上下其手，殊非所以慎支用而省案牍也。此次办过各项钱粮，臣拟大兵齐至军营，即将用过细数逐款查明，随时造报，次第请题，听部核销。……如其中支过粮饷有必须于凯旋后核造者，请即以凯旋之日起，勒限一年内统为造报。倘承办经手之员造册逾限，即照例参处。[②]

乾隆帝对以上二人的建议甚为赞赏，分别朱批："甚好！知道了。"上引两件奏折除分别历数前此军费奏销的弊端外，在总结经验的基础上，实际上提出了三种办法：第一，用过钱粮及时分案奏销；第二，奏销军费以奏本代替题本；第三，用过钱粮一时不能核办奏销的，在军务告竣后的一年限期内造报，不得逾限。这些办法无疑会对战时军费奏销的纠偏治弊起到作用，所以当即便予以实行。据现存档案看，当时的军费奏销确实体现了分门别类、依次奏销的特点，如运米一次、采买米一次、采买草料一次、采买马驼一

---

① 档案，乾隆十九年八月十七日恒文奏：《为军需钱粮敬请随案奏销，以清案牍事》，中国第一历史档案馆藏。

② 档案，乾隆二十年二月十二日史奕昂奏：《为请定军需钱粮随时造报之限，以杜拖延事》，中国第一历史档案馆藏。

次、支过出征行装银一次，等等，均各作一案奏销。

应该说，康熙十三年的拨饷一次即造册奏销一次与乾隆十九年的依次分案奏销，是战时军费奏销制度方面两次大的改进，它对改变军费奏销的混乱局面起着不容忽视的作用。特别是乾隆十九年实行的分别款项依次奏销，是战时军费奏销程式的根本改变，这种"随支随销"的方式，可以使军需款项迅速结案，即使一时难以结案，也必须在军务告竣后的"一年内统为造报"，从而避免了由军费奏销迟缓而产生的许多弊端。

从总体上看，此后的战时军费奏销均是循例进行。

但是，也必须注意到，由于战争的突发性、历时性、扩延性、复杂性，以及军费拨款、筹措、支出、编报、奏销、驳查的头绪纷繁，案牍山积，军费奏销又往往不以人的意志为转移。换句话说，军费用过一案即奏销一案，以及军务告竣后一年内报销完毕的规定，在战争事起仓促或拖延时日，以及支销违例、屡驳屡查的情况下，奏销变得非常困难，往往难以如期造报完毕。因此，尽管有乾隆十九年军费报销的理想范式，仍然不得不有所变通。实际上，此后历次战争中的军费报销，多是采取战时的随时造报与战后的统一报销相结合。一般来说，战争时期钱粮物料的收贮、支发、核实，以及军费收支案牍的及时编报等，均由战时因办理军需所设立的军需局经手；战后的统一报销则由事后成立的报销局经手。军需局将一切奏销案件转交报销局汇总查办，军需局随即撤去，局员或归复旧职，或转留报销局，一任办理、督察军务的总督大员委任。报销局在接手军需局的军费收支"底册"后，仍需"按照则例，逐款详核，凡动用银、米，核与则例相符者，必查对底案，始准报销，以归核实。或例准开销而未经动用，及实用之数比则例较少者，即照实用之数具报，不得因有例可援，稍任浮冒。此外有军行紧急，事在必需，量为变通，而核与成例不符者，照例核减，另行分别著落认赔。总期用款俱循则例，帑项不致虚糜”[1]。然后，按照这些基本的要求，分案汇总，依次结算。报销结案的时间也不再限于一年，而是根据战争时日的长短分别限定日期。[2]

质言之，上述军费奏销制度地不断改进，其功能主要表现在分别款项、及时奏销方面，也可以说仅仅是军费奏销程序的改变和整理，当然有着不可忽视的作用。但从另一个方面来讲，其对军费支出与奏销中的某些弊端仍然难以遏制。

上述已经谈到常额军费奏销中的部费陋规及驳查，在战时军费奏销中其弊更大。据说，三藩之乱期间，“江南供应满汉各营节年米豆草价各案，不蒙准销，屡驳屡查”[3]。这种现象，以后历次战时军费奏销中屡见不鲜。其所以如此，固然是由于经理军需人员浮冒开销、中饱私囊，不驳查不足以核实，但同时也是由于部官司员以军费报销为利薮之地，借驳查之名以索部费，以致“军需款目，至一千数百万之外，部费即须十余万”[4]，令人吃惊。

时人曾经认为，“军需一项，所有虚浮，皆在采买米豆草束等项内藏掩”[5]。所以，历次军费报销中，遭到驳查最多的是采买米豆、草束，制办军器、火药等项。在战争中，由于军需紧急，刻不容缓，办理军需人员一般是“照时价采买制办”，而战时又往往物价增昂，采买制办军需的价值经常“较原议部价浮多”，也就屡遭部驳。这其中，虽然有不肖官吏浮冒开销的现象，但也有因公办理者。而在具体办理中，二者又很难区分，颇费周章。雍正十三年（1735）

---

① 档案，乾隆五十四年闰五月二十一日福康安奏：《为酌核军需报销章程，以杜浮冒以重帑项事》，中国第一历史档案馆藏。

② 参见拙著：《清代军费研究》，武汉大学出版社1992年版，第182页。

③（清）慕天颜：《军需报销疏》，见《皇朝经世文编》卷32。

④（清）张集馨：《道咸宦海见闻录》，中华书局1981年版，第278页。

⑤ 档案，雍正三年八月八日王景灏奏：《为奏闻事》，中国第一历史档案馆藏。

九月，新即位的乾隆皇帝曾试图采取“折中定价”的办法，“斟酌合宜，俾官吏无赔累之苦，国帑无浮冒之弊”，以求公允，以解决军费奏销中屡屡驳查之弊。[①]但所谓的“折中定价”，实际执行效果并不好。至乾隆四十九年，在前此基础上，统一制定了《采买米麦草豆价值》、《采买马驼骡头牛羊价值》等军需条例，使有关的军费奏销有例可依，走向规范。同时也有适度的灵活性，即遇有物价的特别增昂，承办军需人员可以“确访时值，奏明采买”[②]。与制度的规范相一致，清廷还不断颁布政令（处罚则例），对经理军需人员的违规现象进行整饬，例如：[③]

康熙十四年规定：各省采买米谷豆草估价，均照督抚所定，如估价多开者，或被旁人首告，或被科道题参，审系情实，原估官革职提问，转审官降四级调用。如督、抚、布政使、道、府等官通同多算者，皆革职提问。

康熙十五年规定：供应米豆草等项，如地方官将价值浮冒开销，督抚查出题参，照贪官例革职拿问。如奏销完结之后，或被科道纠参，或被旁人举首，将督抚一并照贪官例治罪。

康熙二十五年规定：一应制造、采买等项，如有冒销、侵欺事发，皆照户部“军前供应米豆草束浮冒开销例”议处。等等。

凡此政令（处罚则例）的不断颁布，既意味着制度与政策的相互补充，也标示着弊端的不断发生，防贪杜弊任重而道远。

（本文原载《历史研究》2000年第2期）

---

① 《平定准噶尔方略》前编卷39，雍正十三年九月癸亥。

② 乾隆《钦定户部军需则例》卷7，《采买办解》。参见拙著：《清代军费研究》，第184页。另参郭松义、李新达、李尚英：《清朝典制》，吉林文史出版社1993年版，第440页。

③ 以下诸条见乾隆《大清会典则例》卷16，《吏部·解支》；卷23，《吏部·军政》。

清代中央财政与地方财政的调整

在清代，并没有严格意义上的中央财政与地方财政的分野，但有以“起运”、“存留”为标志的中央财政与地方财政的划分，并且存在着中央财政与地方财政的调整或变动，这是没有疑问的。不过，就中央财政与地方财政的关系及其性质而言，清代前期与清代后期是大为不同的。清代前期，中央财政与地方财政的调整，主要反映出在户部的控制之下，钱粮起运、存留比例的变动；清代后期，中央财政与地方财政出现混乱格局，主要反映出中央财政的运转失灵和财权的下移以及清廷整顿财政新秩序的努力。

一、起运、存留比例的变动

起运与存留，一般被视作是中央和地方在财政收入上的重新分配，按照乾隆《大清会典则例》的解释，“州县经征钱粮运解布政司，候部拨，曰起运”；“州县经征钱粮扣留本地，支给经费，曰存留”。[①] 乾隆《大清会典》亦称：“凡州县官征收田赋，如期运解布

① 乾隆《大清会典则例》卷36，《户部》。

政使司，以待部拨，其应充本地经费者，如数存留，以待支给。布政使司受其出入之籍而钩考之，以待奏销。”[①] 所谓“起运”，即各地所征收的钱粮按一定比例起解户部及各部寺监，或听候户部协拨他省兵饷要需，作为国家经费开支之用（包括了京饷、协饷、藩库存储银以及雍正五年后的留贮银、雍正八年后的分贮银等），属于中央财政；所谓“存留”，即各地所征收的钱粮按一定比例存留本地，作为地方经费开支之用（地方存留类别各地略有不同，如湖北，包括驿站项下排夫、脚马、红船、水手、江济等银，以及官俸役食、历日、表夫、祭祀、部寺解费、廪粮、新设关庙三祭等银，从下列表中的“裁减项目”、“存留类别”以及史料示列中，也可以体会），属于地方财政。[②]

与其他制度一样，清廷入关后依然沿袭明代的起运、存留制度，起运、存留比例大致仍依其旧，即如江苏巡抚汤斌所称：“本朝定鼎，田赋悉照万历年间则例……顺治初年，钱粮起、存相半。”但随后即因“兵饷急迫，起解数多”。[③]这种因军费紧急、中央财政困难而采取的削减地方财政，变存留为起运的措施，在清初曾陆续实行，成为当时财政政策的一个重要导向。其中，具有较大规模的裁减存留，肇始于顺治九年（1652），该年四月，“户部以钱粮不敷”，遵旨会议筹措款项，将“州县修理察院铺陈、家伙等银”、“州县修宅家伙银两”、“州县备上司朔望行香纸烛银两”、“在外各衙门书吏

① 乾隆《大清会典》卷10，《户部 · 田赋》。

② 当然，这只是大致的划分，军费支出的一部分由驻军所在的地方开支，官俸的一部分也在地方支出。参见彭雨新：《清代田赋起运存留制度的演进》，《中国经济史研究》1992年第4期。

③（清）汤斌：《逋赋难清，乞减定赋额并另立赋税重地州县考成例疏》，见乾隆《江南通志》卷68。

人役工食银两”等项加以裁减，变为起运钱粮以应军需。[1] 顺治十一年六月，户部又奏称：“国家所赖者赋税，官兵所倚者俸饷，关系匪轻。”“又会议裁扣工食等银二十九万九千八百余两”，“将所裁钱粮于紧要处养赡满洲兵丁。”[2] 顺治十三年九月，在钱粮不敷、中央财政极度困难的情况下，再一次大规模地“裁直省每年存留银两”，其裁减项目与银额如下表所示：[3]

表 1　顺治十三年地方经费的裁减

裁减项目	裁减银额（两）
抚道按臣巡历操赏花红银	6292
预备过往各官供给下程柴炭银	171064
督抚按巡历造册纸张、扛箱银	28916
衙门桃符门银价值银	1421
孤贫口粮、柴薪、布匹银	87767
朝觐、造册送册路费银	11748
生员廪膳银	126818
考校科举修造棚厂工食花红银	88087.5
乡饮酒礼银	4515
修渡船银	20707.5
修理察院公馆银	6052.5
进表路费银	3626.5
渡船水手工食银	10888.5
巡检司弓兵工食银	23289.5
督抚府州县书役工食银	162341.6
合计	753534.6

这次裁减的地方各项经费达 75 万余两之多，也被全部移作军费，如户部尚书车克所说：“十三年因钱粮入不敷出，缺额四百四十

① 《清世祖实录》卷 64，顺治九年四月丁未。有关各地的具体裁减情况参见陈锋：《清代军费研究》，武汉大学出版社 1992 年版，第 321 页。
② 《清世祖实录》卷 84，顺治十一年六月癸未。
③ 《清世祖实录》卷 103，顺治十三年九月辛未。

余万，随经诸王、贝勒、大臣、九卿、科道会议，于存留各款裁减，以抵不敷兵饷。”[①]此后，裁减地方存留仍续有举行，如顺治十四年、十五年，康熙元年、二年、三年、五年等的裁减。[②]到康熙七年，各地的存留银额只剩338.7万余两，与该年田赋银2583.9万两相较，起运比例为86.9%，存留比例仅为13.1%，与原来的“起、存相半”比较，已是少得可怜。然而，清廷为了改变中央财政的窘迫，该年又裁存留银1744369两零，只实在存留银1643237两零，存留仅占6.4%，导致地方经费无着，弊端百出。康熙帝在大臣们的疏谏下，始同意将“康熙七年所裁各款自九年为始，复其存留”[③]，也就是说，存留仍为338.7万余两。

不久，三藩乱起，“各处用兵，禁旅征剿，供应浩繁”，又开始削减地方存留，作为筹措军需的重要方策。山东巡抚赵祥星首先举动，“时军兴需费，祥星以暂裁通省存留支给等银二十余万两充饷，先后具奏，均奉旨嘉奖。寻授为兵部右侍郎”[④]。据档案记载，康熙十四年（1675）正式议准“暂移存留事案”，奉旨“裁减驿站官俸工食及存留各项钱粮”，随后，各地先后以裁存留报闻。当时有所谓“存留钱粮，尽裁充兵饷”之说。[⑤]

从有关方志的记载也可看出，三藩之乱期间确实将此前的剩余存留钱粮“尽裁充兵饷”，几乎没有什么剩余。为了较系统地说明问题，兹以河北东安县为例，将原额存留银、顺治朝裁减存留银、康熙朝三藩之乱期间裁减剩余存留银的情况列表示之：[⑥]

① 档案，顺治十七年六月十二日车克题：《为酌拨十七年兵饷事》，中国第一历史档案馆藏。
② 各种方志记载的裁减时间略有不同，如果综合方志的记载来看，实际上在这一段时间内每年都有裁减。
③ 参见（清）蒋良骐：《东华录》卷9。
④ 《清史列传》卷10，《赵祥星传》。
⑤ 同治《苏州府志》卷12，《田赋》引康熙二十年慕天颜疏；又参见《皇清奏议》卷20，康熙十五年郝浴疏。
⑥ 康熙《东安县志》卷4，《赋役》。按：乾隆《东安县志》卷7，《解支》的记载略有不同。

表 2　顺、康两朝东安县裁减存留比较

存留银类别	原额银（两）	顺治朝的裁减	康熙朝的裁减
顺抚吏书廪给银	108	十三年裁 90 两	元年全裁
霸州道快手工食银	86.4	十三年裁 14.4 两	十五年全裁
府尹柴薪银	42	未裁	七年全裁
儒学斋夫工食银	24	十三年全裁	
知县俸薪银	63.5	未裁	十五年全裁
心红纸张银	20	十三年全裁	
油烛银	10	十三年全裁	
上司伞扇银	10	十二年裁 8 两 十三年全裁	
修宅家伙银	20	九年全裁	
吏书工食银	129.6	九年裁 57.6 两	元年全裁
门子工食银	14.4	九年裁 2.4 两	十五年全裁
皂吏工食银	115.2	九年裁 19.2 两 十三年裁 24 两	十五年全裁
马快工食银	144	九年裁 9.6 两	十五年全裁
民壮工食银	360	九年裁 60 两 十三年裁 6 两	十五年全裁
灯夫工食银	28.8	九年裁 4.8 两	十五年全裁
看监禁子工食银	57.6	九年裁 9.6 两	未裁
修理监仓银	20	未裁	十五年全裁
轿伞扇夫工食银	50.4	九年裁 8.4 两	十五全裁
库书工食银	12	九年裁 6 两	元年全裁
仓书工食银	12	九年裁 6 两	元年全裁
库子工食银	28.8	九年裁 16.8 两	十五年裁 6 两
斗级工食银	28.8	九年裁 16.8 两	十五年裁 6 两
铺兵工食银	104	十八年裁 8 两	未裁
典史俸薪银	31.5	未裁十五年	全裁
书办工食银	7.2	九年裁 1.2 两	元年全裁
门子工食银	7.2	九年裁 1.2 两	十五年全裁
皂吏工食银	28.8	九年裁 4.8 两	十五年裁 12 两
马夫工食银	7.2	九年裁 1.2 两	十五年全裁
生员廪膳银	192	十三年裁 128 两	二年全裁
朔望行香纸烛银	1	九年全裁	
乡饮酒礼银	10	十三年裁 5 两	十五年全裁
科场器皿银	60.4	未裁	十五年全裁

上表所列共32款，除“看监禁子工食银”、“库子工食银”、“斗级工食银”、“铺兵工食银”、“皂吏工食银”因具有特殊意义尚存剩一点外，其余存留银两全部裁减完毕。表中未列诸项，如“状元归第银”、“新中进士牌坊银”、“新中举人牌坊银”、“新中武进士花红银”、“新中武举人花红银”、“吹手工食银”、“火夫工食银”、“更夫工食银”、“膳夫工食银”等项，也大都递加裁减，并于三藩之乱期间“暂裁解部充饷”。

上表示列的东安县裁减存留的情况，当然不是特殊的个例，而是普通性的。对此，各种编撰较好的地方志中均有记载，再拣出江西婺源县的情况作为示例，其裁减时间与复存留情况，均可与上述对照。光绪《婺源县志》载：

> 知县俸薪油烛银75.5两，顺治十四年裁30.5两，康熙十四年全裁，二十二年复。
>
> 门子工食银14.4两，顺治九年裁2.4两，康熙七年裁6两，十年复，十五年全裁，二十二年复。
>
> 皂吏工食银115.2两，康熙七年裁72两，十年复，十五年全裁，二十二年复。
>
> 马快工食银144两，顺治九年裁9.6两，康熙七年裁134.4两，十年复，十五年全裁，二十二年复。
>
> 民壮工食银360两，顺治九年裁60两，康熙七年裁228两，十年复，十五年全裁，二十二年复。
>
> 轿、伞、扇夫工食银50.4两，顺治九年裁8.4两，康熙七年，裁12.4两，十年复，十五年全裁，二十二年复。①

---

① 光绪《婺源县志》卷16，《食货志》。

又如，康熙《信丰县志》载：

知县俸薪27.4两，薪银36两，顺治十四年裁薪银20两。心红油烛纸张银30两，修宅家伙银20两，顺治九年全裁。迎送上司伞扇银10两，顺治十二年裁8两。

吏书12名，工食银129.6两，顺治九年裁57.6两，实给银72两。每名每月止给银0.5两。

门子2名，工食银14.4两，顺治九年裁2.4两，实给银12两。每名每月止给银0.5两。

皂吏16名，工食银115.2两，顺治九年裁19.2两，实给银96两，每名每月给银0.5两。

马快8名，工食银144两，顺治九年会议每名每月给银1.2两，每年裁银9.6两解部，实给134.4两。

民壮50名，工食银360两，顺治九年会议每名每月给银0.5两，每年裁银60两，实给银300两。

灯夫4名，工食银28.8两，顺治九年会议每名每月给银0.5两，裁银4.8两，实给银24两。

看监禁卒8名，工食银57.6两，顺治九年会议每名每月给银0.5两，裁银9.6两，实给银48两。

轿伞扇夫7名，工食银50.4两，顺治九年会议每名每月给银0.5两，裁银8.4两，实给银42两。

仓书1名，工食银12两，顺治九年会议每名每月给银0.5两，裁银6两，实给银6两。

库书1名，工食银12两，顺治九年会议每名每月给银0.5两，裁银6两，实给银6两。

库子4名，工食银28.8两，顺治九年会议每名每月给银0.5

两，裁银4.8两，实给24两。

斗级4名，工食银28.8两，顺治九年会议每名每月给银0.5两，裁银4.8两，实给24两。①

裁减存留为起运，亦即变地方财政为中央财政，构成清廷应急军需、渡过中央财政困厄关口的重要手段，有着不可忽视的作用。但是，存留钱粮作为地方财政的标志，事实上维持着地方的行政、社会功能，难以或缺，裁减存留之后，势必生出弊端，还在顺治九年（1652）首次大规模议裁存留时，户部尚书车克就已指出：

起运以供军旅之需，即有不给，尚可拨济于他藩；存留以供本地之用，一或不敷，万难乞贷于别省。且细查存留各款，不及枚举，其万万不容已者，如经制之有俸薪以养廉也，俸无所出，何以惩官之贪？衙役之有工食以效力也，食无所资，何以禁吏之蠹？礼士藉有月粮，粮裁皆沮气矣。赈贫恃有孤米，米去而孤独尽呼号矣……以及朝觐、表笺、乡饮、科贡诸费，俱所必需，自难节省。其尤有上关国脉、下系民生，不可斯须废缺者，莫如站支银两焉……倘一一减缩，势必欲挪移供应。②

车克对裁减存留之弊的认识可概括为四端：一为地方财政因此而紧张，遇事难以设处；二为势必促成或加剧地方官吏的私征私派、贪婪中饱；三为地方行政的社会公共职能削弱；四为导致地方

① 康熙《信丰县志》卷2，《秩官表》；卷5，《食货志》。
② 档案，顺治九年七月二十八日车克题：《为遵旨议奏事》，中国第一历史档案馆藏。

官的挪移侵欺、地方财政混乱。

此种有见解的议论，之所以不为清廷所动，且在顺治后期以迄三藩之乱期间屡屡议裁存留者，据称是“迫不得已”之故。特别是在“存留钱粮，尽裁充兵饷”之时其弊益显，并且更有可能导致地方官吏借摊派之名而中饱私囊，一如刑部尚书朱之弼所说：

> 存留钱粮原留为地方之用，裁一分则少一分，地方官事不容已，不得不又派之民间，且不肖有司因以为利，是又重增无限之苦累矣！[①]

当时职任直隶灵寿县的名臣陆陇其亦云：

> 查《赋役全书》，旧额有一项人役，则有一项工食，有一项公务，则有一项钱粮，盖未有用其人而可不予之以食，办其事而可不费一钱者也。用人而不予以食，则必至于卖法办事；而求不费钱，则必至于派民。自兵兴之际，司农告匮，将存留款项尽行裁减，由是州县掣肘，贪墨无忌，私派公行，不可禁止。百弊之源，皆起于此。自康熙二十年以后，再颁恩诏，渐次奉复，海内始有起色。然尚有应复而未复者，敢为宪台陈之：
>
> 如衙役犯赃之律甚严，而书办之工食独不复，不知此辈能枵腹而奉公乎。抑将舞文弄法，以为仰事俯育之资也。给以食，而犯法虽杀之无憾也。不给以食，使之不得已而犯法，加之以刑，其肯心服乎？此其当复者一也。
>
> 心红纸张、修宅家伙，此州县所必不能免者也，既奉裁

① （清）蒋良骐：《东华录》卷9引朱之弼疏。

革，不知天下有司，皆能捐俸而自备乎。抑或有责之铺户，派之里下者也。有正项开销，虽贪吏无由借端苛派，无正项可动，将借口以责之于民，朝廷之所省有限，而小民之受累无穷。此其当复者二也。

上司过往，下程中伙杂支供应，此州县所必不能无者也，既奉裁革，不知上官之临州县，皆能自备供应，自发价值乎？抑或有不能不资藉于地方者也，有司之懦者恐触上官之怒，百计逢迎，贤者亦恐失事之体，多方补苴，无米之炊，不知其安从出也。此其当复者三也。

存留尽复，则私派可禁，私派尽禁，则百姓可足。在主持国计者，惟知复一项，则费一项之金钱，不知裁一项，则多一项之掣肘。掣肘之害，层累而下，总皆小民受之，小民疲罢逃亡，其害仍自国家受之。①

陆陇其除了指摘三藩之乱期间将存留款项尽行裁减，是导致弊端丛生的渊源，还认为，三藩之乱对存留的归复非常有限，仍然难以杜绝弊端的产生，因此提出了归复存留的三个理由，认为，“存留尽复，则私派可禁，私派尽禁，则百姓可足”。

类似议论尚多，其意已明。同时，康熙帝也曾认识到，大幅度地削减地方存留，亦与当时议论纷纭的藩库钱粮的“亏空”有关。他在康熙四十八年（1709）的上谕中称：“凡言亏空者，或谓官吏侵蚀，或谓馈送上司，此固事所时有。然地方有清正之督抚，而所属官员亏空更多，则又何说？朕听政日久，历事甚多，于各州县亏空根源，知之最悉。从前各省钱粮，除地丁正项外，

① （清）陆陇其：《时务条陈六款》，《三鱼堂外集》卷1。

杂项不解京者甚多，自三逆变乱之后，军需浩繁，遂将一切存留款项尽数解部，其留地方者，惟俸工等项必不可省之经费，又经节次裁减，为数甚少。此外则一丝一粒，无不陆续解送京师，虽有尾欠，部中必令起解。州县有司无纤毫余剩可以动支，因而挪移正项，此乃亏空之大根源也。”① 由此也可以体会到地方财政紧张所导致的结果往往是连锁性的。

三藩之乱结束以后，存留款项又陆续归还地方，存留与起运的关系有所好转。当然，所谓的“复存留”，仍是有限度的，如生员廪膳银一项，原额为 190277 两，顺治十三年裁三分之二，康熙二年（1663）又将留支的三分之一全裁，康熙二十四年六月，为了“培养士气”，也仅仅归复原额的三分之一。② 再就直隶东安县的情况来看，原额起运银为 6901.8 两，原额存留银为 6259.3 两，起运、存留比例约略相当，后节次裁减，三藩之乱期间裁减殆尽，以后尽管陆续归复，也并不是“归复”到原先的比例，其乾隆年间的存留银为 2242.3 两③，存留银占应征田赋钱粮的 17%，这个比例与全国的情况相比大致相当。

为了展示起运、存留的变化，特将康熙《大清会典》所载康熙二十四年的起运、存留数额，以及乾隆《大清会典则例》所载乾隆前期的起运、存留数额，分列两表示之（见表 3、表 4）。④

---

① （清）蒋良骐：《东华录》卷 21，第 342 页。

② （清）蒋良骐：《东华录》卷 13，第 209 页。

③ 乾隆《东安县志》卷 7，《解支》。

④ 康熙年间的数额，见康熙《大清会典》卷 24，《户部 · 赋役一》；乾隆年间的数额，见乾隆《大清会典则例》卷 36，《户部 · 田赋三》。[美] 曾小平、董建中译：《州县官的银两——18 世纪中国的合理化财政改革》，中国人民大学出版社 2005 年版，第 28 页；另有《康熙二十四年地丁钱粮的起运与存留》，可以参看。数字可能有问题。陈桦：《18 世纪的中国与世界 · 经济卷》，辽海出版社 1999 年版，第 275 页，有《嘉庆末年各地存留银情况表》，可以参看。

地方存留的“归复”以及中央财政与地方财政比例的适当划分与固定，是随着国家财政的好转而逐步实现的。“存留之数，岁亦不齐”，各个时期起运与存留的比例均有所变动，康熙二十四年的起运、存留数额，从总体比例上来看，已经接近后来的比例，但云南全部留充存留的情况，以及四川等省的高比例存留，依旧带有三藩之乱战争过后的遗痕。乾隆年间起运与存留所反映的比例，大体上是经过多次更改之后而固定化了的。

表3 康熙二十四年各省起运、存留比例

省别	起、存总额(两)	起运(两)	百分比(%)	存留(两)	百分比(%)
直隶	2443608	1881108	76.98	562500	23.02
奉天	13939	4755	34.11	9184	65.89
山东	3191415	2504209	78.47	687206	21.53
山西	3017289	2678779	88.78	338510	11.22
河南	2709157	2268602	83.74	440555	16.26
江苏	3978516	2836593	71.30	1141923	28.70
安徽	1689859	1153291	68.25	536568	31.75
江西	1960556	1525638	77.82	434918	22.18
福建	1069853	866448	80.99	203405	19.01
浙江	2920629	2188575	74.94	732054	25.06
湖北	1044827	831754	79.61	213073	20.39
湖南	637994	487419	76.40	150575	23.60
陕西	1575752	1277096	81.05	298656	18.95
甘肃	211092	105969	50.20	105123	49.80
四川	42000	12465	29.68	29535	70.32
广东	1146095	1006377	87.81	139718	12.19
广西	332522	243211	73.14	89311	26.86
云南	174818	—	—	174818	100
贵州	63216	61692	97.59	1524	2.41
合计	28223137	21933981	77.72	6289156	22.28

表4 乾隆年间各省起运、存留比例

省别	起、存总额(两)	起运(两)	百分比(%)	存留(两)	百分比(%)
直隶	2401058	1913491	79.69	487567	20.31
盛京	41685	26031	62.45	15654	37.55
山东	3408797	2781647	81.60	627150	18.40
山西	3042468	2593517	85.24	448951	14.76
河南	3320491	2738250	82.47	582241	17.53
江苏	3144529	1898991	60.39	1245538	39.61
安徽	1837565	1379512	75.07	458053	24.93
江西	20072331	571321	78.28	435912	21.72
福建	1248736	1037618	83.09	211120	16.91
浙江	2314142	2145083	92.70	169059	7.30
湖北	1173906	823102	70.12	350804	29.88
湖南	1194984	903517	75.61	291467	24.39
陕西	1608851	1356305	84.30	252546	15.70
甘肃	284689	191593	67.30	93096	32.70
四川	657584	490364	74.57	167220	25.43
广东	1257914	841372	66.89	416542	33.11
广西	390980	296035	75.72	94945	24.28
云南	209985	166201	79.15	43784	20.85
贵州	92452	75489	81.65	16963	18.35
合计	29638051	23229439	78.38	6408612	21.62

在各种地方志中，也大都载有起运钱粮与存留钱粮，而且存留钱粮的支出类项也较为具体。下面选录河南开封府的起运与存留情况作为例证：

开封府：起运银四十七万五千五百六十六两六钱，遇闰加额银五千九百九十四两九钱。存留支给河夫、驿站，并官俸、役食、祭祀、棉布等项银六万六千八百三十四两九钱，遇闰加额银四千九百八两八钱。

祥符县：起解连闰并匠价银八万六千四百六十二两四钱，存支河夫连闰银二千三百六十四两四钱，驿站连闰银一万四千一百五十四两六钱，祭祀、俸工等项连闰银一千八百三十一两九钱。

陈留县：起解连闰银三万五千七百七十二两，存支河夫连闰银四百六十四两六钱，驿站连闰银三千一百八十三两三钱，俸工、祭祀等项连闰银一千一百一十八两二钱。

杞县：起解连闰银八万二千五百五十三两五钱，存支河夫连闰银一千四百三十六两八钱，驿站连闰银四千一百五十八两七钱，俸工、祭祀等项连闰银一千七百三十三两五钱。

通许县：起解连闰银二万三千三百六十八两八钱，存支河夫银三百七十三两一钱，驿站连闰银五千一百六十七两六钱，俸工、祭祀等项连闰银一千三百六十两九钱。

太康县：起解连闰银三万五千六百四十五两七钱，存支河夫银七百一十八两三钱，驿站连闰银四千四百六十三两七钱，俸工、祭祀等项连闰银一千八百五十两九钱。

尉氏县：起解连闰银二万一千七百八十二两六钱，存支河夫银三百四十九两八钱，驿站连闰银二千三百一两一钱，俸工、祭祀等项连闰银八百五十八两七钱。

洧川县：起解连闰银一万五千一百五两七钱，存支河夫银二百三十六两九钱，驿站连闰银一千八百三十七两七钱，俸工、祭祀等项连闰银五百一十八两三钱。

鄢陵县：起解连闰并匠价银二万七千七百九十三两三钱，存支河夫银三百二十八两六钱，驿站连闰银六百两四钱，俸工、祭祀等项连闰银八百二十一两八钱。

扶沟县：起解连闰银一万九千三百二十七两八钱，存支河夫银二百八十二两九钱，驿站连闰银三百七十七两八钱，俸工、祭祀等项连闰银八百四十四两二钱。

中牟县：起解连闰银二万七千三十三两，存支河夫连闰银一百九十二两五钱，驿站连闰银一千八百五十三两二钱，俸工、祭祀等项连闰银四百六十七两四钱。

阳武县：起解连闰银三万四千九百五十三两一钱，存支河夫银连闰共一千二百五十四两三钱，驿站连闰银一千四百五十两四钱，俸工、祭祀等项连闰银一千七十三两五钱。

封邱县：起解连闰银二万九千六十七两七钱，存支河夫连闰银四百六十七两二钱，驿站连闰银二千一百六十二两一钱，俸工、祭祀等项连闰银八百八十两八钱。

兰阳县：起解连闰银二万三千一百七十三两八钱，存支河夫等项连闰银五百六十一两五钱，驿站连闰银二千四百四十七两八钱，俸工、祭祀等项共银七百七十一两七钱。

仪封县：起解连闰银一万九千五百二十一两三钱，存支河夫连闰银九百四十两，驿站连闰银二千二百三十八两八钱，俸工、祭祀等项连闰银一千二百四十一两七钱。①

由上可知，存留类项的支出，开封府主要是河夫、驿站、官俸、役食、祭祀等项，至少在一个府内是基本上相同的。

起运与存留有一定的比例，也有制度上的规范。如：

顺治十年覆准："起运钱粮，布政使司先发给府州县空白批文百张，批文内编定号数，府州县起解时，填领解姓名，钤印投司。司验批到先后，以杜侵冒。"

顺治十一年覆准："起解钱粮，布政使司立验批簿，州县于起解之先，豫期申报司库，填入验批簿内，一面起批，限期解交该衙

① 雍正《河南通志》卷21，《田赋上》。

门，该衙门仍将批发回，不得踵蹈寝批之咎。州县将领过批回实收，具文申报，登簿存验。”

顺治十七年覆准：“州县解司钱粮批回，三注日期，一注到司日，一注兑银日，一注发批日。”

康熙二年覆准：“州县起解钱粮，以批回为据，令设连环批，其式用纸一张，联书字号，截为二批，豫申巡抚，亲判银数，限日发回。州县临起解时，将发回连环批，一申巡抚存案，一发解役赴该衙门交纳。注收银数目，原批发回，州县即送巡抚对批查验，以杜侵冒迟延之弊。”

康熙四年覆准：“钱粮各有款项，起解不容混淆，如布政使司将解到钱粮，发换批回，改抵别项，及府州县不按款项，蒙混抵解，布政使司递为转报者，听督抚题参。”

康熙七年题准：“州县开征钱粮后，逐月报府，随收随解，如藉称候齐汇解，以抗玩治罪。府于州县申报后，即转报布政使司，如报收未解，府不即速稽查者，以徇庇例治罪。司于府申报后，核参不严，致日久侵没者，以失察例治罪。巡抚本年不核，至事发，或交代时始查出者，以蒙混例坐罚。”

康熙十五年议准：“官员将不应起解之钱粮，违例起解，及应解本色解送折色者，各加议处。”

康熙五十九年议准：“州县官将征收钱粮，计道路之远近，量数目之多寡，随征随解布政使司，如有迟延不解者，由府核报参处。如州县批解正项钱粮，而布政使司抵兑杂项，勒批不发者，许州县申报督抚，或径报部院题参。”

雍正七年议准：“湖北起解正项钱粮，填用批号，于联批内书写细字，首列起解年分，某项钱粮额数，次开某年月日解过本项之批号银数，复将现解钱粮，用大字分别开填某号批解若干，复细字填注汇计已完未完总数，起解杂项，填用单批，编列字号，钤以州县印信，按照司道衙门，各自一号，起编至百号止，陆续填用，每批止开现解款项，别于批尾黏单，开载解过款项银数月日，每黏单内，以开载十号为率。获批者，于本号之下注明。直隶、奉天、山东、河南、陕西、广东、广西、贵州，现用单联号批，浙江、江西、湖南、云南、正项钱粮，现与湖北之例相符，其杂项填用单批。应照湖北遵行。又山西、江南、福建、甘肃、四川，均照所颁单联批式填解。其盐课米豆等项，填用联批，各省不同，照本省例，复参以湖北之式行。”

乾隆三十二年议准：“直隶各州县仓库钱粮，除另解之兵饷，留支之俸工、役食、祭祀等银，悉行勒限起解司库。旗地租银，同地粮随征随解。毋许藉词八月奏销，致任延阁。其田房、牛驴、牙帖等杂税，及驿站、小建、余剩、廪粮等项，应随正项搭解。又带办师生、缺官、降罚、住俸、孤贫、小建等款，数本零星，统于年底扫数汇解。如州县月报不实不尽，核有情弊，该管上司，即前往抽查揭报。至征存钱粮，于拆封次日即便倾镕。银数在三千两以内者，限十日，每千两加二日，总不得过二十日。具批起解，如有逾限，分别记过咨参。”

嘉庆五年（1800）奏准：“州县征收钱粮，照依赋役全书内额编银两，分别征收。各州县详请拆封后，责成道府查核实征银两，应支官俸、役食、驿站、夫马、祭祀、廪膳、孤贫等项银两，由各州县自行支留，余存银两即行解交藩库。”①

各种制度上的规范，涉及方方面面，而且十分具体。

起运与存留的关系以及存留的动用，也有相应的规定。如康熙元

① 以上见光绪《大清会典事例》卷169，《户部·田赋·起运钱粮》。

年（1662）题准："州县钱粮，先尽起运之数全完，方准存留。"雍正六年（1728）题准："直省存留银，凡官役俸工等项，遇支给之时，传集同城文武官公同给发，申报奏销。"[①] 所谓"先尽起运之数全完，方准存留"，以及上揭种种措施，都表明了对起运钱粮的特别重视。所谓"官役俸工等项，遇支给之时，传集同城文武官公同给发，申报奏销"，也表明存留钱粮不可随意动用，也有例行的奏销手续。

在存留之制外，还分别于雍正五年和雍正八年创立了"留贮"与"分贮"银制度，以备地方不时之用，即所谓："直省备用之额，雍正五年以各省经费外或多需用，令督抚于春、秋二拨时，酌留若干，封贮司库，是为留贮。遇用豫期疏闻。……雍正七年谕拨户部银二万两，分给大兴、宛平二县，以备需用。八年，援宛、大之例，凡供军需及繁剧州县，亦各拨银贮库，是为分贮。"[②] 留贮与分贮银制度，应该说是随着国家财政的好转所采行的对存留之制的补充措施，但其主旨则是为了备战应军需[③]，毕竟与存留之制不同。

二、耗羡的存留与兵饷的协拨

就起运与存留的关系而言，耗羡的存留与兵饷的协拨亦值得特别注意。

耗羡归公以后，耗羡与存留的关系是一个重要的问题。业师彭雨新先生已经指出"耗羡归公是存留问题上的一大前进"，但未加具

① 乾隆《大清会典则例》卷36，《户部 · 田赋三》。

② 《清朝文献通考》卷40，《国用二》，第5228页。

③ 参见拙著：《清代军费研究》，武汉大学出版社1992年版，第175—176页。

体的探讨。[①]

雍正初实行耗羡归公，提解司库，以支发养廉银和补充地方财政所用。耗羡归公是雍正朝重要的财政改革，是毋庸置疑的，但经过一段时间之后，耗羡归公也导致了弊端的产生。特别是在耗羡的动用上，由于缺乏制度上的具体规定，弊端更加明显，雍正帝晚年已经有所觉察，雍正十三年（1735）上谕指出："朕留心体察，外省布政使中竟有庸劣无识之人，将此项银两视为无足轻重之物，而不念其为民脂民膏，或挪补借支，或任意费用。前任含糊交代，后任不便深求，竟将有关国计民生之项渐成纸上空谈，而督抚亦不查察。"因而谕令"勒定限期，令造清册，送部查核。至于清查之法，应自该省议定公费养廉之年份起，至前任卸事之日止，将额征公费、完欠、杂支，同余剩未给各数目，按年归款。……嗣后，按年分晰造册，随同奏销钱粮各册，咨送户部核销"[②]。清查耗羡的用项以及规范耗羡的奏销，意旨十分明显，但由于雍正帝的去世，一时中断了耗羡的清查进程。[③]到乾隆五年（1740），清查耗羡的思路又重新拾起，该年上谕：

> 雍正十三年六月内曾奉皇考谕旨，将各省耗羡存公银两饬令清查，原属防微杜渐之至意。朕嗣位之初，念耗羡不同正项，从前原未定有章程，且历年已久，各省规条不一，官员更换亦多，况复恩诏屡颁，纵有挪欠，亦当在宽免之列，是以谕令暂行停止清查。今看各省情形，渐滋冒滥，若不早加整顿，立法防闲，必致挪移出纳，弊窦丛生。一经败露，国法难宽。

① 彭雨新：《清代田赋起运存留制度的演进》，《中国经济史研究》1992年第4期。

② 《清世宗实录》卷157，雍正十三年六月乙亥。

③ 参见郑永昌：《从"地方之公"到"国家之公"——论乾隆初期对地方耗羡收支管控体制的确立》，《故宫学术季刊》第20卷第3期，2003年。

> 揆之朕爱养教诲之心，固有所不忍，即经办各员，噬脐知悔，已属难逭。是及今综核清理，亦豫为保全之道也。户部可行文各省督抚，将地方必需公费，分析款项，立定章程，报部核明，汇奏存案。嗣后务将一年之内额征公费完欠杂支同余剩未给各数目，逐一归款。各官养廉，照依正署起止月日应得分数，并扣除空缺，详细登记。其收数内有拖欠未完者，分别应否着追，其支数内有透动加增者，分别是否应给。有无挪移亏缺之处，俱于岁底将一切动存完欠各数，及扣存减半平余银两，造册咨送户部核销。如此年清年款，则民力输将，均归地方实用，而经理之员，亦免罹于参处矣。①

乾隆上谕的关键之点是："行文各省督抚，将地方必需公费，分析款项，立定章程，报部核明。"王庆云《石渠余纪》卷三《纪耗羡归公》所云："（乾隆）五年，以地方无关紧要之事，辄动耗羡，令督抚将各省必需公费分晰款项，报部核奏。自是以后，各省耗羡掌于户部湖广司者，取之有定数，用之有定款。"即是指此。嘉庆《大清会典》在叙述户部湖广清吏司职掌时称："凡耗羡之政掌焉。各省每年征收地丁耗羡银两，乾隆五年谕，各省督抚，将地方必需公费，分析款目，立定章程，由部核明，汇奏存案。每年动款，分别循例请销，有定款有定数者，有定款无定数者，以五年通融比较。无定款随时动用者，通融撙节，不得出范围之外。又常例之外，遇有兴作必需者，随时奏明动用。每年将收支动存各数造册送部。户部于年终查核汇奏。"②

① 《清朝文献通考》卷41，《国用三》，第5233—5234页。

② 嘉庆《大清会典》卷13《户部》。

在耗羡的清理整顿上，乾隆五年肯定是一个重要的年份，但该年是否制定了《耗羡章程》，则较为模糊，按王庆云《石渠余纪》和嘉庆《大清会典》的记载，似乎该年已经制定，但据郑永昌称："乾隆十三年四月，户部将各省汇奏的耗羡经费各条，节经多次往返诘驳删减，最后将准销经费各项，正式颁定《耗羡章程》。"①

然而，据光绪《大清会典事例》记载："各省耗羡章程，节次驳令删减，至乾隆十五年，始据各省督抚陆续酌定，经部议覆。各省耗羡提解归公，原为各官养廉及地方公事之用，仅按各省岁收银两，通计节年报销之有定款项，权其多寡，酌量派拨，至无定款项，难以悬拟，其银存留本省以备公用。"②

又，乾隆十五年，"户部议覆前署江苏巡抚雅尔哈善疏称，江苏省罪囚口粮，在常平仓谷内动给，其盐菜钱文，于耗羡内每年留银二百二十二两零支销。第各属罪囚多寡不同，盐菜钱按日给发，每较原定之数不敷，嗣后应按年核计罪囚多寡，据实请销。应如所请，将罪囚不敷盐菜钱，列在有定款无定数项下，在存公银内动支"③。

乾隆十七年上谕："湖北巡抚恒文奏动耗羡一折内称，本年春拨解黔银两，共用水脚鞘银十二两零，于本年三月份耗羡内动给等语，此奏殊不知大体。各省《耗羡章程》，其有定款无定数之项，部议令随时奏明，固为慎重钱粮起见，但若仅十余金之事亦专折奏请，其琐屑细碎，殊非政体。嗣后此等动用之处，若在百两以下，应成总汇折奏闻，方为得体。可传谕各省督抚知之。"④

乾隆十八年奏准："江南河工经费，其有定款定数者，仍应照数

---

① 郑永昌：《从"地方之公"到"国家之公"——论乾隆初期对地方耗羡收支管控体制的确立》，《故宫学术季刊》第20卷第3期，2003年。

② 光绪《大清会典事例》卷170，《户部·田赋·耗羡动支》。

③ 《清高宗实录》卷378，乾隆十五年十二月壬申。

④ 《清高宗实录》卷423，乾隆十七年九月癸未。

支销，其有定款而无定数者，以乾隆五年报部之数为准。除见在协办河臣二人各分给五百两以资公用外，其河臣勘工、盘费及修理廨舍、工食、犒赏等项，准其动支银五千两，按月支给。河库道修理天平库署等项，准其动支银五百两，均听各该处自行通融办理。其无定款定数者，照《耗羡章程》，遇有动用之处，令河臣奏明办理。”①

乾隆二十三年上谕：“户部汇奏耗羡银两内，安徽、浙江、山东、四川、西安（陕西）五省所交耗羡，除通融抵补外，尚多支银一万四千四百余两，请行令该督抚查明，承办各官分赔等语，《耗羡章程》原因每年动支数目多寡不同，是以定议五年合计汇办，以示节制。”②

嘉庆二十五年奏准：“直省额征耗羡银两，随地粮编征，每年地亩升除不一，随征数目，多寡无定，其动用有定款、有定数者，共五百三十八款，按年尽数支给。其有定款、无定数者，共一百二十九款，每年共酌给银九万一千四百八十三两有奇。令督抚酌盈剂虚，通融撙节，实用实销，由部五年比较，通盘核算，不得出范围之外。倘有任意支销，以致不敷，即于滥动各官名下着落赔补。至常例之外，有兴作等项，随时动用各款，其数在五百两以上者，奏明动用，在三百两上下者，咨部办理。仍于年底汇折具奏，将一年内奏咨动用各案，分别行查准驳各若干件，另缮清单奏闻。”③

根据上述记载，笔者认为，乾隆五年上谕后，各省已经陆续制定《耗羡章程》，至乾隆十五年“始据各省督抚陆续酌定，经部议覆”。而且此后也还有补充和变化。

---

① 乾隆《大清会典则例》卷132，《工部·都水清吏司》。

② 《清朝文献通考》卷41，《国用考三》，第5236页。

③ 光绪《大清会典事例》卷170，《户部·田赋·耗羡动支》。

乾隆年间耗羡的清理和《耗羡章程》的酌定，其意义，与起运、存留关系密切者，表现在三个方面。

一是规范了耗羡的奏销。无论是造册、考成，还是征解、支发，都有了各种具体的规定。这些规定，在乾隆《户部则例》中，散见《田赋·征解》、《田赋·耗羡》、《田赋·奏销考成》各卷中，而在同治《户部则例》中，则有集中的记载，兹据同治《户部则例》将有关规定示列如下：

> 各省额征各款耗羡，均随同正项钱粮统计分数，一疏具题，以定考成。如正、耗全完，方准议叙。
>
> 各项耗羡，除已完未完分数考成册造报外，仍一面将动存各款，声明有无侵挪亏空，专折奏报，一面分析造具四柱款册送部，户部于年终汇核具题。
>
> 征收耗羡，如止解正项，不解耗羡，即系官吏侵挪。藩司一面勒追，一面参究。若该司瞻徇容隐，经部查出，一并参处。各项着落分赔。仍将是否随正完解之处，该督抚于报部册内声明，以凭稽核。
>
> 各省额征耗羡银两，概同正项钱粮，随时征收，其应支各官养廉、吏役工食，准其在于征收银内坐支。其余仍随正项钱粮尽数解司。每届岁底，各省督抚查明，一年之内额征完欠及动用存留确数，并节年积存数目，年清年款，造册报部，由部汇奏。①

以上所谓“各款耗羡，均随同正项钱粮统计分数”，“征收耗羡，

① 同治《户部则例》卷9，《田赋三·耗羡考成》。

如止解正项，不解耗羡，即系官吏侵挪”，“各省额征耗羡银两，概同正项钱粮”等，都说明乾隆初年以降，耗羡已与正项钱粮无异。

二是规定了耗羡作为地方存留，其银额以及支发的范围和类项。各省的耗羡存留数额以及有定款有定数者，根据嘉庆二十五年奏准的《耗羡章程》示列如下：

直隶省额定耗羡章程，并晋省协解银，共三十万二千二百六十六两有奇，有定款、有定数者共十款。

奉天省额定耗羡章程，并中江、山海关税羡余等银，共九千二百七十八两有奇，有定款、有定数者共八款。

江苏省苏州布政司所属额定耗羡章程，并匣费等银，共三十五万七千四十八两有奇，有定款、有定数者共三十三款。江宁布政司所属额定耗羡章程，并盐规匣费，共银三十五万七千四十八两有奇，有定款、有定数者共二十八款。

安徽省额定耗羡章程，并匣费等银，共二十二万八千二百七十三两有奇，有定款、有定数者共二十九款。

江西省额定耗羡章程，并关税、火耗羡余等银，共二十三万三千三十二两有奇，有定款、有定数者共四十二款。

浙江省额定耗羡章程等银，共十六万二千二百六十二两有奇，有定款、有定数者共十七款。

福建省并台湾府额定耗羡章程，暨官庄关税赢余寺田租榖，共银二十二万六千六百九十七两有奇，有定款、有定数者共五十九款。

湖北省额定耗羡章程，并各税赢余等银，共二十八万五千九百八两有奇，有定款、有定数者共三十二款。

湖南省额定耗羡章程，共银十五万八千九百四十六两有奇，有定款、有定数，及增添祭祀一款共三十二款。

河南省额定耗羡章程，共银四十二万一千一百十七两有奇，有定款、有定数者共三十九款。

山东省额定耗羡章程，共银四十七万三千一百三十四两有奇，有定款、有定数者共二十二款。

山西省额定耗羡章程，共银三十六万九千二百五十四两有奇，有定款、有定数者共三十一款。

陕西省额定耗羡章程，共银二十三万七千一百七十八两有奇，有定款、有定数者共二十七款。

四川省额定耗羡章程，并盐茶羡余杂税赢余等项，共银二十九万二千九百两有奇，有定款、有定数者共二十五款。

广东省额定耗羡章程，并落地税羡银，共二十三万二千七百六十三两有奇，有定款、有定数者共三十七款。

广西省额定耗羡章程，并盐道拨解盐羡银，共四万三千一百七两有奇，有定款、有定数者共二十六款。

云南省额定耗羡章程，并公件铜价等银，共十八万一千一百二十四两有奇，有定款有定数者共五十六款。

贵州省额定耗羡章程，并秋粮耗米、官田莜米、军田租谷变价等银，共六万二千八百六十一两有奇，有定款、有定数者共三十款。①

《耗羡章程》所规定的有定款有定数者，照款照数支销，而有定款无定数者，无定款定数者，则另外奏明请旨。

《耗羡章程》所规定的有定款有定数者，每省都有具体的款目和

① 光绪《大清会典事例》卷170，《户部·田赋·耗羡动支》。

数额，为了省篇幅没有照录，兹选取江西、湖北、山东三省作为具体示例：

江西省额定耗羡章程，并关税、火耗羡余等银，共二十三万三千三十二两有奇，有定款、有定数者共四十二款。内：总督吏役工食银一千三百一两二钱八分（原额银一千六百二十一两二钱八分），总督纸张银二百四十两（原额银三百两），总漕书吏工食银八十两，总漕路费银六百六十两，巡抚吏役工食银二千四百三十一两二钱（原额银二千九百三十一两二钱），巡抚拜本包箱银一百十两（原额银一百三十两），布政司书役工食银九百二十九两（原额银一千一百二十两），按察司纸张银二百二十四两，书役工食银六百三十六两，盐道库丁更夫工食银三十两（原额银四十二两），仓场总漕书役饭食银八十八两，总漕衙门赍册盘费银一百十七两，塘兵饷银一百八十七两一钱，提塘廪给塘饷银二千二百五十六两（原额银二千七百二十六两四钱），地丁册籍盘费银一百七两九钱（原额银一百五十二两九钱），颜料水脚银一千一百六十五两二钱四分，各属祭祀共五款祭品银七百一两有奇，吏部饭银一千二百两，户部地丁奏销及投册饭银二千六百八十五两六钱，兵马奏销饭银一百二十两，户科饭银三百六十两，兵米奏销饭银四百七十两，茶引饭银八两，颜料苎布饭银六十两，颜料、缎匹、二库饭银三百四十七两一钱八分，兵部兵马奏销饭银一百二十两，驿站奏销饭银一千两，刑部饭银二千两，原解兵科改解刑部饭银三百两，义宁州有额无征茶课银六十七两三钱一分七厘，德化、建昌、二县渡夫工食银一百八两，按察司秋审饭银二百二十两（原额银三百三十八两），南昌、新建、丰城、三县岁修营房工料银十三两八钱，各官养廉银十八万三千三百二十一两，总督辕门火药银一百二十三两六钱二分七厘（原额银一百五十两），巡抚衙门纸张银三百九十九两五钱（原额银五百两），星子等四县救生船水手工食银一千五百四十五两四钱二分二厘（原额银二千四百八十八两八钱），岁修营房工料银四百二十六两。

湖北省额定耗羡章程，并各税赢余等银，共二十八万五千九百八两有奇，有定款、有定数者共三十二款。除裁汰藩臬两司庆贺表笺银四十一两七钱三分四厘，摆马渡船水手工食银二百八两八钱，看守万寿宫人役工食银十二两，总督、巡抚出郊赏赉银一百十两八钱八厘，共四款。其余二十八款，内：各官巡盐公费银七千六百四十八两（原额银一万三千九百六十四两），看守先农坛农夫口粮银八两，各属祭祀共二款祭品银四百九十七两有奇，总督、巡抚、衙门进本公费银五百十八两，黄河冰冻雇夫绕道递送部文工食银五十两，宜昌、施南二府有苗州县设立义馆廪饩银二百八两，户部兵马奏销饭银一百八十两，兵部饭银一千一百六十两，户部黄白蜡等项饭银五百七十两八钱七分五厘（原额银五百七十四两八钱七分五厘），吏部饭银一千两，刑部饭银二千两，总督、巡抚二衙门廪工纸札银四千两，藩司衙门攒造奏册工价银二百七十八两，藩臬二司书吏资费银一千两，臬司、粮道衙门奏册工价银二百四十两，户部地丁奏销饭银一千一百五两六钱，又南粮奏销饭银三百六十两，户科饭银三百四十两，兵科饭银二百两，总督、巡抚、将军各衙门书役工食银一千三十两，文职各官养廉银十七万一千九十两，各属救生船工食银二千二百三十三两七钱八分一厘（原额银三千六百八十五两二钱），协贴豫省塘站马夫工料银一千一百十四两八厘（原额银一千一百五十七两八厘），土千总俸银五十七两九分九厘（原额银六十九两八钱三分六厘），荆州将军并左右两翼心红纸张饭食等银一百五十六两（原额银三百二十八两），荆州硝磺水脚银三两，户部黑铅饭银三百两三钱七分三厘。

山东省额定耗羡章程，共银四十七万三千一百三十四两有奇，有定款、有定数者共二十二款。内：各官公费银三万二千三百三十三两，巡抚衙门书吏盐菜银一千四百四十两，布政司衙门书吏饭食银二千两（原额银二千五百三十四两），吏部饭银一千两，提塘报资银六千八百六十一两，总河衙门公费银一千一百两八钱八厘，巡抚衙门军牢等役工食并炮药等银四百十六两四钱，泉夫工食银七千八百四十两，蒙阴等处祭祀银五百五十二两六分五厘，各官养廉银二十六万四千九百五十九两，泉夫器具银一百五十五两二钱，青州副都统衙门书吏工食银一百六两五钱（原额银一百五十六两），又心红银一百两（原额银一百四十两），户部兵马奏销饭食一百二十两，兵部饭银一百二十两，提塘赍送兵马奏销册籍赢价银八十八两，户科饭银五百两，解部科饭银盘费银五十五两，地丁奏销并投册饭银一千八百八十一两六钱，提塘赍送地丁投文掣批往返盘费银二百四十两，解送地丁奏销册籍赢价银六十三两（原额银七十两），德州南北两河千总养廉银九十两（原额银一百七十五两六钱）。

上引难免繁杂，但可以借此知晓有关省份存留耗羡银支发的具体情况。

三是一部分耗羡划入起运项下，一部分耗羡划入存留项下，改变了原来耗羡基本为存留的模式。由此，起运也分为起运正银和起

运耗银，存留分为存留正银和存留耗银，如下表所示：[①]

表5 各省起运正银、耗银与存留正银

	起运（两）		存留（两）	
省别	起运正银	起运耗银	存留正银	存留耗银
耗银直隶	1788521	211856	662622	自嘉庆十六年改解司库
盛京	20319	—	9148	—
吉林	31957	3298	144	—
山东	2772630	228639	328171	45942
山西	2645504	272847	325074	86202
河南	2747240	244110	248773	36272
江苏江宁	875559	65201	166264	16618
江苏苏州	1355705	48030	124762	7497
安徽	1220310	113998	250419	55370
江西	1781608	86652	215993	—
福建	1037993	130380	198763	4864
浙江	2121751	83584	239797	10731
湖北	961769	71263	98403	10923
湖南	936647	74936	234910	42220
陕西	1341362	66452	269402	173780
甘肃	214495	10536	69531	32378
四川	541502	44697	114210	54911
广东	864211	126260	192460	52665
广西	330846	12154	97157	26851
云南	147000	47642	66816	63802
贵州	65865	5044	29373	9702
小计	23802794	1947939	3942192	730728
合计	25750733	—	4672920	—

① 光绪《大清会典事例》卷169，《户部·田赋·起运钱粮》；卷170，《户部·田赋·存留钱粮》。

上表的起运总额和存留总额都比康熙年间和乾隆年间少，当是征不足额所致，这也是清代中后期田赋征收的实情。从起运与存留的比例看，由于一部分耗羡列入了起运，所以总的起运比例达到84.64，存留比例则降至15.36。

关于兵饷的协拨，笔者在《清代军费研究》中已经有所探讨，可以参见。[①]协拨亦称“协济”、“协饷”、“拨协”等，是将财力有余省份拨协财力不足省份的一种保证军需供支平衡的手段。

清朝分布各省的军队，原则上在各省起运项下拨支经费，即所谓“以本地之所输，供本地之所用”[②]。但由于各省军队的分布系从王朝统治的整体要求着眼，驻军多寡与各地的财政收入不平衡，边远省份驻军人数多，而赋税收入少，军费难以保证，必须依赖邻省或别省的协济。如贵州，“贵州额征银止八万余两，兵饷需二十八万有奇，例拨邻省银二十万两”[③]。如云南，“滇省各标镇协营年需官兵俸饷银九十余万两，除本省额征地丁税课等银拨存备放外，约不敷银三十万两，历由户部于邻省酌拨解滇协济”[④]。如甘肃，“甘肃一省，地丁钱粮岁仅二十八万余两，而各营兵饷岁需银二百四十余万两之多”[⑤]。因此，兵饷的协拨是经常性的，但受协省份、拨协省份以及协饷总额历朝、历年略有不同。一般来说，经常受协的有陕西、甘肃、云南、贵州、四川、福建等省，经常拨协的有山东、河南、浙江、江苏、湖北、湖南等省。协饷总额每

---

① 参见拙著《清代军费研究》，第166—169页。

② （清）刘武元：《谨请安攘十计疏》，《皇清奏议》卷3。

③ 《皇朝政典类纂》卷175，《国用·俸饷》。

④ 档案，乾隆二十九年九月十一日爱必达奏：《为奏明事》，中国第一历史档案馆藏。

⑤ 档案，乾隆二十年七月四日明德奏：《为秘陈愚昧之见，伏候圣裁事》，中国第一历史档案馆藏。

年大致在四百万两左右兹依据档案将乾隆二年（1737）的协饷情况示列如下：[①]

表6 乾隆二年协饷示例

受协省份	协饷额（两）	拨协省份
陕西	1300000	河南、山东
甘肃	2024963	山西、河南
云南	300000	湖北、江西
贵州	737268	浙江、江西
四川	50000	浙江
广西	105366	江西

上列协饷额达4537597两，受协省份为陕西等六省，拨协省份为河南等六省，有的是两省协一省，有的是一省协数省。

为了显示协饷的变更情况，再拣出乾隆九年（1744）的协饷档案予以示例：[②]

表7 乾隆九年协饷示例

受协省份	协饷额（两）	拨协省份
陕西	200000	河南
甘肃	2440000	山西、河南、山东
云南	580000	湖北、江西
贵州	749799	浙江
四川	200000	江西

上列协饷额为4169799两，受协省份为陕西等五省，拨协省份为河南等六省。

从上述两例中可以看出，无论是受协省份、协饷额，还是拨协

① 钞档：《俸饷》16，《协拨军饷（一）》，中国社会科学院经济所藏。
② 档案，乾隆九年十二月十四日讷亲题：《为钦奉上谕事》，中国第一历史档案馆藏。

省份、协饷总额，都有所不同，但基本上都遵循着统一的规律：一是在和平时期受协省份与拨协省份有较为固定的关系，二是协拨先尽邻省，邻省不足再尽次邻省，以尽量减少协拨所带来的转输之费。这就是则例已经指明的："岁应需官兵俸饷，豫为会计，造册咨部，由部将各省额征起运等项银内，按款照数拨给，如福建、广东、广西，仅敷本省俸饷外，尚间有须用协济者，即于邻近省分拨解，陕甘、四川、云南、贵州等省，所需不敷本省，俸饷银于邻省拨解，如山西、河南邻近陕甘，直隶、山东次近陕甘；江西、湖广邻近四川，云贵、浙江次近四川、云贵。凡拨协，先尽邻近，再尽次近。此外各省若别有急需，应协济者，随时于邻近省份通融拨解，藩库银如不敷用，或动盐课，或请内帑，随时奏闻。"[①]

为了协饷的正常拨解，顺治九年曾制定了协饷拨解考成则例，若协饷不完，即"分别考成，据实题参"[②]。康熙四年又议定了协饷的拨解限期和违误处分：

> 直隶各省兵饷协拨定为五分，限四月内完二分半，九月内全完。如行师大兵军饷，协济别省钱粮，或迟或误者，革职。支给本省兵饷，或迟或误者，州县卫所官降三级，司道府直隶州各降二级，督抚各降一级，皆令其戴罪督催，完日开复。[③]

雍正元年（1723），又再次申令：

---

① 乾隆《大清会典则例》卷36，《户部 · 田赋三》，

② 档案，顺治九年四月二十六日车克题：《为谨议协济钱粮考成之法事》，中国第一历史档案馆藏。

③ 乾隆《大清会典则例》卷16，《吏部 · 考功清吏司》，

其协解兵饷钱粮，定限四月内完一半，九月内完一半，如起解迟延，于部拨钱粮之外擅行动用别项钱粮，将动用官员、该督抚一并议处。凡解送协饷，如有骚扰驿站及苦累小民者，该督抚指名题参，从重治罪。如该督抚瞻徇不行纠参，或备受害人首告，或被科道纠参，将瞻徇不参之督抚一并议处。①

同时，又有协拨造册的具体规定，每年分春秋冬三季造报，均不得逾限：

直隶每岁应造拨饷清册，春季限二月二十日以前到部，秋季限八月二十日以前到部，冬季限十月内到部。逾限题参议处。②

显然，清廷对兵饷的协济拨解十分重视。

但是，我们注意到，兵饷的协济拨解完欠与否，虽然受上述政令的制约，但在很大程度上却不决定于此，而是决定于全国财政状况的好坏以及各省财力的是否充足。只有在财政状况较好的情况下，协饷才能如期完解，反之，协饷则为画饼。只略举清初和晚清之例就可明了。如顺治十二年户部尚书孙廷铨在谈到陕西的协饷时说："臣部题催、咨催、差催，不遗余力，延至今日，解到者寥寥无几，如十二年份江南尚欠银三十一万四千两，山西尚欠银二十万两；十三年份山西省欠银一百零一万两，山东省欠银八万两，河南省欠银五万两。又江南省原欠协饷改拨十三年正赋银十万两。总计

① 档案，雍正元年十二月五日纳齐咯题：《为酌拨雍正元年兵饷事》，中国第一历史档案馆藏。

② 乾隆《户部则例》卷20，《库藏 · 拨解》，

各省所欠秦川兵饷一百七十五万四千两有奇。至今差官往彼守候，杳无至期。”[①] 在一两年的时间里，陕西的欠解协饷达到一百七十余万两，而且屡催不至。咸丰三年（1853），四川总督裕瑞奏称：“自军兴以来，需饷日浩，支绌益增，而川省岁入赋税无多，例支各款为数甚巨，所入本不敷出，是以每年必须由部于邻省协拨银二三十万两方克敷用。近来各省办防办剿，协拨悬殊，即如本年由部指拨江海关税银二十万两解川充饷，嗣准部咨，江海关税银应尽解粮台备用，是外省不能协济川省已有明证。”[②] 咸丰四年，陕甘总督易棠奏称：“各省欠解甘省饷银，新旧积至六百余万两。”[③] 咸丰年间任甘肃布政使的张集馨则说：“甘肃本省进款无几，外省协拨多不批解，兵饷真万分为难。……各营文牒催饷，以及口外各城来文，急于星火，无从应付。”“甘省事体极难，欠饷至一千零七八十万之多。而口外防兵，又复嗷嗷待哺，各省协饷，任催罔应。”[④] 咸丰五年上谕在谈及黔饷的欠解时说：“现在黔省剿办上下游苗匪，指拨军需，急难应手，实属万分支绌，各省应解黔饷，岂容拨解迟延，致误事机！”各省积欠，“屡催罔应”。[⑤] 同年，上谕谈及滇、黔、甘协饷时又称：“至滇黔甘肃等省，待饷孔殷，江西积欠至三百二十余万两之多，虽（地方）经费支绌，系属实情”，但是，亦应该“稍清积欠，不得专顾本省，致误要需”。[⑥] 同治五年，上谕在谈及各省欠解

---

① 档案，顺治十三年闰五月二十九日孙廷铨题：《为秦川兵饷半年无支，部拨外协屡催不至事》，中国第一历史档案馆藏。

② 档案，咸丰三年十二月十八日裕瑞奏：《为劝谕绅民按粮津贴，请免预征以安民心而裕度支事》，中国第一历史档案馆藏。

③ 档案，咸丰四年十一月二十二日易棠奏：《为甘省库款匮乏，协饷解到无期事》，中国第一历史档案馆藏。

④ （清）张集馨：《道咸宦海见闻录》，中华书局1981年版，第184、210页。

⑤ 《清文宗实录》卷181，咸丰五年十月甲寅。

⑥ 《清文宗实录》卷183，咸丰五年十一月甲戌。

甘肃协饷时，又称："自上年闰五月至今，各省欠解竟至一百六十余万之多。又庆阳粮台由四川、河南、山东、山西各协银三十万两，本年以来，解者寥寥；河东盐课项下岁拨之数；丙寅纲全未解到。甘省粮缺饷匮，势成坐困。即使各省源源接济，已觉分润无多，若再不克如期，大局何堪设想！着官文、曾国藩、崇实、骆秉章、李瀚章、赵长龄、阎敬铭、马新贻、曾国荃、刘坤一、郭柏荫按照单开，各将各省欠解数目即速筹拨，派员迅解，以济饥军，毋得再分畛域，致误大局。"[①] 这说明，户部虽然握有兵饷的统筹协拨之权，但在财政困难的情况下，仍难做无米之炊。各省的地方大员虽然不时受到协饷不完的循例处分，但在财力不足的情况下，首先仍是顾及本省之饷。一般来说，清初的协饷欠解，属于普遍性的财政困难，晚清的协饷欠解，除了财政困难之外，还与地方督抚权力的膨胀有关。

（本文原载《历史研究》1997 年第 5 期）

① 《曾国藩全集·奏稿九》，岳麓书社 1991 年版，第 5415 页。原标点不妥之处已改正。

清代户部的盐政职能

户部“掌天下户口土田之籍，一切经费出入悉统理”[①]，是国家的财政经济中枢。清代户部运作的特点，是分司治事，按省区之名分成14个清吏司，分别掌管和兼管某一省区、某一门类的财政事务。[②]盐政事务是由山东清吏司兼管的，即所谓：“职掌盐法而分其任于各省盐政，自运司、盐道以下皆受成焉。”“凡盐法，籍灶与商于官，令出盐行盐，量天下食盐之户而均布之。凡盐，有海盐，有池盐，有井盐，有土盐，有口盐，皆视其产之多寡与其运之远近以配引，而各行于口岸。其课，则别以灶课、引课、税课、包课，而榷之。”[③]光绪末年，户部改称度支部，军机处在《会奏度支部职掌章程》第八款中议定：“管榷司掌各直省盐法。”于是，兼管盐政事务的山东清吏司为管榷司代而替之。宣统二年（1910）正月，奏定《督办盐政处章程》，又变管榷司为督办盐政处，下设盐务总厅（掌筹议改良盐法、审定各项章程、考核盐务官吏等）、奉直盐务厅（掌奉天、长芦及吉林、黑龙江、河南、察哈尔、热河、绥远城等

① 《清朝文献通考》卷81，《职官五》。

② 参见张德泽：《清代国家机关考略》，中国人民大学出版社1981年版，第44—45页。另参见郭松义等：《清朝典制》，吉林文史出版社1993年版，第386—387页。

③ 《清盐法志》卷5，《职官门 · 官制》；光绪《大清会典》卷20，《户部 · 山东清吏司》。

地方盐务）、潞东盐务厅（掌山东、河东及陕甘、豫、苏、皖等地方盐务）、两淮盐务厅（掌淮南北及鄂、湘、赣、皖、豫等地方盐务）、两浙盐务厅（掌浙东西及苏、皖、赣等地方盐务）、闽粤盐务厅（掌福建、广东及赣、桂、湘、黔等地方盐务）、庶务厅（掌钤用关防、收发文件、会计等一切庶务）等八厅分治其事。宣统三年八月，又议将督办盐政处改为盐政院，分设总务、南盐、北盐三厅，在各产盐行盐之地则设盐务监督、副监督。未及实行，清亡。[①]以上所述，是一般性的体制沿革。

从一般典籍的记载来看，在相当长的时间内，职掌盐政事务的是山东清吏司。但是，需要稍加注意的是，山东清吏司作为户部的属司，其盐务职责所及，多半属于日常事务，并没有行政决策之权，所谓“职掌盐法”、“掌盐课之政令”的权柄仍操之于户部，许多重要的盐业政策都是由户部长官直接议定的，并借盐业政策的制定与变更来控制食盐的产运销全过程。本文主要从盐引的颁发、引岸的划分、税课的征收三个方面来窥察户部的盐政职能。

一

盐引是盐商的运盐凭证。“官商运盐，领引为先，盐无引而出场或有引而数不合，法必随之。”[②]在食盐专卖制度之下，盐商只有取得盐引，才能进场配盐、按引销盐。

周庆云《盐法通志》称：“盐引之制，肇于宋，具体于元，详于

---

① 《清盐法志》卷5，《职官门·官制》。

② 周庆云：《盐法通志》卷43，《引目一》。

明，迄清而大备。印造刊发，权操于上。领新缴残，不厌精详。”[①]所谓“印造刊发，权操于上”，即是操之于户部。所谓“领新缴残”，即是领取新引，缴销残引。

在印造刊发盐引方面，清廷入关伊始的顺治元年（1644）就曾议定：“宝泉局刊铸铜板，刷印盐引。每引纳纸朱银三厘，附同正课交都转盐运使司，按年解部，以供刷印。”[②]尽管由宝泉局刊铸铜版，刷印盐引，又规定“每引纳纸朱银三厘”，有刷印经费的保证，但在新旧王朝鼎革之际，新刊发的盐引并不能及时达于盐商手中，据顺治二年凤阳巡抚赵福星疏称，当是时，“各商所行，皆故明旧引，其中不无混冒，请速给新引，以裕国课”。“疏入，如所请行。”[③]

赵氏疏入后，加快了盐引的刊发进程，一方面，于顺治三年“差官督理淮浙引务，加户部侍郎衔，驻扎扬州”。另一方面，为了防止盐引的混冒，又于顺治六年首次“铸户部盐引印，以钤盐引”。其后，康熙十一年（1672），“铸户部盐、茶银印二颗，钤盐、茶各引”。康熙三十年“铸户部、山东司盐引之印二颗，钤各盐引”[④]。起初的铸户部盐引印，在盐引上钤印颁行，正标示出户部的权力，而康熙三十年的分铸户部与山东清吏司之盐引印，似乎是明晰了户部与山东清史司的职责，这正如《盐法通志》按称的：“天下盐法，统归户部；领引、缴引俱以山东司为政。户部铸造铜版，刷引目，上钤户部堂印、下钤山东司印，然后颁发到司，钤运司之

① 周庆云：《盐法通志》卷52，《引目十》。

② 光绪《大清会典事例》卷231，《户部 · 盐法 · 引目由单》。宝泉局隶属户部，主掌监收铜铅及铸钱之事。

③ 《清朝文献通考》卷28，《征榷三》。

④ 光绪《大清会典事例》卷231，《户部 · 盐法 · 引目由单》。

印。给商。领办销完后，仍汇解山东司查销。”[①]

刷印盐引的铜版，亦管理甚严，各区均有一定的模式和数额，“盐引铜版，长芦十有一块，山东六块，河东六块，两淮十有四块，花马大池一块，小池三块，汉中府西和漳县二块，两浙八块，四川一块，福建四块，两广八块”。如旧版稍有模糊，即由宝泉局销毁旧版，换铸新版。[②]

盐引的关领，顺治二年（1645）曾议准：“盐臣于户部领引。”[③]其后，则不限于一例，即可由盐臣或督抚委员赴部关领，也可以由新任盐臣携至盐区。如新任四川巡按兼管盐法监察御史赵班玺在赴任之前的顺治四年奉上谕“预请户部给发引目”[④]。又如顺治十三年议准：“巡盐御史先领二季盐引赴任，其二季仍委官赴领。”康熙十二年（1673）议准：“长芦、山东、河东、两淮、两浙每年四季盐引，预支户部银刷印，交新差御史带往，俟解到纸朱银补库。”乾隆十三年（1748）议准：“各省盐引，每于岁终各该督抚、盐政差委官役赴部请领，部按其请领之数，刷印发给。”[⑤]这种关领盐引程序的变化，主要是由初期巡盐御史的一年瓜代制以及随后的督抚代理盐政以及各区盐引的增减变化使然，以不误盐商的食盐运销为原则。

值得注意的是户科对领引或销引的稽查。乾隆三年，户科曾移会户部：“《大清会典》内开：一应领引、销引，该运司起具批文投报，诚以额颁盐引一项，所以流通官盐，杜绝私贩。而按年额课之完欠与该员督销之考成，全凭引目稽查，是以定例不论领、销，俱应报明本科查核，兼令具批，以防遗漏。近查各省盐政衙门领引，

① 周庆云：《盐法通志》卷50，《引目十》。

② 光绪《大清会典事例》卷231，《户部·盐法·引目由单》。

③ 《清朝文献通考》卷28，《征榷三》。

④ 《顺治六年整饬盐务课税题本》，见《历史档案》，1984年第1期。

⑤ 光绪《大清会典事例》卷231，《户部·盐法·引目由单》。

并未具批赴科验发，有违成例。且领引为销引之本，若无领引数目预行报明，则所缴残引果否与原数相符以及有无完欠之数，凭何核算！嗣后盐政衙门领引，务令照例具批赴投本科验发，违者参处。并将何州县卫应领若干与已销若干，分晰造报。"[①] 从这里可以看出，即使是在关领盐引这一看似简单的程序中，也存在着部、司、科之间的相互协调制约以及有关管理制度的松弛与肃整。

另外，关领盐引，还有一个"先引后课"或"先课后引"的问题。前此学者认为清制是"先引后课"，实则不尽然。如河东、顺治二年，户部议覆河东巡盐御史刘今尹疏言："其给发盐引之法，河东地远，势不能先纳银而后领引，应先解纸价（笔者按：即纸朱银），后按引纳课。"[②] 这是河东先引后课的一例，但其中已透露出他区有先课后引之例的信息。又如长芦，"长芦盐引于顺治十六年照淮浙例，先发引而后纳课，其纸朱银按季预熙户部，以备印造。十七年因逋欠逾多，复先纳课后给引。康熙六年，以与淮浙成例不符，仍发运司转给，后解课银"。"甲年领引，丙年交课。光绪二十九年改为先课后盐，随引交纳。"[③] 可见，这其中既有各区的不同，也有前后的变化。

在缴销残引方面，顺治元年已定有缴销残引之例，并将缴销残引与缴销"水程"[④] 同时进行。其例云："商人不许滥委杂役，行盐

① 周庆云：《盐法通志》卷52，《引目十》。

② 《清朝文献通考》卷28，《征榷三》。

③ 周庆云：《盐法通志》卷52，《引目十》；卷77，《征榷九》。

④ "水程"之名，沿于明制。正德十四年，御史陈克宅奏称："盐非引不行，引非商无用，盐、引不可以相离者也。老奸商贾卖盐已毕，退引不行销缴，往来赍执，以为影射，致官盐不行，新引壅滞，人不乐于报中。为今之计，凡遇商人告掣时，必查追先次掣过旧引入官，方与呈请掣放，给与新引水程。"清朝定制，"商人运卖官盐，本商先具呈巡盐御史衙门挂号，钤盖半印，给发水程验单，运司开填引数、商名，盖印付商运、付引地盐包。到日，该州县将引目水程验单查对，数目号名相同，方许发卖"。见周庆云：《盐法通志》卷52，《引目十》。

水程，填明卖盐地方，完日同引缴查，不得告改。”[①]同时，还规定有缴销残引的时限以及违例的处罚：“凡客商兴贩盐货，不许盐、引相离，违者同私盐追断。如卖盐毕，十日内不缴退引者，笞四十。将旧引影射盐货，同私盐论罪。伪造盐引者处斩。”[②]

缴销残引的目的当然是在于防止盐商借旧引重复贩运。但是，一般性的缴销残引或与水程一并缴销，仍难免产生弊端，于是，户部乃借鉴前朝的经验，实行盐引“截角”之法。明朝的盐引截角之法，据称系始自正德二年（1757）：

> 武宗之初，以盐法日坏，令大臣王琼、张宪等分道清理，而庆云侯周寿、寿宁侯张鹤龄各令家人奏买长芦、两淮盐引。户部尚书韩文执不可，中旨许之。……权要开中既多，又许买余盐，一引有用至十余年者。正德二年始申截旧引角之令，立限追缴。[③]

户部于乾隆五十五年题定的则例为：

> 各省商人领引卖盐后，各该管盐督抚、盐政将盐引截角于本年奏销后解部缴销。如缴引迟延，除将经销州县送部议处外，并将督催运司、盐道各职名一并查参，分别议处。[④]

至于如何截角，如何缴销，也有细密的规定：“各商领引赴批验所，截去右边第二角，封固，具申运司，运司又截去右边第一角、

① 光绪《大清会典事例》卷231，《户部·盐法·禁例》。
② 光绪《大清会典事例》卷231，《户部·盐法·引目由单》。
③《明史》卷80，《食货四》。
④ 周庆云：《盐法通志》卷22，《法令二》。

左边第二角，印盖付商支运。运司又给支单，给商人场支盐。行文场官，稽查买盐数目、出场日期；行文批验所，稽查入坨数目。依限筑运。……引盐卖完，该管官司即将引目拆封，截去左边第一角，封固，同水程申缴运司，发贮架阁库，俟一年残引催齐，运司俱批，差役缴部掣批，附卷存案。”[①]真可谓是“不厌精详”。

上述印造刊发盐引以及缴销残引，当然不是户部在盐引管理方面的全部内容。盐引的定额及其变动更值得注意。

盐税中的主要部分是“引课”，盐税的多寡，与盐引额数息息相关。清初户部对各盐区的盐引定额，是沿自明代，但应该说明，同是赋税征收，清初田赋依据的所谓“明代旧额”是众所周知的“万历则例”，而清初的盐引定额却远在万历引额之上，如下表所示：[②]

类别 盐区	万历引额（大引）	清初所据明引额（大引）	清初引额（小引）	备注
长芦	63100	239850	719550	系就明大引剖一为三
山东	96100	154579	463737	系就明大引剖一为三
两淮	352000	705180	1410360	系就明大引剖一为二
两浙	220400	444769	667153	系就明大引剖一为三
福建	104200	104340	208680	系就明大引剖一为二
河东	292000	584000（小引）	409933	比明代引额减少

除四川、两广等区清初情况特殊未定引额外，就表中所列，只有河东一区的引额略有减少，福建两额略等，其余各区清初所据的明代引额与万历引额相比，长芦高出3.8倍，山东高出1.6倍，两淮、两浙各高1倍。可见清初的盐引额数是据明末的最高数额而定，而未拘泥于万历引额。

---

① 周庆云：《盐法通志》卷52，《引目十》。
② 参见拙著：《〈清史稿·盐法〉补正》，载《文献》，1990年第4期。

“盐乃计口授食之物”[1]，盐引的增减本应以人口的增减为依据，清初人口比明代减少，而盐引定额反比明代增加，这虽说是出于清廷多颁盐引、多征盐课以济要需的考虑，但事实上已经昭示着盐引的必然壅滞。

当然，户部在颁定引额后，也曾考虑到地方荒残、人口未复、招商困难等因素，采取过“量力行盐”的政策，“许以见盐上课，行盐若干能即征课若干”，并非完全按额定引数销盐征课。但在局势渐次安定、招商办引取得一定成效后，[2]户部又“频催关领（顺治）二、三两年未行引目”，以便按引征课。[3]到顺治中后期，随着军费的增加、财政的困难，户部又采取了“因兵饷不敷”而加增盐引的措施。据《大清会典事例》，顺治中后期主要盐区的盐引加增如下：两淮，顺治九年至十六年（1652—1659）加增[4]795引。长芦，顺治十二、十三年加增165000引。山东，顺治十一年（1654）减233737引；顺治十二、十三年加增95000引。两浙，顺治十年加增117455引。河东，顺治十三年加增100000引。[5]

上列各区，除山东增引少于减引外，其他盐区的增引幅度都很大。与原颁额引相较（参见上列表），长芦、河东约增加1/4，两淮约增加1/3，两浙约增加1/6。这种大幅度的增引，与当时一些地区丁口尚未归复原额的情势形成显明的对比，一如顺治十七年河南地方官所奏：

---

① 档案，顺治九年七月二十三日车克题：《为贡途壅滞宜疏，荒残商引宜减事》，中国第一历史档案馆藏。

② 参见拙著：《清代盐政与盐税》，中州古籍出版社1988年版，第22—26页。

③ 档案，顺治四年八月二十五日英峨岱题：《为虚悬引额难敷，残商困苦已极事》，中国第一历史档案馆藏。

④ 参见《清代军费研究》，武汉大学出版社1992年版，第240—242页。

⑤ 光绪《大清会典事例》卷221至229。

昔日以十丁销一引，而今日以两丁销一引；昔日丁额已缺四分之三，而今日之引额反加四分之一。[①]

增引难销，乃势所必然，在各盐区的吁请下，不得已，户部又同意实行“减引带课”之法，如河东：“顺治十三年，因兵饷不敷，增引十万。十六年，以所增十万新引减去，应征课银加于旧额引价之中。”[②]其他盐区大致类是。两淮巡盐御史李赞元在顺治十七年所上的奏疏中也说得甚为清楚：

盐政壅弊，一在引目日增。查明季两淮额引七十五万一百八十引。我朝定制，剖一为二，行盐一百四十一万三百六十引。……统计自壬辰年起，至己亥年止（顺治九年至十六），加增之引至二百七十余万（这里指的是历年累积数），今两淮壅积亦近三十余万。载在纲册者，逃亡消乏之人不下六十余万引。若不设法疏通，即日事桁杨，究竟无益。请将两淮（加增）引盐，自庚子（顺治十七）为始……其课银即派入旧引之中，照长芦、河东、两浙加课不加引之例。[③]

康熙朝三藩之乱期间，由于战时军费陡增，财政再次紧张，户部仍然踵行加引征课之法，加上“自滇黔告变，所在揭竿蜂起，盐无行销地，商皆裹足不前，至亦榛墟弥望，无所得售”，更加导致了“积引难销”。[④]

---

① 钞档：《盐课》14，《一般（三）158》，顺治十七年正月十九日祖重光揭，中国社会科学院经济所藏。

② 雍正《山西通志》卷45，《盐法》。

③ 嘉庆《两淮盐法志》卷7，《转运二》。

④ 《清史稿》卷123，《食货四》；《清圣祖实录》卷143，康熙二十八年十二月丙寅。

康熙末年以后，情况为之一变。特别是雍正、乾隆两朝，引额的加增十分显著。这时的引额加增，一般不是加增正引，而是以“余引”或“额外余引”的形式出现，形成此一时期的一个重要特色。余引和额外余引的增加，在一定程度上标示着当时人口繁庶，食盐需求以及盐产旺盛。但值得注意的是，在此一情势下，盐官往往为显示政绩而盲目请引，“司盐政者以增引增课为能，不计商人之能销于否”①。地方官担心疏销困难又反对增引。户部则从增加税收着眼，支持增引的主张，认为增颁余引“于商民均有裨益”②。甚至在清代后期盐引滞销严重的情况下，仍然颁发余引，即使不领余引，也要把余引的课额如数交足，这就是户部所要求的：“所有余引应纳课银，即于商输等补款内按数提补，随同奏销造报，仍俟积引销竣，照案请领余引，以符旧制。”③本来，在添配余引之初曾经规定：余引尽销尽报，不强求销足，存剩余引，仍缴户部。这一规定，是为了避免余引的强行派销，不致造成引额的积压，但事实上，余引一经配定，领销经年，就形成了“定制”，难以减撤。凡此均表明，户部对盐引的颁发更张，一直是从增加财政岁入考虑的。

二

户部在颁布盐引时已经申令：“凡将有引官盐，不拘于该行盐地

---

① 档案，乾隆二年正月二十六日法敏题：《为敬陈管见事》，中国第一历史档案馆藏。

② 档案，乾隆十九年十月七日普福奏：《为再领余引事》，中国第一历史档案馆藏。

③ 档案，道光二十八年二月二十九日梁宝常题：《为遵旨议奏事》，中国第一历史档案馆藏。

发卖，转于别境犯界货卖者，杖一百。知而买食者，杖六十，不知者不坐，其盐入官。”[①]清代食盐专卖的重要特点就是划界行销，各按一定的额销引额在规定的区域内销售，若违制贩卖，卖者买者同属违法，这也就是大学士朱轼所指称的：“商人行盐，各有地方，州县销引，原有定额，是以旧例不许越界买卖。”[②]

清代盐销区的划分，亦系沿自明代旧规。明清两代盐产区与盐销区的关系，略如下表所示：[③]

盐产区	明代盐销区	清代盐销区
长芦	北直隶、河南	直隶、河南
山东	山东、河南、南直隶	山东、河南、江苏、安徽
两淮	南直隶、江西、湖广、河南	江苏、安徽、江西、湖北、湖南、河南
浙江	浙江、南直隶、江西	浙江、江苏、安徽、江西
广东	广东、广西、湖广	广东、广西、福建、江西、湖南、云南、贵州
福建	福建	福建、浙江
河东	山西、陕西、河南	山西、陕西、河南
陕甘	陕西、甘肃	陕西、甘肃
四川	四川	四川、湖南、湖北、贵州、云南、甘肃、西藏
云南	云南	云南
奉天		奉天、吉林、黑龙江

由上可见，除奉天产销区为清代新添外，广东、四川盐的销区有所扩大，余则大致相同。上表只是一个大的梗概，稍微具体一点，“有一省而各府所食之盐地方不同者，有一府而各州县所食之盐地方不同者”[④]。

① 周庆云：《盐法通志》卷21，《法令一》。
② （清）朱轼：《请定盐法疏》，见《皇朝经世文编》卷50。
③ 据《明史》卷80，《食货四》；《清史稿》卷123，《食货四》。
④ 《皇朝经世文编》卷50，《户政》。

盐销区的划分，本应以产与销距离较近、运输较便以及产销供求的平衡为依据。在划界之初，对这些问题也许有所考虑，但同时由于地势、缉私等原因，最初的划界也难免有不合理之处，特别是盐销区最广阔的两淮，问题尤多。两淮销区，除河南、江苏、安徽等省区离淮盐产地较近外，其余江西、湖北、湖南等省的大部分地区离淮甚远。而食盐的运销，“系按道里分别加增运费”，运盐程站越远，运费也就越高，如淮盐运至江西南昌省城，再由南昌分运各府州县，每过一地，“（每包）各加运费四、五、六、七厘不等”。[①]又如淮盐运至汉口，再由汉口转运湖北、湖南各府州县，运费、脚价等项加费更多：“湖北各处其离汉口百里内外者，每包于店价外，约加平色、运费、脚价、利息等项共银一分五六厘，其离汉口二千余里者，每包约共加银四分五六厘。”[②]其归结在盐价上，必然是愈远愈贵。江南总督孙士毅在谈到江西建昌府的盐价时说：“淮商运盐至建昌，道路遥远，水脚盘费，用途较多，盐价自必昂贵。”[③]四川夔关监督佛保在谈到湖北归州、巴东等处的情景时说：“归州、巴东例食淮盐，因淮盐从长江至汉口，由彝陵州入南津关抵归、巴等处，川江峡口，滩高水险，逆流而上，运载艰难，每不能随时接济，且盘脚重大，价至三四分一斤不等。穷民度日不给，无力买盐，致多淡食。”[④]由此，在盐销区的边远引地造成了所谓的“难销之区”，盐商往往不愿涉足，“即使设法督销，减价敌私，淮商方以亏本为虑，小民犹以价贵为嫌”[⑤]。另一方面，与此相关联，邻区之

① 嘉庆《两淮盐法志》卷14，《转运九》。

② 嘉庆《两淮盐法志》卷23，《课程七》。

③ 嘉庆《两淮盐法志》卷6，《转运一》。

④ 档案，雍正十一年四月十三日佛保奏：《归州巴东盐引请改拨川省行销疏》，中国第一历史档案馆藏。

⑤ 嘉庆《两淮盐法志》卷6，《转运一》，

盐又借机浸灌，导致“邻私”的严重化，“浙、闽、川、粤及长芦之商乃于淮盐接界地僻人稀之处广开盐店，或五六座、十余座至数十余座不等，多积盐斤，暗结枭徒，勾通兴贩”[①]。“私载盐包，雇觅熟识水性之人，乘夜逸去者有之。或由山崖曲径，巡查不及之处，背负偷越者亦有之。”[②]

在上述情势下，有关地方大僚多次呼吁适当变更盐销区，户部也试图有所更新。于是，在户部的支持下，确有少数引界得以重新划分，如康熙三年（1664），江西总督张朝璘疏言，“吉安府向食粤盐，但距粤千余里，更有十八滩之险，商贾裹足，民多淡食。请以康熙三年为始，改食淮盐，仍照粤额完课”，得到户部同意。[③]又如康熙二十六年，河南巡抚章钦文疏言，河南陈州、项城等六州县“均于明季改食淮盐，各属距淮窎远，脚费既多，盐价腾贵，额引难以完销”，而“长芦距豫道路平坦，挽运甚易，引课不难完销，将六属额引九千一百张改增于长芦”，亦得到户部同意。[④]再如河南怀庆府河内、济源等六州县，因距河东“路途辽远，兼池多积水，无盐可买，官民交困”，先后经河南巡抚王日藻和河东巡盐御史李时谦疏请，于康熙二十四年改食芦盐。[⑤]

尽管如此，引界的重新划分还是被限定在极小的范围内，大多数矛盾尖锐、长期争议不休的地区仍得不到调整，川楚交界处的宜昌府属归州、巴东等县，从康熙年间起，历经雍正、乾隆、嘉庆等

① 档案，雍正十三年十一月六日三保题：《为敬陈盐政要务，恭请圣训事》，中国第一历史档案馆藏。

② 档案，雍正十二年正月十七日黄廷桂奏：《为楚省兴山等处请改行川盐事》，中国第一历史档案馆藏。

③ 《清圣祖实录》卷13，康熙三年十一月辛丑。

④ 《清朝文献通考》卷28，《征榷三》，

⑤ 《清盐法志》卷14，《长芦·运销门》，

朝，大小臣僚屡屡奏请改食川盐而不果，就是明显的例证。

为了改变盐销区划分不合理的局面，乾隆元年（1736），大学士朱轼专上《请定盐法疏》，提出“行盐地方宜酌量变通”的意见，指出：“以国家视之，食盐无非赤子，完课总归正供，此疆彼界，有何区别？徒以商引销积之不均，致使小民法网之不免。自应令该督抚会同盐臣斟酌变通。……俱应就盐地之远近，逐一查明，尽为改易。则一变通间，于国家既毫无所损，而民之受福不少矣！”[①]

于是，户部遵旨令各地清查。但就当时各省区为此所上题本看，只是空走了一遍公文旅行的形式。如乾隆二年，甘肃巡抚德沛称：“行盐地方宜酌量变通一条，查甘省盐斤就近发销，商民两便，毋庸更议。”[②]山西巡抚石麟称：“行盐地方宜酌量变通一款，查晋省河东盐池坐落解州属之运城……领运销售。向来商民称便，应请仍照旧例，不必另议变通。”[③]至于争端最多的两淮引地，屡经讨论，最终也是“所有两淮纲地，应请仍循旧制行销”[④]。

盐销区之所以难以变更，并不是像上揭所称的“商民两便”或“商民称便”，而另有其原因，其关键在于下述三端：

一是如果“舍此久定之界，听其就便行销，则平原地面毫无阻隔，邻盐逐渐侵入，必致无所底止”，而且“无知小民，惟利是图，得尺则尺，得寸则寸”[⑤]，仍然会发生新的引界争端和新的缉私问题，所以不如干脆维持积重难返的现状。

二是“各省行盐纲地，其初原按场灶产盐多寡酌派行销，并就各处地方形势划界分守，以严侵越。其中有舍近销远，未能概从民

① 《皇朝经世文编》卷50，《户政》。

② 档案，乾隆二年七月二十四日德沛题：《为遵旨议奏事》，中国第一历史档案馆藏。

③ 档案，乾隆二年五月二十日石麟题：《为遵旨议奏事》，中国第一历史档案馆藏。

④ 档案，乾隆二年六月十一日张廷玉题：《为遵旨议奏事》，中国第一历史档案馆藏。

⑤ 《清朝续文献通考》卷34，《征榷六》。

便者，实限于地势使然”[①]。仍然强调销区划分之初的根据及“合理”性。

三是淮盐税重课多，邻盐税轻课少，一旦变更引界，两淮广阔销区有被冲垮之虞，难免影响清廷的盐课收入。早在雍正十二年（1734），大学士鄂尔泰就曾比较过川楚引界的利害关系：“倘走漏川私，堕误淮课，关系甚巨。盖湖广行销淮盐十分之七，每年额课约一百余万两。现在惟恐川盐侵入楚境，设立隘口，分路巡查，尚有私枭乘间透漏。若竟听楚属之兴、归等处民人买食川盐，则此禁既弛，将来川私势必蔓延全楚，而淮纲引盐断难销售”，故而引界变更，“均以事关课帑，恐有阻碍，未经准行”。[②]

在食盐专卖的前提下，盐销区的最初划分，既有其合理之处，也有不顾客观实际的硬性规定，随着时间的推移，一方面，借以划分盐销区的各种条件会有所变化，另一方面，销场引界的不合理成分亦日益显现。所以，盐销区的争夺以及邻私的严重化，便难以避免。按说，适当的变更盐销区，应在情理之中。户部虽操盐销区的划定与变更之权，但在种种因素的制约下，事实上处于既想调整又顾虑重重的两难境地，难有所为。特别是“两淮纲地居腹心之中，邻盐交错，如河南则有长芦、河东之盐，江南则有芦、浙之盐，湖广则有川、粤之盐，江西则有闽、浙、广东之盐，其接壤处所，淮盐路远而价贵，邻私路近而价贱，势难画一”[③]。盐销区的变更，必然会影响到“动关国计”的两淮巨额课税，而其他盐区的课税与两

① 档案，乾隆二年十一月二十三日尹会一题：《为遵旨密议具奏事》，中国第一历史档案馆藏。

② 档案，雍正十二年二月二十六日鄂尔泰奏：《为遵旨议奏事》，中国第一历史档案馆藏。

③ 档案，乾隆二年十一月二十三日尹会一题：《为遵旨密议具奏事》，中国第一历史档案馆藏。

淮盐区相比则要少得多。[①]确保盐税收入是户部的首要考虑，至于盐商的舍近销远以及人民的舍贱买贵也就难以顾及。

三

不论是盐引的颁发，还是盐销区的划分，最终都归结于财政上的盐税征收。

清廷入关之初，针对明末的盐税加征，曾有蠲免新饷、练饷及杂项加派之谕，“止照旧额按引征收”[②]。当是时，大部分盐区将明代大引“剖一为二”或“剖一为三”，每引载盐200斤，各按不同的标准征收引课。就户部尚书车克的题本看，在顺治初年的一段时间内确曾遵谕蠲免过明末的加征，如长芦盐区：“将一大引剖为三小引，每小引行盐二百五斤，包索二十斤，共行盐二百二十五斤……每一小引征银二钱六分五厘七毫，三小引合算，共征银七钱九分七厘零，较明（代）额少征银六分者，原因裁去浮课四分，宁饷二分。……已经奉旨遵行在案。”[③]但是，由于当时“戎衣初定，滇黔闽粤，未尽削平，所需兵饷，半资盐课”[④]，在户部的遵旨会议下，从顺治十年（1653）起，各区便陆续恢复“宁饷”、“滴珠”、“练饷”等银的加征，“经制之内毫无遗漏，经制之外悉皆搜剔”[⑤]，标

---

① 参见拙著《清代盐政与盐税》第74页的“清代中期两淮与邻区税课比较表”。

② 《清世祖实录》卷9，顺治元年十月甲子；《清盐法志》卷3，《通例·征榷门》，

③ 档案，顺治十三年四月一日车克题：《为盐课经制之外应征款项事》，中国第一历史档案馆藏。

④ （清）金镇：《盐法考》，见《皇朝经世文编》卷50。

⑤ 档案，顺治十三年闰五年二十日孙廷铨题：《为河东盐课经制等事》，中国第一历史档案馆藏。

志着清廷的盐税征收正在重蹈明末苛政的旧辙。同时，如前所述，从顺治九年起，户部曾采取过“因兵饷不敷”而加增各区盐引的措施，由于增引难销，又改行“减引带课”之法，事实上是一种变相的盐税加征。据统计，因“增引”而加征的盐税分别为：两淮，246720 两；长芦，45067 两；两浙，45518 两；河东，32000 两等。其中有的盐区的增税额几乎达到原额正课的半数，如两浙原额正课银为 111852 两，增税率为 40.7%。[①]

康熙年间的盐税加征，主要是在三藩之乱期间。当时，由于饷需紧迫，户部于康熙十四年在《量增盐课以济军需事案》中题定：“因需用钱粮之际，每引加征五分”，仅两淮一区，每年的加征银额即达 83027 两[②]。随后，户部又于康熙十六年（1677）在《加斤增课事案》内题定：“每引加盐二十五斤”，各加课额不等，两淮盐区的“加斤增课银”高达 415133 两，两浙则为 65911 两。[③] 另外，还有“计丁加引增课银”、“遇闰加征银”等。种种加征，或由户部直接题定，或由其他官员疏请，再由户部议准实行，使得当时的盐课岁入大幅度提高。[④]

在清代前期，可以说，正是由于户部的各种名目的加征，导致了引课税率的不断变动。

清代中后期，盐税的加征主要是“盐斤加价”和“盐厘”二项。

“盐斤加价”以嘉庆十四年（1809）为界，分为前后两个阶段：

---

① 参见拙作：《论清顺治朝的盐税政策》，载《社会科学辑刊》1987 年第 6 期。

② 档案，康熙十九年八月二十七日布哈呈：《两淮运司正杂钱粮文册》，中国第一历史档案馆藏。

③ 档案，《盐课奏销黄册》第 1141 号、1147 号，中国第一历史档案馆藏。

④ 参见拙作：《清代三藩之乱期间盐课岁入辨析》，载《历史档案》1989 年第 3 期。

之前，因银、钱比价失调，“钱贱银贵，商人易银完课多亏成本”①，因而用盐斤加价的手段对商人进行补贴，属于“补贴加价”的性质，基本上与财政无涉；之后，因“用项迭增，入不敷出”，借盐斤加价“以资经费”②，属于“因公加价”的性质，对财政的补偿作用十分明显。

最早实行的因公加价，是嘉庆十四年的“南河大工加价”，各盐区共收银400余万两③。此后，“堰工加价”、“海防加价”等接踵而至，成为户部增加财政收入、弥补财力不足的重要手段。由于各盐区的情况有所区别，难以备述，仅列出长芦一区的“因公加价”，以资参考：④

加价起始时间	每斤加价	征收银额（万两）	备注
嘉庆十四年	二文	56	河工加价
道光五年	二文	56	堰工加价
道光二十二年	二文	34.2	海防加价
咸丰八年	二文	20	海防加价
同治五年	二文	12	河防加价（豫岸）
同治十三年	二文	21	归公加价（直岸）
光绪二十一年	二文	12	海防加价（豫岸）
光绪二十一年	一文	10	饷需加价（直岸）
光绪二十七年	四文	70	赔款加价
光绪三十二年	一文	6	练军加价（豫岸）
光绪三十四年	四文	81	抵补土税加价
光绪三十四年	四文	45	铁路加价（豫岸）
宣统元年	四文	50	铁路加价（直岸）

① 《清盐法志》卷21，《长芦·运销门》。

② 《清朝续文献通考》卷37，《征榷九》。

③ 《清盐法志》卷3，《通例·征榷门》。

④ 《清盐法志》卷3，《通例·征榷门》；卷21，《长芦·运销门》；卷23、卷24，《长芦·征榷门》。

长芦的正课额入，每年在20万两左右，上表所列各种名目的加价，征收课银之多委实惊人，这正是所谓的“加价法兴，于是盐税所入与田赋国税相埒”的来由。[①]但是，另一方面，“增此巨款，商力竭蹶，不问可知”[②]。

“咸丰军兴，复创盐厘。”[③]据户部条奏《总核度支整顿财用》折云：“军兴以来，道阻销滞，课款几同虚设。……以抽厘为济饷之举。当开办之初，淮南厘银一年约收三百数十万两，浙江厘数约合银六十余万两，福建厘银约四十余万两，至川厘，为鄂饷大宗。”[④]就盐厘的征收时间来看，最早征收盐厘的盐区是两淮，时在咸丰四年（1854）四月，此后，各区陆续征收。就盐厘的征收情况来看，极为复杂，笔者已将盐厘归纳为“引厘”、“关卡厘”、“包厘”、“私盐厘”、“正课厘”五种类型进行过较详细的探讨。[⑤]这里需要特别指出的是，盐厘一经征收，便成为晚清各路军队饷需的重要来源，在咸丰十一年，骆秉章即说：“此近五六年，湖北、湖南饷源稍裕，实收蜀省盐厘之利。”[⑥]同治二年（1863），曾国藩称：“近年各路军营皆赖抽厘济饷，如扬州大营、镇江大营、金陵大营、皖江南北水陆各营，所设之卡，皆以盐厘为大宗。”[⑦]同治五年，李鸿章亦云：“盐厘一项，专为接济军饷而设。……此时所需巨款，惟赖各岸盐厘之入，为诸军养命之源。”[⑧]

正是由于当时“添兵募勇，费用不赀”，“筹饷之法，舍捐输厘

① 《清史稿》卷123，《食货四》。
② 《清朝续文献通考》卷37，《征榷九》。
③ 《清史稿》卷123，《食货四》。
④ 《清盐法志》卷3，《通例·征榷门》。
⑤ 参见拙著：《清代盐政与盐税》，第143—154页。
⑥ （清）骆秉章：《休察全局情形疏》，见《骆文忠公奏稿》卷2。
⑦ （清）曾国藩：《淮盐运楚章程》，见同治《淮南盐法纪略》卷3。
⑧ （清）李鸿章：《淮盐减厘加课以供京饷折》，见《李文忠公全集·奏稿》卷10。

金外，另无长策”①，所以，一方面，初设的盐厘项目有不断加重的趋势，另一方面，又在原有的盐厘项目基础上加抽新的盐厘税种。如四川，咸丰五年初征“引厘”时规定：犍为、乐山、富顺、荣县、射洪等井厂，“凡配引盐，每斤榷银一厘”，至咸丰十一年，巴盐每斤加征一厘五毫，每引计征引厘19.5两；花盐每斤加征一厘，每引计征引厘25两。②此后，又有“渝厘”、“黔税厘”、“滇加厘”等名目出现。兹将四川光绪年间按引征收的引厘及各种加厘综为一表，以见其概：③

盐厘名目	开征时间	滇黔官运每引课厘		计岸官运每引课厘	
		巴盐	花盐	巴盐	花盐
引厘	咸丰五年	19.5两	18两	18两	18两
渝厘	咸丰十年	2两	2两	2两	2两
黔税厘	光绪三年	10.4两	10.4两	—	—
滇加厘	光绪九年	0.6两	0.6两	—	—
加厘	光绪二十一年	10两	12.5两	10两	12.5两
新加厘	光绪二十五年	10两	12.5两	10两	12.5两
外筹加厘	光绪二十七年	15两	18.7两	15两	18.7两
滇团厘	光绪二十八年	1两	1两	—	—
黔加厘	光绪二十九年	9两	9两	—	—
新军加厘	光绪三十二年	10两	12.5两	10两	12.5两
土税加厘	光绪三十四年	19.3两	18.7两	15两	18.7两
合计		106.8两	115.9两	80两	94.9两

同时，晚清的盐厘征收，除户部议准者外，地方大员以及领兵大员擅自设立局卡抽收盐厘的现象亦屡见不鲜，制度更加混乱，“户部之权日轻，疆臣之权日重”④，是导致晚清财权下移的重要原因之一。

（本文原载《盐业史研究》1998年第2期）

---

① （清）骆秉章：《川省举办厘捐已著成效疏》，见《骆文忠公奏稿》卷7。

② 光绪《四川盐法志》卷24，《征榷五》；卷25，《征榷六》。

③ 据《清盐法志》卷263，《四川·征榷门》。表中所列以富、荣井厂的巴盐、花盐课厘为准。

④ 《曾国藩全集·奏稿七》，岳麓书社1991年版，第3997页。

清代的钱粮征解与吏治

清代钱粮的征解涉及钱粮催征、运解京饷（起运）、运解协饷（协拨、拨协或协济）、选委解官、防护饷银、收粮上仓、运解漕粮、漕粮改折、钱粮催科考成等内容。有些问题具有关联性。钱粮征解的规范与失控，直接关系到政府的财政收入，并与吏治的好坏、纳税者的承受能力、政策导向与制度更张相关联。本文主要论述钱粮催征过程中胥吏的盘剥及其限制，以及钱粮催科考成的制定与更改，[①]以期探讨财政与吏治的关系。

一、胥吏的盘剥及其限制

陈支平已经指出："中国封建社会传统的税收政策，是以个体生产者（个体家庭）为直接征收对象的，而不似西欧封建社会那样由诸侯庄园主附庸进贡的方式来支持皇室。然而，中国的中央集权者

---

① 当然，与此相联系的在钱粮催征过程中的"包揽"问题也是值得注意的，这方面的研究论文可参见［日］西村元照：《清初的包揽》，《东洋史研究》第35卷第3号，1976年；［日］山本英史：《清初的包揽问题》，《东洋学报》第59卷第1、2合号，1977年；《绅衿对税粮的包揽与清廷的对策》，《东洋史研究》第48卷第4号，1990年。

们并不能从个体生产者那里取得赋税，于是，一个庞大的官僚阶层，便成了沟通封建国家中央政府和个体生产者之间赋税转移所必不可少的中间环节。因此，中国封建社会的赋税徭役系统，实际是由三个层次所构成，即中央政府皇帝——官僚阶层——个体生产者，个体生产者把赋税徭役上纳给官僚阶层，而由官僚阶层转达于国家中央政府和皇帝。这种三层次的赋税系统为官僚阶层们谋取经济利益造就了良好的条件。也就是说其赋役系统自身就孕育着官僚地主们与封建国家争夺经济权益的必然性。”[①]官僚阶层，特别是府县官员，接近税源利地，借催征、解纳钱粮之机而刮财射利、贪污中饱已是众所周知。但尤其值得注意的是，胥吏这一个重要的阶层，虽然不在封建官僚流品之内，但“位卑”而不“权轻”，“有司派征钱粮，皆假吏胥里书之手”[②]，甚至有这样说道：“小民之畏书吏甚于畏官，而其畏粮差，甚于畏书吏，盖粮差者执役至贱，人品极于下流，视舞弊为本分，以勒索为惯常。”[③]他们实际充当着粮册编造、催征钱粮、摊派徭役等角色，其在催征钱粮过程中的种种盘剥、贪婪行径也就与非法征收、额外勒索联系在一起。

关于此，清初臣僚已是议论纷纭。

冯杰称：“臣目击黎元疾苦……如征赋一事，往时‘赤历’必由道府查算用印，以防暗加；今赤历多不由道府印发矣。里长领散户，由前开应征则例，后开本户地粮，照单封纳，今州县多不给散户，由奸胥上下其手，谁其问之？往时见役催里长，里长催花户，近多用衙役执催单，所索酒饭钱、脚力钱，又有捱限钱，常倍于本

① 陈支平：《清代赋役制度演变新探》，厦门大学出版社1988年版，第114—115页。
② 《清世祖实录》卷57，顺治八年六月辛酉。
③ 广东清理财政局：《广东财政说明书》卷2，《岁入门·田赋上》。

贫户之正银者”[①]。

陈之遴称：“窃惟天下有司剥民之术大要，应征钱粮数目不使民知，任其（胥吏）明加暗派，敲扑侵肥，（小民）无凭申诉。”[②]

熊一潇称：“钱粮一项，万绪千端，势必假手吏胥……吏胥自权在手，一味玩弄，任意侵渔。”[③]

慕天颜在《请永行均田均役疏》中也曾历数差役使之害：“差役之为害，本司前经列示，而州县独于粮里之中为尤甚，如图差、区皂、经催、分管等名色，各有不同，总一役而异其名也。因上行革去此等差名，遂易一称呼，人仍其旧，此辈盘踞衙门，承袭顶首，粮户甲催供其鱼肉，秋收夏熟饱其鲸吞，一认役必开派使用数端，一开仓必妄取公费几两，而包收侵啖，必累重征，赴限应差，又索东道，此坐图之差扰也。而承票拘拿之虎役，更有甚焉，摘一户名，先索见面钱，临比时，完者亦云代候比较，勒索酒钱，若未完者，则害不可名状矣。带比受杖，则有手轻钱、照料钱，正身营脱，则有买嘱钱、代杖钱，身经痛苦，复要知会该房，一票未销，再发签差，催皂层见迭出，而前欠一两，用费至二两。”[④]

何承都在《条陈赋役利弊疏》中则总结出“征比、支销、借题”三弊，其征比之弊云：“夫征比款件，一依部文，然长吏追呼，愚民奚知？胥执簿以敲，惟恐或后；一履吏之庭，鞭扑笞责，魂惊魄悸，安敢诘而问焉。追比已盈，吏收券而焚之，小民即控诉抢吁，而已无案可结矣。上下相蒙，百姓朘骨。”

赵廷臣在《请定催征之法疏》中又揭示了催征八弊：“恶劳喜

---

① 《明清档案》第1册第113件，顺治元年八月二十五日户科右给事中冯杰启本。

② 《明清史料》丙编第4本，顺治十年四月二十三日户部尚书陈之遴揭贴。

③ 档案，康熙十二年七月二十五日熊一潇题：《为江南国赋多逋等事》，中国第一历史档案馆藏。

④ 乾隆《江南通志》卷68，《食货志·田赋二》。

逸，不亲簿书，一也；假手户书，任其作奸，二也；止核里欠，不稽户欠，临比不清，移甲为乙，三也；里立图差，责比催办，入乡叱哮，坐索酒食，欠者贡金，完者代比，四也；一月六卯，限勒期迫，四乡之民，仆仆道路，公私咸误，五也；见征带征，并日而比，民无适从，而皆拖欠，六也；军需不可缓也，而开征则数溢于军需，协饷不可缓也，而追比则过倍于协饷，起、存宜有后先之分也，而催征则无分起、存，七也；棰楚列于堂下，拶夹并于一刻，小民畏一时之刑，有重利称贷、减价变产而不顾者，虽明知剜肉医疮，且救目前，不复计死，八也。”同时，“八弊之外，又有坐管经承之费，有坐差摘追之费，有奔比赴比之费，有守候应比之费，有转限宽比之费，有请人代比之费”。因此，赵廷臣感叹道：“小民止有此膏血，多一分之旁费，必至少一分之正供。坐此积弊，粮终不完，而民日以困；不特民困，官亦受累。然则，催科非能病民，而以催科病民者，不得其人与法也!”

此外，姚文然的《请除折漕混冒疏》，陆世仪的《论赋役》，曾王孙的《勘明沔县丁银宜随粮行议》等又分别揭示了胥吏在征漕、差丁过程中的“上下其手”、“表里为奸”。[①]

在盐课、关税、杂税的征收中，胥吏的盘剥与贪婪也很突出，兹再各举一例。

吕星垣在《盐法议》中曾针对盐政弊端提出了“盐法六议”，即所谓：“励官廉以清源”、“严功过以督捕”、“恤商本以藏富”、“恤丁力以培本”、“通引额以裕课”、“谨私渡以防漏”，这六个问题都与“胥吏通线索”、“胥吏蹈瑕，格外需索”、“胥吏上下其手”有关。[②]

---

① 以上未注明出处者均见《皇朝经世文编》卷29—30，《户政》。

② 《皇朝经世文编》卷50，《户政》。另参见拙著：《清代盐政与盐税》，中州古籍出版社1988年版，第125—135页。

徐旭龄在指摘关政之弊时称："今日民穷极矣，所恃通财货之血脉者，惟有商贾，乃今商贾以关钞为第一大害。臣推原其故，总由于官多、役多、事多，有此三患，故商贾望见关津，如赴汤蹈火之苦也。……至旧役盘踞，屡经严禁而如故者，各关既就近招募，则此辈衙门情熟，易于上下相朦……有子供役，而父在外收银，弟供役，而兄在外需索，不惟旧役不能禁，一役反化为二役矣……"①

黄六鸿在言及杂征时说："催征有法，而百姓不得受其累；比较有法，而胥里不得播其奸。……杂课之于田房当税，乃有力之交易，吾虽栉比而稽，尚无损于心肉。至如牛驴等项，小民日用之需，若翼征蹄算，贾贩将裹足不前，民用因之日缩而价腾；牙行身帖，市侩养生之具，彼终岁早夜奔驰，不惮严霜烈日而仅获此蝇头，以活父母妻子。尤必剜筋剔髓，而诛索无遗，是官与胥争搏蚀于小民矣。"②

胥吏在催征赋税钱粮过程中的盘剥及非法行径，无疑会给正常的钱粮征收带来弊害，产生种种弊害，有的是地方官"蒙蔽不知"，有的则是地方官与胥吏、差役、里长等"通同作弊"。

对于上述弊端，清廷曾采取过许多措施加以限制。在上揭顺治元年（1644）八月户科右给事中冯杰的启本上，摄政王曾经朱批："这本说除害事情，亦有可采。里长照旧催粮，不许衙役下乡滋扰。该部即与议覆。"这是最早的措施之一。其他措施，兹根据《大清会典事例》简要排列示之：③

① （清）徐旭龄：《省官役以清关弊疏》，见《皇朝经世文编》卷51。

② （清）黄六鸿：《杂征余论》，见《皇朝经世文编》卷29。

③ 参见光绪《大清会典事例》卷95，《吏部·处分例·书役》；卷106，《吏部·户部·处分例·关税考核》；卷106，《吏部·处分例·严禁苛索税羡》；卷171，《户部·田赋·催科》；卷172，《户部·田赋·催科禁令》；卷231，《户部·盐法·禁例》；卷239，《户部·关税·禁令》。

顺治十年题准："州县官不许用孤贫衙役，恃老行凶，不乡催征。"又题准："令各关差刊示定例，设柜收税，不得勒扣火耗，需索陋规，并禁关役包揽报单。"

顺治十二年覆准："江南财赋繁多，经征诸役，包揽侵渔，保长歇家，朋比剥民，令严行查访，勒石永禁。"

顺治十七年题准："有钱粮已完，吏役混开者，果属冤抑，许诉理开复，经手官役及院、司、道、府分别议处。"又题准："盐船过关，止纳船料，如有借端盘验、额外苛求者，以枉法治罪。"

顺治十八年覆准："州县征收钱粮，务将各区花名缮造粮册，使纳户细数与一甲总额相符，易于摘催。又，州县官不许私室秤兑，各置木柜，排列公衙门首，令纳户眼同投柜，以免扣克。又覆准，布政司及州县征收钱粮，均遵部颁法马秤兑，毋令奸胥高下其手。"

康熙九年题准："各关招募书吏，不许旧役更名复充。"

康熙十三年覆准："州县应征钱粮，许司、道行文，立限催提，不得差役扰害。"又题准："凡正身衙役及额定贴写帮差之外，有白役随所差衙役吓诈，未能查出之官，罚俸六月，若官员知系白役，于定数之外滥留应役，发给牌票，差遣公事，婪赃累民，按其所犯赃数，一两以下者，将本官降一级调用，一两以上者，降二级调用，十两以上者，革职。"

康熙十八年定："各处关差，如有将不应纳税之物额外横征，差役四出，踞津滥税，扰害商民者，该督抚即行题参，若不题参，事发照不揭报劣员例处分。"

康熙二十五年题准："衙蠹害民，令督抚访拿，司、道、府、州县等官举报。若司道府州县等官不报上司，照徇庇例降三级调用；不行题参之督抚，罚俸一年。其访拿衙蠹并赃私数目，年终造册题报。"

康熙二十八年覆准："州县催征钱粮，随数填入印票，一样二联，不肖有司与奸胥通同作弊，藉名磨对稽查，将花户所纳之票强留不给，遂有已完作未完，多征作少征者。今行三联印票之法，一存州县，一付差役应比，一付花户执照。嗣后征收钱粮豆米等项，均给三联印票，照数填写，如州县勒令不许填写，及无票付执者，许小民告发，以监守自盗例治罪。”

康熙三十九年题准：“直省府州县陋规杂派，有遇差役因公济私、以一派十者，有年节派送礼仪者，有郡守之交际派之各属者，有府县卫所官出门中火路费、及跟役食用派之里民者，有上官差使往来派送规礼下程者，有起解饷银派出解费者。又道府有开征奏销之陋规，征漕有监兑下县及差人坐催之规例。凡此陋习，一概革除。又题准：征收钱粮，有公然科敛者，合邑通里，共摊同出，名曰软抬；各里各甲，轮流独挡，名曰硬驮。奸胥土豪，包揽分肥，苦累小民。皆勒石永禁。”

康熙四十二年覆准：“州县征收串票内，分别注明漕项、地丁数目，如蒙混征比，该督抚即行指参。”

雍正二年（1724）议准：“征收卯簿，行令各省督抚，严饬各属，务须亲对完欠，毋得假手户房书吏，倘有怠玩，即行题参。”

雍正四年覆准：“各衙门考取书吏，细加查核，毋致有冒籍、冒姓、顶替诸弊。”

雍正五年覆准：“江南各州县经征积弊，每开征时，于经承中佥点一名为总书，皆系奸胥承充，行令该督抚将总书名色革去。”

雍正八年议准：“各省衙役犯赃，本官知情故纵者，照纵役犯赃例革职。其止于失察，实无知情故纵者，照在京部院司官之例，十两以上者，将该管官降一级留用，不及十两者，罚俸一年。令各省督抚于题参疏内，将本官或系知情故纵、或系失于察觉，详悉声明，分别议处。”

乾隆元年（1736）题准："州县收纳钱粮，务照定例，令纳户包封自投入柜，不许收书一涉其手，如有奸胥违例留包偷取情弊，该管府州即揭报题参。"

乾隆四年覆准："凡衙门胥役，阅历愈久，则贪诈愈甚……如年至七十，即令其罢役，不许允当各项差使，如有设法盘踞、改易年岁者，严察分别治罪。"

嘉庆五年（1800）奏准："各省大小衙门，将不在公之人作为挂名书吏者，降三级调用；接任官不行查出，降一级留任。如系刺字革役挂名，接任官降二级调用。"

嘉庆七年议准："州县额征本色南秋粮米，查照征银之例，责成征收监放各员，亲身赴仓查验，毋得假手胥吏，以杜弊端。"

道光二年（1822）奏准："内外大小衙门书役犯赃，除本犯照例治罪外，本管官如通用婪索，不论银数多募，皆革职提问；若纵令作弊得赃，亦不论银数多寡，皆革职。其止系失于觉察，如犯该杖徒者，本管官罚俸六月；犯该军流者，本管官罚俸一年；犯该斩绞者，本管官降一级留任。俱以首犯之罪名为断。自行访拿究办者，免议。又议准：书役犯赃脱逃，将本管官先照犯该军流例，罚俸一年；俟日后获犯审明，再照罪名轻重改议。"又议准："蠹役得赃，承审官已将索诈实情审出，故为改重就轻者，革职。"

以上示例可以看出，具有法律性质的各种条文对胥吏盘剥的限制，一方面与赋役制度的整顿相一致，另一方面则包括了对私征、滥征的清理，陋规的禁革，招募胥吏人选的要求，胥吏犯赃惩治，胥吏非法对各管官的处罚等等。种种条文的不断颁布，意味着种种弊端的不断滋生，在传统的专制制度之下当然不能指望几纸条文的限制就能弊绝风清，但也应该注意到，条文颁布的本身，也正是发现弊端、督抚题参、整饬吏治的结果，赖此，胥吏盘剥有所收敛，官、吏联手作弊有所顾忌，至少在一段时间内是起作用的，其意义不可忽视。

二、钱粮催科考成的制定与更改

可以说，吏治不清是任何统治者都要关心的问题，但这种关心一般是在物议纷纭、弊端凸现、矛盾激化之后，大多缺乏主动清厘的意识。对催科考成的制定就有所不同了，我们注意到，为了军国要需，清廷对财政的考虑更甚于对吏治的关心，不惜制定严厉的考成则例，督催地方官血比穷追，以保证赋税钱粮征收的足额或溢额。

在清初财政收入有限、军费支出巨大的情况下，清廷已开始对主管田赋征收的地方官施加压力，顺治七年（1650）题准："督征钱粮，知府、直隶州知州，以所辖各属之完欠计分数，布政使司，以通省之完欠计分数。"[①]若督征钱粮不完，分别议处。顺治十二年，根据户科都给事中朱之弼的疏清，又具体规定："布政使、知府、直隶州知州，俱应通计所属钱粮完欠，照州县一体参罚。十分全完者，优升。欠一分，罚俸六个月，照常升转；欠二分者，住俸；欠三分者，降职一级；欠四分者，降俸二级；欠五分者，降职一级；欠六分者，降职二级。俱戴罪督催，停其升转，俟完日开复。欠七分者，降职一级调用；欠八分者，降职二级调用；欠九分、十分者，革职。"[②]是时，由于"钱粮积欠多而考成严"，导致"官多降调"，两江总督郎廷佐因此要求"将考成规则去其降调之例，重不过

① 乾隆《大清会典则例》卷37，《户部·田赋四》。

② 《清世祖实录》卷88，顺治十二年正月辛丑。

改职戴罪，仍令在任，课其成功”，以便官员“安心治理”，顺治帝览奏后认为“其言深切时弊，下所司详议”①。随后，顺治帝又谕称：“钱粮系军国重务，有司考成自不能宽，但近来参处拖欠，降调纷纭，新旧交代，反误催征，官虽屡更，拖欠如故。以后因钱粮降调各官，俱著带所降之级在任督催，完日开复。”②在顺治帝的这一谕令下，顺治十四年十二月，户部又重新更定了考成则例：“州县官欠七分者，降职四级；欠八分者，降职五级。布政使、知府、直隶州知州欠八分者，降职四级；欠九分者，降职五级。俱戴罪督催，完日开复。”③这一规定，事实上要比前定考成则例轻减许多。之所以如此，除了“降调纷纭，反误催征”外，也是由于当时在战乱的情势下，“天下之民有圈地之苦，有逃人之苦，有喂养马匹供应大兵之苦，有封船之苦……”种种苦楚，“催科不宜太急”，“以示轸念民艰之意”。④

进入康熙朝以后，考成再次变得严厉，并进一步走向细密化。康熙二年（1663）制定的考成则例与康熙四年、康熙五年补定的考成则例，基本上成为后来田赋催科考成的范本，兹不惮其繁，引述如下：

> （康熙二年）题准：征收钱粮，本年内全完者，纪录一次；三年相接均全完者，加一级。
>
> 又题准：地丁钱粮初参，经征州县官欠不及一分者，停其升转，罚俸一年；欠一分者，降职一级；二分者，降职二级；

---

① 《清世祖实录》卷108，顺治十四年三月甲寅。
② 《清世祖实录》卷112，顺治十四年十月庚午。
③ 《清世祖实录》卷113，顺治十四年十二月壬申。
④ （清）姚延启：《敬陈时务疏》，见《皇朝经世文编》卷12。此疏又以《敬陈时务八款》之篇名，载于《皇清奏议》卷14。

三分者，降职三级；四分者，降职四级；皆令戴罪催征。欠五分以上者，革职。布政使、知府、经管钱粮道员、直隶州知州欠不及一分者，停其升转，罚俸半年；欠一分者，罚俸一年；二分者，降职一级；三分者，降职二级，四分者，降职三级；五分者，降职四级；皆令戴罪督催。欠六分以上者，革职。巡抚欠不及一分者，停其升转，罚俸三月；欠一分者，罚俸一年；二分者，降俸二级；三分者，降职一级；四分者，降职二级；五分者；降职三级；六分者，降职四级；皆令戴罪督催；欠七分以上者，革职。

又题准：地丁钱粮被参后，催征时州县官限一年，布政使、道府、直隶州知州限一年半，巡抚限二年，其年限内不完，不复作分数，照原参分数处分。州县官原欠不及一分，年限内不全完者，降一级留任，再限一年催征，如又不能完，即照所降一级调用；原欠一分，年限内不全完者，降三级调用，如果能催征完至八九厘者，降三级留任，再限一年催完，如仍不全完，降三级调用；原欠二分，限内不全完者，降四级调用；原欠三分，限内不全完者，降五级调用；原欠四分以上，限内不全完者，革职。

（康熙四年）题准：州县官经征一应起运本年钱粮，五万两以下，一年内全完者，纪录一次；五万两以上、十万两以下，一年内全完者，纪录二次；十万两以上，一年内全完者，纪录三次。督催知府、直隶州知州及经管钱粮道员，十万两以下，一年内全完者，纪录一次；十万两以上、二十万两以下，一年内全完者，纪录二次；二十万两以上，一年内全完者，纪录三次。督催布政使，五十万两以下，一年内全完者，纪录一次；五十万两以上、一百万两以下，一年内全完者，纪录二次；一

> 百万两以上，一年内全完者，加职一级。其监屯同知、通判，督催卫所屯粮全完，照经征州县官例议叙。如地丁粮银已完，而本色颜料并一应起解杂项等银未完者，不准议叙。至经征州县官，将未完之钱粮捏称全完转报，或一年内二三官征完之钱粮，捏为一官征完申报者，州县官革职，司道府官各降二级调用，巡抚降一级调用。如州县官申报未完，司道府作完申报者，司道府革职，州县官免议。如司道府申报未完，巡抚作完题报者，巡抚革职，司道府免议。
>
> （康熙五年）覆准：州县官带征节年拖欠钱粮，二年内，全完一万两以上者，纪录一次；二万两以上者，不论俸满升转。其知府、知隶州知州、经管钱粮道员，带征钱粮，二万两以上者，纪录一次；四万两以上者，纪录二次；六万两以上者，不论俸满升转。布政使带征全完十万两以上者，纪录一次；二十万两以上者，纪录二次；三十万两以上者，不论俸满升转。如带征钱粮全完，而经征钱粮不完，仍不准议叙。[①]

显而易见，康熙初年的考成则例已经相当完备，它既注意到了在考成中惩罚与议叙的结合，又注意到了经征钱粮之州县官与督征钱粮之上司官的分别对待，将不同职级的官员的利益与责任系结在一起；既规定了征收钱粮的初参处分、续参处分，以及按征收钱粮多寡的议叙、带征拖欠钱粮的议叙，又规定了捏报钱粮的不同处罚等等。这种考成则例的臻于完备，一方面反映了在政策的调整下，一种制度由不成熟到成熟的历程，另一方面则可以视作是新形势下

① 参见光绪《大清会典事例》卷107，《吏部·处分例·征收地丁钱粮》；卷173，《户部·田赋·催科考成》。

的因时制宜（如欠征、拖欠钱粮的严重化，捏报钱粮弊端的出现，及其对策）。

在田赋催科考成之外，盐课、关税也同样有考成则例，其考成则例的制定与变更大致和田赋催科考成同步。不过，应该指出的是，盐课考成远比田赋考成繁杂，在产、运、销各个环节均制定有考成则例，包括了收盐考成、征课考成、销引考成、缉私考成等方面。[①]由于终清一代私盐的泛滥，清廷为了官盐的畅销和盐税的征纳，对缉拿私盐非常重视，曾采取过许多具体的措施缉捕防阻私盐。一方面，在产盐之地实行保甲制和火伏制，在各行盐口岸设立缉私卡巡；另一方面，又颁布了诸如"灶丁售私律"、"获私求源律"、"夹带私盐律"、"买食私盐律"、"豪强盐徒贩私律"、"兵丁贩私律"、"巡盐兵役贩私律"、"旗人贩私律"等一系列严厉的刑律。与此相一致，又屡颁缉私考成，以督促有关官员对私盐的缉拿。

在这里仅对缉私考成加以分析，以窥其他类型考成的繁杂情况以及征税考成与相关考成的关系。

缉私考成条例繁多，除户部、吏部、兵部各定有考成则例外，各省区又分别定有相关条例，而且前后也多有变化。大致说，从考成类别来分，缉私考成可分为缉拿武装贩私考成、缉拿小伙贩私考成、缉拿邻私考成、缉拿场私考成等。从考成的前后变化趋势看，初定考成时，条例粗疏，且较注重于惩罚的一面，后来则渐趋严密，并注重于奖叙的一面。如缉拿场私考成，康熙十八年（1679）规定："如有奸灶违禁私卖，立行提解究惩；倘官役疏忽透漏，察出，除玩灶律拟外，团保照知而不举之律与本犯同科，分司场员照

① 参见拙著：《清代盐政与盐税》，第41—53页。另参见拙作：《清代盐法考成述论》，《盐业史研究》1996年第1期。

失察私盐之例特参处分。”[①] 而乾隆三十年（1765）之例已非常详明，且将失察或知情的运使、运同、运判、盐场大使等分别对待。[②]

在名目繁多的缉私考成中，清廷对缉拿武装贩私考成最为重视，兹以此为典型作考察。

康熙十五年，首次制定了武装贩私考成则例，其例称：

> 凡旗人、兵民聚众十人以上、带有军器兴贩私盐，失于觉察者，将失事地方专管官革职，兼辖官降二级，皆留任，限一年缉拿，获一半以上者，复还官级，若不获者，照此例革职、降级。该督抚、巡盐御史如有失察官员，徇庇不行题参，照徇庇例议处。专管官一年内拿获十人以上，带有军器大伙私贩一次者，纪录一次；二次者，纪录二次，三次者，加一级；四次者，加二级；五次者，不论俸满即升。兼辖官一年内拿获三次者，纪录一次；六次者，纪录二次；九次者，加一级。拿获次数多者，均照此数纪录、加级。[③]

这种对“专管官”和“兼辖官”分别对待的考成，惩罚非常严厉，奖叙也很优厚。如果与缉拿小伙贩私考成加以比较，更显而易见。康熙四十四年题准的小伙贩私考成则例称：“小伙兴贩私盐，该管吏目、典史、知州、知县等官，失察一次者，降职二级；失察二次者，降职四级，皆留任，戴罪缉拿。一年限满无获，罚俸一年，各带原降之级缉拿。如又年限已满不获，仍罚俸一年，各带所降之级缉拿，拿获私盐之日，皆准其开复。失察三次者，革职。道府、

① 档案，康熙十八年六月二十日卫执蒲呈：《奏缴事迹文册》，中国第一历史档案馆藏。

② 光绪《大清会典事例》卷105，《吏部·处分例》。

③ 《清盐法志》卷6，《职官门·考成》。

直隶州知州等官，失察一次者，降职一级；失察二次者，降职二级；失察三次者，降职三级，皆留任，戴罪缉拿。一年限满无获，罚俸六月，各带原降之级缉拿。拿获私盐之日，皆准其开复。失察四次者，降三级调用。”[①]缉拿小伙贩私考成的处罚显然要比缉拿武装贩私考成轻得多，另外，缉拿小伙贩私考成也没有奖叙的规定。之所以如此，除了考虑到二者发生的频率不同和缉拿难度不同外，其目的也在于鼓励鞭策官兵巡役首先缉拿大伙私枭。“向来匪类，大半出于盐枭”[②]，盐枭的武装走私，不仅影响着食盐的运销和征课，也对清廷的封建统治产生着威胁，这是不言而喻的。

康熙三十年（1691）后，清廷曾多次对缉拿武装贩私考成作过修改，从中可以看出缉私考成的总体变化趋势。

我们先来看考成中惩罚规定的变化。康熙十五年初定缉拿武装贩私考成时，处罚特别严厉，只要是对贩私“失于觉察”，专管官要受到革职留任的处分，兼辖官要受到降二级留任的处分。这种严厉的考成，造成了“官吏畏考成之法……私盐盛行，尽为盗贼，地方官员明知并不查拿”的后果。[③]基于此，康熙三十年覆准：“十人以上带有军器兴贩私盐，失察各官，系本处拿获一半者，免其处分外，其本处虽未拿获，被别处全获者，亦免其处分。”康熙三十九年又议准：“私枭党众，官兵不能拿获，或止获一二名，及兵丁被杀伤者，专管官、兼辖官皆免其处分。限一年缉拿，如不获，仍照旧例处分。”这里，有关处罚显然比前为轻，特别强调了官兵只要尽力缉拿盐枭，就可免除处分或暂免处分，以便使官吏督责兵丁巡役在限期内继续缉查。这种处罚的减轻，应该说更合乎情理。嘉庆五年（1800），对官吏的处罚又进

① 光绪《大清会典事例》卷105，《吏部·处分例》。

② 《清朝续文献通考》卷35，《征榷七》。

③ 嘉庆《两淮盐法志》卷13，《转运　缉私》。

一步减轻，该年议准："枭徒贩私，聚众十人以上，带有军器，拒捕杀伤人者，州县印捕官降二级留任，道员府州，罚俸一年，俱限一年缉拿。限满不获，专管官照所降之级调用，兼辖官降一级留任。"①

其次，再来看考成中奖叙的变化。与考成中惩罚的逐步减等相反，奖叙在逐步升级。如道光二十五年（1845）议准："专管官一年内拿获大伙私贩一次者，纪录一次；二次者，纪录二次；三次者，加一级；四次者，加二级；五次者，不论俸满即升。应请改为拿获二次者，优叙加级；三次者，不论俸满即升。"这一规定，把康熙十五年的拿获大伙私贩二次者纪录二次，改为优叙加级，拿获三级者加一级，改为不论俸满即升。赏格的升级是明显的。到同治年间，赏格又再次升级，据同治十二年（1873）吏、户两部议定的考成则例称："专管官一年内能拿获大伙私盐一起者，加一级；二起者，加二级；三起者，不论俸满即升。兼辖官一年内统计所属，拿获大伙私盐一起者，纪录二次；二起者，加一级；三起者，加二级。每案一起，照此递加。"②

与赏格的升级相一致，对缉私兵丁巡役也大加赏赐。如乾隆元年（1736）议准的两浙盐区条例："嗣后巡盐兵役能拿获大号海船，人、盐并获者，将盐船入官，私盐变价，即于变价银内赏给十分之四。"③又如乾隆五十六年议淮的两淮盐区条例："行销淮盐之江西、湖广、江南、河南各省，无论巡役兵民，但能拿获枭贩者，将拿获盐货车船头匹，全行赏给。"④再如道光二十六年议淮的长芦盐区条例："嗣后弁兵、县役、场巡、商巡捕获盐匪，除罪止杖枷各犯，仍照向例将所获私盐、器具、牲畜变价充赏外，如罪应似徒

① 光绪《大清会典事例》卷105，《吏部·处分例》。

② 《清盐法志》卷6，《职官门·考成》；光绪《大清会典事例》卷105，《吏部·处分例》。

③ 《清盐法志》卷181，《两浙·缉私门》。

④ 《清朝续文献通考》卷34，《征榷六》。

者，每名赏银十两，罪应军流者，每名赏银二十两，罪应斩绞者，每名赏银一百两，按名递加。擒获大伙巨枭，兵役、商巡破格重赏，文武官员从优议叙，以示鼓励。”[①]

上述缉私考成中处罚的减等与奖叙的升格，事实上从另一个方面反映出私盐的日益泛滥。

另外值得注意的是，尽管有缉私考成，还是多有虚应故事的现象，“怠玩成风，上下徇庇，以致国法不申，枭徒无忌”[②]。更为重要的是，缉私官兵为了应付考成，往往置真正的枭贩于不顾，对“不在禁约之列”的贩盐贫民却大肆缉拿，如两淮康熙十七年（1678）“株连百余人”的盐枭案，就是肩挑背负的“失业之民”。[③]对此，清廷亦有所觉察，并于康熙五十年议准：“如有不肖官员贪图纪录，将贫难军民、肩挑背负易米度日之人，及外省来贸易之平民，滥作私贩查拿，私用非刑，害人致死者，将该员照诬良为盗例革职。如未经致死者，将该员降一级调用。”[④]这当然是很好的对缉私考成的补充，但实际情况却又不尽如人意，一如乾隆帝所谕：“官捕业已繁多，而商人又添私雇之盐捕，水路又添巡盐之船只。州县毗连之界，四路密布。此种无赖之徒，藐法生事，何所不为！凡遇奸商夹带、大枭私贩，公然受贿纵放，而穷民担负无几，辄行抱执，或乡民市买食盐一二十斤者，并以售私拿获，有司即具文通详，照拟杖徒。又因此互相攀染，牵连贻害。此弊直省皆然。”[⑤]这也正反映出缉私中存在的问题及其相关联的吏治腐败。

前面所指出的钱粮催科考成在康熙初年已经相当完备，只是就

---

① 《清盐法志》卷27，《长芦·缉私门》。

② 档案，康熙十八年六月二十日卫执蒲呈：《奏缴事迹文册》，中国第一历史档案馆藏。

③ 嘉庆《两淮盐法志》卷44，《人物》。

④ 光绪《大清会典事例》卷105，《吏部·处分例》。

⑤ 档案，乾隆元年七月二十八日张廷玉题：《为钦奉上谕事》，中国第一历史档案馆藏。

一项政策的制定和基本格局的形成而言，并不意味着其在此后一成不变，以后的变更还是时有，并在两种情况下显现出特色。

一种情况是在军兴旁午、军费支出巨大、财政特别困难之下，为了勒催钱粮、维持收支平稳而实行特别考成。如在三藩之乱期间，“自滇黔告变，所在揭竿蜂起，盐无行销地，商皆裹足不前，至亦榛墟弥望，无所得售”[①]，为了应付销引难、征课急的局面，就曾制定了比常例考成更为严厉的特别考成，只要将二者稍加比较，就可得出清晰的印象：[②]

常例考成与特别考成比较

盐课欠额分数	常例考成处分	特别考成处分
一分以下	罚俸一年	降职一级留用
一分以上	降俸二级	降职二级留用
二分以上	降职一级留用	降职二级调用
三分以上	降职二级留用	降职三级调用
四分以上	降职三级调用	降职四级调用
五分以上	降职四级调用	革职
六分以上	降职五级调用	
七分以上	革职	

为了制表的方便，上表只是比较了对巡盐御史的常例考成和特别考成，后者显然要比前者严厉得多。对其他官员的考成也同样如此，如盐运使，原规定：“盐课欠不及一分者，停其升转，罚俸半年……欠六分以上者，革职。”特别考成则改为：“欠不及一分者，降职一级……欠五分者，革职。”再如兼管盐法的各省巡抚，原规

① 《清史稿》卷123，《食货四》。

② 档案，康熙十九年八月二十七日布哈呈：《两淮运司正杂钱粮文册》，中国第一历史档案馆藏。参见陈锋：《清代盐政与盐税》第54—55页。常例考成制定于康熙三年，另可参见《清盐法志》卷6，《职官门·考成》；光绪《大清会典事例》卷230，《户部·盐法·考成》。特别考成制定于康熙十四年十二月十一日，一般典籍未载。

定："盐课欠一分者，罚俸三个月；欠二分者，罚俸六个月……欠十分者，降职四级。"特别考成更定为："盐课欠一分，罚俸六个月；欠二分，罚俸九个月……欠九分，降职四级。"等等同时，还制定了特别考成优叙例：

> 一年正杂额课及带征银两全完，御史准加一级。运司、提举司一年内全完，准纪录二次；一连两年全完，准加一级。……巡抚一年全完，准其纪录一次；两年全完，纪录二次；一连三年全完，准加一级。①

一般地说，特别考成正是这种特别严厉的处分例和相对优厚的议叙例的结合。再就征收关税考成来看，三藩之乱爆发后于康熙十四年（1675）更定的考成例，除将原先的处分例"欠不及半分者，罚俸一年"，改为"欠不及半分者，降职一级留任"之外，还特别强调了征收关税的溢额议叙。本来，关税的溢额议叙，曾作为"各差冀邀恩典，因而骚扰地方，困苦商民"的一项弊政，于康熙四年废止②，康熙八年又再次重申："征收关税官……其溢额者，亦不准加级纪录。"③而三藩之乱期间的溢额议叙又成了鼓励关差多征税银的法宝，康熙十四年题准：

> 全完者，纪录一次。溢额每千两者，加一级；至五千两以上者，以应升先用。部差官员，不令督抚管辖。

① 档案，康熙十九年八月二十七日布哈呈：《两淮运司正杂钱粮文册》，中国第一历史档案馆藏。

② 《清圣祖实录》卷14，康熙四年正月己亥。

③ 光绪《大清会典事例》卷106，《吏部·处分例·关税考核》。

康熙十六年又题准：

> 各关额税银二万两以上者，仍照前例议叙。万两以上者，额税全完，纪录一次。溢额半分以上，加一级；一分以上，加二级；一分半以上，加三级；二分以上，加四级；三分以上，以应升先用。数多者，递准加级。①

上述特别考成，在议定之初，清廷就曾声明："事平之日，仍照旧例考成。"应该注意到，非常时期的特别考成虽然过分注重惩处与优叙，但作为一段时间内弥足财力的一种应急手段，又有着不可忽视的作用。当然，由此而导致的苛扰纳税者的弊端也是明显的，康熙二十五年谕及"溢额议叙"时即称："近来各关差官……既已充肥私橐，更图溢额议叙，重困商民，无裨国计，种种情弊，莫可究诘。朕思商民皆我赤子，何忍使之苦累？今欲除害去弊，必须易辙改弦，所有见行收税溢额即升、加级、纪录，应行停止。"②

另一种情况是随着钱粮"欠征"、"积欠"的严重化，出现了滥加议叙的倾向和考成的屡屡展限。上揭康熙四年、五年的田赋催科考成中已经显示了经征本年钱粮全完和带征积欠钱粮限内全完的议叙例。从清代中期起，议叙标准大为降低，如嘉庆四年（1799）经征本年钱粮的议叙例："州县官经征一应起运本年有分数钱粮……其三百两以上，不及一万两，于奏销前全完者，纪录一次；一万两以上全完者，纪录二次……"至五万两全完者，即加一级（原来无加级例，五万两以下纪录一次）。该年带征积欠钱粮的议叙例也同样优厚："不及

① 光绪《大清会典事例》卷237，《户部·关税·考核一》。

② 《清圣祖实录》卷124，康熙二十五年正月甲午。随即议准："有溢额者，停其议处。"

一万两者，纪录二次；一万两以上者，纪录三次……”（原定例一万两以下不加议叙，一万两纪录一次。）道光二十九年（1849年）又再次奏准：“于照常议叙之外，量加优叙。”并且，视其成绩，或者“准该督抚奏请送部引见”，或者“准其指定应升之阶保奏”等。[①]

所谓考成的“展限”，就是延缓考成。这是清廷在钱粮积欠累累的困局面前，随着奏销的推迟，不得已而实行的措施。上揭康熙二年所题准的田赋催科考成中，已经有展限的规定，至乾隆十五年（1750），因“累累拖欠”，又视拖欠钱粮数额的多寡，分别展限，其中，州县官欠数在“五万两以上至十万两者，均作四年，十万两以上者，均作五年征完”，限内不完，分别议处。因展限时间延长，展限期内官员调动，同时又规定了接征官员的考成：“其接征之员，概以接征之日，另起初限。”由此导致新问题的出现，即如嘉庆十二年上谕所指：“地方官任意因循，征催怠惰，甚或有侵挪亏蚀情弊。……而上司护惜属员，往往曲为地步，凡涉参限将满，俾接征之员，另行开限，州县恃此规避之法，又复何所儆畏？无怪乎各省积欠如此之多也。”到晚清，甚至出现了“遂将全省钱粮数目，概不报部，更有于所属州县二参届限时，调署离任，巧为规避，延不开参”的严重情况。[②]

由于“引滞课疲”，盐课征收的考成展限在清代中期以后更是习以为常，少则展限二三年，多则展限五六年不等，“迭次请展”、“递年推展”[③]。有些盐区的展限时间，更长达十年之久。[④]更有甚者，“各官任内有承督未完案件，于限内离任者，以罚俸一年完结”了事。[⑤]

滥加议叙和考成展限，虽然手段不同，反映的问题却是一致

① 参见光绪《大清会典事例》卷107，《吏部·处分例·征收地丁钱粮》。
② 同上，卷173，《户部·田赋·催科考成》。
③（清）王守基：《广东盐法议略》，见《皇朝政典类纂》卷75。
④ 档案，嘉庆八年十月三十日佶山呈：《两淮钱粮事迹文册》，中国第一历史档案馆藏。
⑤ 档案，道光四年九月七日英和题：《为汇核等事》，中国第一历史档案馆藏。

的，从总体上表明了清廷对钱粮欠征和清理积欠的努力。但是，滥加议叙和考成展限的本身已经意味着欠征、积欠问题的难以扭转，这一方面固然与吏治的腐败有关，另一方面也标示着在“本年之钱粮须完纳，历年之积欠又须带征”，以及“州县之勒派，胥吏之营求”之下，人民负担的沉重，尽管“勉强输将”，仍不能如数全完。[①]在这种背景和情势之下，一些对钱粮征收考成的重新整饬也是值得注意的。如光绪六年，户部奏“筹备饷需”一折，提出十条整顿办法，认为“自咸丰初年河工、军务迭起，部库存款拨放殆尽……现在库款存储无多，照常收放，尚可支持，设有意外要需，则支应即形棘手”的情况下，必须着意整顿，其中“丁漕等项为入款之大纲，全赖封疆大吏认真率属竭力整顿，悉复旧额，毋令本有之财源视同废弃”，“欲除积弊，不得不思所变通，应请自此次奏准后，所有钱粮奏销，各依定限，令各该督抚一面具题，一面先将未完一分以上各员名开具简明清单，专折奏报，由部核定处分，先行具奏，仍各于题本内将业经具奏各员声明备核。间有未能依限具题省份，此项专折，仍应按限入奏。其有具奏后续完者，准其续行奏请，归本案开复。此外盐课、漕项，凡经手钱粮，入报销有关处分者，一律照此办理。庶经征人员有所儆惧，而帑项不致虚悬”。[②]此次整顿的关键之点是在重申定限考核，未完一分以上即遭处分的前提下，将钱粮考成与钱粮奏销紧密结合起来。

（本文原载《社会科学辑刊》1997年第3期）

---

① 《皇朝政典类纂》卷155，《国用二、节用》引邸钞。

② 《光绪朝东华录》（一），中华书局1958年版，第863—866页。

清代对财政亏空的清查

清查财政亏空，在雍正朝最为突出，为学者所乐道。但作为对财政的清理整顿，雍正以前已经存在，雍正以后也依然突出。换句话说，财政的亏空贯穿有清一代，对亏空的清查也一直是整顿财政的重点。本文分三个时期进行论述。

一、雍正以前对亏空的清查

清代的财政亏空及其清查，在康熙初年已有端绪。

起初，在顺治九年（1652），已经题准："钱粮征解支放，各有款项，若为公务移缓就急，谓之挪移；假公济私，谓之侵盗；军兴公用，不得已而借用，谓之透支；借端开销，谓之冒破。令抚、按清查追抵。"[①]这还是对库项亏空的一般性界定和释名，涉及"挪移"、"侵盗"、"透支"、"冒破"等名目，尚未用"亏空"一词，只是"令抚、按清查追抵"，未见到对"挪移"、"侵盗"、"透支"、"冒破"者进行处分的具体则例。

① 光绪《大清会典事例》卷175，《户部·田赋·究追亏空》。

到康熙初年，便有了具体的处分则例。康熙九年（1670）题准："司道府州县等官，如钱粮米豆正杂等项擅自那（挪，"那"、"挪"在古文中相通，原文用"那"者，不再另注）移别用者，皆革职。如正杂钱粮米谷豆草不报明该抚，以紧急军需私自那用者，降一级留任，俟赔完之日听该督抚题请开复。如存留钱粮因公那用者，免议。"[①] 这是吏部的处分例，目的在于防止地方官员的挪移而导致亏空。

康熙十年题准："承追侵那钱粮，初次限四月追完，逾限不完，降俸二级戴罪督催，再限一年全完。如仍不完，罚俸一年。"[②] 这是户部的处分例，目的在于补足欠项。

随后，由于三藩之乱的爆发，动用钱粮刻不容缓，地方藩库钱粮往往紧急动拨，康熙十七年题准："各省有因军需动用钱粮，刻不容缓者，司道官申详督抚，一面咨题一面动用。若司道并未申详，擅自动用，督抚先未题咨，径为请销者，督抚降职二级，司道官降职五级，皆调用。若司道申详，督抚不咨题，擅令动用者，司道官免议，督抚降职五级调用，皆不准开销，责令赔还。"[③] 应该说，这条政令虽有防范之意，但在客观上导致了钱粮的挪移和亏空。

三藩之乱结束以后，由于藩库的亏空凸显，清查亏空再次被提上议程。吴廷燮《清财政考略·康熙时之财政》已经指出：康熙二十三年，以广西巡抚郝浴亏空库银 19 万两，大学士、九卿等议准了防止亏空的几个条款：一、驻防绿骑官兵米豆草束，如有将价值浮折具题者，照例处分；二、定限一年，清查各省采买米豆浮多价值并追完；三、清查兵马钱粮数目舛错；四、各省奏销钱粮驳查者，

---

① 乾隆《大清会典则例》卷 16，《吏部·考功清吏司·盘察》。

② 乾隆《大清会典则例》卷 37，《户部·田赋四》。

③ 同上。

惧令具题完结。其后，清查亏空之诏屡下，“而亏空之弊卒未禁绝，故末年有谓一省亏空皆至五六十万两者，此雍正初年严办亏空官员之由来也”[①]。

吴廷燮所言不虚。从康熙中期起，有关亏空及其清查的上疏、上谕不断，并不断颁布新的措施。

康熙二十七年题准：“各省藩库交代钱粮，定限两月，如有侵欺亏欠等弊，将隐匿不参之该督抚革职。如督抚有侵欺入已之处，照侵欺例治罪。”[②]又议准：“州县亏空，知府不行揭报，反逼新任官出结者，革职。”[③]

康熙二十八年，户部疏称：“各处藩司库银，屡以亏空见告，虽定有藩司升任巡抚躬自盘查之例，然平时漫无稽核，至升任时始行盘查，未免已晚。……嗣后应令各省巡抚于每年奏销时，将司库钱粮亲身盘查，如无亏空，于奏销本内一并保题。倘保题之后仍有查出亏空者，将巡抚照康熙二十七年十二月内新定交盘例治罪。”[④]又题准：“粮、驿二道存库钱粮，责成藩司；各府存库钱粮，责成各道。令每年岁终亲往盘查，如无亏空，即具保结申送巡抚。倘保结之后，仍有查出亏空者，该抚题参。将藩司、各道皆照例革职分赔。”[⑤]

康熙三十九年上谕：“近见各省督抚等先以官员亏空仓库银米题

---

① 吴廷燮：《清财政考略·康熙时之财政》，1914年铅印本，第3—4页。康熙二十三年，“以各省督抚侵欺库帑，户部无凭查核，谕大学士、九卿详定条例”。见《清朝文献通考》卷41，《国用三》，第5230页。

② 乾隆《大清会典则例》卷16，《吏部·考功清吏司·清盘库项》。

③ 光绪《大清会典事例》卷175，《户部·田赋·究追亏空》。

④ 钞档：《地丁题本·湖南（二）》，乾隆二年八月十九日张廷玉题本引前定例，中国社会科学院经济研究所藏。雍正元年（1723），又进一步重申，并增加了“令总督监同巡抚亲身盘查”，“钱粮无缺，出具印结，于奏销本内一并保题”的内容。见档案，乾隆三十六年素尔讷题：《为奏销乾隆三十五年钱粮事》引前定例，中国第一历史档案馆藏。

⑤ 光绪《大清会典事例》卷174，《户部·田赋·盘查仓库》。

参后，以家产尽绝保题者甚多，此等亏空银米，作何着落追还，着九卿、詹事、科道会议具奏，钦此。”遵旨议定：“嗣后仓库银米，如有亏空，审明是侵是那，着落亏空官追还，有实系家产尽绝不能完结者，着落岁终申报保题之各上司官名下追完。至起解银两及漕粮等项已经起程之后，如有亏空者，将解官运官审明追还。实系家产尽绝不能完纳者，亦着落差遣不慎之该管上司名下追完。如有借端私派于民者，从重治罪。”[①] 又覆准：“升任官文凭到日，该督抚即委官署印，限两月内将事件交代明白，方准离任。如任内有经管未完钱粮，不于两月内交清，呈报上司，及署官、新官推诿不接者，各罚俸一年……其任内有侵盗、透冒、挪移、垫解，并拖欠未清等弊，署官、新官揭报，该抚题参，将本官照例处治。如署官、新官徇隐不报，交代后始揭报者，该抚核实题参，将亏空官革职治罪，接任官照徇隐亏空例议处。亏项照例追赔。若接官不受交代，通详上司，上司不揭报题参者，照徇庇例议处。”[②] 该年，直隶巡抚李光地题称：“目前因循积弊，未有甚于亏空者，不可不立法厘清宿弊。”并提出三条办法：“一、杂项钱粮，不入奏销案内者，应责成该管上司于监查正项时，一并照例盘查保结，则那移之弊杜矣。一、上司盘查属库，例责年终，嗣后应自该年十一月起，至次年奏销以前止，亲至查明，如有亏短，立行揭报，见存无亏，据实出结，则期限舒徐，可以逐项周察也。一、亏空那移，律例虽有正条，但法轻易犯，嗣后地方官如有那移银至五千两以上，或粮米至六千石以上者，无论已未革职，仍拟满流，不准折赎，即遇恩典，亦不准减免。庶人知畏法，而仓库加谨矣。”下部议行。[③]

---

① 乾隆《大清会典则例》卷37，《户部·田赋四》。
② 光绪《大清会典事例》卷174，《户部·田赋·钱粮交代》。
③ 《清圣祖实录》卷197，康熙三十九年二月。

康熙四十年覆准："凡亏空之案，专责藩司于部文到日，严督府州县各官务遵四月定限，将侵那审明招解，如逾限，将州县官揭参，迟延限后又满四月，再参迟延。将本管知府皆照易结不结例议处。藩司于限内不据实揭报，后以迟延揭报塞责者，亦照易结不结例处分。至各州县修理城池等项，虽系私捐，仍令通报。如亏空事发，各该抚藩司将私捐修理之项审作那移正项者，承审官照徇纵例议处。"①

康熙四十四年上谕："官员荐举卓异，关系激劝大典，所列事迹，期有实济于地方百姓，开载虚文无益。嗣后荐举卓异，务期无加派、无滥刑、无盗案、无钱粮拖欠、无亏空仓库银米，境内民生得所，地方日有起色，方可膺卓异之选。"②

康熙四十四年覆准："州县仓库钱粮，责成知府盘察，于每年奏销时，出具所管州县仓库实贮无亏印结，造册申详保题，仍令不时盘察，无论几时察出亏空，立即揭参，免其革职分赔。若州县亏空，知府有扶同徇隐情弊，别经发觉者，将知府参革，令知府独赔。如知府止系盘察不实，不行揭报，或别案发觉始行报出者，系那移，将知府革职，令知府分赔；系侵欺，知府照失察侵盗律议处，免其分赔。"③

康熙四十八年，上谕："闻江南有催征蠲免钱粮，以偿己之亏空者，科道何以不行指参。"④

康熙四十九年，上谕户部："陕西州县官有因地瘠民贫，并不亏空钱粮，故为亏空，被参解任后，即行填补，希图别处美缺者，朕

① 乾隆《大清会典则例》卷37，《户部·田赋四》。

② 《清圣祖实录》卷221，康熙四十四年五月己卯。

③ 乾隆《大清会典则例》卷16，《吏部·考功清吏司·盘察》。

④ 《清圣祖实录》卷239，康熙四十八年十月丙午。

知之甚确。着九卿议奏。寻议：嗣后直省州县官亏空钱粮，被参离任后，赔补已完，开复者，不准别省补用，仍以原缺补用，庶无规避之弊。从之。”①

康熙五十年议准：“亏空官，如有现任居官之子，情愿代父赔还者，即于其子任所按限扣追，完日免罪。”②

康熙五十一年议准：“州县亏空钱粮，知府止将本年揭报，其积年亏空直至题参之后始报，察出者，仍将通同隐匿之知府照例题参。”③

康熙五十三年议准：“凡追赔亏空赃罚银及分赔等项，悉于文到之日定限一年，其限内追完三百两以上之案者，承追官每案纪录一次，督催、知府、直隶州知州每三案纪录一次，道员每五案纪录一次，督抚布按每十案纪录一次。若不完，将承追官罚俸一年督催，知府、直隶州知州各罚俸六月，司道督抚各罚俸三月，皆戴罪督催。再一年限内不完，将承追官降一级留任，督催知府、直隶州知州各罚俸一年，司道督抚各罚俸六月，再限一年督催，全完开复。若不完将承追官照所降之级调用，督催知府、直隶州知州各降一级留任，司道督抚各罚俸一年，其接任承追督催等官仍各照到任之日扣限。”又题准：“凡亏空之人，如果家产全无，本人身故，妻及未分家之子不能赔补者，该地方官取具印甘各结，申报督抚保题豁免结案。倘题后而本人别有田产、钱财、房屋、人口，发觉尽行入官，将承追出结官革职督催，知府、直隶州知州各降二级调用，司道降一级留任，督抚罚俸一年，其所欠赃银米谷，着落出结官赔补。如承追官员不着落本人之妻并未分家之子行追，借端将亲族滥

① 《清圣祖实录》卷243，康熙四十九年九月己未。

② 光绪《大清会典事例》卷175，《户部·田赋·究追亏空》。

③ 乾隆《大清会典则例》卷37，《户部·田赋四》。

行着落追赔者，将承追官革职。”①

康熙五十六年覆准：“嗣后亏空案内，如果系民欠，捏报全完，或私借仓粮，捏报无欠，除私借之员照律治罪，其捏报官，照虚出通关朱钞律，计所出之银数，并赃以监守自盗论。其实在民欠，着落原借之人完纳，其挪移有抵，即令接任官催征。若捏报私借之项，该员情愿一年内代民全完，准其开复。”②

康熙五十八年，上谕九卿：“各省钱粮，亏空甚多……各省亏空钱粮，督抚等果能尽心竭力完补，又何至亏空乎？其作何完补之处，尔等会同详议具奏。”寻议：“应行令直隶各省督抚，将见今亏空各项钱粮数目，作速查明，何项亏空？作何完补？并嗣后作何立法，始可永无亏空之处，一并确行定议具题，到日再议。”从之。③

康熙五十九年议准：“嗣后州县官亏空钱粮，倘知府揭报，而布政使司不即转揭，或已揭而督抚不即题参者，许揭报官径报部院，将徇庇之上司照例议处，仍令分赔。其卫所等官亏空屯卫等项钱粮，照亏空地丁例议处。”④该年，又议准：“州县亏空钱粮，知府从前果有扶同徇隐情弊，别经发觉者，将知府参革，其亏空钱粮，令知府独赔。”又覆准：“州县官恃有上司分赔之例，将库银藏匿，假捏亏空者，审实，着落本犯名下独追还项，仍照例治罪。”又覆准：“各省亏空钱粮，皆因夤缘馈送礼物所致，发觉之日，与、受，皆革职。严饬督抚，照例实心奉行。其有上司逼勒交盘，以致亏空者，许新任官据实直揭部院，科道衙门题参。审明，将逼勒各官照例议处；具揭之新官，令其赴部，调补别省。”又覆准：“嗣后督抚

① 乾隆《大清典典则例》卷19，《吏部·考功清吏司·承追》。
② 光绪《大清会典事例》卷175，《户部·田赋·究追亏空》。
③ 《清圣祖实录》卷283，康熙五十八年正月。
④ 乾隆《大清会典则例》卷37，《户部·田赋四》。

不尽心防范于未亏空之前，竭力补苴于亏空发觉之后，将督抚照例议处。仍令分赔完补。”[①]事实上，该年是康熙年间对亏空的清查最为着力的一年。据《清圣祖实录》记载，该年七月，上谕户部：“直隶各省钱粮亏空甚多，应作何立法，使亏空之弊永远清理，着行文各该督抚，确议具奏。”[②]另据《清朝文献通考·国用三》记载：“五十九年，圣祖仁皇帝以直隶各省亏空甚多，欲立法清理，谕户部行文各督抚确议具奏。”户部根据各督抚的意见，共议定六条条例：

一、州县官征收钱粮，务令随征随解，如迟延不解，即令该督抚题报参处。如州县官批解钱粮，而布政司抵充杂派，扣批不发，许州县官申报督抚，并报部院衙门题参。

一、令该督抚确查亏空情由，或因知府扶同徇隐，以至亏空者，即行参革，令知府独赔。

一、州县官有捏报亏空，审明定拟，即于本犯名下独追还项。

一、亏空钱粮果系因公挪用者，将该员革职留任，勒限赔补，限内全完，准其开复。若至霉烂仓谷，现在参追者，着一年内如数完补，亦准开复。

一、州县官亏空钱粮，如有知府揭报，而布政司不即揭报，或已揭而督抚不即题参者，应令该知府申报部院，将督抚、布政司等官照徇庇例议处，仍令分赔。

一、卫所官员亏空屯卫等项钱粮，亦照地丁之例处分。[③]

① 光绪《大清会典事例》卷175，《户部·田赋·究追亏空》。
② 《清圣祖实录》卷288，康熙五十九年七月庚午。
③ 《清朝文献通考》卷41，《国用三》，第5230—5231页。

同时，该年还议定了追赔亏空的议叙与处分则例：

凡追赔亏空赃罚银等项及分赔等项，除不及千两之案仍照三年之例参处外，至五千两以上之案，以十分为率，勒限五年，每年追完二分，五年之内十分全完纪录一次，每年完不及二分者，初限不完降俸二级，二限不完罚俸一年，三限不完降一级，四限不完又降一级，皆留任戴罪承追。五年限满，能完至七分者，将所降之级准其开复，再行按年起限承追。如不完及七分者，照所降之二级调用。接任官以到任之日起限，有能于一年限内追完千两以上之案者，准加一级，五千两以上之案者准加二级，万两以上之案者准加三级，如能于一年限内追完一万五千两以上之案者准以应升之官即用。其督催五千两以上者，每案勒限五年分数催追，递年完至二分者，免其处分，递年完不及二分者，知府、直隶州知州每案初参降俸一级，二参罚俸六月，三参罚俸一年，四参降一级留任，皆令戴罪督催。五年限满，全完开复。如不完降二级留任，戴罪督催。督抚司道每案初参罚俸三月，二参罚俸六月，三参罚俸九月，四参罚俸一年。五年限满无完，各降一级留任，仍再行按年起限督催。全完开复。余款仍照不及千两之例行其督催。亏空粮米道员，责成粮道为督催。督催亏空盐课道员，责成盐道为督催。其非管理粮盐道员免其并参。①

康熙六十一年（1722），上谕扈从大学士、尚书、侍郎、学士等曰："据陕西巡抚噶什图奏称，陕西亏空甚多，若止于参革官员名下

① 乾隆《大清典典则例》卷19，《吏部·考功清吏司·承追》。

追补，究竟不能速完。查秦省州县火耗，每两有加二、三钱者，有加四、五钱者。臣与督臣商议，量留本官用度外，其余俱损补合省亏空，如此则亏空即可全完等语。朕谓此事大有关系，断不可行。定例私派之罪甚重，火耗一项，特以州县官用度不敷，故于正项之外，量加些微，原是私事。朕曾谕陈瑸云，加一火耗，似尚可宽容。陈瑸奏云，此乃圣恩宽大，但不可明谕，许其加添。朕思其言，深为有理。今陕西参出亏空太多，不得已而为此举，彼虽密奏，朕若批发，竟视为奏准之事。加派之名朕岂受乎。特谕尔等满汉诸臣共知之。”①

据以上示例，可以看出，康熙中后期对亏空的清查和处分，主要涉及藩库钱粮的及时盘查，对地方藩库亏空的如实、及时上报，亏空钱粮的追赔，以耗羡弥补亏空，各级官员应负的责任等，并有相应的政策条例予以规范。尽管如此，清查亏空的效果仍然不著。之所以如此，原因可能是多方面的，但在很大程度上，与康熙对亏空原因的认识有关。康熙曾经多次谈及亏空的原因。如：

康熙四十八年上谕大学士等曰：“凡言亏空者，或为官吏侵蚀，或为馈送上官，此固事所时有，然地方有清正之督抚，而所属官员亏空更多，则又何说？朕听政日久，历事甚多，于各州县亏空根原知之最悉，从前各省钱粮，除地丁正项外，杂项钱粮不解京者尚多，自三逆变乱以后，军兴浩繁，遂将一切存留项款尽数解部，其留地方者，惟俸工等项必不可省之经费，又经节次裁减，为数甚少，此外则一丝一粒无不陆续解送京师，虽有尾欠，部中亦必令起解，州县有司无纤毫余剩可以动支，因而有那移正项之事，此乃亏

---

①《清圣祖实录》卷299，康熙六十一年九月戊子。

空之大根原也。”[①]如是，亏空虽与官吏侵蚀有关，但主要的原因是三藩之乱以后中央财政与地方财政的调整而导致的地方财政的困难和紧张，地方财政不足，地方官员除另辟财源外，势必挪此就彼。

康熙四十九年上谕大学士、九卿等曰：“江南亏空钱粮，两次命张鹏翮察审，朕意地方虽有不肖之官侵蚀钱粮，未必多至数十万两。前朕南巡时曾有谕旨，凡沿途所用之物悉出内帑预备，未尝丝毫取诸官民，督抚等官不遵朕旨，肆意那用，以致亏空，朕若不言，内外诸臣谁敢言者。但彼任事之人离任者已多，若将因公那用，责之新任官赔补，朕心实不忍也。至俸工银两有限，即逐年扣补，亦难清理，且官无俸禄，役无工食，必致私派以累民。”[②]这是专就江南的亏空而言，这种亏空，康熙认为与自己的数次南巡有关，亏空乃是“公务”所致，不便于追赔。

康熙六十一年上谕：“近见天下钱粮，各省皆有亏空，陕西尤甚。其所以致此者，必有根源，盖自用兵以来，大兵经行之处，督抚及地方官惟期过伊地方便可毕事，因资助马匹、盘费、衣服、食物甚多，仓卒间无可设法，势必那用库帑，及撤兵时，又给各兵丁马匹银两，即如自藏回来之将军以及兵丁沿途所得，反多于正项，动辄万金，人但知取用而已，此等银两出自何项，并无一人问及也。官之亏空钱粮者，俱已题参离任，其亏空银两追比不能，即得新任官又不代完，此项银两终无着落。……（陕西）巡抚噶什图密奏，欲加通省火耗以完亏空，此折朕若批发，便谓朕令加征，若不批发，又谓此事已曾奏明，竟自私派。定例私派之罪甚重，火耗一项，特以州县官供应甚多，故于正项之外略加些微，以助其不足，

---

① 《清圣祖圣训》卷27，《理财》。

② 《清圣祖圣训》卷4，《圣德三》。

原属私事，若公然如其所请，听其加添，则必致与正项一例催征，将肆无忌惮矣。”① 这里所说的亏空，是由于用兵所致，也是难以追赔，所以便有了“加通省火耗以完亏空”的建议。

二、雍正朝对亏空的清查

康熙六十一年十二月，雍正帝即位后，发布了一长篇上谕：

> 自古惟正之供所以储军国之需，当治平无事之日必使仓库充足，斯可有备无患。皇考躬行节俭，裕国爱民，六十余年以来蠲租赐复，殆无虚日，休养生息之恩至矣。而近日各省道府州县亏空钱粮者正复不少，揆厥所由，或由上司勒索，或系本人侵渔，岂皆因公那用！皇考好生如天，不忍即正典刑，故此辈每恃宽容，毫无畏惧，恣意亏空，动辄盈千累万，督抚明知其弊，曲兼容隐。及至万难掩饰之时，又往往改侵盗为那移，勒限追补视为故事，究竟全完者绝少。新任之人，上司逼受前任交代，初畏大吏之势，虽有亏空，不得不受继启效尤之心，任意侵蚀，更借此挟制上司，不得不为之隐讳。展转相因，以致库藏全虚，一旦地方或有急需，不能支应，关系非浅。本应实时彻底清察，重加惩治，但念已成积习，姑从宽典，除陕西省外，限以三年，各省督抚严察所属，钱粮凡有亏空，无论已参未参，均于三年之内如数补足，毋得苛派民间，毋得借端遮饰。如限满不完，定从重治罪。若三年补完之后，再有亏空，

① 《清圣祖圣训》卷9，《圣治四》。

> 除被上司勒索及因公那移者分别处治外，其实在侵欺入己者，确审具奏，即行正法。倘仍徇私容隐，或经朕访实，或被科道纠参，将督抚一并从重治罪。即如山东藩库，亏空至数十万，虽以俸工补足，其实不能不取之民间，额外加派。山东如此，他省可知。以小民之膏血，为官司之补苴，地方安得不困乎！既亏国帑，复累民生，大负皇考爱养元元之至意。此朕断断不能姑容者。至于署印之官，尤须慎重简择。谚云：署印如行劫。皇考每言及此，未尝不恨署印之人。始而百计钻营，既而视如传舍，肆意贪婪，图饱欲壑，或取媚上官，供其索取，贻害小民，尤非浅鲜。其于前任亏空，视作泛常，接受交盘，复转授新任，苟且因循，亏空愈甚。嗣后如察出此等情弊，必将委署之上司与署印之员一并加倍治罪，决不姑贷。钦此。[①]

雍正此谕非常重要，一方面认为乃父“好生如天，不忍即正典刑”，亏空“或由上司勒索，或系本人侵渔，岂皆因公那用”，事实上否定了康熙对亏空的认识。雍正元年（1723），又谕：“藩库钱粮亏空，近来或多至数十万，盖因巡抚之赀用，皆取给于藩司，或以柔和交好，互相侵那，或先钩致藩司短长，继以威制勒索分肥入己，徒供一身夤缘自奉之费，罔顾朝廷帑藏财用之虚，及事发难掩，惟思加派补库，辗转累民，负国营私，莫此为甚。”[②]进一步表明了亏空乃侵欺所致。另一方面，表明了严查亏空的决心，并要求三年之内将亏空之项补足。从此拉开了雍正朝清查亏空的序幕。

对雍正朝的清查亏空已多有研究。王业键认为，雍正帝决心整

---

① 乾隆《大清会典则例》卷37，《户部·田赋四》。

② 《清世宗圣训》卷5，《圣治一》。

顿财政，一方面三令五申，革除积弊，一方面更采取积极的行动，推行他的改革措施。首先派员或饬令清查钱粮，清查后发觉亏空，则亏空官员视情节轻重予以免职或革职查办。亏空之项，分有着、无着两种，前者指亏空银两经查明有谁负责，责任既明，有关官员自不能逍遥事外，这种亏空均限期责令赔补；后者指责任不明或年久无可着追之亏空，大都以各地正额钱粮所附加的耗羡银两弥补。并以直隶、山西、河南、山东等省的实例说明了清查亏空的效果。[①]冯尔康认为，雍正朝的清查亏空分为两个方面：一是在中央设立会考府，清查户部的亏空；二是地方上的清查亏空。对地方上的清查亏空，采取了命亲戚帮助赔偿、禁止代赔、分清挪移与侵欺的区别、对畏罪自杀的官员加重处理等办法。[②]曾小平认为，清初亏空的情况极为复杂，由于地方的正式经费有限，对于地方官员而言，在公务上有所作为而不引发亏空几乎是不可能的。随着雍正皇帝的即位，改革重点发生了显著的变化。他主动采取的第一项政策是宣布对政府亏空和官吏侵贪予以正面打击。[③]

概而言之，雍正的清查亏空，从清查范围上来讲，主要有三：一是设立会考府，清查户部的亏空；二是清查地方藩库的银两亏空；三是清查各地仓库的粮食亏空。从采取的清查措施来讲，则有下述数端：

第一，规定弥补亏空的年限。在前揭康熙六十一年十二月的上谕中，已经明令："除陕西省外，限以三年，各省督抚严察所属，钱粮凡有亏空，无论已参未参，均于三年之内如数补足。"同时又规定

---

① 王业键：《清雍正时期的财政改革》，原载《"中央研究院"历史语言研究所集刊》第32本，1960年。见氏著：《清代经济史论文集》（一），台北县：稻香出版社2003年版，第314—323页。

② 冯尔康：《雍正传》，人民出版社1985年版，第139—147页。

③ ［美］曾小平、董建中译：《州县官的银两——18世纪中国的合理化财政改革》，中国人民大学出版社2005年版，第70—82页。

了“分限完补”的办法：

> 州县侵挪亏空，审明确系知府徇隐独赔之项，将知府照例革职离任，本犯拟罪监追，勒限三年完补。无论本犯完补，或知府协同完补，但能于一年内全完，系侵欺之项，本犯拟死罪者照例减二等发落，拟军流徒杖者照例豁免，徇隐之知府不准开复。系挪移之项，至二万两以上者，一年内全完，本犯照例释免。未至二万两者，一年内全完，本犯照例准其开复，其徇隐之知府亦照雍正二年八月上谕上司与本官一同开复之例皆准其开复。如二限、三限完补者，本犯照例分别发落。若三年限满不能完足，即将本犯治罪，察实果系家产全无，无力完帑，不论是侵是挪，将未完之项尽数著落徇隐之知府勒限一年完补，除徇隐侵欺之项虽经全完不准开复外，系挪移之项能于一年内全完，准其开复。一年限满不完，再限一年完补，若能于二限内赔补全完，照依原职降一级调用。二限内完不足数，再限一年完补，若能于三限内全完，照依原职降二级调用。三限内不完，即将知府家产搜察变补，若即赔补全完，亦不准开复。如州县亏空，知府失于觉察，系侵欺之项，除本犯照例严追外，失察之知府照失察侵盗本律议处，免其分赔。如系失察挪移，例应分赔之项，将知府革职，其亏空之项，亦先在本犯名下勒限三年追补。一年内全完，将本犯及不行揭报之知府，皆准其开复。二限、三限完补，本犯照例分别发落。若三年限满不能完足，将本犯治罪。察实果系家产全无，无力完帑，将未完之项着落不行揭报之知府分赔一半，其余一半入于无著项下完结。其知府分赔一半银，勒限一年完补，一年内全完，准其开复，不完再限一年完补，若能于二限内全完者，准其开

复，于补官日罚俸一年。如二限内完不足数，再限一年完补，若能于三限内全完者，照依原职降一级调用。如三限内不完，不准开复，未完银仍著落追赔。①

三年之限即满，由于效果不佳不得不再为宽限，如雍正四年所谕："数十年来，各省钱粮亏空甚多，朕深悉其弊端，曾降谕旨，宽限三年，令各省督抚催追完项，至今未见有督抚奏报料理就绪者……今特沛宽恩，凡各省亏空未经补完者，再限三年，宽至雍正七年，务须一一清楚，如届期再不全完，定将该督抚从重治罪。如有实在不能依限之处，着该督抚奏闻请旨。"② 雍正八年，又覆准："除不及千两者，仍照原限勒追外，其千两以上万两以下者，再定限一年，二万两以下者，再定限二年，每年应完一半。三万两以上者，再定限三年，每年应完三分之一。"③ 分别不同的情况，再次予以宽限。

第二，颁布清查亏空的奖惩则例。康熙末年的奖惩则例已如上揭。追赔亏空，既有分年完补之例，也有分限完补之例，雍正年间根据是否按时完补，对有关承追、督催官员分别奖惩：

应追侵盗那移各案，除不及千两者，仍照原限勒追外，其千两以上万两以下者，再定限一年，二万两以下者，再定限二年，每年应完一半。三万两以上者，再定限三年，每年应完三分之一。如能依定限内通完者，承追州县每案纪录一次，督催知府每三案纪录一次，道员每五案纪录一次，督抚、布政使、

① 乾隆《大清会典则例》卷16，《吏部·考功清吏司·盘察》。

② 《世宗上谕内阁》卷47，雍正四年八月初四日。

③ 光绪《大清会典事例》卷175，《户部·田赋·究追亏空》。

> 按察使每十案纪录一次。若逾限不完，或未通完者，将承追之州县每案罚俸一年，督催知府每案罚俸六月，司道、督抚每案罚俸三月。将千两以上万两以下款内下欠之银再限一年，戴罪督催。其二万两以下，初限一年，款内下欠之银，归入第二年项下，统再限一年，戴罪催完。至三万两以上，初限一年款内下欠之银，即归入第二年数内，一并戴罪催完。若仍未通完，将承追之州县降一级留任，督催之知府罚俸一年，司道、督抚各罚俸六月。将千两以上万两以下之款，并二万两以下款内应追之银，再限一年，戴罪催完。其三万两以上之款，两年限内尚未通完者，将下欠之银归入第三年数内一并戴罪催完。倘各能照数通完，将承追州县所降之级准其开复，若不能通完，将承追州县照所降之级调用，督催知府降一级留任，司道、督抚各罚俸一年。其接任承追、督催等官，仍照依到任之日扣限。①

第三，明确亏空官员的革职、开复、追赔。雍正元年（1723），上谕吏部："亏空钱粮各官，若革职留任催追，必致贻累百姓，伊等既已获罪革职，岂可复留原任，嗣后亏空钱粮各官，即行革职，着落伊身勒限追还，若果清完，居官好者，该督抚等奏明，着通行直隶各省督抚知之。"②为避免此前"革职留任"带来的弊端，亏空官员一律革职，如能还款完毕，则视情开复。上揭"分限完补"的办法中已有开复的规定，可以参考。雍正二年，又上谕吏部："凡官员亏空钱粮仓谷，该管上司失于盘查，自应革职分赔，但定例亏空官员审无侵欺入己之项，勒限一年内赔补全完，准以原职补用，而失

---

① 乾隆《大清会典则例》卷37，《户部·田赋四》。

② 《世宗上谕内阁》卷4，雍正元年二月二十九日。参见乾隆《大清会典则例》卷16，《吏部　考功清吏司·盘察》。

察革职之上司转不得与本官一体开复，似属可悯。嗣后亏空银谷限内全完，例应开复者，该督抚查明原参失察之上司，一并题请开复，尔部即行文直省督抚遵行。”[①]明确了亏空官员及上司的开复条件。对亏空的赔补，主要是家产变抵，同时又有上司分赔，子孙追赔之例。雍正元年上谕：“亏空钱粮各官，即行革职，着落伊身勒限追还。”又议准：“各省从前亏空，其有着落银内，如有人亡产绝者，该督抚即照无着银所定年限补完报部，仍令该督抚每于岁终将前项有着、无着银完过若干之处，逐一分晰造册具题。”雍正四年，因地方官员动称亏空赔补无着，又谕：“各省亏空，动称无着之项，夫钱粮未经征收，则欠在民，既经征收，而有亏空，则欠在官。州县官不能完，则上司有分赔之例，本人虽已病故，而子孙有应追之条，何得借口无着，以虚国帑。此皆督抚等瞻徇情面，不肯大破积习所致，盖自存不肖之心，以己身见为督抚，恐将来亦被牵累，故目前豫留地步也。”雍正八年，考虑到家产已绝、官员身故又无嫡系子孙，又覆准：“如果正犯家产已尽，正身已故，及并无的（嫡）属子孙，不能赔补者，该地方官察明确实，取具印甘文结，申府加结，转详保题豁免。倘题后欠帑人员别有田产、货财、房屋、人口寄顿，发觉者尽籍入官，将出结州县革职，督催知府降二级调用，司道降一级留任，督抚罚俸一年，其所欠银米等项，着落出结各官赔补。”[②]《大清律例》亦有追赔亏空的条文：“亏空贪赃官吏，一应追赔银两，该督抚委清查官产之员会同地方官，令本犯家属将田户什物呈明时价，当堂公同确估，详登册记，申报上司，仍令本犯家属眼同售卖完项。”[③]仓谷亏空，同样有官员分赔之例，如雍正六

① 《世宗上谕内阁》卷23，雍正二年八月十四日。

② 均见乾隆《大清会典则例》卷37，《户部·田赋四》。

③ 《大清律例》卷5，《名例律下》。

年河东总督田文镜疏言："东省仓库钱粮，俱有亏空，且多那新掩旧之弊。历任抚臣不及查参，皆该管之知府、知州，为之通同徇隐。请嗣后东省知府、直隶知州离任时，将所辖州县仓库钱粮，俱照豫省交代之例，限三个月，令接任官查明出结，如有亏空，即着落知府、知州均半分赔。完后方许另赴新任。倘接任官徇情出结者，即着落出结之官分赔。"①

第四，查清民欠与亏空的实际情况。雍正四年议准："嗣后州县交代，除实在民欠外，其有将已征在官之钱粮侵蚀亏空，捏称民欠，令接任官接受者，接任官即揭报督抚、司道，该督抚即据揭题参。"②此处规定了官员交代之时，必须厘清民欠与亏空。雍正六年，上谕户部："苏州巡抚所属七府五州，自康熙五十一年起，至雍正四年，未完地丁钱粮积至八百一十三万八千余两，其中苏松常三府太仓一州，积欠最多，自一百四十余万两至一百八十余万两不等。……其中有或本系该地方官亏空，而希图卸脱，捏作民欠者，或粮户已经交纳，而奸胥蠹役侵蚀入己，仍作民欠者，是此项未完，大约官亏空者十之一二，吏侵蚀者十之三四，其实民欠不过四五而已。在贫窭之民，固不能为无米之炊，而官吏因缘作弊，蠹国害民，情罪可恶，若非彻底清厘，即欲加惠于百姓，其道无出。……派员前往，与该地方官协理清查，将各州县官侵若干，吏蚀若干，实在民欠若干，一一厘剔清楚，朕当再降谕旨，户部即遵谕行令该督抚遍行出示晓谕，其派员分查之处，着户部详悉定议具奏。"③既可免除人民重复缴纳之苦，又可避免官吏逃脱罪责。随后，又加大了区分民欠与亏空的力度，如雍正七年上谕：

① 《清世宗实录》卷73，雍正六年九月丙子。

② 光绪《大清会典事例》卷174，《户部·田赋·钱粮交代》。

③ 《清世宗圣训》卷23，《理财》。

江南苏松等处钱粮，历年积欠至一千六百余万两之多，朕已加恩将康熙五十年以前未完，概行豁免，其自五十一年以后应征之项，又复宽限，分为十年至十五年带征，原冀民力宽纾，易于输纳也。乃数年以来，仍不能依限全完。因思此等逋赋，其实欠在民者固多，而为官员侵渔及吏胥土棍中饱者，亦复不少，若不确查详核，明白分晰，则此事难以办理。今特差大臣，会同巡抚、藩司、及清查亏空之御史，总理其事，又遴选大员，专殖以分查各府之任，再拣择州县，分派各处，务令彻底清厘。但念钱粮为数繁多，而积弊历年已久，侵蚀之官吏人等甚众，其中情节，亦有不同。在官者，或因奏销之时，原有民欠，而顾惜考成，那移报完，及征收民欠之后，随手花费，未曾还项，遂捏称尚欠在民。或交代之际，有已征未解之项，乘机隐匿，而接任之员，不及查明，遂仍作民欠收受。其在吏胥、土棍者，或舞弊作奸，暗行偷盗，或广为包揽，私入己囊，又或乡居窎远之民，难于入城，托其代为纳课，而一时用去，遂成逋欠。此皆情事之所有者。今既彻底清查，则水落石出，从前玩法隐匿之案，势必尽行败露，均有难逃之重罪。①

第五，区分挪移与侵欺，对侵欺者严加处罚。雍正三年，上谕大学士等：

内外文武官员历年亏空甚多，圣祖仁皇帝宽大如天，不忍加之以法，伊等罔知儆畏，骄纵日久，朕临御以来即欲严加惩治，恐化诲未施，遽行正法，近于不教而杀，是以屡降谕旨，

① 《清世宗实录》卷78，雍正七年二月癸未。

谆谆警戒，又因国帑关系重大，条奏亏空者纷纷，朕从其所请，令委曲设法，查其宦囊及其族党亲戚，平日分用官资者多方为弥补之计，以宽本人之诛，然此不过一时权宜，非可久行，惟是奉行不善者，违朕本意，或有株连，尤为可恶，夫此等侵帑殃民之人，若不明正国法，终于无所畏惧，今化诲三年，不为不久，倘仍然侵蚀，恣意妄为，不惟国法难宥，情理亦断断不容。自雍正四年以后，凡遇亏空，其实系侵欺者，定行正法无赦，督抚大吏务须悉心查究，不可冤抑，亦不可宽纵，期于核实具奏，毋得以侵为那，使若辈漏网，凡杀人及盗律皆抵罪，然命案盗案其害不过一人一家而止，若侵帑殃民者，在一县则害被于一县，在一府则害被于一府，岂止杀人及盗之比。该督抚何得徇庇容隐，不伸国家之法，以为地方除害乎。且从前一切权宜设法，原欲委曲以全其性命，今既将侵欺国帑之员按例正法，则查其宦囊及其亲党之事俱不必行矣。今年未完之项，仍照旧追赔，从雍正四年正月为始，着遵照此旨，以彰国法。该督抚如或扶同徇隐，以侵为那，亦必严加处分。朕所以先降谕旨者，冀其及今知所儆惧，犹可悛改，以免重罪也。定例侵欺三百两者斩，然每至勾决时，多有宽宥，今立法既期必行，则三百两即斩之例似觉过于太严，朕心为之不忍，侵欺及那移二项，俱应计数目之多寡酌定罪名之轻重，着九卿詹事科道会同详议具奏。[①]

明令分清挪移与侵欺的区别，不得以侵为挪，对侵欺库款者，

① 《世宗上谕内阁》卷29，雍正三年二月二十七日。

严加处分，直至斩决。①

第六，明确属官的责任。雍正五年，上谕内阁，规定了对下属官员的选择及连带责任：

凡州县钱粮之亏空，总不出侵欺、那移二项，当其侵那之时，官固主之，而经手之经承自无不知也，乃不行禀阻，且从而纵容之，以便作奸分肥。追至本官监追，而经承且优游于事外，本官问重罪，而经承仅得不行禀阻之处分。故凡亏空累累，多由于官吏之相成也。朕以为经承、库吏、经管仓库之人，亦宜重其处分之例，更定以劝惩之法。凡州县官到任，先拣选殷实老成胥吏二人充钱粮总吏，通详报部。凡征收钱粮，即令随征报解，不得存留内署。承办五年，该县无亏空者，即将总吏咨部，以九品杂职即用。本官少有亏空，该总吏力行禀阻，如不听从，许径赴司院呈明免罪，若该吏不行禀阻，致本官以亏空纠参，即将经承一同监追，减本官一等治罪。如此则经承有所劝惩，不敢顺从本官擅动国帑，亦杜绝亏空之一法也。②

第七，亏空仓谷者，严加处罚。雍正三年，上谕大学士等：

积贮仓谷，关系民生，最为紧要，朕屡降谕旨，令该督抚严饬州县及时买补昔年亏空之数。无如苟且迟延，奉行不力，即如原任直隶总督利瓦伊钧曾奏称各属仓谷已补足七八分，及

① 参见《世宗上谕内阁》卷30，雍正三年三月十九日。乾隆《大清会典则例》卷19，《吏部·考功清吏司·承追》。

② 《清世宗圣训》卷18，《察吏》。

> 今冬发仓赈济，亏空甚多，若非截留漕米，并发给通仓之米，穷民几至失所矣。昨据月选官陈克复条奏，亏空仓谷，请支动正项买补，一面严追本官还项，朕已交与九卿议行。今直省地方，俱着定限三年，将一应仓谷务期买补完足，不得颗粒亏欠。三年之后，朕必特差官员前往盘查，如有缺项，定行重治其罪，倘有不能补足情由，着该督抚题奏。凡亏空钱粮，犹可勒限追完，无损国帑，若亏空仓谷，则一时旱涝无备，事关民瘼，是亏空仓谷之罪较亏空钱粮为甚，自宜严加处分，并着内阁九卿确议定例具奏。①

此谕不但指摘了此前弥补仓谷的不力，也规定了弥补仓谷的期限，以及对亏空仓谷者严加处分的导向。该年又遵旨议定：

> 州县亏空仓谷，系侵蚀入己者，照侵欺钱粮例拟断，系那移者照那移库银例拟断。其仓谷令接任官于秋成谷贱时，申详督抚藩司，酌动何项钱粮照时价先行买补，该州县出具仓收，道府加结报部，于亏空人员及妻子名下，勒限一年将动用银照数追补还项。如逾限不完，照例治罪。其有仓廒州县，倘因循怠玩，于渗漏处既不黏补，应盖造处又不详请，以致米谷霉烂者，革职。动帑买补，勒限一年照数追赔，限内不完，照例治罪。若仓廒既经修理，犹有托名霉烂亏空者，亦照例革职治罪。②

① 《清世宗圣训》卷30，《积贮》。

② 乾隆《大清会典则例》卷16，《吏部·考功清吏司·盘察》。

第八，耗羡归公，弥补无着亏空。雍正实行耗羡归公的主旨之一，就是弥补亏空，无须赘述，仅引二段雍正关于山西耗羡归公的上谕作为例证。雍正四年上谕：

> 各属无着之亏空不能填补者，则将各官应得耗羡归之于公，以为酌补亏空之计。又恐各官无以养廉，以致苛索于百姓，故于耗羡中酌定数目，以为日用之资。诺岷此举亦以山西情形不得不如此办理。以官员之羡余，补官员之亏空，既可完帑，亦不累民，实权宜得中之善策也。诺岷在任二年，诸事渐渐就绪。伊都立接任，安享其成耳。前闻得伊都立将通省火耗应减者皆出示裁减，朕甚嘉之。[①]

雍正五年，上谕户部：

> 向来山西亏空甚多，国帑久虚，不能弥补。历任抚臣每请将亏空人员革职留任弥补，不但毫无益于国帑，此等劣员转将亏空为护符，无所不为，民生实受其害。诺岷莅任后，将亏空人员尽行参革，酌定以公完公之法，将州县之火耗重者严行裁汰，酌中量留耗羡抵补无着之亏空，不使累及民间，而官员亦免承追不力之参罚。又恐官员无以养廉，复酌拨以为日用之资，凡地方公务所需，亦皆取给于此，上不误公，下不累民，此实通权达变之良策也。[②]

---

① 《世宗上谕内阁》卷48，雍正四年九月十四日。
② 《清世宗圣训》卷23，《理财》。

应该说，雍正年间的清查亏空，采取了许多新的政策，效果也比较好。但是，也必须指出，其效果远没有前此学者认为的那么好，依旧存在着许多问题。

不但从一再宽限弥补亏空的年限以及屡屡申饬中可以体味，即使在雍正的相关上谕中也反映了这一点。

如雍正四年上谕：

> 数十年来，各省钱粮亏空甚多，朕深悉其弊端，曾降谕旨，宽限三年，令各省督抚催追完项，至今未见有督抚奏报料理就绪者。惟原任直隶总督利瓦伊钧曾于去年奏称，各属州县地丁银两俱已弥补，惟仓谷尚略有缺欠，冬春之间即可完全补足。及去秋畿辅之地水涝歉收，须用谷石赈济，而仓谷存者甚少。今夏遣官访查，各属亏欠一一败露。观仓谷若此，则库项之亏缺可知矣。利瓦伊钧之罪诚无所逃，据此则他省之钱粮不能清楚显然可见。该督抚等不忍欺朕，故含糊迟延，不行奏报耳。①

又如雍正五年上谕：

> 各省所贮仓谷，原备歉年赈济之用，实百姓性命所关，地方官员亏空仓谷者较之亏空银两，其罪更为重大，是以朕即位以来时刻以仓储为念，总为民命起见也。雍正元年特颁谕旨，令各省州县于三年之内将所亏仓谷概行买补，务期足数，违者重治其罪。嗣又屡颁谕旨，谆谆申饬，并谕各该督抚，若所属

① 《世宗上谕内阁》卷47，雍正四年八月初四日。

地方有不能如期补足情由，亦据实陈奏。……现在查出江西州县仓谷亏空甚多。[①]

雍正六年，云贵广西总督鄂尔泰也对追赔亏空的相关措施提出了质疑，他说："滇省无着亏空银两，屡次移咨各原籍查追，俱称无产可变，虽将本身家属监禁严比，不过徒稽岁月，究于钱粮无补。"[②]

事实上，也没有因为雍正年间的清查亏空以及相关措施而使亏空问题消失，雍正以降，亏空依旧存在，也依旧有清查亏空的新的政策出台。

三、雍正以后对亏空的清查

乾隆年间对亏空的清查，主要表现在两个方面：

一是对清查亏空的奖惩则例多有修改补充。

乾隆元年（1736）覆准："承办亏空人员，如有迟延违限者，遵照钦部事件定例，违一月者罚俸三月，违二月者罚俸六月，违三月者罚俸九月，违四五月者罚俸一年，违半年以上者降一级留任，违一年以上者降二级留任，违二年以上者降三级调用。"

乾隆三年覆准："州县侵项，不能一年内全完者，知府革职，不准开复。若本犯侵项于一年内全完，令该督抚将失察之知府确察平日居官如何，出具考语，给咨送部引见请旨。"

① 《世宗上谕内阁》卷52，雍正五年正月十七日。

② 《清世宗实录》卷75，雍正六年十一月癸酉。

乾隆十二年议准："州县亏空，经该管道府察出揭参，各免其失察处分，如例应责成盘察保结之属官，俟其离任身故后始参，亏空实系从前盘察不实，应无论其揭报与否，将该管道府以失察附参，照失察州县亏空例分别议处，所亏钱粮亦照失察侵那定例分别着赔。"

乾隆十四年奏准："道员失察知府、直隶州知州亏空，照失察例降四级调用，至失察州县亏空，既责成盘察不实之知府，其道员自应量为酌减，如该管道员不豫行揭参州县亏空者，降一级留任。"① 同年题准："嗣后除失察知府、直隶州、亏空之道员等官，照失察例降四级调用外，至失察州县亏空，既责成盘查不实之知府，其该管道员，不豫行揭参州县亏空者，即定为降一级留任。"②

乾隆十五年议准："承追千两至五千两者，以四年为期，每年每案追完二分五厘，四年之内十分全完，准其纪录一次。每年完不及数者，初参降俸二级，二参罚俸一年，三参降一级留任，戴罪承追，四年限满全完开复。如不完，降一级调用。其督催各官，递年完至二分五厘者，免其处分，递年完不及数者，其初参、二参、三参、四参处分，悉照五千两以上初参、二参、三参、四参之例办理。"③

二是对雍正年间赔补亏空的一些做法，进行了纠偏。这主要反映在乾隆元年的上谕以及户部、刑部遵旨议定的措施上。

乾隆元年上谕：

户、刑二部奏请遵奉恩诏豁免欠帑人员内，查其原案有应

① 以上均见乾隆《大清会典则例》卷16，《吏部·考功清吏司·盘察》。

② 光绪《大清会典事例》卷175，《户部·田赋·究追亏空》。

③ 乾隆《大清会典则例》卷19，《吏部·考功清吏司·承追》。

追缴者，有不应追缴者。朕思不应追缴之案，与其赦免于事后，何如详审于事前，使人无拖累，而事易办理。即如开欠一节，原系借贷交接之私情，遇本人或有亏空及应追之项，自当听其自行索讨，以清公帑，今乃令将平日欠银之人开出，即按开出之人着令完缴，是以私债而成公项。从前办理，殊未妥协。其他分赔、代赔、着赔，名色甚多，如道府有稽查州县之责，州县设有亏空，道府非属分肥，即系疏纵，责令分赔，实属允当。若因钱粮数多，一人未能归结，而令旁人分赔、代赔、着赔，则本属牵连，而日久难完，又不得不为开豁，于国帑仍无裨益。其应如何分别定例，俾事不滋扰而法在必行，着户、刑二部妥议具奏。钦此。

于是，遵旨议定：

各旗、省拖欠各案钱粮，除漕运、盐、铜追赔各有成例，并亏空仓库钱粮，监临主守各官以及收支办解，并侵贪挪移、保题家产尽绝后，有隐匿发觉，一切独赔、分赔、代赔、着赔，载在定例，画一遵行外，其分赔案内，如果米谷收存不慎，官物遗失不全，自应揭报题参着追。若既经接受出结，即与前任无涉，乃借端分派前任各官赔还，殊累无辜。嗣后遇有霉变米谷，短少官物，着落接受出结之员按数赔补，及徇庇之上司分赔，不得借端摊派。又分赔案内，如支销钱粮，原有一定款项额数，若违例开销，理应着落擅动滥给之人照数赔补，乃竟有私自动用，并不报部，及至日后奏销时，始行奏报开除，及查出与定例不符，驳令追赔，因为数多，一人不能归结，或着属官公捐，或令接任分赔，徒滋扰累。嗣后如有滥行动用，例不准销等项，仍着落擅动之人赔补，不得抑勒分派。又代赔案内，如拖欠钱粮，原止应着落本身的属，及定例内应行分赔、着赔之人，乃承办之员，因欠帑者独力难赔，或产尽无着，因而辗转株连，如分居别产之弟兄亲属，并不知情之亲友、主仆、旁人，于公帑实未侵渔，私财又非寄顿，勒令赔补，尤为拖累，应行禁止，毋得株连。又代赔案内，如承估、承变、承追，原有一定例限，其迟延不力，各有应得处分，如查估之员勘报不实，及承变、承追以多报少，瞻徇延缓，帑项悬缺者，着令赔偿。若查勘本无不实，催追本无徇纵，止因变抵不敷，与夫公项无完，遽令代赔，殊有未协。嗣后查估追变之员，该管上司查明果无情弊，仍在本人名下归结，不得勒令代赔。又着赔案内，如地方荒歉，借给贫民米谷，或开垦借给牛具籽粮，及借给吏役兵丁办公帑银，原系题明咨部，行令出借，按限扣追。如经手捏报，自应着赔，若遇人亡产绝，无可扣追，概令赔补，实属屈抑。嗣后凡有奉文出借之项，除捏饰侵渔，未经报明，私行借动，即行治罪着赔外，如系奉文借给，实无可追，即确查出结，照例归于无着案内题豁。又承追各项赃罚银，定例着落本犯严追，如果家产尽绝，例应保题豁免，乃本犯无完，赃项无着，辄将亲族株连拖累。更有远年无据赃私，其人已故，无可质讯，即着子孙追补，殊觉失平。嗣后依律着落本犯勒追完结，其有律应身死勿征者，亦照例免征。至远年赃私，必查有实据，方可着追，概不得于本犯之外，滥追赔补。①

① 光绪《大清会典事例》卷175，《户部·田赋·究追亏空》。

嘉庆年间的钱粮亏空及其清查，朱诚如已有专论，可以参看。①

及至晚清，亏空依旧严重，清查亏空也仍然是整顿财政的重点。光绪四年（1878），御史梁俊针对“开源节流”的纷纷陈词，认为“富国之猷，在大经不在末务，救时之要，贵实力不贵虚文”，清查亏空乃当务之急。其奏称：

> 生财之道，不外乎开源节流。迩年以来，经费支绌，于是议节财流，则减官俸之成数，改旗饷之放章；议开财源，则劝捐之章日新，抽厘之卡日密。乃财愈理而愈亏，用愈节而愈竭。国家需用巨款，每不得已息借洋商，其弊尤为无穷，不堪设想，此不可不通盘筹画者也。臣以为富国之猷，在大经不在末务，救时之要，贵实力不贵虚文。大经者何？额征钱粮是也。我朝全盛之时，部库所储足支数十年，各省藩库亦皆充实无亏。其时不尚权宜补苴之术，惟于正额钱粮力加经理，遂能臻丰亨豫大之盛。今则闻各省亏空正杂钱粮，大省不下百余万，小省亦不下数十万。自光绪元年恩诏豁免以后，现在积欠既不在民，又非无着，若勒限严追，不难日有起色。当事者不此之务，而惟讲求变通苟且之术，以冀补救于万一。臣所谓末务者此也。实力者何？督抚之整顿是也。各省大吏于所属州县亏空库款，非不知之甚悉，乃瞻徇隐忍，不肯白简从事，间有参劾，往往系已故之员，其所亏短亦系数年之前之款也。此数年中道府既不禀揭，藩臬亦不申详，迟之又久，始以一奏塞责。迨请旨查抄备抵，自谓可惩一戒百矣，然服官省份既肯徇隐于前，本籍官吏难保不通融于后，不过取其家产尽绝甘结，

① 朱诚如：《嘉庆朝整顿钱粮亏空述论》，见氏著《管窥集》，紫禁城出版社2002年版。

即可完案。是徒有查抄之名，并无备抵之实，而盈千累万之正供从此作开销矣。臣所谓虚文者此也。……近年封疆大吏中，惟前任山东巡抚阎敬铭革除陋规，清查交代，维时东省藩库因以充裕，而吏治亦为一变，各省似皆可仿照办理。相应请旨饬下各省督抚，振刷精神，破除情面，咨取阎敬铭所办山东成案，实力举行，不得以参追一二已故之员遂为尽职。并请饬下吏、户二部，严定延不完缴饰词搪塞处分，以及亏空病故年分着落，赔交实银，庶州县有所警惕，而上司不至徇庇矣。[①]

梁俊所言，得到认可。光绪上谕称："御史梁俊奏州县官钱粮亏空，宜及生前参追以重库款一折，据称，前任山东巡抚阎敬铭革除陋规，清查交代，藩库因以充裕，吏治亦为一变，各省皆可仿照办理等语，着各该省督抚振刷精神，破除情面，咨取山东办理交代成案，实力举行，不得以参追一二已故之员遂为尽职。其所请饬部严定亏空章程之处，着该部议奏。"

光绪六年（1880），又将清查亏空与严查州县交代结合起来，这在该年正月户部所上"筹备饷需"一折中所言甚详：

严查州县交代。同治四年十月钦奉谕旨，直隶省各州县，着仿照山东新章办理。其新旧各案，分别已未完结，定限半年汇奏一次。至报结章程，无论正署各员，总需各任分报，不准累任统报，以杜牵混，并不得以驳改册籍、扣算时日，巧脱处分。一有亏款，立即追缴，并着各该省督抚体察情形，参酌山东新章，一体认真查办，毋任不肖州县暗亏国帑，以肃吏治而

① 《光绪朝东华录》（一），中华书局1958年版，第650—651页。

> 裕饷源等因，钦此。光绪元年八月，臣部议覆山东巡抚丁宝桢代奏薛福成条陈事宜，光绪二年十二月，臣部具奏综核度支各折内，经申明旧章，通行各直省遵照办理在案。查办理交代，现惟山东省最为认真，历经臣部奏令各该省仿照考核。乃或请展缓限期，或请分案结报，专折严参者仍复寥寥。相应请旨通饬各该省督抚，遵照例限严查交代。除将如何勒限分别清结，于文到一月内迅速奏明办理外，自此次奉旨之日起，凡州县官卸事交代未清者，实缺人员不准到任，调署候补人员不准委署他缺，并不准派委各项差使。如此后交代案内有两任亏短，即系前任未清再行调署委署之弊，应议督抚藩司以徇庇属员之咎，并将亏项着落分赔。仍令各该省遵照定章，将交代未清各员二参逾限即行参奏，并将各州县任卸各日期先行咨报臣部，并由吏部知照升迁调补委署各缺互相考核。①

由上可以看出，太平天国战后，从同治年间起已经着手清理战乱带来的规制混乱，开始注意州县交代时的亏空问题，并有山东的经验可供借鉴，但直至光绪初年效果仍然不好，此次严查州县交代的重点是规定了有亏空钱粮而交代不清者，不但不能履新，上司亦有徇庇属员之咎，并将亏项着落分赔。

（本文原载《人文论丛》2008 年卷）

① 《光绪朝东华录》（一），中华书局 1958 年版，第 865—866 页。

清代“康乾盛世”时期的田赋蠲免

田赋蠲免作为统治者实施的一项“恩政”，历朝皆有，但不同时期有不同的特色。顺治时期田赋蠲免的实际意义虽然不大，但当时实行的蠲免政策以及逐步完善的相关制度为“康乾盛世”时期的田赋蠲免打下了基础。清初顺治年间的蠲免，主要有四种类型，即：“因兵蠲免”、“因荒蠲免”、“因灾蠲免”、“逋欠蠲免”。笔者在《清代军费研究》中，有“战时、战后的赈济与蠲免”专节，对清代前期的相关蠲免实例进行过分析，可以参看。笔者认为：

> 因战争进行的蠲免，虽统之曰“恩蠲”，但就蠲免钱粮的范围来看，事实上有五种情况：一是对战争地区的蠲免，二是对战争相邻地区的蠲免，三是对供办军需地区的蠲免，四是对军队过往、供办差役地区的蠲免，五是战争结束、军队凯旋后较大范围的蠲免。这些蠲免已经充分考虑了战争对社会经济的破坏以及对人民的骚扰程度，并且体现着清廷的特别“恩政”。而就蠲免钱粮的类型来分，又有五种类型：一是蠲免钱粮逋欠，二是蠲免缓征、带征等项，三是蠲免有关加征，四是蠲免本年钱粮，五是蠲免来年钱粮。……综观有清一代的战争蠲免，我们也可以发现：康熙二十年三藩之乱结束之前的蠲免，主要是蠲

> 免逋欠；三藩之乱结束之后以迄乾隆中后期的蠲免，则是以蠲免加征及蠲免本年、来年钱粮为主；嘉、道以后的蠲免，又是以蠲免逋欠和蠲免缓征、带征为主。这种变化，一方面与国家的财政状况有关；另一方面也是与社会经济的兴盛与衰微相吻合的。这种吻合绝不是一种巧合。从这里我们也不难进一步窥察到，为什么单从蠲免次数来看，历朝不相上下，遇事“辄蠲其田赋”，而效果绝不相同的底蕴。[①]

这种一般性的概说，应该说符合实际情况。

康乾时期的田赋蠲免引起了众多学者的关注，论著繁多，但仍有进一步探讨的必要。本文主要探讨的问题有二：一是漕粮与耗羡蠲免；二是蠲免佃户之租与蠲免制度的完善。

一、康乾时期的田赋蠲免概况与漕粮、耗羡蠲免

康乾时期的田赋蠲免有明显特色，几乎涉及历史上曾经有过的各种类型的蠲免，各种文献也多有记载。据有关地方志的记载来看，在这一历史时期，几乎是年年蠲免，有时一年数蠲，如乾隆《江南通志》卷84《食货志·蠲赈二》记载康熙三十八年（1699）、康熙四十六年的蠲免事例：

> 三十八年，三月十三日谕户部恩旨：江苏安徽所属旧欠带征钱粮，除康熙三十三年恩诏内已经赦免外，其三十四五六年

① 参见拙著：《清代军费研究》，第366—367页。

一应地丁米麦豆杂税，俱着豁免。三月二十二日谕户部恩旨：淮安府属海州、山阳、安东、盐城，扬州府属高邮、泰州、江都、兴化、宝应九州县，并淮安、大河二卫，康熙三十七年未完地丁漕项等银一十九万有奇，米麦一十一万石有奇，全奉蠲免。四月十六日谕户部恩旨：以凤阳府属去岁水灾，蠲免康熙三十七年该府属寿州等十一州县并泗州一卫未完地丁漕项银米。十一月初五日谕户部恩旨：海州、山阳、安东、盐城、大河卫、高邮、泰州、江都、兴化、宝应，被灾各州县卫，康熙三十九年地丁银米等项及漕粮漕项银两尽奉蠲免。

四十六年，十月奉旨：四十三年以前江宁巡抚所属各府州县未完民欠漕项银两六十八万七千两有奇，米麦三十一万一千八百石有奇，着该抚一一察明，悉与蠲免。仍将本年所征漕粮，每州县或留八九万石，或留十万石，酌量赈给。十一月初二日谕户部恩旨：康熙四十七年江南通省人丁额征银两悉奉蠲免。其本年被灾安徽巡抚属七州县三卫，江宁巡抚属二十五州县三卫，应征地亩银共二百九十七万五千二百余两，粮三十九万二千余石，一概免征。所有旧欠带征银米并暂停追取。

蠲免体现出“盛世”时期的蠲免特征。这些蠲免主要是因灾蠲免，也就是所谓的“灾蠲”，另外也有蠲免逋欠以及缓征、带征和普蠲等，有关记载繁多，不一一引述。康乾时期的蠲免具有鲜明的特征，特别是大规模的蠲免活动，以及对本年、来年田赋的蠲免，对社会经济的发展不可能不产生重大影响。既是施惠于民的政策体现，同时也反映了这一时期国家财政的好转。嘉庆以降，由于财政状况大不如前，除了嘉庆元年（1796）实施的一次普蠲之外，再也没有全国性的普蠲之举。

引人注目的钱粮普蠲，在康乾时期非常突出。《石渠余纪》卷一《纪蠲免》称："（康熙）二十四年免河南、湖北今年租及来年之半，又免直隶、江南今年秋冬明年春夏之应纳者。二十五年免直隶、四川、贵州、湖广、福建明年额赋及今年赋之未入者。次年，江苏、陕西亦如之。三载之内，布惠一周，后来普免之典，实肇于此。"这正是三藩之乱以后康熙帝采取的恢复社会经济的重要措施之一，也是后来实行全国性普免的先声。康熙四十九年奉旨蠲免全国地丁钱粮，此次普免，不但是蠲免地丁钱粮，也包括了蠲免历年旧欠，如康熙帝所谕称的：

> 朕宵旰孜孜，勤求民瘼，永惟惠下实政，无如除赋蠲租。除每岁直省报闻，偶有水旱灾伤，照轻重分数蠲免正供，仍加振恤外。将天下地丁钱粮自康熙五十年为始，三年之内全免一周，使率土黎庶普被恩膏，除将直隶、奉天、浙江、福建、广东、广西、四川、云南、贵州及山西、河南、陕西、甘肃、湖北、湖南各直省康熙五十年、五十一年地丁钱粮一概蠲免，累年旧欠钱粮一并免征外，所有江苏、安徽、江西、山东各抚属除漕项外康熙五十二年应征地亩银共八百八十二万九千六百四十四两有奇，人丁银共一百三万五千三百二十五两有奇，悉予豁免，其累年旧欠银二百四十八万三千八百二十八两有奇，着一并免征。计三年之内总免过天下地亩人丁新征、旧欠共银三千八百有六万四千六百九十七两有奇。各该督抚务须实心奉行，体朕轸念民生至意。钦此。①

---

① 乾隆《大清会典则例》卷53，《户部·蠲恤一》。参见光绪《大清会典事例》卷265，《户部·蠲恤·赐复一》。

据孟昭信的统计，此次普蠲共蠲免银3200余万两，[①]而据康熙的上谕则达到3800余万两。[②]至于乾隆朝的数次普蠲地丁钱粮，已是众所周知。

除了全国性的普蠲地丁钱粮外，在康乾时期，同样也不乏针对一个省区的较大规模的蠲免活动。郭松义已经注意到了这一点[③]，除郭松义已经言及的外，这样的蠲免活动还有，如康熙二十六年，"十一月二十六日谕户部恩旨，江苏所属各郡县二十七年应征地丁各项钱粮，俱蠲免"。康熙二十七年，"安徽所属各郡县二十八年应征地丁各项钱粮，俱蠲免"。康熙三十七年，"十一月二十五日谕户部恩旨：海州、山阳、安东、盐城、高邮、泰州、江都、兴化、宝应、寿州、泗州、亳州、凤阳、临淮、怀远、五河、虹县、蒙城、盱眙、灵璧等州县并各卫所，康熙三十八年一切地丁银米等项，及漕粮尽奉蠲免"。康熙四十六年，"十一月初二日谕户部恩旨：康熙四十七年江南通省人丁额征银两悉奉蠲免"。康熙四十七年，"十月十六日谕户部恩旨：康熙四十八年除漕粮外，江南通省地丁银四百七十五万四百两有奇全奉蠲免"。[④]

在普蠲之外，针对学界的研究状况，康乾时期的田赋蠲免最值得注意的是漕粮蠲免和耗羡蠲免。

就漕粮的蠲免来看，可以分作几种类型：

一是因灾蠲免漕粮。李文治、江太新《清代漕运》是清代漕运

---

① 孟昭信：《康熙大帝全传》，吉林文史出版社1987年版，第422页。

② 孟昭信的统计数字，笔者作过核对，没有错误。这里出现了两种数据，值得注意。又据雍正《江西通志》卷首之二，《上谕》所载康熙五十一年上谕："计三年之内，总免过天下地亩人丁新征、旧欠共银三千二百六万四千六百九十七两有奇。"亦言明是3200余万两。

③ 郭松义主编：《清代全史》第3卷，辽宁人民出版社1995年版，第110页。

④ 乾隆《江南通志》卷84，《食货志·蠲赈二》。

研究的集成之作，该书称："州县因遭受灾荒收成歉薄而免征漕粮的谓之蠲免。据光绪《漕运全书》：'漕粮例不蠲缓。乾隆二年题准：倘有被灾地方，令由（有?）漕督抚确堪实在情形，或应分年带征，或按分数蠲缓，临时具题，请旨遵行。'"是否是受了所谓的"漕粮例不蠲缓"之说的影响？该著所列的"各省州县漕粮蠲免表"，第一项列出的是康熙三十年河南一省的蠲免，并注明蠲免的原因是"连岁秋收欠丰"（笔者按：实际上是三十年奉旨，三十一年蠲免，原因是普蠲漕粮），第二项列出的是康熙三十九年江南淮安、扬州两府的蠲免，原因是"叠被水灾"（笔者按：实际上是三十八年奉旨，三十九年蠲免，淮安、扬州的蠲免方式也不同）。其后列示的都是乾隆二年以后的事例。[1]《清代漕运》所列"各省州县漕粮蠲免表"，虽然用了较大气力，但仍有所疏忽，也不全面。仅据乾隆《江南通志》卷八四《食货志·蠲赈二》记载的江南实例，康熙九年、十年、十二年、十三年、十四年、十七年、十八年、二十一年、二十八年、三十二年、三十八年、四十四年、四十六年等年，都有明确的因灾蠲免漕粮的记述。[2]事实上，因灾蠲免漕粮，在顺治年间就有先例，如顺治三年（1646），"以江西频年旱涝，其今年漕米之未兑运者罢免之"[3]。只不过康熙以前的蠲免漕粮事例较少，而在康乾时代，因灾蠲免漕粮十分普遍。并且，在康熙十七年，还曾有过因灾蠲免漕粮分数的特别规定："淮、凤、滁等属漕粮，被灾七分、八分者，准

① 李文治、江太新：《清代漕运》，中华书局1995年版，第128—130页。

② 乾隆《江南通志》卷84，《食货志·蠲赈二》：乾隆三十六年，"正月二十二日谕大学士恩旨：扬、淮、徐等处被灾，钱粮尽行蠲免"。由于记载的简略，没有明确言及蠲免漕粮。另据光绪《大清会典事例》卷278，《户部·蠲恤·蠲赋一》：康熙三十六年谕："海州等十八州县三卫，被九分、十分重灾，本年应征地丁银米及此项田亩所有漕粮漕项，着通行蠲免。"是该年亦因灾蠲免了漕粮。

③《清朝文献通考》卷45，《国用考七·蠲贷下·灾蠲》。

免十分之二；九分、十分者，准免十分之三。"[①]

二是蠲免漕粮逋欠。《清代漕运》称："国家对粮户积欠漕粮及漕项银两有时也进行蠲免。雍正十三年豁免雍正十二年民欠未完漕项银两，这是免积欠的开始。"[②]这一定论也值得怀疑。据乾隆《江南通志》卷八四《食货志·蠲赈二》的记载，康熙二十八年，谕户部恩旨："蠲免邳州被水田亩应纳地丁漕项，历年逋欠尽奉豁除。"如是，既蠲免了应征，也蠲免了历年逋欠。康熙三十八年，"三月二十二日谕户部恩旨：淮安府属海州、山阳、安东、盐城，扬州府属高邮、泰州、江都、兴化、宝应九州县，并淮安、大河二卫，康熙三十七年未完地丁漕项等银一十九万有奇，米麦一十一万石有奇，全奉蠲免。四月十六日谕户部恩旨：以凤阳府属去岁水灾，蠲免康熙三十七年该府属寿州等十一州县并泗州一卫未完地丁漕项银米"。也是蠲免了旧欠漕粮。康熙二十七年奉旨，"将十七年以前未完漕项银、米麦俱着蠲免"。康熙四十六年，"十月奉旨：四十三年以前江宁巡抚所属各府州县未完民欠漕项银两六十八万七千两有奇，米麦三十一万一千八百石有奇，着该抚一一察明，悉与蠲免"。则是蠲免了历年的旧欠。在康熙朝，因灾蠲免漕项银两和漕粮逋欠的事例并不鲜见。

三是因灾缓征漕粮。《清代漕运》列有"各省州县历年缓征漕粮表"，可以参考。[③]唯其所列均为乾隆三十二年（1767）以降的事例，此前则没有列示。而据乾隆《江南通志》卷八四《食货志·蠲赈二》的记载，康熙十八年、十九年、二十三年、四十九年等年，均有漕粮的缓征。这种缓征，既有本年应征漕粮的缓征，也有对历

---

① 康熙《大清会典》卷21，《户部五·田土二·荒政》。
② 李文治、江太新：《清代漕运》，中华书局1995年版，第131页。
③ 同上，第126—128页。

年积欠漕粮的缓征。而且，“于缓征米内半征漕米，半征漕麦，不拘米色，红白粳籼并纳”。这都是值得注意的。俞玉储在《清代前期漕粮蠲缓改折概论》中，也列示了雍正朝的漕粮缓征事例，并且指出：“清代前期各朝遇灾之年，均根据受灾轻重，缓征漕粮。”[①]这种见解，无疑是正确的。

四是漕粮的普免。漕粮的全国性普免，始于康熙三十年（1691），该年“十二月初四日谕户部恩旨，各省岁运漕米向来未经议免，除河南省明岁漕粮已颁谕免征外，湖广、江西、浙江、江苏，安徽、山东应输漕米，自康熙三十一年始以次各蠲免一年”[②]。这条史料在其他典籍中也有记载。上揭俞玉储《清代前期漕粮蠲缓改折概论》说，“除河南省于康熙三十一年轮免外，其他各省的具体轮免时间，均未见档案记载”。但该年奉恩诏轮免各省漕粮应该是没有疑义的。据笔者搜集的资料，湖广也是康熙三十一年蠲免漕粮[③]，山东省的蠲免时间是康熙三十六年[④]。依据谕旨所说的湖广、江西、浙江、江苏，安徽、山东“依次”蠲免漕粮来看，这次轮蠲漕粮的时间应该是在康熙三十一年至康熙三十六年。乾隆年间的三次普免漕粮，上揭俞玉储文以及其他论著已经叙述得很清楚，可以参考，不赘述。在康乾时期，除了全国性的蠲免漕粮外，针对一个省区的普免也时有举行，如康熙二十三年恩诏：“江南、浙江、江西、湖广省份自用兵以来供应繁苦，宜加恩恤。康熙二十四年所运漕粮着免三分之一。”[⑤]涉及“南漕”各个省份。又如康熙二十七年，“诏免江南安徽府属二十八年地丁、漕粮”。。康熙四十二年，“诏免河南全

---

① 俞玉储：《清代前期漕粮蠲缓改折概论》，《历史档案》1990年第2期。

② 乾隆《江南通志》卷84，《食货志·蠲赈二》。

③ 乾隆《大清会典则例》卷53，《户部·蠲恤一》。

④ 乾隆《山东通志》卷12，《田赋》。

⑤ 乾隆《江南通志》卷84，《食货志·蠲赈二》。

省康熙四十三年地丁、漕粮"。①

随着耗羡归公的实施，耗羡的蠲免也被提上日程。

雍正七年（1729），在蠲免甘肃、四川等处额征钱粮时，上谕内阁曰："若设官而不为计及养廉之资，则有司之贤者将窘迫而莫能支，不肖者又横取而无所检，是以酌定将钱粮耗羡均给各官，此揆情度理上下相安之道。但思加恩百姓，豁免正赋，若将耗羡一并蠲除，是民虽邀额外之恩，而官员转有拮据之苦，上司或因此稍有宽假，则必致巧取苛索于民，流弊种种转多于耗羡之数，于吏治民生均无裨益。着于庚戌年（雍正八年）为始，凡遇特恩蠲免钱粮者，其耗羡仍旧输纳，谅必民所乐从。若因水旱蠲免者，不得征收耗羡。将此永着为例。"② 明确规定了"恩蠲"耗羡仍征，但"灾蠲"耗羡一起蠲免。

雍正十一年，因河南耗羡存库银达到70万两，上谕称："豫省存贮耗羡既有七十万之多，而该省官员等所得养廉又已敷用，正当加惠闾阎，俾令邀恩格外，着将河南本年地丁钱粮蠲免四十万两，即以存贮之耗羡照数拨补还项。"③ 同年，山东耗羡存库银达到75万两，上谕亦称："今东省亦应一体加恩，着将雍正十一年地丁钱粮，照豫省之例，蠲免四十万两，即以存贮之耗羡照数拨补还项。该省督抚务饬有司实力奉行，俾闾阎均沾实惠。"④ 这两次特旨蠲免正项钱粮，是用已存库耗羡银两拨补还项，事实上也等同于耗羡的蠲免。

此后，在"恩蠲"钱粮时，依然有耗羡的蠲免。如乾隆四年

---

① 乾隆《大清会典则例》卷53，《户部 · 蠲恤一》。

② 《平定准噶尔方略》前编卷19，雍正七年六月乙酉。

③ 《清世宗圣训》卷29，《蠲赈二》。

④ 《清世宗上谕内阁》卷134，雍正十一年八月初六日上谕。

（1739）上谕："蠲免直隶本年钱粮九十万两，江苏百万两，安徽六十万两，并将所蠲正赋之耗羡一概免征。"[①] 乾隆二十五年，命豁免甘省应征耗羡。上谕大学士曰："甘省乾隆二十三、四两年耗羡，业经降旨缓征。其二十五、六两年应征耗羡，该抚吴达善奏请带征。朕念随征耗羡，遇蠲免正供例不应停缓，但甘肃自办理军务以来，小民急公趋事，诚朴可嘉，业已迭次加恩，凡属缓征、带征及一切正杂钱粮，无不破格豁除，以示抚绥。今军需告竣，幸遇旸雨应时，秋收可望，正宜益加惠养，俾蒙乐利，着将该省二十五、六两年，应征耗羡概行豁免。"[②] 雍正年间耗羡归公以后，耗羡银的用途大体说有三个方面：一是支发养廉，二是弥补亏空，三是地方公用。也就是说，耗羡银有其特定的用途，对耗羡的特旨蠲免，同样值得注意。

二、蠲免佃户之租与蠲免制度的完善

在具体的蠲免政策和制度方面，康乾时期，也有重大的变化或调整完善。

关于蠲免田赋时业主和佃户的不同蠲免待遇，郭松义、李新达说："清朝统治者的蠲免政策，既包括政府蠲免业主的田赋，也包括业主蠲免佃户的地租。可是，长期以来，人们往往只重视对前者的研究，而忽略了后者，甚至误将两者混为一谈。"并且注意到，"至迟在元成宗时，政府规定业主蠲免佃户地租的政策就已经产生了"，

---

① 乾隆《大清会典则例》卷53，《户部·蠲恤一》。

② 《平定准噶尔方略》续编卷3，乾隆二十五年六月乙亥。

在康乾时期成为定制。[①]这种认识无疑是十分重要的。但是，国内学者可能没有注意到日本学者的研究成果，早在20世纪40年代，周藤吉之根据有关史料的记载，指出：在元代至元二十二年（1285），已有减免佃户地租十分之二的规定，元成宗即位后的至元三十一年十月，又有减免佃户地租十分之三的诏令。此后以至明代，又有数次规定。“清代袭承了元明两代的田赋减免政策，使得佃户的负担有所减轻，但是，这个政策与清代初期相比，清代中期有了相当大的变化”。并对康乾时期对佃户的田赋减免政策进行了分析论述。[②]经君健也没有注意到日本人的研究成果，但撰专文详细缕述了康乾时期的政策变化。[③]应该说，有关此一问题的研究已经相当深入。

据经君健的研究，康熙九年（1670）首次有蠲免佃户（佃户减租）的约略规定，康熙二十九年和四十九年有了“业主蠲免七分，佃户蠲免三分”的明确规定。雍正十三年（1735）十二月乾隆即位以后，发布上谕，改“限”业主减租为“劝”业主减租。对此，经君健认为，“雍正十三年十二月谕旨发出后，康、雍时期有关蠲免的各种规定全部自动失效。蠲额业七佃三的规定当然也就不复执行了”。并且指出，乾隆以降，这种“蠲赋减租政策的变化，反映了汉族缙绅、绅衿地主政治地位的上升”。前揭周藤吉之的论文也认为，清代中期（乾隆以降）由于佃户借口减免田租的政策，迫使地主减免田租，佃户的抗租时有发生，鉴于此，不再有具体的蠲免田租的分数规定，而是劝谕地主减租。见解是一致的。对此，笔者有一些不同的看法。

---

① 郭松义、李新达：《清代蠲免政策中有关减免佃户地租规定的探讨》，《清史论丛》第8辑，1991年。

② ［日］周藤吉之：《清代前期佃户的田赋减免政策》，原载《经济史研究》第30卷4号，1943年。见氏著：《清代东亚史研究》，东京：日本学术振兴会1972年版。

③ 经君健：《论清代蠲免政策中减租规定的变化》，《中国经济史研究》1986年第1期。

笔者认为，康熙年间的有关蠲免规定主要是针对“灾蠲”而言，乾隆即位以后的有关蠲免规定主要是针对“恩蠲”而言。因蠲免事例不同，导致了蠲免规定的差异。

康熙九年的规定，明确说明是“遇灾蠲免田赋”，没有疑义。康熙《大清会典》卷二一《户部五·田土二·荒政》亦说得明白：“（康熙）九年覆准，灾伤蠲赋，或有穷民租种官绅富户地，其应纳租谷租银，亦令地主照分数免征。”康熙二十九年户部等衙门议覆山东巡抚佛伦疏言：“东省康熙二十九年分地丁钱粮尽行蠲免，百姓莫不感戴，惟是无地小民尚未得均沾圣泽，臣仰体皇上一视同仁之心，传集司道府官员，劝谕绅衿富室，将其地租酌量减免一分至五分不等，应如所请。嗣后直隶各省遇有恩旨蠲免钱粮之处，七分蠲免业户，以三分蠲免佃种之民，俾得均沾恩泽。从之。”[①] 据佛伦的疏请，是在遇“恩蠲”时“劝谕”业户“酌量减免”佃户的地租，而户部的议覆，则是恩蠲钱粮之时，按“业七佃三”进行蠲免。这条定例除《清圣祖实录》的记载外，《康熙朝东华录》、《清朝通典》、《清朝文献通考》等书均没有记载，就是乾隆《山东通志》也没有记载。[②] 在其他方志中，只查到雍正《广东通志》记为，康熙二十九年诏：“直省遇蠲钱粮，业户免七分，佃户免三分。”[③] 未说明是恩蠲还是灾蠲。这条定例在此后是否得到遵行应该说是有疑问

---

① 《清圣祖实录》卷147，康熙二十九年七月丁巳。

② 乾隆《山东通志》卷12，《田赋》有一条载：“（康熙）二十五年诏：山东省本年地丁钱粮尽行蠲免。并令地方官劝谕绅衿富室，将地租酌量减征，嗣后蠲免钱粮之省，将蠲免之数分作十分，以七分蠲免业户，以三分蠲免佃种之民。”似乎类似康熙二十九年之议。另在乾隆《山东通志》卷1，《典谟》的上谕中也没有记载。最早的一次是康熙四十二年八月的上谕。

③ 雍正《广东通志》卷7，《编年志》。

的，更像是一个特殊的个例。[①] 至于康熙四十九年的定例，经君健引述的是《清圣祖实录》的记载，并说：“这一例中没有指明是灾蠲抑或恩蠲，可以理解为兼二者言。”事实上这一定例在《康熙朝东华录》、《清圣祖圣训》等文献中均有记载，在《清朝通典》、《清朝文献通考》等书中均明确系在了“灾蠲”项下。《清朝通典》卷一七《食货十七 · 蠲赈下 · 灾蠲》：康熙四十九年，“定遇灾免之处，业户七分，佃户三分例”。《清朝文献通考》卷四五《国用考七 · 蠲贷下 · 灾蠲》：“（康熙四十九年）兵科给事中高遐昌奏言，岁遇免租，佃户田租亦请酌免，下户部议。定：业主蠲免七分，佃户蠲免三分。着为例。”

正因为有这种明确的遇灾蠲免条例，所以，才有像雍正二年（1724）江苏布政使鄂尔泰奏称的情况：“江苏恶习，但遇灾祲，即不被灾处，亦纷纷报灾，业主希图减课，佃户希图饶租，而包揽钱粮衿棍复从中耸驾，以为缓征之计。”[②] 同时，也再三申令违例处分，例如，康熙九年（1670）谕：“地方灾伤，已经察勘蠲免赋役者，有司不遵，仍行滥派，及但免有力之家，穷民不沾实惠者，事发决不饶恕。”[③] 又如，康熙三十六年谕：“地方灾伤，已经查勘蠲免赋役者，有司不遵，仍行滥派，及但免有力之家，致穷民不沾实惠者，事发决不饶恕。”[④]

雍正十三年，乾隆帝即位后的有关劝谕业户酌量免租和特旨蠲

---

① （清）王庆云：《石渠余纪》卷 1，《纪蠲免》、《纪灾蠲》也未记载康熙二十九年之例。其《纪灾蠲》称：“（康熙）九年给事中莽佳言，遇灾蠲赋，令并免佃户之租。后又定业户免七，佃户免三之例（原按：四十九年户部议复给事中高遐昌条奏）。”也可以看出康熙四十九年之例是针对灾蠲。

② 《雍正朱批奏折》卷 125，雍正二年九月初四日江南江苏布政使鄂尔泰奏折。

③ 乾隆《浙江通志》卷 76，《蠲恤二》。

④ 雍正《陕西通志》卷 83，《德音第一》。

免佃户漕粮，均是对恩蠲而言。而且《大清会典则例》、《大清会典事例》、《清朝通典》、《清朝文献通考》等文献中的有关上谕也均是系在“恩蠲”项下。

如乾隆《大清会典则例》卷五三《户部·蠲恤一》载雍正十三年十二月上谕：“蠲免之典大概业户邀恩者居多，彼无业贫民终岁勤动，按产输粮，未被国家之恩泽，尚非公溥之义。若欲照所蠲之数，履亩除租，绳以官法，则势有不能，徒滋纷扰。然业户受朕惠者苟十捐其五以分惠佃户，亦未为不可。近闻江南已有向义乐输之业户情愿蠲免佃户之租者，闾阎兴仁让之风，朕实嘉悦。其令所在有司善为劝谕，各业户酌量宽减彼佃户之租，不必限定分数。”

《清朝通典》卷一六《食货·蠲赈上·赐复》载乾隆元年上谕：“输纳钱粮，多由业户，则蠲免大典，大概业户邀恩者居多，彼无业贫民终岁勤动，按产输粮，未被国家之恩泽，尚非公溥之义，业户受朕惠者苟十捐其五，以分惠佃户，亦未为不可。其令所在有司，善为劝谕各业户，酌量宽减。”同书同卷载乾隆十年上谕：“至于有田之家，既邀蠲赋之恩，其承佃田户亦应酌减租粮，着照雍正十三年十二月蠲免之例行。”

《清朝文献通考》卷四四《国用考六·蠲贷上·赐复》载乾隆三十二年上谕：“各省督抚，届轮蠲漕米年分，谕各业户亦令佃户免交一半。”

《八旬万寿盛典》卷六五《恩赉四·本年蠲赋一》载乾隆五十五年元月上谕：“今岁朕届八旬寿辰，敷锡兆民普天胪庆，特降恩旨，将乾隆五十五年各直省应征钱粮通行蠲免，农民等皆可均沾惠泽。因思绅衿富户田产较多之家，皆有佃户领种地亩，按岁交租，今业主概免征输，而佃户仍全交租息，贫民未免向隅。应令地方官出示晓谕，各就业主情愿，令其推朕爱民之心，自行酌量将佃户应交地租量予减收，亦不必定以限制，官为勉强抑勒，务使力作小民共享盈宁之乐，以副朕孚惠闾阎广宣湛闿至意。"

另外，乾隆十二年（1747），在普免安徽田赋时，还曾对归公田租进行了蠲免。该年上谕称："朕普免天下钱粮，今岁系安徽省轮免之年。闻该省有马田稻租一项，系归公官田，不在蠲免之例，但念民佃终岁勤动，不得一体邀恩，未免向隅，着加恩将马稻租息蠲免十分之三，俾耕佃农民均沾实惠。"[①]

上述恩蠲之时的劝谕业户"酌量减免"佃户地租，或在加恩蠲免漕粮时"亦令佃户免交一半"，或特旨蠲免归公官田田租三成，并不意味着原有灾蠲例中佃户免租例的失效。实际上，乾隆十一年福建汀州府上杭县因蠲免钱粮而发生的佃户与业主的纠纷，也是因为"普免天下钱粮"时的恩蠲没有分数限定，不像灾蠲那样有例可循。据针对该事件的上谕称："汀州府上杭县，因蠲免钱粮，乡民欲将所纳业户田租四六均分，有土棍罗日光、罗日照等聚众械殴业主，及至地方官弁拨差兵役拘摄，复敢聚众拒捕……朕普免天下钱粮，原期损上益下，与民休息，至佃户应交业主田租，惟令地方官劝谕有田之家，听其酌减，以敦任恤之谊。初未尝限以分数，使之宽减。即如朕之蠲租赐复，出自特恩，非民间所能自主。佃户之与业主，其减与不减，应听业主酌量，即功令亦难绳以定程也，岂有任佃户自减额数，抗不交租之理！……闽省刁民，聚党抗拒，而近日高斌亦奏报江南宿迁奸徒，欲报全灾，希图普赈。"[②]这里所发生的纠纷，显然亦是恩蠲"未尝限以分数"。

至于灾蠲时"刁民"的抗租，则往往发生在不成灾而"捏灾"

① 《清高宗实录》卷286，乾隆十二年三月庚子。
② 《清高宗实录》卷273，乾隆十一年八月壬辰。

之时，如“崇明被灾地方，多有土棍捏灾为名，结党鼓众，不许还租”[1]。不成灾时的“捏灾”抗租，从另一方面也说明灾蠲时佃户的免租定例仍然在实行。而且从另一条史料反映的信息来看，因灾蠲免依旧是“业七佃三”。乾隆元年，曾经有旨蠲直隶七州县的赋税钱粮，该次蠲免是因为“民人供应差徭，急公可嘉”，属于“恩蠲”的范畴，“并晓谕业户等，酌免佃人租粮”，如何“酌免佃人租粮”？上谕指出“佃户租粮，照定例每一钱者宽免三分”。[2]这里的“定例”虽然没有指明是何定例，但理解为“业七佃三”的灾蠲定例应该是没有问题的。

当然，乾隆以降，也有因为地方臣僚的上奏，而调整或改变因灾蠲免的事例。

如乾隆四年，两江总督那苏图奏称：“上下两江，上年被旱，蠲免钱粮，向例计田派蠲，但蠲免原为贫民，请此次饬令各州县查明，凡额征银五钱以下，概准蠲免。五钱至五两者，计全免穷户之外，将所余之数均匀分数蠲免。其额征五两以上，毋庸蠲免。至佃户纳租，向照免数量减，仍恐富户隐瞒取索，不若止免贫户钱粮，较减租得有实济。”得旨：“卿能如此悉心酌议，如此担当办理，实属可嘉之至。古云：有治人，无治法。尚当留心访查胥役，毋令因事滋扰，则全美之举也。”[3]从“向例计田派蠲，但蠲免原为贫民”，“佃户纳租，向照免数量减”来看，因灾蠲免之例仍在执行，此次的临时更张，也是为了贫穷之户，并没有袒护绅衿地主的意思。

又如乾隆五年，河南巡抚雅尔图奏称：“豫省佃户，均系贫苦之人，而地主苛刻者甚多，宽厚者少，往往于被灾年份，照常征租，

---

① 《清高宗实录》卷153，乾隆六年十月。

② 《清高宗实录》卷31，乾隆元年十一月丁巳。

③ 《清高宗实录》卷91，乾隆四年四月。

贫民无所出，有卖男鬻女以偿租者。请酌定章程，如被灾五分，则收成止五分，自应止收五分之租；被灾六分，则收四成之租。甚至被灾十分，租息自应全免。”得旨：“着照所请行。至各省可否照此办理之处，大学士会同九卿议奏。”[①]从这条史料反映的情况看，尽管有因灾蠲免佃户的规定，业主往往不予执行，此次临时议准的“照被灾之分数免租”，事实上对佃户来说，更为优惠。

在上述遇蠲减免佃户地租的规定之外，康乾年间的相关制度性的完善，值得注意者有四：

第一，蠲免分数的变动。在顺治十年（1653）曾经议定：被灾八、九、十分者，免十分之三；五、六、七分者，免十分之二；四分者免十分之一。康熙十七年（1678）又议定：歉收地方，除五分以下不成灾外，六分者免十分之一，七分、八分者免十分之二，九分、十分者免十分之三。雍正六年（1728）谕：“蠲免之例，着加增分数，以惠蒸黎。其被灾十分者，着免七分；九分者，着免六分；八分者，着免四分；七分者，着免二分；六分者，着免一分。将此通行各省知之。”乾隆元年（1736）谕：“朕思田禾被灾，五分则收成仅得其半，输将国赋未免艰难，所当推广皇仁，使被灾较轻之地亩亦得均沾恩泽。嗣后着将被灾五分之处，亦准报灾。地方官察勘明确，蠲免钱粮十分之一，永着为例。”[②]康熙年间的规定比顺治年间的规定略有后退，这是因为三藩之乱期间国家财政的紧张。雍乾年间的重新更张，则说明在国家财政好转的情势下因灾蠲免政策更

① 《清高宗实录》卷118，乾隆五年六月戊寅。

② 乾隆《大清会典则例》卷55，《户部·蠲恤三》。据康熙《大清会典》卷21，《户部五·田土二·荒政》记载，康熙七年议准：“淮扬二府属及真定府属，各被重灾，十分、九分者，本年正赋全免；八分、七分者，免十分之四。”这是一次个例。类似的个例在顺治年间也有。如顺治五年曾经议准：“陕西水旱蝗虫冰雹相继，被灾一等者蠲一年额赋，二等者免一年之半，三等者免三分之一。”

加实际可行。

第二，勘灾的规定及违例处分。地方遇灾，在蠲免之前，先要由地方官勘灾上报。顺治十六年已经规定："报灾地方，抚按遴选廉明道府厅官，履亩踏勘，不得徒委州县。"[①]因为没有具体的违例处分，所以没有得到切实地执行。因此，康熙十五年议准："官员勘灾，不委厅官印官，仍委教官杂职察勘，或妄报饥荒，或地方有异灾不申报者，皆罚俸一年。若止报巡抚，不报总督，及报灾之时未缴印结，册内不分晰明白者，罚俸六月，督抚亦照此例处分。"同时议准："官员将蠲免钱粮增减造册者，州县官降二级调用，该管司道府官罚俸一年，督抚罚俸六月。如被灾未经题免之先报册内填入蠲免者，州县官罚俸一年，该管上司皆罚俸六月。"[②]重新规定了勘灾的具体人选，以及勘灾、造册程序和违例处分。乾隆二年题准："地方偶遇水旱灾伤，督抚一面题报情形，一面遴委大员，亲至被灾地方，董率属官酌量被灾情形，视其饥民多寡，先发仓廪及时赈济。仍于四十五日限内题明加赈。俟赈务告竣之日，将赈过户口需用米粮，造册题销。其被灾顷亩分数，即于勘灾之日核实保结，随疏声明。至应免钱粮数目，于具题请赈之日起，再扣限两月造报。"[③]乾隆三十年，又规定："州县遇有报潦之处，令地方官亲历确勘被潦根由，据实通报。如有隐瞒不报，及将成灾报作不成灾者，俱题参革职，永不叙用。如不实心确勘，少报分数者，照溺职例革职。"[④]越来越强调由

① 康熙《大清会典》卷21，《户部五·田土二·荒政》。

② 乾隆《大清会典则例》卷19，《吏部·考功清吏司·灾振》。康熙七年还曾一度规定："直省凡有水旱蝗蝻等灾，有司速申督抚，督抚减带人役，亲踏详看，确定分数，造册报部，酌令蠲免。"但"督抚亲勘"之令，次年即被废除。见康熙《大清会典》卷21，《户部五·田土二·荒政》。

③ 光绪《大清会典事例》卷288，《户部·蠲恤·奏报之限》。

④ 光绪《大清会典事例》卷110，《吏部·处分例·报灾逾限》。

上级官员和主要地方官员亲自勘灾，据实申报。并将勘灾、报灾、赈济有机地结合在一起。另外，康熙四年的一条规定也值得注意，该年题准：“遇灾地方，督抚一面题报，一面行令州县，停征钱粮十分之三。如州县故将告示迟延，不即通行晓谕者，以违旨侵欺从重议罪，道府降三级调用，抚司降以级调用。”[①]未经勘灾，先已停征部分钱粮。

第三，报灾期限的规定及违例处分。在顺治十七年，已有“夏灾限六月下旬，秋灾限九月下旬”的约略规定，如果报灾逾限，州县官员按迟报时间的多少分别处分。对其他官员的处分则不具体。康熙四年题准：“州县以报灾情形申报布政使，如布政使违限，亦照道府州县官例处分。”康熙十五年议准：“被灾地方抚司道府州县官迟报情形及迟报分数，逾限半月以内者罚俸六月，一月以内者罚俸一年。一月以外者罚俸，仍照从前定例议处。”[②]这里的关键之点，是将州县官员及上级官员的处分结合起来。雍正六年（1728）议准：“各省如有被灾者，其被灾分数，限四十五日察明造册题报，照例扣算程途，将已未违限月日，分晰声明。如不依限造册题报，州县、道府、布政使、巡抚各官，亦照前例议处。”[③]这里的关键之点，是将报灾造册的时间进一步明确化。

第四，蠲免钱粮与由单刊发相结合。在顺治八年（1651），已有蠲免钱粮刊发“免单”的规定，即：“地方灾伤题蠲后，州县以应免数目刊刻免单颁发，已征在官者，准抵次年正额，官胥不给单票者，以违旨计赃论罪。”[④]所谓的“已征在官者，准抵次年正额”，

---

① 康熙《大清会典》卷21，《户部五·田土二·荒政》。

② 光绪《大清会典事例》卷288，《户部·蠲恤·奏报之限》。

③ 乾隆《大清会典则例》卷19，《吏部·考功清吏司·灾振》。

④ 乾隆《大清会典则例》卷55，《户部·蠲恤三》。

被称为“流抵”。这种用意无疑是好的，但在具体执行过程中遇到困难。一如户科给事中姚文然在康熙六年（1667）的上疏中所言：“蠲免灾荒，除本年应蠲钱粮即于本年扣免外，亦有本年纳户之钱粮收完在前，奉蠲在后，则以本年应蠲钱粮抵次年应纳正赋，名曰流抵。欲使人人均沾实惠，必须将流抵一项加载由单。但部题定例，次年由单于上年十一月颁发，计该州县磨算钱粮数目款项，造成式样，送布政司磨对，必须在上年九、十月间，而各抚题报灾伤，夏灾报在六月，秋灾报在九月，计题报到部又需月日，部中具覆行查被灾分数，必候该抚查回，部覆奏允，然后行咨该抚，又转行各地方官，虽至速已至本年十一月、十二月及次年正月、二月，久已在颁发由单之后矣，何从填入乎？然流抵不填由单，部中所取者，地方官印结耳。印结出于官吏之手，民未尽知也，奸胥贪官因此侵冒者不少。惟有于流抵之下年填入由单之一法。譬如康熙五年免灾钱粮，应流抵康熙六年者，自应于康熙六年抵免迄，即于康熙七年由单之首填入。一项内开：某府某县于康熙五年分蒙恩蠲免，重灾田若干亩，每亩免钱粮若干。或次灾田、轻灾田合县共该免银若干两，除本年已完若干两外，尚该流抵银若干两。俱于康熙六年分内，于原被灾本户名下额赋，各照分数流抵迄，并无官吏侵欺等情。此后刊入康熙七年分额丁额赋等项。如此，则应蠲之分数与抵免之银数，每户各执一单，一目了然，官吏自无所藉手矣。至于蠲免者，亦于蠲免之下年由单之首，照依此式，但改流抵字样为蠲而已。”[①] 姚文然此说的重点是在于“免单”的有名无实，欲想纠弊，必须将“流抵”钱粮数目刊入下年或下下年由单。对此，当年即议准：“如本年蠲免者，填明次年由单之首；如流抵次年者，填明第三

① 《清朝文献通考》卷 2，《田赋考二 · 田赋之制》。

年由单之首。州县卫所官不开载确数者，议处。”同时规定：“奉蠲地方官将应免钱粮，取每图见年里长结状，分送部科察核。如有已征在官，不行流抵次年，及不扣除应蠲分数，一概征比侵蚀，或经题定蠲免分数后，故将告示迟延，不即通行晓谕，或称止蠲起运，不蠲存留，或于由单内扣除不及蠲额者，州县卫所官皆以违旨侵欺论罪。上司不行详察，使灾民无告者，道府降三级调用，督抚布政使都司降一级调用。”[①] 康熙十八年又议准：“流抵钱粮，民苦无据，凡应蠲已征者，给与红票，次年按数抵免”；“蠲免钱粮，州县官侵蚀肥己者，照贪官例革职提问。督抚司道府官不行稽察，令州县任意侵蚀者，俱革职。”[②] 以使蠲免钱粮落到实处，并防止地方官员侵蚀作弊。

上述表明，在顺治年间有关蠲免政策、制度的基础上，康乾年间有了进一步的规范和完善。

当然，制度上的规定并不能完全杜绝弊端的发生，地方官员有灾不报或迟报，使蠲免无法进行的事例也不鲜见。康熙四十四年，因山东、陕西等省区多次发生匿灾不报的现象，康熙就曾谕称：“朕曾以地方官匿灾不报之故，询之与民，据云：民一罹灾，朝廷即蠲赋，赋一蠲，则火耗无征，故地方官隐而不报也。”[③] 乾隆五年（1740），乾隆上谕称：“朕前于五月间，闻得山东地方自郯城至蒙阴，俱成赤地。盖由上年被灾之处，该地方官不实心办理，民人逃往邻省者多，以致抛荒故土，未曾耕种，是以不能有收。且两月以来，硕色未将雨水情形奏闻。巡抚身任封疆，所应办理之事，孰有大于此者！硕色岂有不见及此乎？”之所以如此，乾隆认为是

---

① 乾隆《大清会典则例》卷55，《户部·蠲恤三》。

② 康熙《大清会典》卷21，《户部五·田土二·荒政》。

③ 《清圣祖实录》卷219，康熙四十四年二月庚寅。

地方官有意“粉饰蒙蔽”所至。[①] 不管是何种原因的匿灾，都是值得注意的。

同时，还有另一种现象也值得注意，这就是：虽然有成灾分数和蠲免分数的规定，但在一些特殊的情况下，或因为臣僚的奏请，或因为特旨加恩，并不按成灾分数进行蠲免。例如：

康熙三十六年（1697）谕：“海州等十八州县三卫，被九分十分重灾，本年应征地丁银米及此项田亩所有漕粮漕项，着通行蠲免。”[②] 这是在重灾情况下，全部蠲免漕粮的个例，按当时的规定，被灾“九分、十分者，免十分之三”。

康熙三十九年，吏部尚书宋荦上疏称：“海州、山阳、安东、盐城四州县，共被九、十分水灾民屯田地四万七千七百四十一顷七十七亩六分零，该州县康熙三十九年应征地丁等项钱粮先奉上谕，尽行蠲免外，至清河、桃源、宿迁、睢宁、沭阳、赣榆六县，被灾十分民田并山阳、盐城二县杂办项下被灾十分学田，共二万八千六百六十三顷六十八亩一分零，照例应蠲十分之三银一万七千五百五十七两九钱零，既据委员勘明，具有印甘各结，所当仰请皇仁照例蠲免。”[③] 这是既有特旨全部蠲免，又有按成灾分数蠲免的个例。

乾隆四年，因甘肃遇灾，上谕：“虽据该督抚奏称，此数州县中，被灾者不过村庄几处，即一村之内，亦轻重不等。但一州县中既有被灾之所，则通州县内，料比不能十分丰收，米粮未必宽裕，必须格外加恩，闾阎始能乐业，着将凡被水雹之州县，不论成灾不成灾，所有乾隆四年应征地丁钱粮，悉行宽免。”[④] 这是在遇灾情况

---

① 《清高宗实录》卷118，乾隆五年六月癸酉。

② 光绪《大清会典事例》卷278，《户部·蠲恤·蠲赋一》。

③ （清）宋荦：《淮属夏灾请蠲疏》，见《西陂类稿》卷36。

④ 《清高宗实录》卷96，乾隆四年七月庚戌。

下，不论成灾不成灾，全部蠲免的个例。

乾隆四年上谕：“上年江苏被旱歉收，将乾隆二年江、常、镇、淮、扬、徐、海七府州属被水题明缓征停征银米等项，降旨豁免。今年淮、扬、徐、海等属，又复被水歉收，已谕该督抚加意抚恤，将所有应征钱粮分别缓征具奏。近闻海州、安东、萧、砀四州县连年被水，在淮、徐等府内，又属被灾独重之区，朕心深为轸念，着将此四州县所有雍正十三年、乾隆元年未完地漕等项悉行蠲免。”[①]这是在连续灾荒的情况下，除按成灾分数蠲免外，另外蠲免缓征和积欠的个例。

凡此说明，尽管有因灾蠲免的具体规定，但在实际的蠲免过程中，有各种不同的结果。也可以视为是“灾蠲”和“恩蠲”在一定意义上的结合。

还需要注意的是，在普蠲钱粮之年，地方存留也同时无收，地方俸禄及其他费用等从何处开支？很少看到记载，因着广东巡抚的上奏和乾隆帝的斥责，透露了一些信息。乾隆十二年，广东巡抚准泰奏：“粤省本年地丁钱粮轮免，各属俸食等银，由藩司拨款，其远处州县赴司领支，往返繁费，查各属有应征税契杂税等项，应准照数动支，出具批领，赴司划清抵兑，作正收支。”得旨：“此所为利析秋毫，而亦无当于实济者矣。以理言之，国家不惜数千万帑金，蠲租赐复，为臣工者，宜体此心，即俸工养廉，缺此一岁，不得满橐，亦所宜然，而况朕体恤备至，俸工养廉，皆许以别项支给。今复以路远支领为难，锱铢较利。在州县如此存心，必非良吏，而汝为之筹办，所见直与若辈等。朕为粤省官方惧，且为天下

---

① 《清高宗实录》卷 102，乾隆四年十月庚辰。

吏治惭。”[①]从乾隆的斥责讥讽中可以体会，在普免钱粮之年，地方官员的俸禄由藩库拨支，基本可以保证，地方上的其他开支则受到制约。

（本文原载《中国史研究》2008年第4期）

① 《清高宗实录》卷287，乾隆十二年三月丁巳。

晚清财政预算的酝酿与实施

一、引言

在清末实施预算之前，中国历史上有没有预算制度，学术界存在分歧。

孙翊刚《中国财政问题源流考》专设“中国国家预算的早期形态及其发展演变”一编，对中国历史上的预算制度进行了探讨。孙翊刚认为，到春秋战国时期，“中国的预算制度（‘上计’）已粗有制度了”。到唐代开元、天宝年间，唐王朝的预算制度，已呈完备状态。①

陈明光《唐代财政史新编》更是用“国家预算”的概念谋篇布局。该书分为上、中、下三编，除中编叙述“安史之乱与唐朝财政体系的变动”外，上编为“唐代前期国家预算的法制形态”，下编为“唐代后期国家预算的特定形态”，以研究唐代国家预算的主旨十分明确。其在引言中称：“虽然在我国古籍中未见‘预算’一词，但是，对国家财政收支的计划性这一‘预算’的基本内涵，我国古人早有清醒的认识并付诸实践。例如，《礼记 · 王制》载，‘冢宰制国用，必于岁之杪，五谷皆入，然后制国用，用地小大，视年之丰

① 孙翊刚：《中国财政问题源流考》，中国社会科学出版社2001年版，第285—311页。

耗，以三十年之通制国用，量入以为出’。这是对量入为出的预算原则初次总结。又如，司马迁《史记·平准书》中称述汉高祖刘邦‘量吏禄，度官用，以赋于民’，则显露了后来由唐人杨炎明确加以概括的‘量出制入’的预算原则的端倪。……唐代的国家预算就其基本内涵而言，是一种源远流长的客观存在。”同样认为，预算起自先秦，源远流长。宣统二年编制的所谓“预算”形式，在中国古代早已有之，而到唐代，已形成完备的预算制度：“在现在财政学中，国家预算指的是经过法定程序而编制、审查与批准的国家财政年度收支预计。显然，经过法定程序以及计划的周密性程度，是辨识国家预算形态完备与否的两点必具特征。根据这一定义，考察史实，我们同样发现唐朝确实建立过相对完备的国家预算，堪称中国财政史上国家预算形态演变上一个里程碑。”①

李锦绣在《唐代财政史稿》前言中说：“陈明光已经指出，唐代建立了相对完备的国家预算，我同意这一根本观点。吐鲁番出土的‘唐仪凤三年度支奏抄’文书是一件支度国用计划（预算）残卷。预算是国家财政的核心，因而我在财务行政一章中，首论唐前期预算，对预算收支两方面基础、预算的编制、审议、执行、内容特色及其与量入为出财政原则的关系等论述较多。因为只有明确了唐前期的预算，才可理解唐前期的整个财政，才可明确唐前后期或中古史前后期财政的本质不同。前期的预算是建立在国家的财政法（律、令、格、式、及制敕）基础之上的，前期的财政与财政法联系相当紧密。”②

另外，葛承雍认为，在唐代，户部的概算，度支的预算和比部的决

① 陈明光：《唐代财政史新编》，中国财政经济出版社1991年版，第4—5页。另外，可参见陈明光：《中国历史上何时建立“国家预算”》，《厦门大学学报》1995年第1期。

② 李锦绣：《唐代财政史稿》上卷，北京大学出版社1995年版，第7—8页。

算，三者已经形成一套严密的制度。[①] 蔡次薛认为，唐初开始设立预算制度，每年一度编造计账（预算），层层上报，最后由户部总其成。同时，又建立了监督预算执行的审计制度。[②] 刑铁认为，以唐中叶为界，古代中国的财政预算呈现出两个明显的阶段性发展过程，唐中叶以前，是“量入为出”阶段，唐中叶以后，是“量出制入”（按：原文用“量出为入”一词）与“量入为出”两种原则并行，并且以“量出制入”原则为主。《宋史·食货志》开始设置“会计”一目，既含国家的财政预算，也含决算内容。此前《周礼》中的“司会”一职，即是掌管和核查中央及地方的财政收支，已含预算和决算的内容；唐代称此职为“国计”，实际就是会计。但重视会计的作用并使此职的设立成为定制，则是在宋代。明代人邱浚在《大学衍义补》卷二十《总论理财之道》中云：“每岁户部先移文内外各司及边方所在，预先会计嗣岁一年用度之数：某处合用钱若干，某事合费钱若干，用度之外又当存积预备若干，其粮谷见在仓库者若干，该运未运到者若干。造为账籍，一一开报……”这是一套完整详尽的国家预算编造过程。在此之前，历代的财政预算并不完善，有时甚至没有统一的预算，邱浚的这一方案，虽然不一定完全实行过，但从预算方法本身来看，应当说是中国封建社会国家财政预算思想和预算方法的集大成者。而邱浚《大学衍义补》卷二三《经制之义》设计了进行财政决算的详细程序，也可以说是我国古代国家财政决算思想和方法的集大成者。[③]

孙翊刚、陈明光、李锦绣、葛承雍、刑铁等人都是研究财政史的知名学者，他们的观点当然值得注意。但是，这些学者基本不治清代史和近代史，与清史、近代史学者以及财政学学者的观点有差异。在

① 葛承雍：《唐代国库制度》，三秦出版社1990年版，第16页。
② 蔡次薛：《隋唐五代财政史》，中国财政经济出版社1990年版，第187—188页。
③ 刑铁：《我国古代专制集权体制下的财政预算和决算》，《中国经济史研究》1996年第4期。

众多的财政学教材中，基本上都认为严格意义上的预算是近代的事。[①]事实上，早在20世纪30年代，尹文敬《财政学》在“预决算论”一编中，述及中国的预算起源时即云：“中国编制预算，起于满清末年。光绪之季，政府以筹备宪政之名，注意清理财政，定清理财政章程三十五条，在京设财政清理处，各省设清理财政局，由部派财政监理官。令各省财政清理局将收支存储粮银各数，编造册籍并盈亏计算表送部。此种办法，已具会计出纳之形式，而为预算之先声。”[②]

笔者认为，清末的预算，从立宪的酝酿、实施，到财政机构的重新设置，从财政事项的调查，到财政预算的编制，大都前所未有，是接受西方预算思想和预算制度的产物，具有明显的近现代色彩，与中国古代所谓的“预算”毕竟不同。所以，笔者一般将清末预算之前的所谓“预算”称之为“奏销”[③]。事实上，清末呼吁施行预算的人士大都是饱学之士或接受新学之人，他们既对《周礼》所记以及历代的财政制度熟悉，又对“泰西之法”有所了解，并没有混淆古法与新制的区别，如监察御史赵秉麟就上奏称：“《周礼·冢宰》以九式节财，岁终制用，立司会为计官长，司书贰之……皆有会计。……近泰西各国岁出岁入，年终布告国人，每岁国用，妇孺咸晓。考泰西列邦，所以国人咸知国用者，在有预算以为会计之初，有决算以为会计之终。其承诺之任，监财之权，悉议会担之。……近奉明谕，预备立宪，设资政院以司预算，设审计院以掌检查，远符周礼，旁采列邦，用意至善。”[④]

① 参见崔满红、李志辉主编：《财政学》，中国金融出版社2004年版，第313—315页；赫书辰、曲顺兰主编：《财政学》，经济科学出版社2007年版，第306页。

② 尹文敬：《财政学》，商务印书馆1935年版，第542页。

③ 参见拙作：《清代前期的奏销制度与政策演变》，《历史研究》2000年第2期。

④ 《光绪政要》卷32，光绪三十二年十二月，《度支部议复御史赵秉麟奏制定预算决算表事宜》。

笔者已经指出："尽管传统的奏销制度在清代前期已经较为完备，但毕竟与具有现代色彩的预决算制度有别。因此，清末一些有识之士提出'仿泰西之法'实行预算。在形势的推动下，光绪二十九年，中央设立财政处，光绪三十二年九月，户部改为度支部，并进行了财政机构改革，目的皆在于清理财政、统一事权。光绪三十二年七月，清廷宣布了预备立宪事宜，'清理财政'也是预备立宪的主要内容之一。实际上已经具备了实行预决算的氛围。光绪三十四年八月，宪政编查馆、资政院始提出清理财政的具体计划和预决算进程。同年十二月，宪政编查馆又奏定户部草拟的《清理财政章程》，该章程共有八章35条，内容涉及中央与各省清理财政的诸项事宜。宣统元年，度支部又奏定了《清理财政处章程》和《各省清理财政局章程》，对清理财政处和清理财政局的设员分职、职务权限以及奖励与惩罚等都作了具体的规定。清末的清理财政以及预决算进程基本上正是循着上述规章而展开。尽管清末的预算十分艰难，也存在着这样那样的问题，但是，预算的完成已标示出传统奏销制度的终结和传统财政体制向现代财政体制的转折。"①这只是言其大概，本文将系统阐述晚清财政预算的酝酿与实施过程。

二、财政预算的酝酿

在清末的预算开始之前，已经有预算的酝酿。曾任驻日本公使馆参赞和驻美国旧金山领使馆总领事的黄遵宪在其1887年定稿的

① 参见拙作：《清代财政的近代转型》，《光明日报》2000年10月13日。

《日本国志》[①]中曾经介绍过日本与西方的预算制度，并提出变法以行预算的主张：

> 凡会计起于预算，由是而出纳，而决算。预算之法，各官厅先就科目揭载额数，制预算表，申牒大藏省，大藏省检核后，送交会计院检查，于内阁决定。各厅欲于预算外临时增费，则申其事由于大藏省，转呈太政官，经太政官允许，则并告检察院。每岁四月十五日开检查会议，议毕送之太政官。经审查决定后，每岁七月将预算表报告于众。
>
> 余考泰西理财之法，预计一岁之入，某物课税若干，某事课税若干，一一普告于众，名曰预算。及其支用已毕，又计一岁之出，某项费若干，某款费若干，亦一一普告于众，名曰决算。其征敛有制，其出纳有程，其支销各有实数，于预计之数无所增，于实用之数不能滥，取之于民，布之于民，既公且明，上下孚信。自欧罗巴逮于米利坚，国无大小，所以制国用之法，莫不如此。
>
> 君民相亲，上下和乐，成周之所以极盛也。日本近仿泰西治国之法，每岁出入，书之于表，普示于民，善犹有古之遗法也。……承平则国帑未匮，势不极，法不变故也。以今日值多事之秋，履至艰之会，则不变其何待![②]

据现有史料所知，黄遵宪是最早介绍日本和西方预算之人，也

① 据《日本国志》的点校者吴振清称：该书在黄遵宪任满离日时的1882年已经草成，因为黄遵宪在与日本人的赠别诗中曾云："草完明治维新史，吟到中华以外天"，1887年夏该书定稿。见黄遵宪：《日本国志》，吴振清等点校本，天津人民出版社2005年版，第4页。

② （清）黄遵宪：《日本国志》卷17，《食货志·国计》。

是最早呼吁“值多事之秋，履至艰之会，则不变其何待”，要求变法行预算之人。据说，黄著杀青，曾向李鸿章、张之洞各送一部，并呈送总理各国事物衙门一部，但并未引起当道者太多的注意，直到甲午战争战败以后，此书的价值才引起重视。[①]

郑观应在1894年前后所撰《度支》一文对西方的预算制度更有详细的叙说：

> 度支者，国家预筹出入之数也。泰西各国每岁出入度支，皆有定额，不能逾限。如明岁出款若干，进款若干，两抵之外尚欠若干，户部即于今岁预为之备。若有军务急需，则辟院集议另筹。所有进出各款，岁终刊列清账，布告天下，以示大众。……惟中国尚无度支清账颁示国中。闻本年五月户部奏称，常年进项七千余万，一岁所入不足一岁所出。今筹办海防，购船置炮，须款甚巨，非借洋款不足以应急需。当仿泰西国例，议定一国岁用度支之数。先举其大纲，次列其条目，畴为必需，畴为可省，畴为无益，畴为缺乏，滥者节之，乏者增之，必需者补之，无益者削之，合京省内外而通计之，则常经之出数可得也。次则核查行省二十一部，每岁田赋所入者几何，地丁所入者几何，洋关税所入者几何，常关税所入者几何，厘捐所入者几何，盐政所入者几何，沙田捐、房屋捐、海防捐、筹防台炮捐所入者几何，油捐、茶捐、丝税及一切行帖、典帖、契尾杂款所入者又几何。每省分立一清册，核定入款，详列其条目，刊布天下，使官绅百姓家喻而户晓，了然于国家之所取于民者固有一定之数。……凡一出一入，编立清册，综核比较为赋财出

① （清）黄遵宪：《日本国志》，吴振清等点校本，第6页。

> 入表。出有逾，则节之，不可任其渐亏也；入有余，则储之，不可供其虚耗也。此合国内各省为通盘理财之法也。更令各官岁呈简明清册一本，实记一关之出入盈虚，关册汇齐，乃会合而详核之。要知中国之财流出外洋者若干，外洋之财入我中国者若干，两两核较，而其出入之大数可得知之也。出入惟均，则姑任之；出浮于入者，则必详究其所以失之故，当兴何项商务以补救之；入加于出者，亦必详究其所以得之故，当若何悬赏以鼓励之。此合中外各国为通盘理财之法也。观泰西各国之筹国用，盖无论土地大小，人民之众寡，未有不如此者。①

文中所谓"当仿泰西国例，议定一国岁用度支之数"，是对实行预算的直接呼吁，但未见清廷的响应。是时，已经形成了一种仿行西法的氛围，如李希圣《光绪会计录·例言》所云："今日言理财者，莫不仿行西法。"②

甲午战争之前有关预算的介绍和实行预算的呼吁，虽然未见清廷的响应，但甲午战争以后引起清廷的注意当是无疑的。就目前所见到的史料，在光绪二十四年（1898）的上谕中，首次有了回应。上谕称：

> 翰林院奏，代递庶吉士丁维鲁《请编岁入岁出表颁行天下》一折。户部职掌度支，近年经费浩繁，左支右绌，现在力行新政，尤须宽筹经费，以备支用。朕维古者冢宰制国用，量入为出，以审岁计之盈虚。近来泰西各国，皆有豫筹用度之

---

① （清）郑观应：《度支》，见《盛世危言》，中州古籍出版社1998年版，第285—286页。

② （清）李希圣：《光绪会计录·例言》，光绪二十一年刊本。

> 法，着户部将每年出款、入款，分门别类，列为一表，按月刊报，俾天下咸晓。然于国家出入之大计，以期节用丰财，蔚成康阜，朕实有厚望焉。[①]

所谓“近来泰西各国，皆有豫筹用度之法”，已经表明清廷对西方预算的注意，所谓“着户部将每年出款、入款，分门别类，列为一表，按月刊报，俾天下咸晓”，可以看出对西方的预算依然懵懂，也就很难指望在当时真正实行预算。

此后，有关对西方预算的考察、介绍以及实行预算的呼吁，不断见于奏章、报刊。

光绪二十五年（1899），盛宣怀上奏要求预定一年会计，将来年实在进出各款预先筹议，开缮清单，刊行各省，实行预算。户部议覆称：“近时泰西各国每年由该国度支大臣预将来岁用款开示议政院，以为赋税准则。说者谓其量入为出，颇得周官王制遗意，而实则泰西之法量出以为入，与中国古先圣王之所谓量入为出者相似仍属相反，中西政体不能强同，颇如是也。”罗玉东在他的名作《光绪朝补救财政之方策》中引述过这段档案材料，并且认为：“此事若注意行之，本可为改革清廷财政之先声，无如其时财政当局既无远见，又不喜多事，以至清代第一次预算案，遂流为畸形产儿。”[②]

光绪二十七年，张謇作《变法评议》，认为户部应办之十二件事情中，有一件是“行预计”，略云：

> 日本维新之初，国之贫盖甚矣。大隈重信始仿西法，作会

① 《清德宗实录》卷426，光绪二十四年八月壬午。

② 罗玉东：《光绪朝补救财政之方策》，《中国近代经济史研究集刊》第2卷2期，1934年。

> 计预算表，人犹未信，及决算表出，款明数核，其为用乃大白。……今宜将每年还款用款，析一户部总出入之数，由户部按各省向来解部外销多寡，析一各省出入之数，复由各省布政使按各府州县解司及本地支办多寡，析一各府州县出入之数。各府州县自析应解布政使者为一类，本地方已办养教诸事为一类，应兴学堂、警察、测量、水利、兴业、备荒诸事为一类。凡岁出若干，又析赋税为一类，杂入为一类；凡岁如若干，出入相抵，不足若干，应增入若干。事前预算，揭告于众，事后决算，揭告于众。增入之法，议会筹之，要使聚之官，散之民，与天下共见共闻而已。①

张謇所说日本的预算基本上是黄遵宪的翻版，他所说的地方预算却有新意。

光绪三十年十一月二十三日，《时报》发表该报记者所撰《论今日宜整顿财政》云：

> 今日京外各官之所汲汲皇皇者，莫不曰财政、武备、教育、实业，而四者中，尤以财政为最要。善理财政，则三者皆可具举；不善理财政，则任举其一，亦不能实行。……夫财政之最要者，莫如预算。西哲有言，一家之预算，量入以为出，一国之预算，量出以为入，此治财政者之恒言也。国家愈文明，则其岁出岁入之费愈多，则其预算之法亦愈精密。预算有岁出岁入，今日吾国之所宜讲求者，莫如先算岁出。岁出有单预算，有复预算，吾国之所宜讲求者，莫如单预算。所谓单预算

---

① （清）张謇：《变法评议》，《张季子九录》卷2，《政治类》。

> 者，合经常与临时而一之。而所谓复预算者，则分经常与临时而二之者也。……吾谓今后户部宜制一单预算表式，不立经常、临时之名……虽然，此特理想之预算焉矣。若实行之，则恐不能。何以故？以行政机关紊乱故。夫财政学与行政学本相钩连，因预算财政不能不委之行政官吏，欲整顿财政，先宜改良行政机关。……今日中国之行政机关，宜分中央政府与地方政府。其中央政府之制，宜仿日本，内阁以外，分置各省。其地方政府之制，宜尽裁司道府，使州县直接督抚，督抚直接内阁。惟督抚之下，宜多设局所，一如中央政府之制。①

此论颇有见地，对西方预算的了解也较深入，并且注意到了实行预算与改革官制的关系。

光绪三十二年九月二十日，《南方报》刊载《论中国于实行立宪之前宜速行预算法》一文，称：

> 政府今日举行新政，而无待于筹款也则已，如有待于筹款，则非先行预算之法不可。筹款而无待取之于民者也则已，而欲取之于民，则非速行预算不可。所谓预算者，国家预定收入、支出之大计划也。盖国用之收入，收入之于民也。收入自民，故不能不求民之允诺，不能不示以信用。预算者，示民以信用之契据也。国用之支出，亦以为民也，支出为民，故不得不邀民之许可，欲民许可，不得不受其监督。预算者，授民以监督之凭证也。

① 《论今日宜整顿财政》，《东方杂志》1905年第2卷第1期。

并根据日本的预算，作了四个方面的说明和介绍，即："预算案之编成"、"预算之定义"、"预算之效力"、"预算之不成立"。进而认为：

> 预算之要点，全在经常预算与临时预算之分，而特别会计，所以备要事特定之用，追加预算，所以备意外无定之供。又有预备费，以为之补助。则组织之机关于是乎备。而预算案编成之权限，其要点在发案权与定议权之分。发案权属于政府，定议权属于议会。政府对于预算费，常有要求增加岁入之意，议会对于预算费，常有要求核减岁出之心。因之，政府、议会时起争论。然若文化大进，民格日高，则此风亦不能渐熄也。……我国当此财政困乏之时，又值与民更始、需用浩繁之际，而欲彼此相示以诚，无稍猜忌，在上者取之有方，在下者，供之有道，则非速行此预算法不可。然预算之法，须经宪法规定，议会协赞。今我国宪政未行，议会未立，果将依何法以行预算乎？不知预算之发案权既操自政府，则凡所有收入、支出各款，经常、特别各项，必须报告全国，自不致有出纳极滥之弊。即使编成之预算案，我国民有不能承认者，议会虽未成立，而既有议定权之性质，则监督财政为应尽之义务。我国民自可公举代表，向政府要求增损，初不必俟宪法颁布，而始行预算之法也。况预算案开始编纂，必多缺憾，日本亦屡经改良，方臻完备。故中国行预算法，必俟数年以后始克就绪。届时议会亦必成立，应付可以适宜。而其基础，则必定于数年以前，故记者以为今日仿行预算法，不可须臾稍缓者也。……然则，今日欲速行预算，必先以调查财政为第一要义。调查之法，政府宜于各省设立财政调查局，各地方绅士宜设立公产调

查局，将各地方所有正供及一切纳官杂费与夫兴学、练兵、警察，凡举办各要政支用款项，无不详细调查，以为他日议决预算之预备。然预算之范围甚广，关系极多，非调查财政之一端所能尽。即就支出一方面言之，则一切政务上费用，必先明晰各项政务之性质办法而后，始能断其应支若干。故吾人于调查财政一事，应注意者尚多。①

此论以记者的名义发表，但就文中所论，非一般人士所能写，必经过相当的考察和研究，既指出实行预算的必要性，又指出实行预算与宪法、政府、议会的关系，更指出欲行预算，必先以调查财政为第一要义。款款切中要津。

光绪三十二年十二月，度支部议复御史赵秉麟奏制定预算决算表事宜，略称：

福建道监察御史赵秉麟奏《制定预算、决算表，整理财政而端治本》一折，光绪三十二年十一月十八日奉旨：度支部议奏，钦此。……原奏内称：……近泰西各国岁出岁入，年终布告国人，每岁国用，妇孺咸晓。考泰西列邦，所以国人咸知国用者，在有预算以为会计之初，有决算以为会计之终。其承诺之任，监财之权，悉议会担之。故英国每年出入预算案，由国会决。大宪章第十二条，国内收补助费，必由国君议决。后世守之，愈益发达。法国自千六百十四年以后，财政紊乱。千七百八十九年开议会，始定租税承诺权，千八百六十二年改良会计法。……东西各国之财务、行政，必须国民以两种监察：一、期

① 《论中国于实行立宪之前宜速行预算法》，《东方杂志》1906 年第 3 卷第 13 期。

前监察，承诺次年度之预算是也。一、期后监（察），审查经过年度之决算是也。故国民知租税为己用，皆乐尽义务；官吏知国用有纠察，皆不敢侵蚀。所谓君臣共治也。近奉明谕，预备立宪，设资政院以司预算，设审计院以掌检查，远符周礼，旁采列邦，用意至善。然中国财政散漫，非钩考整齐，恐司计大臣亦难周知其成数，是资政、审计两院终无完全确立之一日。……请谕令度支部选精通计学者制定中国预算决算表，分遣司员，往各省调查各项租税及一切行政经费，上自皇室，下至地方，钩稽综核，巨细无遗，定自何年何月起，作为会计年度开始期。预算、决算既定，提纲挈领，一目了然。然后将皇室费、中央行政费、地方行政费通盘筹算，界限分明。①

御史赵秉麟原奏涉及英、法、日等国的预算，也较为详备，且奉旨“度支部议奏”。又奉明谕：“预备立宪，设资政院以司预算，设审计院以掌检查。”已经有了实行预算的决心。这标志着清末实行预算的肇始。

但当时如何实行预算，度支部当政者似乎依然模糊，即使在上揭度支部的议复中，也一方面认为，“周礼颁材之式，以某赋待某用，此即近日某事用款，又某款项下支给之意”，所谓的预算决算，又与户部、度支部历年所办奏销有暗合之处。暗指（或暗讽）预算决算我中国古已有之，并无新鲜之处；另一方面，所谓的“筹草创之法”，“收整齐画一之规”，依旧指向三个方面：一是各省销案宜及

① 《光绪政要》卷32，光绪三十二年十二月，《度支部议复御史赵秉麟奏制定预算决算表事宜》。赵秉麟原奏，见故宫博物院明清档案部编：《清末筹备立宪档案史料》下册，中华书局1979年版，第1016—1018页。但将该奏折的上奏时间标明光绪三十三年十一月十八日，“光绪三十三年”当是光绪三十二年之刊误。

时清理，二是各省外销之款宜核实奏明，三是在京各衙门收支款项应知照度支部。虽云筹议预算，实则旧调重弹。至于赵秉麟要求派员赴各省调查，度支部亦认为“各省款目繁多，急切调查，恐多遗漏。俟各省稍事清理，通盘筹定，倘有应行调查之件，再当随时派往”。也表现出不急之心和推诿之意。对于这种模糊和意见不一，也反映在当时的时论中，光绪三十三年（1907）三月九日，《时报》发表《论国民当知预算之理由及其根据》一文，有所指陈：

> 虽然政府欲编制预算案，其方针果何在乎？其以为新制定一种法律乎？夫关乎预算性质之学说，东西学者议论纷歧，有以预算为纯然一种法律者，盖谓其经议会之协赞，经君主之裁可，乃公布施行。纯然法律上之形式也。有倡为财政委任说者，谓政府之支出义务，人民之纳税义务，本可依法律以执行之，而必编制预算者，乃议会付与政府以执行收入支出之权能者也。有倡为行政责任免除说者，谓预算不成立，则政府于支出当负责任，议会所以参与此行政规条者，不外预免除政府行政上责任之旨趣也。三者说明，预算之性质、主张各有不同。然则，今日政府所主张，将为法律说乎？则现在国会未开，并无协赞之事，故无所谓法律也。抑主张委任说乎？以预算之事，以国民所委任，此在民权发达之国，视此种理想，固如日月经天、江河行地，而不以为奇，若自现政府视之，恐将掩耳骇汗而却走，非其所乐闻也。抑主张责任说乎？则今日政府无所谓责任，亦不知所谓责任与不责任，先自处于无责任之地，又何所用其免除也。[①]

① 《论国民当知预算之理由及其根据》，《东方杂志》1907 年第 4 卷第 6 期。

从上文可以体会到，当时预算的酝酿，依旧莫衷一是。

但到光绪三十三年下半年，情况有所变化，九月，宪政编查馆上奏《办事章程十三条》，主旨是在各省设立调查局，专职各省民情、风俗、商事、民政、财政、行政规章等一切调查事件，奉上谕："宪政编查馆奏请饬各省设立调查局，各部院设立统计处各折片，各省民情风俗，一切沿革习尚参差不齐，现在该馆开办编制、统计二局，非有京外通力合作办法，无以推行尽利，着外省设立调查局一所，着各省督抚遴选妥员，按照此奏定章程，切实经理，凡将调查各件，咨报该馆。"[①] 谕令各省设立调查局，对促进预算的进行有不可忽视的作用。

三、财政预算的实施

光绪三十四年，实行预算进入实质阶段。该年，度支部、宪政编查馆奏定《清理财政章程》，该章程共有八章 35 条，其章目如下：第一章，总纲；第二章，清理财政之职任；第三章，划分新、旧案之界线；第四章，调查财政之方法；第五章，预备全国预算之事；第六章，预备全国决算之事；第七章，酌定外官公费；第八章，附则。

在笔者看来，与预算有重要关系者为如下数条：

> 第一条，清理财政，以截清旧案，编订新章，调查出入确数，为全国预算、决算之准备。

① 《光绪政要》卷 33，光绪三十三年九月，《宪政编查馆奏请饬各省设立调查局》。

第二条，臣部设立清理财政处，各省设立清理财政局，专办清理财政事宜。

第三条，臣部清理财政处由臣部派司员分科办理，其职任如下：一、开列各省出入各项条款，发交各省清理财政处分别调查；一、综合京外光绪三十四年分出入款项详细报告册并宣统元年以后各季报告册；一、摘录各项说明书，分门别类编成总册；一、会同各司稽核京外各处预算报告册、决算报告册；汇录京外各处预算报告册、决算报告册，编成总册；一、核定各项清理财政章程。

第八条，各省入款如田赋、漕粮、盐课、茶课、关税、杂税、厘捐、受协等项，出款如廉俸、军饷、制造、工程、教育、巡警、京饷各款、洋款、杂支等项，统由臣部撮举纲要，开列条款，交各省清理财政局，将光绪三十四年分各项收支、存储银粮确数，按款调查，编造详细报告册，并盈亏比较表，限至宣统元年底呈由督抚陆续咨送到部。

第十条，清理财政局应将该省财政利如何兴，弊如何除，何项向为正款，何项向为杂款，何项向系报部，何项向未报部，将来划分税项时，何项应属国家税，何项应属地方税，分别性质，酌拟办法，编订详细说明书，送部候核。前项说明书，限至宣统二年六月底陆续咨送到部。

第十一条，自宣统元年起，各省文武大小衙门局所应将出入各款按月编订报告册，送清理财政局，由局汇编全省报告总册，按季呈由督抚咨部。上季报告册限于下季到部。其清理财政局未成立以前出入各款，一律造册补报。

第十四条，各省文武大小衙门局所自宣统二年起，预算次年出入款项，编造清册，于二月内送清理财政局，由局汇编全省预算报告册，呈由督抚于五月内咨送到部。各省预算报告册内，应将出款何项应属国家行政经费，何项应属地方行政经费，划分为二，候部核定。前项之国家行政经费系指廉俸、军饷、解京各款，以及洋款、协饷等项，地方行政经费系指教育、警察、实业等项。

第二十一条，京外各署出入各款，自宣统三年正月初一日起，一律遵照预算册办理，凡属出款项下，不得于定额外开支，别项经费亦不得彼此挪用。

第二十二条，遇有临时特别重要支款，未经列入预算册，或已列预算册，而收不足数，不敷所出者，由该省督抚会商臣部，随时奏明，酌量筹拨。①

同年，宪政编查馆奏定预算、决算办法，认为："开设议院以前，应行筹备各事，头绪至为纷繁，办理宜有次第"，"以清理财政，编查户籍为最要"。分为9年进行筹备，如第一年（光绪三十四年，1908）筹备的主要事项为：筹备咨议局，颁布城镇乡地方自治章程，颁布调查户口章程，颁布清理财政章程等；第二年筹备的主要事项为：举行咨议局选举，调查各省人口总数，调查各省岁出入总数等；第三年筹备的主要事项为：召集资政院议员举行开院，汇报各省人口总数，编订户籍法，核查各省岁出入总数，厘定地方税章程，试办各省预算决算；第四年筹备的主要事项为：调查各省人口总数，编订会计法，汇查全国岁出入确数，颁布地方税章程，厘定国家税章程等；第五年筹备的主要事项为：汇报各省人口总

① 《大清光绪新法令》第2册，第1类《宪政》，商务印书馆1910年版。参见《度支部清理财政处档案》，清宣统年间铅印本。

数，颁布户籍法，颁布国家税章程等；第六年筹备的主要事项为：实行户籍法，试办全国预算等；第七年筹备的主要事项为：试办全国决算，颁布会计法等；第八年筹备的主要事项为：确定皇室经费，设立审计院，实行会计法等；第九年筹备的主要事项为：宣布宪法，确定预算决算等。①

度支部、宪政编查馆奏定的《清理财政章程》，虽然有很多条目，但关键在于各省设立清理财政局，对各省的财政事项进行清理，编造报告册，编定详细说明书（财政说明书），为预算的编制作准备。

宪政编查馆奏定的预算、决算办法，则具体安排了预算的进程，即所谓的“九年筹备”。在分年筹备外，又每年分两届进行落实。如度支部所奏：“光绪三十四年八月初一日内阁奉上谕：……着即责成内外臣工遵照单开各节，依限举办，每届六个月，将筹办成绩胪列奏闻，并咨报宪政编查馆查核。……十二月十一日，宪政编查馆、资政院会奏《设立考核专科章程》内开，九年筹备事宜，应自光绪三十四年八月起，至十二月底止，为第一届，以后每年六月底及十二月底各为一届，限每年二月内及八月内各具奏报一次。……查第二年筹备事宜，系臣部会同督抚调查各省岁出入总数，自各省正副监理官陆续到差，即饬将光绪三十四年现行案依限报告，臣等复于上年（宣统元年）十月间通电各省，将光绪三十四年出入总数提前电咨，以便汇总具奏。嗣经各省将是年出入总数于十一月底先后电咨到部，业于上年十二月将各省出入总数，分列清单，先行汇奏一次。此臣部筹办第二年第二届事宜情形也。至第三年筹备事宜……尤以试办预算为先着，诚以预算册报不早编订岁出入总数，既难详晰，

① 《宪政编查馆咨咨议局预算决算办法》，《度支部清理财政处档案》，清宣统年间铅印本。

复查地方税章程，亦且无从核定，是以臣等于本年正月即酌订预算表册式，奏请饬下京外各衙门依限赶办。”①

宣统元年，又分别奏定了《清理财政处办事章程》、《各省清理财政局办事章程》，对中央和地方清理财政办事机构的设置和行政功能进行了规定。

《清理财政处办事章程》分为四章十三条。包括总则、设员分职、职务及权限、附则四章。并将清理财政处分为十二科：总务科、京畿科、辽沈科、江赣科、青豫科、湘鄂科、闽浙科、粤桂科、秦晋科、甘新科、梁益科、收掌科，以利于分科办事。②

《各省清理财政局办事章程》分为七章二十七条。包括总则、设员分职、职务、权限、奖叙及惩罚、经费、附则七章。并规定各省清理财政局设总办一员，会办无定员，设正监理官一员，副监理官一员，分为编辑科、审核科、庶务科三科，各设科长一员，科员无定员。编辑科掌编订各项收支章程及各项说明书并各项簿式票式册式；审核科掌稽核各衙门局所所送各项出入款项清册及各项报告册，并汇编全省按年按季报告总册；庶务科掌该局一切出入款项及公牍案卷各事宜。③

同时，上谕认为：“清理财政，为预备立宪第一要政，各省监理官又为清理财政第一关键。”派正副监理财政官员分赴各省，以加强各省清理财政的稽查与督催。所派各省的正副监理财政官员如下表所示。④

---

① 档案，宣统二年二月二十四日度支部奏：《为陈明办过第二年第二届及现办第三年应行筹备事宜事》，中国第一历史档案馆藏。

② 《度支部奏本部清理财政处办事章程折》，《度支部清理财政处档案》，清宣统年间铅印本。

③ 同上。

④ 同上。

各省正副监理财政官

地区	正监理	副监理
直隶	右参议刘世珩	主事陆世芬
湖北	候补参议程利川	主事贾鸿宾
江苏	候补参议管项颐	
江宁		主事景凌霄
苏州		翰林院检讨王建祖
两淮		七品小京官梁致广
云南	郎中奎隆	主事余晋芳
山东	郎中王宗基	主事章祖僖
广东	郎中宋寿征	主事胡大崇
甘肃	郎中刘次源	丁忧主事高增融
陕西	员外郎谷如墉	主事薛登道
河南	员外郎唐瑞铜	七品小京官蹇念益
四川	帮办土药等事宜方硕辅	丁忧主事蔡镇藩
浙江	丁忧按察使王清穆	主事钱应清
山西	山西银行总办乐平	主事袁永廉
贵州	广西候补道彭谷孙	丁忧员外郎陈星庚
江西	九江府知府孙毓骏	员外郎润普
安徽	前重庆府知府鄂芳	主事熊正琦
新疆	丁忧候补知府傅秉鉴	主事梁玉书
广西	试用知府汪德溥	主事谢鼎庸
东三省	分省补用道熊希龄	
奉天		丁忧主事栾守刚
吉林		主事荆性成
黑龙江		主事甘鹏云
福建	分省补用道严璩	丁忧主事许汝棻
湖南	候补道陈惟彦	郎中李启琛

在正监理中，刘世珩、程利川、管项颐、方硕辅、王清穆被赏三品衔，其余被赏四品衔。品衔的提高，也正表明清廷对其职任的重视。

正副监理财政官员的分派以及《清理财政章程》、《清理财政处办事章程》、《各省清理财政局办事章程》的颁布，各级清理财政机构相继成立，[①]使清理财政在制度上有了保证。

清理财政是预算的重要一环，“以为预算、决算之预备”[②]。首先，裁撤咸丰以来陆续设立的厘金、军需、善后、支应各局所，设立清理财政局，统一财权。各省的具体情况不尽相同，如福建：福建原有善后局、税厘局、济用局，将三局裁并，改为清理财政局。赈捐局、交代局等则直接裁撤，另外，又在藩司署内改设度支公所，分总务、田赋、粮储、厘捐、官廉、军需、制用七科，“每科专设科长一员，量事之繁简酌派一二等科员各数名分任其事，并设总科长一员，以为全局机关稽查出入总数，仍以藩司总其成”[③]。又如四川：四川原有经征总局、筹饷报销局、厘金总局、津捐局、展办赈捐局等，将“以上各局一律裁撤，改设财政公所，分总务、粮赋、税务、厘捐、典用、协解六科。每科量事之繁简，酌委科长、科员分任其事，而以藩司总其成。业于四月初一日成立”[④]。其次，具体规定了清理财政局具体的调查条款和各省岁出、岁入细数款目，以便于各省《财政说明书》的统一编制。其调查条款规定：

一、各省清理财政局应调查光绪三十四年分藩、运、道、

① 度支部清理财政处在颁布《清理财政章程》后随即成立，各省清理财政局则在宣统元年后陆续成立。度支部奏称：“为颁布《清理财政章程》，臣等业于上年十二月奏明在案。现在臣部清理财政处已经遵旨设立，并通咨各省，将应设清理财政局赶紧开办，其各省正监理官亦经开单请简，并奏派副监理官。俟各局设局开办，即可从事清理。”档案，宣统元年闰二月二十八日度支部奏：《为陈明办过第一年筹备事宜并现在筹备情形事》，中国第一历史档案馆藏。

② 《度支部奏各省财政宜统归藩司管理以资综核折》，《度支部清理财政处档案》，清宣统年间铅印本。

③ 档案，宣统二年六月二十五日松寿奏：《为闽省遵旨统一财权事》，中国第一历史档案馆藏。

④ 档案，宣统二年四月十五日赵尔巽奏：《为遵旨统一财政，筹办大概情形事》，中国第一历史档案馆藏。赵学军《清末的清理财政》，列有“清理财政中各省设立的统一财政机构表”，可以参看。但该表不全，未列四川。见王晓秋、尚小明主编：《戊戌维新与清末新政》，北京大学出版社1998年版，第305页。

局等各库收支存储银粮数目，并全省出入款项总散各数目及府厅州县库收支存储银粮数目，各官银钱号资本、营业情形，造具详细报告册送部。

一、清理财政局编造详细报告册应调取各该库各项账簿，详细核对，不得稍有舛漏。其解支各款，并须调验批回领纸，以期核实。

一、册内各库收支存储数目并全省出入款项总散各数目，务须彼此钩核，针孔相符。

一、册内收支各款，均应详考沿革，声叙原委。其各项名目，词意稍晦者，并须酌加诠释，以资考核。

一、各省外销向不报部之款，均需详细调查，列入册内，分别性质，以类相从，仍于各项下注明此款向归外销，以清眉目。

一、各省清理财政局应将藩、运、道、局各库收支存储数目及全省出入款项总散各数目，上紧调查，先行造册报部。其各府厅州县等库收支数目，调查稍需时日，准其稍后续行造报。①

《调查全省岁出入细数款目》则规定得相当具体细致，"岁入"项下分为部款、协款、本省收款三大类项。其中，本省收款又细分为：1. 田赋（包括地丁之正赋、耗羡、杂赋，租课之地租、旗租、官租、学租、牧租、芦课、渔课、杂租、杂课、土司租赋）；2. 漕粮（包括漕粮、漕折、漕项、屯卫粮租）；3、盐课税厘（包括场课灶课、盐课、盐厘、加价、税捐、帑利、羡余、杂捐）；4. 茶课税厘（各省或有或无，各就该省情形详细开列，包括茶课、茶税、茶

① 《度支部通行各省遵照奏章按款调查编造详细报告册及比较表文》附调查条款，《度支部清理财政处档案》，清宣统年间铅印本。

厘、截羡、杂项）；5. 土药税（包括正税、公费、行店各捐、牌照各捐、杂项）；6. 关税（包括常关税钞之正税、另征火耗、另征土药税、沿料、杂项、罚款，海关税钞之洋货进口正税、土货进口正税、洋货子口税、土货出内地子口税、土货出关入内地子口税、洋药进口正税、洋药厘金、船钞、增收洋药、土药正半税、罚款、杂项）；7. 杂税（各省名目不一，各就该省情形详细开列，包括契税、烟酒税、牲畜税、矿税、斗秤税、落地税、出产税、销场税、其他各项杂税）；8. 厘金（包括百货厘金或统捐、米谷厘金、丝茶厘金、烟酒厘金、皮毛厘金、牲畜厘金、竹木厘金、瓷货厘金、药材厘金、其他各项厘金）；9. 杂捐（各省名目不一，各就该省情形详细开列，包括房铺捐、烟酒捐、屠捐、猪捐、肉捐、其他各项杂捐）；10. 捐输（包括常捐、赈捐、代收部捐）；11. 官业（包括制造官厂收入、官银钱号余利收入、官电局收入、官矿局收入、造纸局印刷局收入、其他各项杂收）；12. 杂款（包括减成、减平、截留提解各款、报效、捐款、罚款、裁节各款、生息、各项变价、其他各项杂收）。“以上各条均系略举大概，其或有款目增减、名词异同之处，应由清理财政局酌量办理。”

岁出项下分为解款、协款、本省支款三大类项。其中，解款细分为：1. 京饷；2. 练兵经费；3. 解度支部各款；4. 解各部专款；5. 解各部院饭银；6. 解内务府经费；7. 例贡；8. 采办；9. 织造经费；10. 解还赔款；11. 解还洋款；12. 解上海浚浦经费。本省支款细分为：1. 行政总费（包括督抚衙门经费、各巡道衙门经费、各府厅州县经费）；2. 交涉费（包括交涉使衙门或洋务局经费、接待赠答各费、教案赔款恤款、派员出洋游历考察等费、其他各项杂支）；3. 民政费（包括民政衙门经费、巡警道衙门或巡警总局经费、各府厅州县巡警经费、赈恤各款、补助善举各款、其他各项杂支）；4. 财政费（包括藩司或度支使衙门经费、粮道衙门经费、盐政衙门经费、各关经费、厘捐局经费、善后或筹款财政等局经费、各州县衙门征收钱粮经费、其他各项杂支）；5. 典礼费（包括祭礼费、学宫费、时宪费、修缮费、旌赏费、庆贺费、其他各项杂支）；6. 教育费（包括提学使衙门经费、学务公所经费、省城各官立学堂经费、各府厅州县官立学堂经费、补助私立各学堂款项、图书馆经费、勤学所经费、遣派出洋游学等款、其他各项杂支）；7. 司法费（包括臬司或提法使衙门经费、各级审判厅经费、发审局经费、臬司或提法使监狱费用、其他各项杂支）；8. 军政费（包括旗营饷项、绿营饷项、新军饷项、陆军水师武备各学堂经费、制造军火军械局厂经费、购办军装军械费用、转运粮饷费用、临时操防费用、军塘驿站经费、兵差经费、牧厂经费、其他各项杂支）；9. 实业费（包括劝业道衙门或农工商务局经费、农事试验场经费、商品陈列所经费、工艺局或各项官办制造厂经费、矿物局或各处官立矿厂经费、垦务局经费、其他各项杂支）；10. 交通费（包括官办铁路经费、电报官局经费、文报局经费）；11. 工程费（包括河工经费、海塘经费、各处修缮道路桥梁渡船经费、其他各项杂支）。“以上各条均系略举大概，其或有款目增减、名词异同之处，应由清理财政局酌量办理。”①

也正是在这些细致规定的要求和基础上，各省清理财政局开始了各省岁出、岁入的大调查和《财政说明书》的编纂。如《湖南财政款目说明书·例言》称：“是编遵照部章，将全省财政款目分门别类，逐款详细说明，其款目次第查照调查条款，参照预算总册式，分类编订。”②《广东财政说明书·凡例》称：“书中所编类目，系

---

① 《调查全省岁出入细数款目》，《度支部清理财政处档案》，清宣统年间铅印本。

② 《湖南财政款目说明书·例言》，湖南清理财政局1911年刻本。

依部颁调查条款及预算册式，参核酌定。入款编分：田赋、盐课税厘、关税、正杂各税、土药税、厘金、正杂各捐、捐输、官业收入、杂收入，为十类。出款编分：解款、协款、行政总费、交涉费、民政费、财政费、典礼费、教育费、司法费、军政费、实业费、交通费、工程费、官业支出，为十四类。”[①]各省的财政说明书于宣统元年起陆续编纂，按照《清理财政章程》第十条的规定，应该于宣统二年六月编定并咨送到部，有些省份依限完成，如浙江清理财政局于宣统元年三月开始编纂，于宣统二年六月中完成[②]。有些省份则拖延至年底或次年。

各省清理财政局除了编撰《财政说明书》外，还有按季造送报告册、按年造送报告册、按年造送预算报告册、按年造送决算报告册的任务，上揭《清理财政章程》虽有条款涉及，但不具体。宣统元年（1909），度支部对此曾经作过具体的规定。该规定相当重要，已经刊布的档案，未见收录，也未见有学者引用。兹不惮其繁，引述如下：

> 上年十二月间，度支部《遵旨妥议清理财政办法折》内称：各省造送预算、决算报告各册，与报销旧案不同，至逾限处分如何加重之处，会同吏部斟酌拟定，另行具奏等因，奏明在案。现在各省设局筹办，渐次就绪，自应明定册报逾限处分，以专责成而免贻误。查清理财政，以调查出入款目为始基，以确定预算决算为纲要，所有各项册报及一切限期，于奏定清理财政章程内均以分晰声明，业经通行各省，自宜遵照办理。凡各省应行造送光绪三十四年份收支款目报告册，统限于

① 《广东财政说明书·凡例》，广东清理财政局1911年刻本。

② 档案，宣统二年六月二十八日增韫奏：《为浙江省遵章编订财政说明书，依限咨送事》，中国第一历史档案馆藏。

宣统元年十二月底到部，其每年按季造送之报告册，春季限于六月底到部，夏季限于九月底到部，秋季限于十二月底到部，冬季限于次年三月底到部。除本年春季报告册业经奏明展限三个月，此后各省应一律依限造送，不得稍有迟误。以上按年、按季两项报告册，皆调查款目之事也。

至预算报告册，系自宣统二年起，每年均限于五月底到部。决算报告册系自宣统四年起，每年均限于六月底到部。

所有各项报告册以月底为限者，其逾限日期应自次月初一日起算，惟云南、贵州、广西、四川、甘肃、新疆六省及乌里雅苏台、科布多、阿尔泰、伊犁、塔尔巴哈台、西宁、西藏、库伦各处将军、大臣预算、决算两项报告册，准展限半个月，预算册逾限之期自各该年六月十六日起算，决算册逾限之期自各该年七月十六日起算。

至逾限处分，吏部查处分则例，各省春季拨册，定限二月二十日以前造送到部；秋季拨册，定限八月二十日以前造送到部。如有迟延，不及一月及一月以上者，将造册之盐道、粮道、藩司、运司罚俸六个月，督抚罚俸三个月；二月以上，司道罚俸九个月，督抚罚俸六个月；三月以上，司道罚俸一年，督抚罚俸九个月，四五月以上，司道降一级留任，督抚罚俸一年；半年以上，司道降一级调用，督抚降一级留任。俱公罪。如造册之员依限造送，系由督抚迟延者，造送之员免议，将该督抚照造送人员迟延之例议处等语。查各省清理财政局造送按年、按季出入款项册逾限处分，系属季报，与春拨册、秋拨册按季造册报部者相同，其总办、会办、督抚等官自应比照分别定议，毋庸再定专章。其各省清理财政局及各省文武大小衙门局所，每年造送预算、决算报告册逾限处分，据称关系尤钜，应即加重定议。如有迟延不及一月及一月以上者，将专管造册之总办、会办罚俸九个月，督抚为督催之官，罚俸六个月；二月以上，专管官罚俸一年，督抚罚俸九个月；三月以上，专管官降一级留任，督抚罚俸一年；四五月以上，专管官降一级调用，督抚降一级留任；半年以上，专管官降三级调用，督抚降一级调用。俱公罪。

其文武大小衙门局所造册，送该省清理财政局。预算册应遵章限于各该年二月内到局，决算册应遵章限于各该年三月内到局。若每季报告册，应按月送局。光绪三十四年报告册应先期送局，即由各清理财政局酌核道里之远近及款目之多寡，明定限期，通饬各衙门局所遵照。如有任意违限及抗延欺饰等弊，应由各省督抚分别参撤惩处。至各省正副监理官均有稽查督催之责。臣部奏定章程内开，若监理官督催不力，轻则撤换，重则参奏。及造报不实，扶同弊混，查实严参。

朱批：依议，钦此。[①]

度支部该奏，明确了季报册、年报告册以及按年造送预算报告册、按年造送决算报告册的时限及违误处分，对各省清理财政局及相关人员是一种规范，其意义不可小视。

另外，各省清理财政局在核查岁出岁入、造送报告册、编撰财政说明书的同时，还对财政的混乱进行过整理，提出改进措施。对此，已有学者论及，可以参考。[②]但各省与度支部的主张并不相同，

① 档案，宣统元年八月二十八日度支部奏：《为清理各省财政，酌拟册报处分事》，中国第一历史档案馆藏。

② 赵学军：《清末的清理财政》，见王晓秋、尚小明主编：《戊戌维新与清末新政》，北京大学出版社1998年版，第293—297页。

特别是涉及各省岁入岁出的安排，如有减款，往往遭到度支部的议驳。如宣统二年（1910），江西巡抚冯汝骙奏称，江西省岁入岁出比较，统计每年不敷银二百七十余万两，要求减少协饷。[①] 度支部即称："江西所言，自系因财政艰窘，力筹自顾起见，惟各省财政同处困难，协拨各款由皆奉行已久，倘以该省预算不敷之故，骤准减免，则各省纷纷踵效，应协者必争，请减缓受协者必呼吁频来，无补盈亏，徒增紊乱。"[②]

如上所言，"清理财政，以调查出入款目为始基，以确定预算决算为纲要"，各省的清理财政与《财政说明书》的编纂，以及季报册、年报告册的造送，为实行预算打下了良好的基础。这也就是度支部所说的："各省岁出、岁入总数，正款、杂款名目繁多，必须各省逐一调查，将各项报告册依限造送，臣部乃能汇总稽核。"[③] 按照上揭宪政编查馆奏定的预算、决算办法，分为九年进行筹办，其中第六年（1913）试办全国预算，第九年宣布宪法，确定预算、决算。由于各省清理财政与《财政说明书》的编纂完成以及宪政的提前，宣统二年十一月奉上谕："现在开设议院既已提前，所有筹备清单各项事宜，自应将原定年限，分别缩短。"于是宪政编查馆重新修正诸年筹备事宜：宣统三年，颁布会计法，厘定国家税、地方税各项章程，厘定皇室经费，颁布审计院法，颁布户籍法，汇报各省户口总数。宣统四年，颁布宪法，颁布议院法，确定预算决算，设立审计院。[④]

---

① 档案，宣统二年八月二十七日冯汝骙奏：《为赣省预算，出入不敷事》，中国第一历史档案馆藏。

② 档案，宣统二年九月二十八日度支部奏：《为遵旨议奏事》，中国第一历史档案馆藏。

③ 档案，宣统元年八月二十六日度支部奏：《为陈明办过第二年第一届筹备事宜并现在办理情形事》，中国第一历史档案馆藏。

④ 故宫博物院明清档案部编：《清末筹备立宪档案史料》上册，中华书局1979年版，第88—92页。

根据上谕和宪政编查馆重新修正的诸年筹备事宜，预算提前进行，宣统三年正月，度支部奏定了《试办全国预算简明章程》、《试办特别预算暂行章程》、《宣统三年预算案实行简章》等预算实施条款。《试办全国预算简明章程》共有28条，《试办特别预算暂行章程》共有9条，这两个章程，《清末筹备立宪档案史料》已经收录，可以参看。[①]《宣统三年预算案实行简章》共有14条，如下所示：

第一条，京外各衙门自宣统三年正月起，凡岁入岁出款项，一律遵照预算案办理。

第二条，在会计法、国库章程未实施以前，所有预算案一切收支，遵照本章程办理。

第三条，在京各衙门应将收支款项按季编印报告册送度支部。

第四条，各省文武大小各衙门应将收支款项，按月编订报告册，送清理财政局按季造简明报告册送度支部。前项报告册以款为断。

第五条，各省征收岁入，各衙门按照预算案收入定额，总以有盈无绌为度。如有特别原因以致收不足额时，应由各省设法筹抵，仍将短收理由及筹抵方法，报明度支部查核。

第六条，各省文武大小各衙门应各将预算定额，编制支付预算册，送发款衙门备查。如各衙门支领之款已满定额时，发款衙门即行停支。

第七条，各省除按照支付预算册按月计额支付外，其有应按季按年或分批趸批支付者，得查照向章办理。各省支款向由某库某项动用者，应仍其旧。

第八条，各省遇有特别重要事件，须追加预算者，应钦遵谕

① 故宫博物院明清档案部编：《清末筹备立宪档案史料》上册，第1044—1050页。

旨，由各该省筹有的款，方准酌议追加。并将增筹岁入追加岁出各款，分别开单奏明办理，一面另订专册，咨送度支部查核。

第九条，凡追加岁出款项，如有不尽不实情行，各该衙门应负责任。

第十条，各省文武大小各衙门至宣统二年底止，所有上年余存金，应提出另存，编订专册，报明度支部查核。

第十一条，各省按照预算案岁入岁出相抵有盈余者，应提出另存，报明度支部查核。

第十二条，凡预算案岁出款项有因事体变更应行裁减者，及随后查明确系多估，应行节省者，即将裁节各款分别提出另存，报明度支部查核。

第十三条，凡预算追加岁出之款，得先尽上年余存及本年盈余裁节项下动用，仍先咨商度支部核准。

第十四条，凡预算案内各类定额，不得彼此挪用，但本类内款项以下不在此限。①

以上三个章程，宣布和规定了从宣统三年起试办全国预算，并分为几个步骤进行：第一，在京各衙门，将收支款项按季编印报告册直接送度支部；在外各省文武大小各衙门将收支款项，按月编订报告册，送清理财政局，按季造简明报告册送度支部；各省编国家岁入预算报告册、地方岁入预算报告册及比较表送度支部；各省文武大小各衙门编国家岁入预算报告分册、地方岁入预算报告分册及比较表送清理财政局，并由清理财政局汇总。第二，度支部在收到各衙门、各省的各种表册后，核定编制全国岁入总预算案；由主管衙门如外务部、民政部、度支部、学部、陆军部、海军部、法部、

① 《度支部奏维持预算实行办法折稿》，1911 年集成图书公司铅印本。

农工部、邮传部、理藩部，分编岁出预算报告册。第三，度支部在收齐外务部、民政部等主管衙门的预算报告册，以及编制全国岁入岁出总预算案后，交内阁会议政务处核议后，送资政院议决；地方岁入岁出预算案，经度支部认许后，由各省咨议局议决。第四，遇有特别重要事件，须追加预算者，为追加预算案，分别开单奏明办理，另订专册，咨送度支部查核。

各省的预算与全国预算的试办，基本上是按照上述章程办理。如现存政务处档案《核定四川省宣统三年岁入预算表》称："查四川省送部预算报告册及专案补报漏列各款，岁入共库平银二千三百六十九万六千一百六十五两三钱，度支部复核，经常门杂收入类减银二千二百五十二两一分八厘，临时门杂收入类减银一百万七千二百七十六两，共减银一百万九千五百二十八两一分八厘。此外度支部拟增各款，经资政院审查核定，应增者，计经常门田赋类增银一万三千二百九十五两，盐茶课税增银八万两，官业收入类增银十二万两，共增银二十一万三千二百九十五两。统计经常、临时岁入共库平银二千二百八十九万九千九百三十二两二钱八分二厘，内拨受协各款五十七万六千七百十两，实在本省岁入银二千二百三十二万三千二百二十二两二钱八分二厘。"[①] 其他各省的预算表基本上是统一模式，先载岁入总数及核减、核增的说明，后列具体的款项和数额。也正是在各省上报和度支部等衙门审核的基础上，编制出了全国的预算案。

（本文原载《江汉论坛》2009 年第 1 期）

---

① 档案，《核定四川省宣统三年岁入预算表》。原档缺呈报时间及呈报人，中国第一历史档案馆藏。

作者主要著述列表

著　作

1.《清代盐政与盐税》，中州古籍出版社1988年版。

2.《中国病态社会史论》，河南人民出版社1991年版。

3.《清代军费研究》，武汉大学出版社1992年版。

4.《中国历代外戚传》（主编），台湾大行出版社1993年版。

5.《中国俸禄制度史》（主编），武汉大学出版社1996年版。

6.《中国盐业史·清代》，人民出版社1997年版。

7.《中国宰相传》（主编），长江文艺出版社1999年版。

8.《陈锋自选集》，华中理工大学出版社1999年版。

9.《武汉现代化进程研究》（主编），武汉大学出版社2002年版。

10.《中国经济通史·清代前期卷》，湖南人民出版社2002年版。

11.《张之洞与武汉早期现代化》（主编），中国社会科学出版社2003年版。

12.《明清以来长江流域社会发展史论》（主编），武汉大学出版社2006年版。

13.《中外学者论〈展望二十一世纪〉》（主编），华中师范大学出版社2006年版。

14.《中国经济史纲要》（主编），高等教育出版社2007年版。

15.《清代财政政策与货币政策研究》，武汉大学出版社2008年版。

论 文

1.《“三藩”兵额笺正》，《求是学刊》1983 年第 5 期。

2.《灰色系统理论与中国经济史研究》，《武汉大学学报》1986 年第 6 期。

3.《三藩之乱与清廷的经济政策》，《武汉大学社会科学论丛》1987 年第 1 辑。

4.《清代亩额初探》，《武汉大学学报》1987 年第 5 期。

5.《论清顺治朝的盐税政策》，《社会科学辑刊》1987 年第 6 期。

6.《论心理分析在历史研究中的应用》，《江汉论坛》1988 年第 1 期。

7.《明清时期的区域心理与商业性农业的发展》，《湖北社会科学》1988 年第 8 期。

8.《清代两湖市场与四川盐业的盛衰》，《四川大学学报》1988 年第 3 期。

9.《“以史为鉴”需要重新认识》，《社会科学动态》1989 年第 2 期。

10.《绿营的低薪制与清军的腐败》，《武汉大学学报》1989 年第 2 期。

11.《时代氛围与科技进步：历史的窥察》，《科技进步与对策》1989 年第 3 期。

12.《清代三藩之乱期间盐课岁入辨析》，《历史档案》1989 年第 3 期。

13.《时代变革与史学选择》，《湖北社会科学》1989 年第 4 期。

14.《也谈清初的人丁统计问题》，《平准学刊》1989 年第 5 辑。

15.《论明清时期区域性商人集团的发展》，《社会科学辑刊》1990 年第 4 期。

16.《〈清史稿 · 盐法〉补正》，《文献》1990 年第 4 期。

17.《清代的土地开垦与社会经济》，《中国经济史研究》1991 年第 1 期。

18.《八旗饷制与八旗的盛衰》，《武汉大学学报》1991 年第 2 期。

19.《顺治朝的军费支出与田赋预征》，《中国社会经济史研究》1992 年第 1 期。

20.《清代绿营名粮制度述论》，《社会科学辑刊》1992 年第 6 期。

21.《清代八旗的战时俸饷制度》，《第二届明清史国际会议论文集》，天津人民出版社1993年版。

22.《论中国经济政策史的研究》，《江汉论坛》1994年第9期。

23.《清代盐法考成述论》，《盐业史研究》1996年第1期。

24.《马克思主义整体世界史观与中国经济史研究》，《江汉论坛》1996年第4期。

25.《清代的钱粮征解与吏治》，《社会科学辑刊》1997年第3期。（收入本文集）

26.《清代银钱比价的波动与对策》，《中国前近代史理论国际会议论文集》，湖北人民出版社1997年版。

27.《清初的招民与垦荒政策》，《经济评论》1997年第4期。

28.《清代中央财政与地方财政的调整》，《历史研究》1997年第5期。（收入本文集）

29.《清代区域社会经济研究的新开拓》，《清史研究》1998年第1期。

30.《清代户部的盐政职能》，《盐业史研究》1998年第2期。（收入本文集）

31.《史学研究对史学理论的观照与导引》，《中国图书评论》1998年第3期。

32.《史学研究与当代社会》，《江汉论坛》1998年第8期。

33.《清初"轻徭薄赋"政策考论》，《武汉大学学报》1999年第3期。（收入本文集）

34.《中国传统社会宰相刍论》，《求索》1999年第6期。

35.《开拓专门史研究的新领域》，《理论月刊》1999年第9期。

36.《清代赋役制度的整顿改革与政策导向》，《人文论丛》1999年卷。

37.《清代前期的奏销制度与政策演变》，《历史研究》2000年第2期。（收入本文集）

38.《清代财政制度的近代化》，《东瀛求索》第11号，日本东京中国社会科学研究会2000年4月。

39.《清代财政支出政策与支出结构的变动》，《江汉论坛》2000年第5期。（收入本文集）

40.《历史的窥察：武汉城市现代化进程中的特色与启示》，《学习与实践》2000年第9期。

41.《清代财政的近代转型》，《光明日报》2000年10月13日。

42.《武汉国际性城市的发展历程与前瞻》，《科教·经济·发展——21世纪与湖北暨武汉教授论坛文集》，华中师范大学出版社2000年10月。

43.《日本明清社会经济史研究的进展》，《光明日报》2000年11月10日。

44.《近20年湖北莲花村的经济变迁》，《人文论丛》2000年卷。

45.《清代财政行政组织与奏销制度的近代化》，《人文论丛》2000年卷。

46.《清代财政收入政策与收入结构的变动》，《人文论丛》2001年卷。（收入本文集）

47.《明清时期汉口的发展历程》，《江汉论坛》2002年第11期。

48.《张之洞与武汉早期现代化》，《光明日报》2003年1月28日。

49.《武汉大学的武汉史研究》，日本《近邻——近现代中国论坛》第43号，2003年8月。

50.《论中国古代社会的腐败与世风》，《光明日报》2003年11月25日。

51.《20世纪清代财政史研究撮要》，《人文论丛》2003年卷。

52.《20世纪的清代财政史研究》，《史学月刊》2004年第1期。

53.《20世纪的晚清财政史研究》，《近代史研究》2004年第3期。（收入本文集）

54.《清末民国年间日本对华调查报告中的财政与经济资料》，《近代史研究》2004年第3期。（收入本文集）

55.《关于清史编纂体例的思考》，《清史编纂体裁体例讨论集》上册，中国人民大学出版社2004年版。

56.《明治以来的日本对华调查与近代中国研究》，日本《创大中国论集》第 8 号，2005 年 3 月。

57.《清代西北的移民政策》，《人文论丛》2005 年卷。

58.《近百年来清代盐政研究述评》，台湾《汉学研究通讯》第 25 卷第 2 期，2006 年 5 月。（收入本文集）

59.《中国古代的户籍制度与人口说演进》，《江汉论坛》2007 年第 2 期。

60.《中国古代的土地制度与田赋征收》，《清华大学学报》2007 年第 4 期。

61.《唐代以来的土地制度与田赋征收》，《7—20 世纪的中国国际学术研讨会论文集》，台湾“国立”政治大学 2007 年 9 月。

62.《清代“康乾盛世”时期的田赋蠲免》，《中国史研究》2008 年第 4 期。（收入本文集）

63.《清代对财政亏空的清查》，《人文论丛》2008 年卷。（收入本文集）

64.《晚清财政预算的酝酿与实施》，《江汉论坛》2009 年第 1 期。（收入本文集）

65.《论耗羡归公》，《清华大学学报》2009 年第 2 期。

后　记

多年来致力于财政史的研究，本稿收论文13篇，集中讨论清代财政问题，所以定名为“清代财政史论稿”。所收论文分别发表于《历史研究》、《中国史研究》、《近代史研究》、《盐业史研究》、《汉学研究通讯》、《社会科学辑刊》、《江汉论坛》、《武汉大学学报》、《人文论丛》等杂志，特在此对拙稿首发的编辑表示感谢。商务印书馆的编辑同志，对拙稿进行了认真校正，避免了一些错误，亦表示感谢。

陈　锋

2010年4月22日